Ann Pleshette Murphy

Mutige Mütter

Ann Pleshette Murphy

Mutige Mütter

Wie wir mit unseren
Kindern wachsen

Aus dem Amerikanischen
von Anne Emmert

Karl Blessing Verlag

Titel der Originalausgabe: *The Seven Stages of Motherhood*
Originalverlag: Alfred A. Knopf, New York

Umwelthinweis:
Dieses Buch und sein Schutzumschlag wurden
auf chlorfrei gebleichtem Papier gedruckt.
Die Einschrumpffolie (zum Schutz vor Verschmutzung)
ist aus umweltschonender recyclingfähiger PE-Folie.

Der Karl Blessing Verlag ist ein Unternehmen
der Verlagsgruppe Random House GmbH.

1. Auflage

Umschlaggestaltung: Hauptmann und Kampa,
Werbeagentur, München – Zürich
Satz: Uhl + Massopust, Aalen
Druck und Bindung: GGP Media GmbH, Pößneck
Printed in Germany
ISBN 3-89667-126-X
www.blessing-verlag.de

Inhalt

Einführung

Mutter werden: Das ist der einschneidendste Moment im Leben einer Frau, eine erdbebengleiche Veränderung, ein Weg, der kein Ende nimmt. Doch die meisten Bücher über Mütter vernachlässigen die Mütter. Man bringt uns bei, wie wir es machen sollen, aber nicht, warum wir es machen sollen. Man erwartet von uns, dass wir in die Schuhe unserer Kinder schlüpfen, während auf unseren eigenen sich Staub ansammelt. Und während wir lernen, die Signale unserer Kinder zu verstehen und ihre Bedürfnisse zu erfüllen, nehmen wir uns kaum je die Zeit, darüber nachzudenken, wer wir sind und wo wir sein möchten. Und so kommt es, dass auch ausgesprochen selbstbewusste Mütter sich immer wieder unsicher fühlen. Wer weniger glücklich veranlagt ist, fürchtet womöglich gar, die falsche Richtung eingeschlagen zu haben und seine Kinder einen Pfad entlangzuzerren, der wer weiß wohin führt.

Als Maddie und Nick Babys waren, verschlang ich alles über kindliche Entwicklung, was mir in die Finger kam. Da ich das in den USA führende Elternmagazin herausgab, hatte ich Kontakt zu den besten Fachleuten des Landes – Dr. Spock und Dr. Brazelton waren in meinem Kurzwahlspeicher. Dennoch gab es nicht allzu viele Tage, an denen mir nicht schmerzlich bewusst geworden wäre, dass ich ein Greenhorn war und mich auf schwankendem Boden bewegte. Für andere hatte ich großartige Ratschläge parat, zu Schlafensritualen etwa oder mäkeligen Essgewohnheiten, aber ich selbst brauchte geschlagene zwei Stunden, um Maddie ins Bett zu bringen – wobei es vorkam, dass ich auf allen vieren aus dem Zimmer kroch, damit die Bodendielen nicht knarrten.

Mit Nick war es dann etwas leichter, weil ich alles schon einmal erlebt hatte; allerdings machte der erste Junge in einer langen Reihe von Pleshette-Murphy-Mädchen vom ersten Tag an klar, dass er mit einem komplett anderen Chromosomensatz ausgestattet war als seine Schwester. Auf jeder Wegstrecke, für die ich mich eigentlich gewappnet fühlte, kam es zu unerwarteten Wendungen. Und meine Unsicherheit wuchs.

Als ich die Zeitschrift *Parents* verließ, um dieses Buch zu schreiben, waren Maddie und Nick dreizehn und neun, und ich war als freie Mitarbeiterin der Fernsehsendung *Good Morning America* für den Bereich Erziehung zuständig. Zuschauerinnen adressierten die Fragen, die sie mir mailten, an »Dr. Murphy« und sprachen mir damit Fachwissen und einen Rang zu, der mir nicht zustand. Immerhin aber stand mir ein Wissensschatz zur Verfügung, der sich über Jahrzehnte angesammelt hatte. Doch das waren nicht meine Erkenntnisse, sondern die von Hunderten von Müttern, Fachexperten und Wissenschaftlern, die ich im Laufe der Jahre interviewt hatte. Und wenn ich eines daraus gelernt hatte, dann war das die schlichte Tatsache, dass das Mutterwerden und das Muttersein Züge hat, die über alle zeitlichen und räumlichen Distanzen hinweg wie ein gewaltiger Gleichmacher funktionieren. Doch so viel wir auch gemeinsam haben – jede von uns ist einzigartig, ein individuelles Wesen. Und so schnell, wie sich unsere Kinder verändern, so schnell verändern auch wir uns. Die Mutter, die das Baby wiegte, ist zehn Monate später nicht mehr dieselbe, geschweige denn zehn Jahre später. Das dritte Kind erlebt eine andere Mutter als jedes seiner Geschwister. Und natürlich verändert und entwickelt sich mit jedem Kind die gesamte Familie. Wie Erik Erikson in *Kindheit und Gesellschaft* feststellt: »Dieses schwache und sich beständig ändernde kleine Wesen nämlich setzt die ganze Familie in Bewegung. Kleine Kinder beherrschen und erziehen ihre Familien genauso weitgehend, wie sie von jenen beherrscht werden: Wir können ruhig sagen, dass eine Familie ein Kind erzieht, indem sie von ihm erzogen wird.«[1]

Wir sehen unsere Kinder aufwachsen und sich in rasanter Geschwindigkeit entwickeln, versuchen atemlos Schritt zu halten und sind, wenn wir Glück haben, sogar einen kleinen Schritt voraus. Auf diese Art bauen wir Muskeln auf, eignen uns neue Denkweisen an und auch ein völlig neues Bild von uns selbst. In ihrem Buch *Torn in Two* (Entzweigerissen) beschreibt die Psychologin Rozsika Parker unsere Entwicklung als eine Art kontrolliert vertikales Fortschreiten, wie ein Gebäude, das in die Höhe wächst, dabei aber fest im Boden verankert bleibt. Unsere Kinder dagegen drängen ständig nach außen und weg von uns. »Während sich das Kind als Individuum unabhängig von der Mutter bewegt, entwickelt sich die Frau von einer mütterlichen Identität zur nächsten. Sie ist erst die Mutter, die das Köpfchen ihres Säuglings stützt, dann die Mutter, die den Buggy schiebt, die Mutter, die eine Hand hält, die Mutter, die zum Abschied winkt, und die Mutter, die darauf wartet, dass man ihre Hand hält. Aber immer eine Mutter. Sie entwickelt sich ›vertikal‹, verglichen mit dem eher ›horizontalen‹ Weg ihrer Kinder, der von ihr wegführt.«[2]

Aber egal, wie wir unsere Entwicklung als Mutter charakterisieren – wir wissen und akzeptieren, dass wir nie wieder dieselbe sein werden, dass es kein Zurück gibt. Und doch wollen unsere Kinder, dass wir immer die Gleichen sind, vorhersagbar, verlässlich, ein Fels in der Brandung, und immer für sie da. Manchmal gelingt uns das, und wir können geben, wie wir es selbst nicht für möglich gehalten hätten. Aber es gibt Situationen, in denen unsere eigenen Bedürfnissen Vorrang haben sollten, und es gibt Phasen, in denen Ängste, Erschöpfung, Ärger, berufliche Anspannung, alte Verletzungen oder auch andere Beziehungen uns daran hindern, uns rückhaltlos den Kindern zuzuwenden.

Wie kann man in den verschiedenen Lebensphasen des Kindes auch für seine eigene Entwicklung sorgen? Und warum ist das so wichtig? Genau darum geht es in diesem Buch. Ich möchte den Müttern klar machen, dass jede Phase ihre besonderen Anforderungen an sie stellt, und dass man mit diesen Anforderungen gut zurechtkommen kann oder nicht so gut, oder aber sogar noch besser. Doch nur wenn man das Fernrohr umdreht, bekommt man das Wesentliche in den Blick: »Erkenne dich selbst« – sobald der rosa Streifen im Plastikröhrchen erscheint, ist dies wichtiger denn je.

Ein besonders schönes Beispiel dafür findet sich in *Nature's Thumbprint* (Der Fingerabdruck der Natur), einem Buch über Zwillinge und die uralte Frage, ob der Mensch von der Natur oder der Kultur bestimmt wird. Die Autoren beschreiben eineiige Zwillinge, die bei der Geburt getrennt und von zwei sehr verschiedenen Müttern aufgezogen wurden; als man die Mütter nach dem Verhalten ihrer (damals zweieinhalb Jahre alten) Töchter befragte, beklagte sich die eine bitter über die Essgewohnheiten ihrer Tochter. »Ich kann ihr geben, was ich will, sie rührt nichts an. Keinen Kartoffelbrei, keine Bananen. Nichts ohne Zimt. Überall muss Zimt drauf sein. Ich bin wirklich am Ende meiner Weisheit.« Die andere Mutter antwortete auf die Frage nach den Essgewohnheiten ihrer Tochter: »Sie ist ein guter Esser. Ich muss ihr nur Zimt drüberstreuen, dann isst sie alles.«[3]

Wir müssen nicht alles mit Zimt bestreuen, wenn wir glückliche und gesunde Kinder haben möchten. Doch wir sollten uns so viel Zeit wie möglich (oder jedenfalls ausreichend Zeit) für unsere eigene körperliche, emotionale, geistige und soziale Entwicklung gönnen, um aus den Jahren, in denen wir unsere Kinder großziehen, das Beste zu machen. Denn diese Jahre verfliegen unglaublich schnell. Von Müttern mit älteren Kindern wissen wir, wie es ist, wenn man auf der Brücke steht, die man selbst gebaut hat, und zusieht, wie die eigenen Kinder sie überqueren auf ihrem Weg zum Erwachsensein: Man spürt den

Schmerz und den Verlust, und man spürt genauso Freude und Erleichterung. Man trauert Augenblicken nach, die einem durch die Finger geronnen sind, und erkennt gleichzeitig, dass, alles in allem, nur sehr wenige der Fehler, die man begangen hat, wirklich zählen. Eines ist sicher: Wenn Sie einen Blick auf das Wasser unter der Brücke werfen, erkennen Sie darin eine Spiegelung, die, durch die zahllosen Erinnerungen ausgelöst, Gestalt annimmt, sich auflöst und erneut Gestalt annimmt – als hätten Ihre geliebten Kinder mit Kieselsteinen das Wasser aufgerührt.

Andere Umstände

Schwangerschaft, Geburt und die ersten drei Lebensmonate

Ich war 31, als ich schwanger wurde. Und von dem Augenblick an, als mir meine Frauenärztin die gute Nachricht bestätigte, begann ich mir ein Bild von unserem Baby und von mir selbst als Mutter zu machen. Das verschwommene Ultraschallbild, das ich in meiner Brieftasche bei mir trug, die Herztöne des Fötus, seine ersten Bewegungen veränderten meine Vorstellung davon, wer ich war und wohin ich mich entwickelte. Lange bevor Steve und ich uns auf einen Namen für unser Baby einigten – es sollte Molly heißen –, hatte mein Leben bereits eine dramatische Wendung genommen. Wie dramatisch diese Wendung tatsächlich war, sollte ich noch auf schmerzliche Weise erfahren.

Molly starb zwei Tage nach ihrer Geburt und riss damit einen Krater in unser Leben. Dass ich ihren Tod, der aus einer äußerst seltenen Art der Wachstumsstörung in der Gebärmutter resultierte, nicht hätte verhindern können, wusste ich. Und doch litt ich furchtbar unter Minderwertigkeits- und Schuldgefühlen. In den folgenden Wochen hielten Steve und ich uns aneinander fest, durchlebten gemeinsam unsere Trauer über den Verlust. Dann nahm Steve seine Arbeit wieder auf, und ich erholte mich zu Hause. Als sich die Nachricht herumsprach, erreichte uns eine wahre Flut liebevoller Kondolenzbriefe von Angehörigen und Freunden, Kollegen und Bekannten, von Menschen, die wir häufig sahen, und anderen, die wir kaum kannten. Ich las sie Wort für Wort immer und immer wieder, die seitenlangen Briefe ebenso wie die vorgedruckten Trauerkarten. Ich hortete alles, zählte und sortierte. Das Öffnen der Post wurde zu einer Art Besessenheit, das Einzige, was mich wirklich beschäftigte in einer trostlosen Zeit.

Erst als ich im folgenden Jahr mit Maddie schwanger war, wurde mir bewusst, warum mir diese Briefe so viel bedeutet hatten. Monatelang hatte ich mich darauf vorbereitet, Mutter zu werden, hatte mich selbst in Hinblick auf das Baby und unser zukünftiges Leben als Familie neu definiert, und plötzlich war es, als sei mir mein Lebenszweck abhanden gekommen, jegliche Richtung verloren gegangen. Mir war nicht nur die Gelegenheit genommen worden, unser Baby im Arm zu halten und ihm Liebe zu schenken, ich hatte auch meine neue Identität eingebüßt. Fast ein Jahr lang hatte ich ein Bild von mir selbst und von Molly in mir getragen, das jede Minute des Tages präsent war und mich auch nachts in meinen Träumen beschäftigte. Mit Molly verlor ich auch mich selbst – oder zumindest eine Erfahrung meiner selbst, die ich unbedingt hatte machen wollen.

Ich hortete die Briefe nicht wegen ihres Inhalts, sondern weil sie mich daran erinnerten, dass ich auch Freundin war, Cousine, Angestellte, Kollegin, Tochter, Schwester, Tante. Je mehr Briefe ich erhielt, desto besser konnte ich an diese anderen Rollen anknüpfen und den Rückweg einschlagen. Ich fand langsam wieder zu meinem alten Ich, fühlte festen Boden unter den Füßen, ließ aber den Ort, den ich acht Monate zuvor betreten hatte, nie ganz hinter mir. Selbst wenn ich kein Kind mehr bekommen hätte, so hätte ich mich doch immer als Mutter definiert.

Die meisten von uns werden innerlich bereits in dem Augenblick zur Mutter, in dem sich die Kontrolllinie im Kunststoffröhrchen rosa verfärbt, oder wenn wir in der Frauenarztpraxis erfahren, dass wir schwanger sind. Wir atmen ein bisschen anders und sehen im Spiegel einen leicht veränderten Menschen, und zwar lange, bevor sich unsere Kontur tatsächlich verändert. Ich glaube nicht, dass es dem Dalai Lama gelänge, seinen Geist von allen Gedanken an die Zukunft frei zu machen, wenn er das Glück hätte, eine Schwangerschaft zu erleben, denn bei der Schwangerschaft dreht sich alles um die Zukunft. Selbst wenn wir unsere Alltagsroutine beibehalten – mit dem Ehemann zu Abend essen, mit Freunden ins Kino gehen, arbeiten, im Park spazieren gehen –, sind wir uns darüber im Klaren, dass nichts sein wird, wie es war, dass unsere individuelle Geschichte – wie die unseres Babys – auf eine gleichermaßen aufregende und beängstigende Weise im Wandel begriffen ist. Der Psychoanalytikerin Daphne de Marneffe zufolge ist es im Alltag ein besonders erhebendes Gefühl, dabei zu sein, wenn »Geschichte gemacht wird«: »Wir nehmen am Kreislauf des Lebens teil und am Fortgang der Geschichte. Es geht um eine Menschwerdung, und selbst wenn wir nur in die Drogerie gehen und eine Zahnbürste kaufen – oder vielleicht, gerade weil ein so großer Widerspruch zwischen beidem besteht –, spüren wir Ehrfurcht. Diese Ehrfurcht können auch Adoptiveltern empfinden, wenn sie ihr Schicksal mit dem ihres Kindes zusammenführen.«[1]

In vielerlei Hinsicht sind die Gedanken, die Sie sich um Ihre Zukunft machen, ebenso wichtig wie der kleine Zellhaufen, der in Ihrem Körper herumschwimmt. Bei der Schwangerschaft geht es nämlich gleich um drei Dinge: Da ist einmal das Baby im Bauch, da ist das Kind, das man sich vorstellt, und schließlich das Bild, das man sich von sich selbst als Mutter macht. Alle drei Vorstellungen sind wichtig, alle drei machen die Schwangerschaft zu einer schöpferischen Reise im Leben einer Frau. Sobald man die Schwangerschaft erfährt, hat man das Gefühl, in einer anderen Welt zu leben. Man stellt sich vor, wie man am Strand hinter einem hellblonden Kleinkind herläuft oder mit seiner Zehnjährigen einkaufen geht oder dem gespannten Erstklässler *Jim Knopf* vorliest. So entwickelt man ein neues Bild seiner selbst.

Die meisten von uns nehmen sich nicht die Zeit, diesen Fantasien nachzuhängen oder über sie zu sprechen, vor allem dann nicht, wenn sie negativ sind. Traurige Gedanken an Einsamkeit, Müdigkeit und unerwünschte Fettpölsterchen schiebt man beiseite, wenn jemand fragt: »Bist du aufgeregt?« oder »Wie geht es dir?« Es ist viel leichter einfach anzunehmen, dass sich ein kleines Erdbeben wegstecken lässt, als sich auszumalen, dass einem der Gehweg vor der Nase wegbrechen oder riesige Felsbrocken auf den Kopf stürzen könnten.

Die neue Macho-Mami

Als ich wusste, dass ich wieder schwanger war, machte ich mir verständlicherweise große Sorgen. Doch als alles normal zu verlaufen schien, hielt ich mein rasantes Tempo bei und versuchte, meinen hektischen Tagesablauf so wenig wie möglich meinem Zustand anzupassen. Eines Tages brach ich zu spät zur Arbeit auf, und als ich wie eine Verrückte in die U-Bahn hechtete, stolperte ich und stieß mit dem Kopf gegen die Türkante. Als der Zug in der nächsten Station einlief, sah ich aus, als wolle mein Baby, Athene gleich, meiner geschwollenen Stirn entspringen, und einige der umstehenden Fahrgäste rieten mir: »Steigen Sie um Himmels willen aus, und kühlen Sie dieses Ding mit Eis.«

Ich schaffte es bis zu meinen Eltern, die nur ein paar Straßen weiter wohnten. Mein Vater, Gynäkologe und Geburtshelfer, nahm sich meines brummenden Schädels und meines angeschlagenen Egos an. »Du musst langsamer machen, Schatz«, ermahnte er mich und legte mir einen Eisbeutel auf die pulsierende Augenbraue. »Du bist schwanger.« Später wurde mir klar, dass er sagte, was auf der Hand lag, weil ich ignorierte, was auf der Hand lag. Ich hastete durch meinen Alltag, wild entschlossen zu beweisen, dass ich immer noch alles bewältigen konnte, dass sich nichts verändert hatte. Ich bin mir sicher, dass ich so schnell rannte, wie ich nur konnte, weil ich Angst hatte: Wenn ich den Fantasien über dieses Baby nachgab, den Bildern von mir selbst als Mama, von Steve als Papa, würde ich womöglich den gleichen Verlust, die gleiche Enttäuschung erleiden wie beim ersten Mal. Selbst als die Fruchtwasseruntersuchung ergab, dass alles in Ordnung war, hielt ich meine Fantasien in Zaum und mein umfangreiches Arbeitspensum aufrecht.

Sicher gibt es Frauen, die ihre Schwangerschaft gestalten, als lebten sie im 18. Jahrhundert, die in Ohnmacht fallen und sich ins Bett legen. Die meisten Mütter aber, mit denen ich gesprochen habe, gingen ihre neun Monate entschlossen machohaft an. Die Übelkeit war ihnen ein wenig peinlich, legte sie aber nicht lahm; mit der Müdigkeit kamen sie schon irgendwie zurecht; Hämorrhoiden, Sodbrennen, Krampfadern – nicht so schlimm. Sogar aus der Umstandskleidung heutiger Tage spricht die Haltung: »Groß, na und?« Offenbar lastet ein erheblicher Druck auf den Mamis von heute, die Schwangerschaft als kleinere Unannehmlichkeit zu betrachten und mit stoischer Zuversicht voranzuwalzen.

Diese veränderte Einstellung hat durchaus ihre positiven Seiten. Seit den Tagen, als alles, was mit dem Fortpflanzungstrakt der Frau zu tun hat, als nicht jugendfrei galt, haben wir einen weiten Weg zurückgelegt. Im 18. Jahrhundert wurden schwangere Frauen ins Haus verbannt. Sie mussten Kleidung tragen, gegen die eine Burka freizügig wirkt. Bis zum Zweiten Weltkrieg wurde die Schwangerschaft nur selten als solche bezeichnet. Die Frauen waren »guter Hoffnung«, »trugen ein Kind unter dem Herzen« oder hatten vielleicht »einen Braten in der Röhre«. Und kein Mann des 19. Jahrhunderts mit auch nur einem Funken Verstand hätte verkündet: »Wir sind schwanger!«

Doch nicht nur die Sprache hat sich in den vergangenen Jahrzehnten verändert. Die Akzeptanz werdender Mütter am Arbeitsplatz, in den Medien, im Bikini hat auch dazu geführt, dass sie zeigen können, was sie haben, und den Status quo aufrechterhalten können, so lange sie wollen. Und das ist wunderbar, sofern die Schwangerschaft so glatt verläuft, dass die Frauen mit der Ausdauer eines Duracell-Häschens weiterarbeiten können. Als Nicks geliebte Drittklasslehrerin zum ersten Mal schwanger wurde, sprühte sie geradezu vor Tatendrang. Sie zog nicht nur ihren Unterricht voll durch, sondern trieb intensiv Sport und joggte sozusagen in den Kreißsaal. Als wir uns einmal auf der Straße über den Weg liefen (sie lief – ich nicht), jaulte der Muttermotor vor Glück auf. »Mir geht's richtig gut«, keuchte sie, während sie auf der Stelle joggte. »Nur noch drei Wochen!« Ich wünschte ihr alles Gute und sagte, ich würde sie anrufen, wenn das Baby da wäre. Doch wie sie so davontrabte, befürchtete ich, ihr könnte eine Enttäuschung bevorstehen – nicht über ihre Mutterrolle, sondern darüber, dass sie nach der Geburt des Kindes wohl nicht mehr im gleichen selbstbestimmten Tempo durchs Leben joggen würde wie zuvor.

Es gibt zahlreiche anthropologische Erklärungen dafür, warum wir unsere Babys neun Monate lang austragen, und ich finde, diese letzten Wochen, in denen die körperlichen Veränderungen (und eine Reihe von Körperfunktionen) völlig außer Kontrolle zu geraten scheinen, sind auch eine geeignete Metapher fürs Muttersein an sich. »Wenn du glaubst, dass du jetzt total verändert bist«, lacht Mutter Natur, »dann warte erst mal ab…« Lange, bevor man seine eigenen Füße nicht mehr sieht, sollte man sie bereits hochlegen – buchstäblich und im übertragenen Sinne. Der Schock des Neuen (also des Babys) kann einen umwerfen, zumal, wenn man sich vorgestellt hat, dass das Muttersein ein Klacks ist. Also sollte man auch nicht zu viel über eine schicke Schwangerschaftsgarderobe nachdenken, die sich auch nach der Geburt tragen lässt, sondern sich vor allem darauf gefasst machen, dass eine Veränderung von der Größenordnung eines Fujiyama auf einen zurollt. Und man sollte sich die Zeit gönnen, das neue Leben zu planen.

»Ich habe der Tatsache, dass unser Leben völlig anders sein würde, nicht ins Auge gesehen – das ist mir jetzt klar«, sagte Emily ein paar Monate nach der Geburt ihrer Tochter. »Es ging alles so schnell – wir haben es eigentlich auch gar nicht geplant –, ich glaube, ich habe mir nicht einmal richtig eingestanden, dass ich schwanger bin. Das Bettchen haben wir zum Beispiel erst eine Woche vor Isabellas Geburt zusammengebaut. Ich habe es dauernd hinausgeschoben; irgendwie konnte ich nicht glauben, was da geschah.«

Nur wenige können es glauben. Vielleicht ist es auch gar nicht möglich, sich das wirklich vorzustellen: Wie es sich anfühlt, wenn das Flattern im Bauch ein wundersamer Teil des Lebens geworden ist, ein richtiges Baby, das in diesem Zimmer liegt, in dem man gerade die süße Entchentapete an die Wand klebt. Shelly, 26 Jahre alt und Verkäuferin, erwartete ihr erstes Kind, als ich mit ihr sprach. Sie dachte dauernd darüber nach, warum sie eigentlich Mutter werden wollte. Im Verlauf unseres Gesprächs sagte sie, dass die Schwangerschaft nicht geplant war: »Es fällt mir immer noch schwer zu glauben, dass ich Mutter werde. Auch meine Kolleginnen waren richtig überrascht, als ich ihnen sagte, dass ich schwanger bin, denn ich habe wenig Verständnis für Kinder. Ich arbeite im Einzelhandel, und wenn ein Kleinkind im Laden einen Wutanfall bekommt, muss ich im Grunde den Raum verlassen – so sehr frustriert mich das, was die Eltern in solchen Situationen tun oder nicht tun. Ich glaube, ich habe Angst, dass ich genauso werde wie sie.«

Die meisten von uns gehen allerdings davon aus, dass wir nicht werden »wie sie«, dass wir ein verzweifeltes Kind trösten, den Wutanfall des Kindergartenkindes im Supermarkt auffangen und mit einem aufgebrachten Teenager einen erfolgreichen Friedensplan aushandeln können. Die Autorin Fay Weldon erklärte einmal, »das Beste daran, keine Kinder zu haben, dürfte sein, dass man sich so seinen Glauben erhalten kann, man sei ein netter Mensch. Wer Kinder hat, weiß, wie der Krieg in die Welt kommt.«[2]

Von Weldons Bosheit einmal abgesehen, können Sie durchaus darauf hoffen, dass Sie auch als Mutter ein netter Mensch bleiben; Sie sind nur nicht mehr der gleiche Mensch. Nie mehr. Und genau dieses Gefühl von Veränderung, von Entwicklung, macht für viele von uns die Schwangerschaft so aufregend. Wie die Psychologin Dr. Harriet Lerner zutreffend sagt: »Eine Frau, die sich keine Sorgen um ihre eigene Zukunft macht, wenn sie Mutter wird, schlafwandelt oder befindet sich im Koma.«[3]

Abschied vom alten Ich

Werdende Mütter überkommt hin und wieder die Panik, weil die Unumkehrbarkeit der Schwangerschaft ihnen Angst macht. Selbst Frauen, die unbedingt Mutter werden wollen, verabschieden sich mit gemischten Gefühlen vom alten Ich. Ein erheblicher Anteil vor allem der Frauen, die das Mutterwerden lange hinausgezögert haben, trägt einen paradoxen Konflikt aus: Einerseits wollen sie sich der Vorfreude aufs Muttersein hingeben, andererseits aber das Selbstbild, an dem sie so lange und intensiv gestrickt haben, nicht aufgeben. In Leslie, einer attraktiven leitenden Angestellten, lösten die Veränderungen, die sie auf sich zukommen sah, bisweilen Trauer aus. »Obwohl ich mich über meine Schwangerschaft freute, waren die ersten drei Monate für mich emotional echt schwierig. Ich glaube, ich erlebte zweierlei: Eine Machtlosigkeit. Und ein Verlustgefühl. Ich dachte ständig darüber nach, dass ich meine Karriere aufgeben musste und meine Figur einbüßte und jede Menge Opfer bringen musste. Mir war morgens nicht schlecht, und ich hatte keinen Heißhunger auf irgendwas; ich habe auch nicht stark zugenommen. Aber ich habe es trotzdem als sehr schwierig empfunden, mich emotional darauf einzustellen, dass ein Kapitel meines Lebens zu Ende war.« Leslie gönnte sich in ihrem Trotz, wie sie es nannte, weiter ein Glas Wein, wenn sie es wollte, und spielte die auf sie niederprasselnden Ermahnungen, mehr auf ihre Gesundheit zu achten, herunter. Als wollte sie damit sagen: »Hey, ich weiß, das Baby wird mein Leben verändern, aber ich will mich nicht völlig aufgeben.«

In dem Lied »Soliloquy« aus dem Musical *Carousel* wandelt sich der werdende Vater Billy Bigelow vom großspurigen Schlägertypen zum unsicheren Habenichts, während er sich erst vorstellt, wie er Vater eines Jungen, dann eines Mädchens wird. Auf lyrische Weise erkundet der Song, wie die anstehende Elternschaft uns zwingt, uns in einem völlig neuen Licht zu sehen. Die Grübelei darüber, was für ein Mensch man für sein Kind gern wäre, kann einem glatt schlaflose Nächte bescheren. »Ich denke schon jetzt darüber nach, wie sie mich sehen wird«, sagte mir Elise, als sie im sechsten Monat schwanger war. Als sie sich vorstellte, wie sie sich mit ihrem Kind amüsieren, sich mit ihm die Welt ansehen, mit ihm umgehen würde, beschloss sie bewusst, ihr Image zu ändern. »Die Schwangerschaft zwingt mich zu gewissen Korrekturen. Selbstsicherer, erwachsener aufzutreten, nehme ich an. Ich weiß natürlich, dass das Baby das nicht hört, aber ich fluche weniger als früher. Das ist vielleicht dumm, aber es gehört zu meiner Vorstellung davon, wie mein Kind mich sehen soll.«

Shelly, die ihrer Schwangerschaft mit Sorge gegenüberstand, erklärte, dass sie sich die Beziehung zwischen sich und ihrem Baby nur selten ausmale. »Ich habe eigentlich kein Bild von ihm«, sagte sie. »Ich denke wohl nicht so sehr über unsere Beziehung nach.« Andere Mütter machten sich ein sehr genaues Bild, wie sie mit dem Baby spielen, es im Arm halten und stillen würden. Lisa, die ihr erstes Mädchen erwartete (sie hatte bereits zwei Jungen), geriet gar über die Einkaufsbummel ins Schwärmen, die sie mit ihrer Tochter später einmal unternehmen würde. Sie wusste sogar schon, was sie zwischendurch zu Mittag essen würden.

In *Geburt einer Mutter* beschreibt Daniel Stern, wie sich unsere Fantasien im achten oder neunten Monat der Schwangerschaft noch einmal verändern: »Das Bild des Babys in der Vorstellung der Mutter gewinnt keine weiteren Einzelheiten hinzu, sondern es passiert nahezu das Gegenteil. Neuere Studien deuten darauf hin, dass die Mutter in dieser Phase ihre detaillierte Vorstellung von ihrem Baby wieder auflöst. Sie lässt zu, dass das innere Bild verblasst, und beginnt gewissermaßen, das imaginierte Baby abzubauen und sogar vor sich selbst zu verbergen.« Stern zufolge müssen wir »reinen Tisch machen«, damit unsere Erwartungen nicht enttäuscht werden, wenn das Baby dann kommt. Für eine Mutter, deren Kind zu früh zur Welt kommt, hat das schwerwiegende Folgen: »Dann hat sie keine Zeit, das Bild ihres imaginären Babys aufzulösen. Sie und das wirkliche Baby leiden nun doppelt. Das wirkliche Baby ist nicht nur weniger weit entwickelt, als man normalerweise erwarten könnte, sondern die Mutter vergleicht es auch noch mit ihrem oft unrealistisch idealisierten imaginierten Baby, das in ihrer Vorstellung noch allzu präsent ist.«[4]

Die bei weitem schwierigste Zeit meiner ersten Schwangerschaft waren die Wochen vor Mollys Geburt, in denen ich schon wusste, dass sie nicht normal sein würde. Wut auf die Ärzte, die das Problem erst gegen Ende des siebten Monats diagnostiziert hatten, wechselte mit betäubendem Schmerz. Ich musste meine Hochglanzfantasien eines lachenden, pausbäckigen Babys, das sich in meine liebevollen Arme schmiegt, loslassen und akzeptieren, dass mein Leben schwerer und ziemlich unfair werden würde. Mithilfe einer Therapeutin, die ich in dieser Zeit aufsuchte, gelang es mir, mich zu meinem Ärger zu bekennen und zwischen erstickten Schluchzern auszustoßen: »Manchmal hasse ich Molly!« Allerdings musste ich dann mit den grässlichen Schuldgefühlen fertig werden, die solche Empfindungen auslösen.

Ich konnte meine Gefühle auch mit Steve teilen, der natürlich genauso schwer an einer Last aus Schuld, Wut und Sorge zu tragen hatte wie ich. Ich lehnte mich an ihn an mit einer Wucht, die einen schwächeren Mann umgeworfen hätte. Obgleich er später einräumte, wie qualvoll das für ihn gewesen war, nichts bewirken, nichts verbessern zu können, half er mir durch den Tag. Ich brauchte mich nie zu fragen, was für ein Vater er wohl werden würde.

Der Traumvater

Vor dem Hintergrund dessen, was wir beim ersten Mal erlebt hatten, wurde die zweite Schwangerschaft mit Maddie zu einer Zeit intensiver Zuwendung und Zusammengehörigkeit. Steve war immer für mich da, sei es, um mir meine geschwollenen Fußgelenke zu massieren, sei es, um sicherzustellen, dass unsere Hebamme uns wirklich alles sagte. Wenn ich mich scheute, sie »mit einer dummen Frage zu nerven«, griff er zum Hörer und rief an. Er übernahm auch die Gestaltung von Maddies Zimmer und strich noch kurz, bevor sie kam, die Decke. »Ich möchte nicht, dass sie Risse und Wasserflecken anstarren muss!«, erklärte er nur.

In vielen Dingen waren wir uns völlig einig, in anderen gänzlich unterschiedlicher Ansicht. Ich kann mich nicht daran erinnern, dass wir uns je hinsetzten, um über unsere Rollen zu reden oder darüber, wie Steve seinen Terminplan umstellen könnte, wenn seine Urlaubswoche nach der Geburt vorüber war. Unser lächerlicher Geburtsvorbereitungskurs bereitete uns nicht darauf vor, welche praktischen Anforderungen das Baby an uns stellen würde. Ich nahm wohl an, dass er als ältestes von vier Kindern etwas über Windeln und nächtliche Babymahlzeiten wusste, und ich wollte nicht so genau wissen, ob für ihn seine Identität auf dem Spiel stand, denn das hätte bedeutet, dass ich auch über meine eigene hätte nachdenken müssen. Vielleicht war ich auch so mit mir selbst beschäftigt (besonders gegen Ende meiner Schwangerschaft), dass ich mir gar nicht erst Gedanken darüber machte, wie Steve sich als angehender Vater fühlte. Wie ein egozentrisches Kleinkind, das davon ausgeht, dass alle die Welt so sehen wie es selbst, nahm ich an, dass Steve dem großen Tag mit ähnlichen Ängsten, Hoffnungen und Zukunftsvisionen entgegenblickte wie ich. Aber ich habe ihn ja nie gefragt.

Wenn man über den eigenen Ehemann nachdenkt und sich überlegt, was für eine Art Vater er wohl werden wird, ist es besonders schwer, Fantasie und Realität voneinander zu trennen.

Wenn Ihr Ehemann ein Workaholic ist, wird er wohl nicht die Vormittage mit Ihnen im Bett verbringen, um mit feuchten Augen sein Neugeborenes zu bewundern. Wahrscheinlich wird er eher noch mehr Zeit darauf verwenden, seiner Rolle als Versorger nachzukommen.

Viele Mütter, mit denen ich sprach, wussten von vornherein, dass sie die ersten Monate im Alleingang würden bewältigen müssen. Sie gaben sich nicht der Hoffnung hin, dass der Papa nachts ins Kinderzimmer eilen würde, um dem Baby die Flasche zu geben, oder dass er früher aus dem Büro kommen würde, um mit ihm zum Kinderarzt zu gehen. Meine Freundin Elise hatte sich gegen Ende ihrer Schwangerschaft damit abgefunden, wie sich ihr umtriebiger Mann verhalten würde, und, noch wichtiger, was für ein Team sie abgeben würden: »Einerseits wünsche ich mir, dass Brian das Baby mit pflegt und füttert, doch ich weiß, dass er gar nicht über solche Sachen nachgedacht hat. Das ist einfach nicht sein Ding. Ich denke ständig darüber nach. Ich bin allerdings auch ziemlich stur, wenn es darum geht, wie etwas gemacht wird, und wenn er sich aktiv einbringen würde, bin ich mir sicher, dass wir öfter mal unterschiedlicher Ansicht wären.«

Ein neuerer – wenngleich nicht unbedingt weiserer – Lösungsansatz, wie man sich die Babypflege teilen kann, kam von einer erklärten »Typ-A-Mutter«, einer Karrierefrau also, die mit einem »absoluten Typ-A-Mann« verheiratet ist. Vier Wochen vor dem Geburtstermin erzählte mir MaryAnn, dass sie sich standhaft geweigert hatte, auch nur ein einziges Buch über Babypflege zu lesen. »Ich habe absichtlich nichts gelernt. Meine Schwestern haben Kinder, also bin ich den Umgang mit Neugeborenen gewöhnt. Aber ich habe kein einziges Buch über das Kinderkriegen gelesen, weil ich mir keinen Vorsprung verschaffen wollte. Ich will nicht mehr wissen als Doug. Er ist für die Kinder ein toller Onkel, wenn sie erst mal einen Ball werfen können, aber Neugeborene – na ja, sagen wir mal so: Ich glaube nicht, dass er je eine Windel gewechselt hat. Also will ich, dass wir beide bei Null anfangen und zusammen lernen. Wenn ich ihm hin und wieder einen Tipp gebe, dann glaubt er, ich weiß alles, und dann fragt er mich ständig, wie man dies und das macht. Ich möchte es lieber mit ihm gemeinsam lernen.«

Shelly wusste, dass ihr Mann »nicht viel zu Hause« sein würde. Sie machte sich auf Einsamkeit und Erschöpfung gefasst: »Wenn ich mir das Muttersein vorstelle, so glaube ich, dass ich am Ende des Tages sehr müde sein werde. Ich habe Angst, dass ich mich vielleicht langweile und einsam fühle. Ich glaube nicht, dass John eine große Hilfe sein wird. Ich fürchte, er wird nicht viel da sein.« Auch wenn Shelly traurig klang – und auch wenn vielleicht ihr Alltag längst nicht so schlimm wurde –, so hat sie sich doch an Vorstellungen herangewagt, die viele werdende Mütter aus Scham oder Furcht wegschieben.

Als meine Freundin Chloe sechs Wochen nach ihrer Hochzeit schwanger wurde, dachte sie zunächst an eine Abtreibung. Der Zeitpunkt war denkbar ungünstig: Sie und ihr Mann Chris standen mit ihrer Beziehung ganz am Anfang, und sie hatte einen begehrten Studienplatz ergattert. »Ich war sehr durcheinander und auch wütend«, erinnert sie sich. Doch eines Abends zeigte Chris ihr ein Foto seiner Tochter aus erster Ehe und sagte: »Sieh mal, es ist deine Entscheidung, aber mir wäre es lieb, wenn du es durchziehen würdest. Ich liebe Allison unwahrscheinlich. Du kannst dir dieses Gefühl einfach nicht vorstellen.«

Wie sich herausstellte, schweißte die Geburt ihres Sohnes in dieser frühen Phase der Ehe Chloe und Chris zusammen. Es war eine harte Zeit: Um zu Hause sein zu können, während Chloe studierte, hatte Chris eine Arbeit angenommen, die ihm nicht lag; das Geld war knapp. »Wenn wir nicht Eltern gewesen wären, hätten wir es vielleicht nicht geschafft«, sagt Chloe heute.

Mit einem Baby Eheprobleme lösen oder dem Ehepartner eine Kette anlegen zu wollen, ist so offensichtlich ein Irrweg, dass die Methode in Fernsehsoaps zum Klischee geworden ist. Umso erstaunlicher, dass in einer Studie, die untersuchte, warum amerikanische Elternpaare Kinder haben möchten, an erster Stelle rangierte: »um den Partner enger an sich zu binden.«[5] Und tatsächlich erleben viele schwangere Frauen, dass die Beziehung zu ihrem Ehemann tiefer und vertrauter wird.

Elise erzählte, dass die Beziehung zu ihrem Mann Brian in eine neue Phase eintrat: »Zuerst waren wir ein Paar, das zusammenlebte. Dann haben wir geheiratet und gespürt, dass die Bindung stärker wurde. Doch jetzt ist sie noch enger. Ich kann mir nicht vorstellen, wie intensiv und fest sie sein wird, wenn wir ein Baby in unserem Leben haben.«

So eng sie sich Brian verbunden fühlte, so machte es Elise doch rasend, wenn er Freunden erzählte: »Wir sind schwanger.« Nach mehreren vergeblichen Versuchen einer In-vitro-Fertilisation und der anstrengenden emotionalen und körperlichen Achterbahnfahrt, die damit einherging, fand sie die Vorstellung, dass beide schwanger seien, einfach lächerlich: »Man sieht auf den ersten Blick, dass das hinkt. Wenn man eine Fertilitätsbehandlung macht, wird man fünf Tage nach der Periode getestet, und man beginnt, sich mit Medikamenten voll zu stopfen und alles zu tun, was nötig ist. Und was tut der Ehemann? Er ejakuliert in einen Becher. Und nun bin ich schwanger, und für Brian, so enthusiastisch er auch sein mag, hat sich eigentlich nichts geändert. Ihm war nicht vier Monate lang übel. Er war nicht ständig erschöpft und launisch. Er steht auf, geht zur Arbeit und kann gar nicht verstehen, warum ich nicht aus dem Bett komme. Das Leben hat sich für ihn intellektuell geändert, für mich dagegen hat es sich körperlich, emotional und intellektuell verändert. Ich meine, es gibt keinen einzigen Teil meines Lebens, der davon unberührt wäre.«

Vom Partner zu erwarten, dass er im Gleichschritt mit in den Kreißsaal geht, mit atmet, schwitzt und weint und anschließend mit dem gleichen Gefühlswirrwarr auf die Ankunft des Babys reagiert, ist nicht nur unrealistisch, es ist auch unfair – beiden Partnern gegenüber. So wie Sie Schwangerschaft und Geburt unmöglich gleich erleben können, so werden Sie auch das Elternsein nicht gleich erleben, selbst wenn er 50 Prozent der Kinderbetreuung übernimmt. Die Liebe zum Kind, die Selbstdefinition als Eltern, das berufliche Engagement, die Aufmerksamkeit, die man einander entgegenbringt – das sind nur einige Bereiche in Ihrer Ehe, die sich plötzlich gegensätzlich entwickeln können. Nur wenige von uns nehmen sich die Zeit, vor Ankunft des Babys über mögliche Spannungsfelder nachzudenken und an der Ehe zu arbeiten. Natürlich kann man, wenn man mit einem Mann verheiratet ist, für den die Karriere im Mittelpunkt steht, das Lied aus *Guys and Dolls* »Marry the Man Today« singen und einfach mal davon ausgehen, dass die Geburt des Babys ihn völlig umkrempeln wird. Aber vielleicht wäre es doch sinnvoller, die Sorgen einmal anzusprechen, dem Groll Luft zu machen, zu sagen, was wir wollen und was uns wichtig ist – und zwar ein paar Monate vorher, bevor wir vor Müdigkeit kaum mehr den Mund aufkriegen.

Der Bauch wächst

Wenn Sie die dramatischsten körperlichen Veränderungen durchlaufen, die Sie je erlebt haben, wenn Sie beobachten, wie sich Ihr Körper vollständig verwandelt, und wenn Sie jeden Tag an diese kleine Person denken, die da in Ihrem Körper heranwächst, so ist das, wie es die meisten Mütter passend beschreiben, »ein Wunder«. In ihrem schönen Buch *The Blue Jay's Dance: A Birth Year* erinnert sich Louise Erdrich, dass sie ihren Körper als vollkommen abgetrennten Bereich erfuhr: »Ich bin nicht ich. Ich fühle, wie ich weniger eine Person werde denn ein Ort, bewohnt, ein fremdes Land.«[6]

Tami, die eine aufreibende Stelle in einem Verlag hat, wurde mit Mitte dreißig schwanger und erlebte nach zwei Monaten ständiger Übelkeit (»Ich aß morgens, mittags und abends nur trockene Nudeln und Cracker«) ihren Körper später auf eine positive, völlig neue Art: »Zuerst veränderte sich mein Busen.

Er war riesig – und ich meine damit dreimal so groß wie vorher. Und dabei hätte ich wirklich nicht mehr gebraucht! Ich bin schon ziemlich üppig. Die Leute starrten ihn an, und das war mir unangenehm. Dann, als ich nach ungefähr vier Monaten einen Bauch bekam, sah ich mich im Spiegel, als stehe dort eine Fremde. So sehr hatte sich mein Körper verändert. Es war, als würde eine Außerirdische in meinem Körper hausen – und das war wohl auch so. Ein paar Monate lang habe ich es einfach geleugnet. Ich habe sogar versucht, meine normalen Kleider anzuziehen. Jetzt habe ich die Übelkeit, die Furcht und das Herantasten hinter mir, und es geht mir prächtig. Ich bin mir dessen bewusst, dass ich Gastgeber – oder Gastgeberin – eines rätselhaften Wunderwerks bin. Ich bin einfach nur fasziniert.«

Ich weiß noch, wie ich gegen Ende meiner Schwangerschaft auf dem Bett lag und fühlte, wie Maddie ihr winziges Füßchen gegen meine Handfläche presste, als ich mit der Hand über meinen außergewöhnlich großen Bauch strich, und ich über dieses komische Phänomen laut lachen musste. Der Gedanke, dass ich ein Baby in mir trug, war einfach überwältigend. Meine Freundin Elise stellte weise fest: »Sieh mal, ich brauchte fünf Jahre für meine Pubertät. Und jetzt habe ich in nur neun Monaten viel mehr körperliche Veränderungen erlebt.«

Im ersten Schwangerschaftsdrittel, wenn die morgendliche Übelkeit, die wunden Brüste und die hormonelle Umstellung am heftigsten zuschlagen, ist es nur natürlich, dass man das Gefühl hat, die Kontrolle über den eigenen Körper verloren zu haben. Selbst wenn man von Unannehmlichkeiten weitgehend verschont bleibt, kann schon die bloße Aussicht darauf belastend sein. Leslie hatte die Verwandlung zweier guter Freundinnen erlebt, die beide stark zunahmen, denen morgens schrecklich übel war und die sich über eine Vielzahl unangenehmer Zipperlein beklagten. Obwohl die ersten Wochen ihrer Schwangerschaft relativ frei von Symptomen verlaufen waren, fürchtete Leslie daher, dass sie jeden Moment über sie hereinbrechen könnten. »Ich hatte mich immer als intelligent, interessant und attraktiv empfunden. Ich bin sehr groß und schlank, und ich hatte viele Verehrer, ehe ich heiratete. Daher machte ich mir Sorgen, dass ich viel zunehmen und die Kontrolle über meinen Körper verlieren könnte. Ich wusste nicht, wann ich einen Bauch bekommen, wann meine Taille verschwinden, wann ich mich nicht mehr attraktiv fühlen würde. Das empfand ich anfangs als sehr schwierig.« Das zweite und dritte Schwangerschaftsdrittel fand sie dann viel einfacher. »Als ich nicht mehr zunahm, sondern diesen buddhaähnlichen Bauch hatte, war ich mit meinem Körper im Reinen.«

MaryAnn, die beruflich oft vor großen Gruppen Präsentationen machen musste, fand es in den ersten Schwangerschaftsmonaten nur schwer erträglich, vor zweihundert Leuten zu stehen. »Ich fühlte mich so unwohl in meiner Haut und konnte es niemandem sagen. Meine Kleidung war eng und unbequem, aber ich wollte nicht zwei Größen größer kaufen, um dann später auf Umstandskleider umzusteigen.«

Wie MaryAnn stand auch Dierdre, die im vierten Monat schwanger war, als sie heiratete, einen Sommer lang mit ihrem Aussehen auf Kriegsfuß. »Wir verbrachten unsere Flitterwochen auf einer Kreuzfahrt, und ich sah nicht so richtig schwanger aus, sondern nur dick. Das war hart. Später kam ich damit zurecht. Ich betrachtete meinen Körper als Haus für mein Baby, und je dicker ich wurde, desto sicherer war das Baby.«

Jordan, die als Teenager unter einem sehr problematischen Körpergefühl litt, war in der Schwangerschaft glücklich. »Es war das einzige Mal, dass ich mich in meinem Körper richtig wohl gefühlt habe – nicht im Sinne von sexy oder außergewöhnlich schön, sondern ich wusste einfach, dass ich aussah, wie ich aussehen sollte«, erklärte sie. »Zum ersten Mal in meinem Leben war ich innerhalb von Minuten für die Arbeit angezogen, statt vierzig verschiedene Sachen anzuprobieren, in denen ich mich durch die Bank nicht wohl fühlte. Es war so eine Erleichterung, in Umstandskleider zu schlüpfen, statt den Bauch einziehen oder mir Sorgen machen zu müssen, ob ich gut aussehe.«

Den schwangeren Körper kann man leichter annehmen, wenn positive Veränderungen damit einhergehen. MaryAnn bekam eine schönere Haut, und obwohl sie sich unbehaglich fühlte, steckte sie nun voller Tatkraft. Dennoch gab es Momente, in denen sie ihrem »sexy Ich« hinterhertrauerte, und sie merkte, dass sie sich mit nicht schwangeren Frauen verglich. »Man will sich weiter erotisch fühlen und weiß doch, dass einem das Unerotischste ins Haus steht, was es gibt: zu gebären und Mutter zu werden. Wenn man dann die wunderschönen Frauen auf der Straße sieht, denkt man: ›O Mann, wird sich überhaupt noch mal jemand nach mir umdrehen, wenn ich erst ein Baby im Buggy herumfahre?‹«

Alle andere als erotisch

Hunter Tylo, einer der Stars aus der Fernsehserie *Melrose Place*, klagte erfolgreich mehrere Millionen Dollar ein, weil sie überzeugt davon war, dass sie auch schwanger eine zickige Verführerin spielen könne. Ich hätte Millionen darum gegeben, in meiner Schwangerschaft auch nur halbwegs wie Hunter Tylo auszusehen oder mir wenigstens nicht dauernd vorzukommen wie ein Moppel mit Teiggesicht. Und wer denkt schon an »Verlockung«, wenn er am Tag ständig über der Kloschüssel hängt und abends völlig erschlagen ist? Wenn dann die morgendliche Übelkeit vorüber ist und die Müdigkeit der ersten Schwangerschaftsmonate nachlässt, mag unser Busen praller sein, aber das gilt auch für den Rest des Körpers. Ich weiß noch, wie ich mich gegen Ende meiner Schwangerschaft ins Bett rollte, wie ein gestrandeter Wal neben meinem unerschütterlich liebenden Ehemann lag und die Aussicht auf Sex geradezu lachhaft fand. Ich konnte mir einfach nicht vorstellen, dass Steve meinen enormen Bauch und die Schwangerschaftsstreifen auf meiner Brust attraktiv fand. Ständig klang mir Dr. Ruth mit ihrem Wiener Akzent in den Ohren: »Das Gehirn ist das wichtigste Sexualorgan!«

Das trifft besonders dann zu, wenn man unterhalb des Busens nichts mehr sieht!

Humor ist natürlich der Schlüssel zu einem gesunden Sexualleben während der Schwangerschaft. »Ich bin eines Nachts in Gelächter ausgebrochen, als ich uns zufällig im Schlafzimmerspiegel sah«, sagte eine werdende Mutter und musste gleich wieder lachen. »Ich hatte meine Augen geschlossen gehabt und war ganz vertieft, und ich habe wohl vergessen, wie ich aussah; daher wusste ich erst nicht, was das sein sollte. Wir sahen aus, als kämen wir aus einem Naturfilm über die Paarungsgewohnheiten der Ochsenfrösche oder so was!«

Andere Frauen erzählten, dass sie es gut fanden, sich mal nicht um Verhütung kümmern zu müssen (»viel spontaner«), in der fortgeschrittenen Schwangerschaft leichter erregbar zu sein (dass der Beckenbereich besser durchblutet ist, wirkt wohl stimulierend) oder beim Sex »ein bisschen fantasievoller« sein zu müssen. »Wir haben neue Positionen ausprobiert«, erinnerte sich Diane. »Und ich glaube, es war gut, dass Greg meinen Körper auf nicht erotische Art irgendwie faszinierend fand. Er lag neben mir und streichelte mir den Bauch und bewunderte meinen Körper. Das war richtig süß – und wir fühlten uns einander näher.« Tamis Mann liebte ihren schwangeren Körper. »Er behandelt mich wie eine weibliche Ikone, wie eine wunderschöne, erotische, Leben spendende Göttin.«

Eine werdende Mutter erzählte, ihr Mann meinte, dass sie anders schmecke. »Erst war ich vor den Kopf gestoßen, aber dann war es doch faszinierend. Ich habe mich dazu durchgerungen, meine Hebamme danach zu fragen, und sie erklärte mir, dass die Vagina sich anders anfühlen, anders aussehen und wohl auch anders schmecken könne. Als ich meinem Mann sagte, er habe Recht, stolzierte er umher wie eine Art Connaisseur.«

Leslie, die vor ihrer Schwangerschaft keine Schwierigkeiten gehabt hatte, zum Orgasmus zu gelangen, erlebte nun, dass ihre Libido und ihre Freude am Sex gegen null gingen. »Zuerst dachte ich, es liegt daran, dass ich innerlich so aufgewühlt war.

Aber gegen Mitte der Schwangerschaft, als ich in vielen Büchern las, dass Schwangere oft ziemlich scharf sind, wurde mir klar, dass ich das genaue Gegenteil bin. Sex war das absolut Letzte, woran ich dachte. Mir fiel es schwer, zum Orgasmus zu kommen, und ich musste Josh beruhigen, dass es an mir lag, nicht an ihm, denn unser Sexualleben war völlig zum Erliegen gekommen.«

Die Vorstellung, dass man ein Baby mit im Bett hat – selbst wenn es noch nicht größer als eine Bohne ist und sich (buchstäblich) im Dunkeln darüber befindet, was geschieht –, kann dem Sexleben schon einen Dämpfer verpassen. Dieses Thema beschäftigte zwar nur eine Hand voll werdender Mütter, doch viele erzählten mir, dass ihre Männer Fantasien im Kopf wälzten (oder besser der Wunschvorstellung nachhingen), sie könnten das Baby verletzen. Als die hinreißende Cindy Crawford mir etwas in der Art anvertraute, bat ich sie, ihrem ebenso hinreißenden Mann auszurichten, er möge sich bitte nichts einbilden.

Natürlich gibt es werdende Väter, deren Lust erheblich nachlässt, wenn ihre Frau dicker und unförmiger wird. Doch nur bei wenigen der Frauen, mit denen ich sprach, war das der Fall. »Ich glaube, wir hatten jede Menge Sex in der Schwangerschaft, weil uns jeder prophezeite, dass wir, wenn das Baby erst da wäre, zu erschöpft dafür sein würden«, sagte eine 25-jährige Mutter aus Chicago lachend.

Unerbetene Ratschläge und Annäherungsversuche

Dass der eigene Ehemann einen berührt, mag kein Problem sein; ja, es ist wunderbar, wenn er den riesigen Bauch küsst oder dem Baby etwas vorsingt oder die schönen Brüste und die glänzende Haut der Mama bewundert. Ganz anders liegt die Sache, wenn man sich vorkommt wie ein Schauobjekt im Naturkundemuseum, das jeder anfassen darf. Es ist erstaunlich, wie viele fremde Leute sich genötigt fühlen, einem den Bauch zu tätscheln, höchst intime Fragen zu stellen oder ihren reichen Schatz an nervenzerfetzenden Schwangerschaftsgeschichten aufzutischen.

Meine Lieblingsgeschichte bekam ich von einer Frau auf einer Cocktailparty zu hören, die, als sie meine Umstandskleidung sah, quer durch den Raum auf mich zu schoss, sich hastig vorstellte und mir dann von den Qualen berichtete, die ihre Freundin im achten Monat erleiden musste: »Sie bekam so ein Problem mit den Speicheldrüsen«, sagte sie, wobei sie selbst, vielleicht um der Glaubwürdigkeit willen, ein wenig sabberte. »Deshalb geiferte sie ständig. Sie musste den ganzen Tag eine Tasse mit sich herumtragen – sogar im Büro.«

Natürlich war ich nicht dreist genug, ihr die Schuhe voll zu spucken oder sie zu fragen, warum zum Kuckuck sie glaubte, ausgerechnet mir diese Geschichte erzählen zu müssen. Ich stand nur stumm da, nahm alles in mich auf und wartete die nächsten 24 Stunden ängstlich darauf, dass sich Schaum vor meinem Mund bildete. Im Rückblick erinnert die Episode ein bisschen an die Serie *Seinfeld*, aber damals kam sie mir eher vor wie aus einem Stephen King.

Elises Freunde und Angehörige waren etwas taktvoller. »Leute, die mir nahe stehen, Freunde, die mich kennen und Verständnis für mich haben, erzählen mir wirklich das, was ich wissen will«, sagte sie. »Aber Leute, die ich weniger gut kenne – Freunde von Freunden oder auch völlig fremde Menschen –, hängen mir ihre Horrorgeschichten auf.«

Lange nach der Geburt sagte mir eine weise Hebamme, sie rate ihren Patientinnen, unerwünschte Horrorgeschichten (und gut gemeinte Ratschläge) mit einem freundlichen Nicken zu quittieren und derweil im Kopf Listen zu erstellen. »Lächeln Sie, und überlegen Sie sich, was sie noch einkaufen müssen oder was Sie im Schrank haben – egal was, Hauptsache, Sie brauchen sich den Quatsch nicht anzuhören.«

Elise sagte in solchen Fällen: »Wissen Sie, es tut mir Leid, dass Sie solche Erfahrungen gemacht haben, aber ich möchte lieber nichts mehr darüber hören. Es regt mich auf.« Zu unerwünschten Berührungen kam es bei ihr kaum. »Vielleicht, weil ich über 1,80 Meter groß bin, daher habe ich nicht niedlich oder knuddelig ausgesehen. Die Leute fühlten sich von mir nicht gerade magisch angezogen; aber ich kenne eine Frau, die einem kleinen alten Mann, der ihr den Bauch tätschelte, über die Glatze streichelte.«

Auf unerbetenes Berühren reagieren Frauen ganz unterschiedlich. Einige empfinden es als aufdringlich und widerlich, andere schütteln es einfach ab. Eine erzählte mir, dass sie das schön fand (»So was wie gute Wünsche!«). Sandra erinnerte sich, dass völlig fremde Menschen in der New Yorker U-Bahn zu ihr kamen, um sie zu berühren. »Meistens fragten sie, ob sie meinen Bauch berühren dürfen, aber auch wenn ich sagte: ›Ich kenne Sie doch gar nicht‹, fassten sie mich trotzdem an. Ein Typ kam zu mir und meinte, er fände schwangere Frauen echt heiß. Ich fragte: ›Soll das ein Witz sein? Nein!‹ Er hat's kapiert.«

Noelle, Chemielehrerin an einer High School, war klar, dass ihre Schwangerschaft ihre Schüler faszinierte; dennoch war es ihr anfangs »sehr unangenehm«, wenn sie sie berührten. Als Lehrerin wollte sie ihre Neugier fördern und ihre Fragen beantworten, doch gleichzeitig wollte sie die klar gezogenen Grenzen nicht aufheben. »Viele der anerkannten Grenzen verschwinden, wenn man schwanger ist, besonders bei Kindern.«

Das Gefühl für die eigene Präsenz verändert sich mit fortschreitender Schwangerschaft völlig. Wenn Sie schon immer zu denen gehört haben, die einen Raum voller Menschen betreten und sofort die Aufmerksamkeit auf sich ziehen, sei es aufgrund Ihrer Persönlichkeit oder aufgrund Ihrer Körpergröße, dann wird Ihnen die Welt nun nicht viel anders vorkommen – Ihrer Metamorphose zum Trotz. Doch wenn Sie klein sind oder schüchtern oder beides, dann wird Ihnen auffallen, dass Sie nun plötzlich mehr Raum beanspruchen – sowohl im Wortsinn als auch, was die Aufmerksamkeit anderer Menschen angeht. Sie können unmöglich ein Mauerblümchen sein, wenn Sie auffallen wie ein ganzes Bouquet. Sie betreten einen Raum, und die Leute drehen sich nach Ihnen um; Sie steigen in einen Bus, und die Aufmerksamkeit wendet sich Ihnen zu, während die Frauen die sitzenden Männer mit durchbohrenden Blicken aus ihrem vorgeschützten Schlaf zu holen versuchen.

Ich erinnere mich noch gut an meine erste Busfahrt wenige Wochen nach Maddies Geburt. Ich vermisste meinen schwangeren Körper und die Aufmerksamkeit, die ich auf mich gezogen hatte. (Nicht, dass auch nur einer der sitzenden Männer aufgestanden wäre, als ich noch im achten Monat schwanger war.) Es gefiel mir nicht, dass alles »wieder normal« war und ich einfach wieder zu diesen erschöpften, etwas pummeligen Pendlerinnen gehörte. Ich wollte noch einmal das wissende Lächeln der Frauen erleben, das Gefühl, etwas Besonderes zu sein.

In seiner wunderbaren Geschichte »Als alle schwanger waren« erzählt John Updike von einem Sommer, in dem seine Frau und mehrere ihrer Freundinnen ein Kind erwarteten: »Wie sie über den Sand trieben wie geblähte Segel. Shakespeare, Titania zu Oberon: ›Wir [...] lachten, wenn vom üppigen Spiel des Windes / Der Segel schwangrer Leib zu schwellen schien.‹ In ihren sonnengebleichten Umstandsbadeanzügen, die schwangeren jungen Frauen. Wie Dinghis im Schlepptau die Kleinkinder, die schon geboren waren.«[7] Als ich das las, erinnerte ich mich wieder daran, dass ich mich zum Ende meiner Schwangerschaft wie ein wunderschönes Schiff oder eine reife Frucht gefühlt hatte; ich war ein wandelndes Versprechen und zog das Lächeln und den Segen völlig fremder Menschen auf mich, wenn ich durch den Tag segelte.

Schwanger bei der Arbeit

Ganz anders als die unerwartete Aufmerksamkeit in der Öffentlichkeit waren die Reaktionen an meiner Arbeitsstelle. Mein Chef, ein liebenswerter Mensch, aber ganz alte Schule, zeigte sich begeistert über meine Schwangerschaft und ging dann schnell – und nicht eben subtil – dazu über, mich bei der Arbeit zu übergehen. Ich hatte plötzlich weniger zu tun; bei längerfristigen Planungssitzungen war ich nicht mehr dabei, und ich war auch nicht mehr die Erste, die er bei Fragen zurate zog. Es ärgerte mich, doch als ich mit anderen arbeitenden Schwangeren sprach, merkte ich, dass meine Erfahrungen vergleichsweise harmlos waren.

Dass arbeitende Frauen unverhohlen oder auch auf subtile Art aus den engeren Machtzirkeln verbannt werden, wenn ihre Schwangerschaft bekannt oder ihre körperliche Veränderung unübersehbar wird, hört und liest man immer wieder. Obwohl Schwangeren der Erhalt ihrer Arbeitsstelle und der Mutterschaftsurlaub gesetzlich zustehen und sie vor Diskriminierung geschützt sind, gibt es doch Formen von Zurücksetzung, die zwar vielleicht nicht Leib und Leben gefährden, durchaus aber das Selbstbild erschüttern können. Sandra war eine der ersten Frauen in ihrer Abteilung, die Kinder bekamen. Sie fand, dass die Aufmerksamkeit, die ihr zuteil wurde, nicht nur ihr Gutes hatte. »Ich hörte zwar gern, dass ich gut aussah, und genoss ihr Interesse an meiner Schwangerschaft, doch ich fühlte mich auch ein wenig ausgeschlossen. Die Fernseharbeit ist sehr intensiv und hektisch. Von bestimmten Konferenzen erfuhr ich gar nichts, weil bekannt war, dass ich bald in Mutterschutz gehen würde – oder vielleicht hatte man mich da auch schon irgendwie abgeschrieben. Ich hätte aber gern die Wahl gehabt, hinzugehen oder nicht.«

Bei der Arbeit anders behandelt zu werden, ist eine Sache; die Arbeit anders zu sehen, eine andere. Wenn der große Tag näher rückt, ist es absolut natürlich, dass man die Berufstätigkeit in Frage stellt und dass man darüber nachdenkt, ob das Baby die Prioritäten, den Tagesablauf und die Ziele, die bis dahin unbestritten waren, verändern wird. Die Psychologin Erica trieb die Furcht um, »von der Karriereleiter zu fallen«. Als ich mit ihr sprach, stillte sie gerade Bryce, damals fünf Monate alt, und war überglücklich mit ihrer Teilzeittätigkeit. Doch sie erinnerte sich lebhaft, welche Sorgen sie sich während der Schwangerschaft gemacht hatte: »Ich hatte in meiner Karriere einen Punkt erreicht, an dem ich mir ein gewisses Renommee erarbeitet und beruflich Zeichen gesetzt hatte. Ich hatte schreckliche Angst, nach der Geburt abzustürzen. Das war beängstigend, und egal, wie häufig mir andere Mütter sagten, ich würde das später anders sehen, konnte ich mir einfach nicht vorstellen, wie es sein würde.«

MaryAnn erlebte den kritischsten Punkt ihrer Schwangerschaft wenige Wochen vor dem Geburtstermin: Es war offenbar unmöglich, einen Geburtsvorbereitungskurs zu finden, der sowohl ihr als auch ihrem viel beschäftigten Mann in den Terminplan passte. »Ich hatte mir immer wieder eingeredet, dass es einfach nur etwas Neues in unserer Ehe sein würde, Vater und Mutter zu werden, und dass unser Leben normal weitergehen würde«, erinnert sie sich. »Aber an jenem Wochenende hatten wir einen Riesenkrach wegen des Geburtsvorbereitungskurses. Doug hatte so eine wichtige Präsentation. Und ich hatte auch eine wichtige Präsentation, wollte mir aber trotzdem die Zeit dafür nehmen. Also schrie ich ihn an: ›Was ist wichtiger? Deine Präsentation oder das Baby?!‹« MaryAnn erklärte ihren Wutanfall schnell mit den vielen »Gefühlen, die da waren«, unter anderem der Furcht, dass ihre Liebe zum Baby ihre Karriere zum Entgleisen bringen könnte: »Die Liebe zu einem Baby ist nicht das Gleiche, wie wenn man sich in seinen Mann verliebt, denn da kann man nicht einfach den ganzen Tag bei ihm zu Hause bleiben. Da lässt man sich nicht einfach mitreißen und verliert sein Leben aus dem Griff. Der Gedanke, dass ich mich so in dieses Baby verlieben könnte, dass es die ganze Basis, die ich mir geschaffen hatte, untergraben könnte, machte mir echt Angst.«

Hinter MaryAnns kluger Beschreibung ihrer Gefühle steht die Annahme, dass sie, wenn sie sich leidenschaftlich in ihr Baby verliebt und vielleicht zu Hause bleiben möchte, alles aufgeben würde, was sie für sich »geschaffen hatte«. Daphne de Marneffe beschreibt in ihrem Buch wiederholt, welchen Druck ihre inneren Wünsche auf alle Mütter ausüben: »Es fällt uns allen unter anderem deshalb so schwer, über unsere Wünsche nachzudenken, weil die Veränderungen, die diese Wünsche für unser Leben mit sich bringen, die Identität, die wir annehmen müssen, im radikalen Widerspruch zum zielgerichteten Handeln zu stehen scheinen, das uns gesellschaftlich zum Erfolg führt. Die eigenen Energien gezielt aufs Muttersein zu lenken, heißt nicht nur, die Zeit anders zu nutzen (von der wirtschaftlichen Situation und Sicherheit einmal ganz zu schweigen), sondern häufig auch, dass man zu einer neuen Haltung in puncto Kontrolle und Unabhängigkeit finden und sogar seine frühere Identität neu formulieren muss.«[8]

Wie vielen anderen arbeitenden Müttern ist es auch MaryAnn nicht in den Sinn gekommen, dass sich, sollte sie zu Hause bleiben, ihr Selbstbild zwar womöglich radikal verändern würde, aber nicht unbedingt zum Schlechteren. Deshalb ist es so wichtig, dass man sich während der Schwangerschaft bereits ganz offen mit verschiedenen Arten des Mutterseins auseinander setzt. Ob ich selbst befolgt habe, was ich hier predige? Nein. Ich habe gearbeitet bis zum Tag vor Maddies Geburt, und dass Nick nicht auf dem Boden meines Büros in der *Parents*-Redaktion zur Welt kam, verdankt er allein meiner hysterischen Assistentin, die drohte, den einäugigen Wachmann zu rufen, wenn ich nicht sofort ginge. Als ich Maddie an jenem Morgen für den Kindergarten fertig gemacht hatte, hatte ich weit unten ein kleines Zupfen gespürt, doch das Gefühl war so weit weg und so unspektakulär (kein Niagarafall wie bei Maddie, als die Fruchtblase platzte), dass ich annahm, ich hätte es mir nur eingebildet. Als ich im Büro ankam, war mein elegantes Umstandskleid (ich hatte an diesem Tag ein wichtiges Geschäftsessen), sagen wir mal, ein bisschen feucht, und obwohl ich keine Wehenschmerzen hatte, wusste ich, das war's. Dennoch blieb ich am Schreibtisch sitzen und versuchte vergeblich, meinen Leitartikel fertig zu schreiben, ehe ich mich auf den Weg zu meiner Gynäkologin machte.

So sollte man es eher nicht machen. Ich rate zwar nicht dazu, schon Wochen vor der Geburt des Kindes zu Hause zu bleiben, wenn Sie nichts anderes vorhaben, als das Kinderzimmer neu zu tapezieren oder die Nachmittage vor dem Fernseher zu verbringen. Doch ich halte es für wichtig, sich genügend Zeit zu nehmen, um darüber nachzudenken, was auf Sie zukommt. Reden Sie mit ihrem Ehemann; führen Sie Tagebuch; gehen Sie das Risiko ein, das ein Nachdenken über sich selbst stets mit sich bringt. Es ist schwierig, ja schmerzhaft, ein Bild von sich selbst loszulassen und sich damit auseinander zu setzen, wie sich die veränderte Identität auf Arbeit, Freundschaften, Ehe – das ganze Leben – auswirken wird. Doch wenn wir uns in bestimmten Rollen vergraben, nur weil wir Angst haben, uns etwas anderes vorzustellen, vergeben wir die Chance, darüber nachzudenken, inwieweit wir das Muttersein herbeisehnen und uns gleichzeitig davor fürchten.

Die Wahrheit über die Geburt

Wenn die Geburt näher rückt, tritt das Gefühl, dass wir uns selbst verlieren, dass wir einer ungewissen Zukunft entgegensehen, hinter die Furcht vor Wehen und Geburt zurück. »Wissen ist Macht« könnte Ihr Motto sein, wenn Sie zur Geburtsvorbereitung gehen oder Ihre Frauenärztin oder Hebamme befragen, was Sie erwartet, wenn Sie in Büchern alles nachlesen, was es von der Wassergeburt über die aktive Geburt bis hin zur Hausgeburt zu erfahren gibt. Wenn es dem gedruckten Wort nicht gelingt, den Wissenshunger darüber »wie es wirklich ist« zu stillen, werden Sie wahrscheinlich Verwandte, Freundinnen oder sogar völlig Fremde nach ihren Erfahrungen fragen.[9]

Der Grund, warum wir andere Frauen um Hilfe und Rat angehen, liegt wohl darin, dass wir tief im Innern auf eine atavistische Weise wissen, dass wir allein nicht zurechtkommen. In ihrem Buch *Frau* weist Natalie Angier darauf hin, dass der Mensch die einzige Art ist, bei der die Geburt gemeinsam erlebt wird. Denken Sie an Ihre Katze, die für eine Woche verschwindet und die Sie schließlich in einer dunklen Ecke Ihres Kleiderschranks mit einem Wurf miauender Kätzchen wiederfinden. Aufgrund unserer Evolutionsgeschichte dagegen braucht die werdende Mutter Hilfe. »Sie ist so verzweifelt auf Hilfe angewiesen, dass sie, je näher die Geburt rückt, desto mehr in Panik gerät. Sie beginnt sich die Schmerzen und Schwierigkeiten auszumalen, und sie fühlt sich verloren und ausgeliefert. Aber diese Panik ist nichts Pathologisches, sie ist, anders als manche behauptet haben, keine Nebenwirkung der Hormonflut, die die Frau in der letzten Phase der Schwangerschaft überschwemmt. Sie ist eine rationale, begründete Angst, und sie ist ebenso sehr ein Zeichen unseres Menschseins wie unsere opponierbaren Daumen, unsere enthaarten Brüste und unsere Geburtsvorbereitungskurse.«[10]

Für die meisten Schwangeren ist die wichtigste Frage: »Wie halte ich die Schmerzen aus?« Egal, ob Sie eine Spritze brauchen, um sich den Zahnstein entfernen zu lassen, oder eine Wurzelbehandlung lächelnd wegstecken – gegen die Vorstellung, einen vollständig entwickelten, melonengroßen Kopf durch die Vagina zu pressen, wirkt Fallschirmspringen wie eine Fangobehandlung. Ich weiß noch, wie mich in einem Supermarkt einmal die Schlagzeile des *National Enquirer* ansprang: »Koma-Mami erwachte von den Wehen«. Die Botschaft war klar: Selbst wer monatelang hirntot war, wird von den Schmerzen wieder in die Realität zurückgeholt!

Das Problem ist, dass Sie zur Geburt wohl keine eindeutige Auskunft bekommen werden. Und ganz sicher bekommen Sie keine kurze Auskunft. Über nichts reden Mütter lieber als über die beschwerlichen, furchtbaren und bisweilen komischen Stunden rund um die Geburt ihres Kindes. Doch wenn Sie etwas über die aufregendsten und schönsten Augenblicke im Leben einer Frau hören möchten, und zwar in einer Lebendigkeit und Klarheit, der die Zeit nichts anhaben kann, dann machen Sie es sich bei einer Tasse Kaffee gemütlich, und fragen Sie.

Und da Sie nicht gefragt haben, dies aber mein Buch ist, beginne ich mit meinen eigenen Geschichten übers Kinderkriegen: An dem Abend, an dem Maddie kam, hatte ich beschlossen, der Volksweisheit, dass Knoblauch Wehen auslöst, zu folgen, und mir eine Riesenportion Spaghetti mit Fleischbällchen genehmigt. Dazu nur so viel: Ich habe seither nie wieder Fleischbällchen gegessen. Steve und ich hatten gerade einen meiner Lieblingsfilme im Fernsehen gesehen, als um Mitternacht die Fruchtblase platzte. Das kleine »Zupfen« im Bauch, gefolgt vom Schwall warmen Wassers, das sich über unsere neue Bettdecke ergoss, war unmissverständlich. Dennoch war Steve aufrichtig verblüfft: »Was soll das heißen – du hast Wehen?« Als ich so beschwichtigend wie möglich wiederholte, der große Augenblick stehe unmittelbar bevor, raste er in die Küche, um einen großen Pott Kaffee aufzusetzen und die Nacht mit mir aufzubleiben. Ich wandte ein, er könne doch die nächsten paar Stunden nutzen und schlafen. »Nein, nein«, sagte er. »Ich bleibe mit dir wach und nehme die Zeit zwischen den Wehen.« Zwei Pötte schwarzen Kaffees später schlief er tief und fest.

Ich begann die Wehenabstände zu messen und atmete nach Lamaze kurz und kontrolliert, wie ich es in den vorangegangenen Wochen brav geübt hatte. Als ich Steve vier Stunden später weckte, war der Schmerz, der meinen Bauch alle fünf Minuten erfasste, so stark, dass ich eher die Luft anhielt, statt kontrolliert zu atmen. Ich lief (oder watschelte) ständig auf die Toilette, als hätte ich nichts weiter als schlimmen Durchfall, aber ganz offensichtlich wollte mein Körper etwas anderes loswerden.

Wir fuhren ins Krankenhaus (in einem Taxi, dessen Fahrer so oft besorgt in den Rückspiegel sah, dass Steve ihn bitten musste, auf die Straße zu achten), und ich erinnere mich vage an die Anmeldung. Ich wollte nur, dass die Schmerzen nachließen, deren hartnäckige Intensität mich in Angst und Schrecken versetzte. Während ich mich mit den Fleischbällchen übergab, dachte ich bei mir, dass niemand mich auf so etwas vorbereitet hatte. Ja, ich wusste, es würde wehtun und ich würde vielleicht eine Periduralanästhesie wollen, doch ich hatte nicht gedacht, dass die Wehen so stark sein würden, dass ich kotzen müsste, mir die Luft wegbliebe, ich um Hilfe betteln würde. Als schließlich meine Gynäkologin kam und mich fragte, ob ich etwas gegen die Schmerzen brauche, schrie ich: »Machen Sie Witze?« Wer zum Kuckuck würde da nein sagen?

Natürlich gibt es Tausende von Frauen, die bei der Geburt wenig oder keine Schmerzmittel brauchen. Ich verneige mich vor jeder Einzelnen von ihnen. Doch es ist unfair und falsch, den Mythos aufrechtzuerhalten, eine echte Mutter zeichne sich durch absolute Gelassenheit aus. Ich weiß, das Berberaffenweibchen schwingt sich von Ast zu Ast, sieht hin und wieder nach, was da unten so vor sich geht, greift kurz nach hinten und fängt am Ende das Baby einfach mit der freien Hand auf. Ein bisschen hält sie es, ein bisschen wird gekreischt, und schon hüpft sie wieder beschwingt durch die Bäume.[11] Ist das Berberäffchen der überlegene Primat, weil es weniger Schmerzen empfindet als andere Arten, die sich in irgendeinem anderen Wald heulend von Ast zu Ast hangeln? Ich kann mir gut vorstellen, dass diese Berberaffen echte Schlampen sind, die keinen Funken Mutterliebe in den Knochen haben. Ich will nur damit sagen: Wenn man die zehn tollsten Muttis der Erde zusammenbringen würde, würde man feststellen, dass die Hälfte von ihnen bei der Geburt ihrer Kinder bewusstlos war.

Vor diesem Hintergrund ist es sehr wichtig, im Voraus zu wissen, welche Möglichkeiten man hat. Mit am härtesten an Wehen und Geburt ist das Ohnmachtsgefühl. Nicht nur die Intensität des Schmerzes ist schwer zu verkraften – auch die hartnäckige Unerbittlichkeit des Geburtsvorgangs scheint bisweilen unerträglich. Selbst Dawn, eine stoische Marathonläuferin, sagte mir, sie sei nicht darauf vorbereitet gewesen, wie Furcht einflößend die Machtlosigkeit während der Wehen sein würde. »Es heißt, man vergisst die Schmerzen und das Trauma, aber ich verstehe nicht, wie man das vergessen kann. Ich fühlte mich absolut machtlos, das war das Schwierigste daran. Wenn man da so im Bett liegt, versucht, es abzuschütteln, und jeder sagt: ›Visualisieren, atmen.‹ Und ich bin zu nichts zu gebrauchen.«

In den Jahren, die vor Ihnen liegen, werden Sie noch oft Gelegenheit haben, selbstlos zu handeln, auch wenn es wehtut. Aber wenn Sie Schmerzmittel brauchen, sollten Sie darum bitten. Für Dawn – und sicher auch für mich – bot die Periduralanästhesie die perfekte Mischung aus Schmerzlinderung und Muskelkontrolle. Ich erinnere mich daran, dass ich mich fühlte, als schwebe ich in einem warmen Bad, und ich spürte zwar den Druck der Wehen, doch der Schmerz war verschwunden.

Mir kam es vor, als seien nur ein paar Minuten vergangen, als meine Hebamme sagte: »Sie sind bei zehn Zentimetern. Los geht's!« und Steve und ich den Gang zum Kreißsaal hinabschwebten. Später, als Nick zur Welt kam, hatte das Krankenhaus die Entbindungsstation renoviert. Als die Presswehen einsetzten, wurde mein bestens ausgestattetes Wehenzimmer zum Kreißsaal. Dass sich die Einrichtung meinen Bedürfnissen anpasste – und nicht anders herum –, spiegelt wider, wie stark sich die Entbindungsstationen in den vergangenen Jahrzehnten verändert haben.

Ohne Frage haben wir heute bei der Geburt ein größeres Mitspracherecht als in den Tagen, als Dr. Besserwisser den Papi ins verqualmte Wartezimmer verbannte, Mami betäubte und das Baby mit der Zange herauszog. Lamaze und andere Entspannungstechniken, eine verbesserte Schmerztherapie und die Einbeziehung von Ehemännern, Partnern, Eltern und sogar Kindern haben dazu geführt, dass die Geburt nicht mehr als eine gefürchtete Krankheit, sondern vielmehr als ein feierliches Ereignis empfunden wird.

Für Laura, die drei Wochen zu früh Wehen bekam, erwies sich in den letzten und schwierigsten Phasen der Wehen ein Lamaze-Crashkurs als enorme Hilfe. »Ich weiß noch, dass ich im Kurs bei mir dachte, wie zum Kuckuck soll mir das Atmen helfen, aber es hat mir wirklich etwas gegeben, worauf ich mich konzentrieren konnte, und so einen Teil der Schmerzen gelindert. Aber ich fand es auch nicht so schlimm.« Laura war während der Geburt dermaßen unbeeindruckt, dass eine der Schwestern scherzte: »Das ist ja wie beim Schaufensterbummel!« Und Laura räumt ein, sie habe sich wie in »einer anderen Welt« gefühlt – ein Zustand, der übrigens nicht von einem Betäubungscocktail hervorgerufen wurde.

Für Phoebe, die ihre beiden Kinder zu Hause zur Welt brachte, waren die körperlichen Mühen der Geburt eng mit ihrer emotionalen und spirituellen Seite verbunden. In den neun Stunden schwerer Wehen bei der Geburt ihrer ersten Tochter Malaika halfen ihr zahlreiche Freundinnen und Angehörige beim Atmen, massierten sie, beteten mit ihr, badeten sie sogar. »Das hat wirklich viel Kraft gegeben«, sagte sie verträumt. »Wir haben alles selbst gemacht, und ich habe die Schmerzen einfach als gewaltige, mystische Erfahrung angenommen, als etwas, das einer Frau bestimmt ist.«

Phoebe war mit ihrem zweiten Kind schwanger und mit der dreijährigen Malaika im Park unterwegs, als heftige Wehen einsetzten. »Dieses Mal wusste ich, es würde sehr wehtun, und ich versuchte, es anzunehmen und davon zu lernen, weil die Geburt einfach ein Segen ist. Wir blieben im Park und spazierten umher. Wir gingen sogar in ein Konzert und lachten und tanzten. Meine Mutter und meine beste Freundin – die wie eine Schwester für mich ist – waren auch dort. Als wir nach Hause kamen, machte ich noch meinen Hausputz fertig und bezog die Betten neu. Dann, um sieben Uhr abends, ging ich mit Malaika in die Badewanne, und anschließend holte sie mit meiner Mutter eine Pizza. Von acht Uhr an waren die Wehen sehr stark, und es dauerte bis gegen zehn, als meine Tochter geboren wurde. Mein Mann kam etwa eine Stunde, bevor sie zur Welt kam, und ich weiß, ich hatte auf ihn gewartet, denn als er dann da war, fühlte ich mich erleichtert und entspannt. Als die Hebamme eintraf, war der Muttermund ganz offen. Ich bin in eine Art Hocke gegangen, mein Mann war hinter mir, meine Freundin vor mir, und ich habe einfach mit aller Kraft gegen sie gedrückt. Fünfmal Pressen – und Aiya war da.«

Für diejenigen unter Ihnen, die beim Lesen dieser Zeilen gern ein Kopfgeld auf Phoebe aussetzen möchten: Bitte vergessen Sie nicht, dass Kinderkriegen kein Leistungssport ist. Phoebe wäre die Erste, die sagt, dass alles recht ist, was Sie durch die Geburt bringt und Ihnen hilft, den Schmerz, die Angst, die Erschöpfung ein wenig in den Griff zu bekommen. Und das kann Schreien sein oder Beten, Fluchen oder Weinen – oder alles zusammen. Mir hat es geholfen, Steves Hand zu drücken, bis er kein Gefühl mehr darin hatte, und ihm die Schuld für das Missgeschick mit den Fleischbällchen zu geben. Massage, Musik oder Medikamente sollten da sein, wenn Sie sie brauchen – und nicht nur, wenn der Arzt es vorschreibt.

Vor dem Pressen: Setzen Sie sich durch

Viele Frauen leiden darunter, dass sie so gern »ein braves Mädchen«[12] sein wollen, »eine gute Patientin«. Das trifft vor allem auf die Krankenhausumgebung zu. Zu Hause sind die Frauen häufig freier, können sich nach eigenem Gusto bewegen und tun, was ihnen angenehm ist, ohne daran denken zu müssen, ob sie »das Personal« stören oder belästigen. So ging es mir in der Nacht, als ich mit Steve im Krankenhaus ankam, sicher nicht. Als Tochter eines Gynäkologen habe ich gelernt, dass der weiße Arztkittel seinen Träger in die Nähe des Olymp rückt. Sicher atmete meine Gynäkologin edlere Luft als ich, die ich mich durch die ersten Phasen meiner Wehen schnaufte. Eine Stunde nach der Anmeldung lösten sich mein Vorsätze, in Sachen CTG-Überwachung, Walking PDA und Eiswürfel hart zu bleiben, in Luft auf.

Ich begehrte nicht einmal auf, als ich zur Erholung in einen Lagerraum geschoben wurde, weil man im Krankenhaus noch kein Bett für mich hatte. Als ich dalag und die Kisten mit den

Binden und den Papiertüchern anstarrte, kam mir der Gedanke, dass dies hier um Welten schlimmer war, als in meinem Lieblingsrestaurant einen miesen Tisch zu bekommen – und dort hätte ich, ohne zu zögern, um einen anderen gebeten. Und doch: Hier lag ich also, und die Krankenschwestern wuselten herein und hinaus, holten sich, was sie brauchten, und sprachen mir wegen des unentschuldbaren Bettenmangels ihr Mitgefühl aus.

Meine Passivität war jedoch nicht nur darauf zurückzuführen, dass ich Ärzte mit Göttern gleichstellte. Ich habe eine Freundin, die für gewöhnlich genau weiß, was sie will. Selbst sie gibt zu, dass sie dem Krankenhauspersonal gegenüber unterwürfig, ja schüchtern war. »Vielleicht lag das daran, dass ich mich die ganze Zeit so verletzlich fühlte, eher wie ein Kind eigentlich«, erklärte sie mir. »Ich habe dieses ›Tun Sie, was ich sage!‹ einfach nicht hingekriegt. Ich lag nur da und bedankte mich bei ihnen, dass sie überhaupt kamen.«

Alyce, deren Sohn drei Wochen alt war, als wir uns trafen, dachte noch immer voll Bitterkeit an das Krankenhauspersonal zurück. »Ich musste um alles bitten. Und wenn man ohnehin schon unter Druck steht, von den Schmerzen einmal ganz zu schweigen, und dann auch noch energisch werden muss – das hat mich wirklich geärgert. Ich wollte zum Beispiel während der Wehen auf und ab laufen. Man hatte uns im Lamaze-Kurs gesagt, dass Gehen häufig hilft, aber ich musste am CTG-Monitor bleiben. Wir fragten also die Schwester, und sie sagte, nun, Sie müssen am CTG-Monitor bleiben, aber ich frage mal Ihren Arzt. Und eine Stunde später kam sie zurück und erlaubte es mir. Wenn ich den Kurs nicht gemacht hätte, hätte ich gar nicht gefragt. Aber ich musste über eine Stunde auf die Antwort warten.«

Einer jüngeren Umfrage unter fast 1600 Frauen zufolge ist Alyces Erfahrung jedoch nicht die Regel, sondern eher die Ausnahme.[13] Von den befragten Frauen gaben 96 Prozent an, mit der Geburtsbegleitung zufrieden gewesen zu sein. Annähernd so viele (94 Prozent) sagten, sie seien »freundlich und verständnisvoll« behandelt worden; 87 Prozent gaben an, sie hätten »ihre eigenen Entscheidungen treffen« können.

Für Frauen mit ungeplantem Kaiserschnitt – häufig nach vielen Stunden der Wehen – können Enttäuschung und Bitterkeit die Freude trüben. »Das Schlimme am Kaiserschnitt war, dass ich zuerst den ganzen Druck spürte, eine spontane Geburt vor mir zu haben, und dann, während der Wehen, zerrten die Ärzte und alle anderen mich in verschiedene Richtungen«, erinnerte sich Alyce. »Und ich hatte einfach nicht das Gefühl, dass irgendjemand auf meiner Seite ist.« Ihre Bitterkeit wurde durch ihre Geburtsbegleiterin, die sie nach der Geburt betreute, noch verstärkt: »Sie sagte mir doch wirklich, Nathaniels Gelbsucht hinge mit dem Kaiserschnitt zusammen. Ich habe ihr nur gesagt: ›Das stimmt nicht, das hat nichts damit zu tun‹, aber ich war richtig verärgert, denn ich begann alles andere, was man mir gesagt hatte, auch in Zweifel zu ziehen. Man ist so verletzlich, man weiß gar nichts, und deshalb ist es besonders ärgerlich, wenn jemand, dem man vertraut, dieses Vertrauen dermaßen untergräbt.«

Alyces Erfahrung unterstreicht, wie wichtig es ist, auf die Möglichkeit eines Kaiserschnitts vorbereitet zu sein und zu wissen, was geschehen könnte. In einer jüngeren Untersuchung fand man heraus, dass Frauen mit geplantem Kaiserschnitt »dieser Erfahrung positiver gegenüberstanden als Frauen mit nicht geplantem Kaiserschnitt«. Ein weiteres Forschungsresultat lautet: Je mehr eine Frau das Gefühl hat, die Geburt unter Kontrolle zu haben, umso seltener leidet sie unter einer postnatalen Depression und umso häufiger wertet sie die Geburt als positive Erfahrung. »Mütter, deren Erfahrung erheblich von ihren Erwartungen abwich, wiesen zwischen der pränatalen und der postnatalen Phase einen Anstieg depressiver Symptome auf. Die Mütter, die sich als für ihr Handeln selbst verantwortlich betrachteten, waren nicht nur zufriedener mit ihrem Geburtserlebnis, sie wiesen auch einen geringeren Anstieg depressiver Symptome auf.«[14]

Für etwa eine von fünf Müttern gilt der Kaiserschnitt als die sicherste und vielleicht sogar die einzige Art, ihr Kind zur Welt zu bringen.[15] Wenn Sie sich bereits vor dem Geburtstermin darüber Gedanken machen, aus welchen Gründen Ihr Arzt einen Kaiserschnitt vorschlagen könnte, bleiben Ihnen Enttäuschung, Frustration und Wut vielleicht erspart.

Die Geburt

Ich wünschte, es gäbe ein Lied, das Frauen in diesem Moment singen, oder ein Gebet, das sie aufsagen können. Aber vielleicht gibt es nichts dergleichen, weil es keine Worte gibt, die stark genug wären, um diesen Augenblick zu beschreiben. Wie jede Mutter seit der ersten aller Mütter war ich überwältigt und von Sinnen, euphorisch und zutiefst bestürzt. Ich war von einem jungen Mädchen zu einer Frau geworden. Ich sah mich selbst, wie ich als Säugling in den Armen meiner Mutter lag, und eine Sekunde lang sah ich meinen eigenen Tod. Ich weinte, und ich wusste nicht, ob aus Freude oder aus Trauer. Meine Mütter und deren Mütter waren bei mir, während ich mein Baby in den Armen hielt.

Aus: Anita Diamant, *Das rote Zelt der Frauen.*[16]

Wenn im Leben einer Mutter Bindung und Trennung, Abhängigkeit und Unabhängigkeit einen ständigen Tanz miteinander aufführen, so ist die Geburt der krönende *Pas de deux*. Neun Monate lang ist das Baby in Ihrem Körper; es gibt keine Trennung – weder psychisch noch physisch. Dann, wenn die Nabelschnur durchtrennt ist, gilt das Baby als eigenständiges, von Ihnen unabhängiges Wesen. Doch wie Joyce Block in *Mutter werden* sagt, »entspricht die körperliche Realität von Mutter und Kind nicht notwendig ihrer seelischen Wirklichkeit«.[17] Man kann unmöglich spüren, wie dieses glitschige kleine Wunder in die Welt rutscht, ohne sich aufs Engste mit ihm verbunden und gleichzeitig unendlich allein zu fühlen, gleichermaßen bereichert und beraubt. Eines ist sicher: Egal, ob Sie körperlich in der Lage sind, Ihr Baby ins Leben gleiten zu sehen, oder ob Sie auf dem Operationstisch liegen und eine Trennwand Sie abschirmt – den Anblick Ihres vollständig entwickelten Babys, das sich vor Ihren Augen wie eine Blüte entfaltet, werden Sie niemals vergessen.

Als ihr Baby nach dem Kaiserschnitt »über die Trennwand gehoben wurde«, empfand Katherine das als eine Art Schock. »Natürlich, darauf hatten wir gewartet – wie hätte es anders sein können? Aber da war dieses ausgeprägte Gefühl, dass sie nun geboren war. Ich fühlte mich ihr unglaublich nah, noch immer mit ihr verbunden, aber ich erlebte sie auch stark als Individuum, besonders als ich die Schwester mit ihr weggehen sah.«

Phoebe, die zu Hause entband, erinnert sich, wie sie den Körper ihrer Tochter bewunderte und dabei das Gefühl hatte, dass sie sich sozusagen selbst zur Welt brachte. »Ich dachte darüber nach, dass ich mit Malaika noch einmal geboren wurde und dass eines Tages ihre perfekte winzige Vagina in der Lage sein würde zu tun, was ich getan hatte. Es war einfach fantastisch!«

Die Geburt ist gleichzeitig eine Verwandlung und ein Übergang, Einssein und Getrenntsein, eine dramatische Umwälzung und eine intensive Fokussierung. Es ist eine Erfahrung, die so sehr mit Anstrengung, Angst, Schmerz, Freude, Erleichterung und Dankbarkeit aufgeladen ist, dass daraus umgehend eine Heldengeschichte über Mut, Stärke und Überleben werden kann.

»Ich hatte eine Vaginalgeburt. Ich weinte. Ich glaube nicht, dass ich irgendetwas dachte; ich war voller Emotionen. Ich sah ihn an und dachte: Mein Gott, er ist so groß! Ich konnte mir einfach nicht vorstellen, dass dieses große schöne Baby hatte aus mir herauskommen können, und ich wollte ihn nur immerzu ansehen. Es war das schönste Gefühl der Welt«, erinnert sich Erica. Als ich sie fragte, ob ihr Baby ihren Fantasien entsprach, antwortete sie sofort: »Er übertraf meine Fantasien.«

Andere Mütter waren merkwürdig distanziert. Nach einer schmerzhaften und sehr langen Geburt empfand Dawn es als eine Art außerkörperlicher Erfahrung, als ihre Tochter dann wirklich da war. »Ich weiß noch, dass ich etwas wie eine Bestandsliste machte. Das ging so: Gut, sie hat zwei Augen, zehn Finger. Ich muss mal nach den Zehen sehen. Ich starrte sie an, untersuchte sie, zerlegte sie sozusagen. Während Danny sich vor Begeisterung kaum mehr einkriegte: ›Sie ist wunderschön! Sie ist perfekt!‹ Ich habe sie quasi durchgecheckt und versucht, alles in mich aufzunehmen, und sie einfach nur angesehen.«

Ich erinnere mich, dass ich mich unheimlich vor Nick fürchtete, als er zur Welt kam. Anders als Maddie, die mir freundlich in die Augen gesehen hatte, schrie Nick wie eine Wildkatze, als die Hebamme ihn mir auf die Brust legte. Ich war richtiggehend erleichtert, als die Schwester ihn mir wegnahm, um den Apgartest zu machen. Mehrere Mütter gaben an, dass sie nach der Mühsal des Gebärens einfach nur erschöpft waren – körperlich und emotional. »Ich weinte vor Müdigkeit und Erleichterung«, sagte Nancy. »Aber die anderen dachten wohl, ich weinte aus Freude. Ich war wohl glücklich, aber ich weiß noch, dass ich nur die Augen zumachen und alles für eine Weile ausschließen wollte.«

Was hat es also mit der Mutter-Kind-Bindung auf sich? Obwohl es einige Studien zur kindlichen Bindung gibt, gründet sich die Erforschung der mütterlichen Liebe mindestens so stark auf Mythen wie auf medizinische Fakten. Angestoßen wurde diese Debatte von den Wissenschaftlern Marshall Klaus und John Kennell, deren Buch *Der erste Bund fürs Leben* 1976 in den USA erschien. Sie gingen davon aus, dass die Mutter unmittelbar nach der Geburt in einen sensibilisierten Zustand gerät, ein hormonell angereichertes Bad der Liebe, in dem sie bereit ist, eine Bindung zu ihrem Kind einzugehen. Klaus und Kennell betonen, wie wichtig es ist, mindestens dreißig Minuten Körperkontakt zwischen Mutter und Baby zuzulassen, der Mutter das Baby auf die Brust zu legen, damit sie es streicheln und sogar stillen kann.[18]

Dank dieser Studie – und vieler anderer Arbeiten, die darauf fußen – haben Sie wahrscheinlich Ihr Baby bekommen, um es in den Arm zu nehmen und zu stillen. Und das ist ohne Zweifel eine gute Sache. Nicht so gut ist es, dass die Mütter, die sich nicht sofort zu ihrem Baby hingezogen fühlen, die zu ausgelaugt und zu überwältigt sind, um »eine Bindung« einzugehen, sich dadurch häufig wie Aussätzige vorkommen, so, als seien sie nicht ganz normal.

Liebe auf den ersten Blick – oder auch nicht

Wenn Sie zufällig zu denen gehören, die sich gefragt haben: »Wer ist das denn?«, oder wenn Sie sich schuldig fühlen, weil Ihr erster Gedanke nach der Geburt war: »O Gott, bitte lass mich schlafen«, dann vergessen Sie bitte nicht, dass der Großteil dessen, was wir über die Neurochemie der Mutterliebe wissen, aus Tierversuchen stammt. Aus einleuchtenden Gründen können die Wissenschaftler den Hormonspiegel im Hirn einer menschlichen Mutter nicht manipulieren, daher wählen sie für ihre Versuche andere Säugetiere. Klaus und Kennell gründeten ihre Studie auf Experimente mit Ziegen und Schafen. Wenn ein Mutterschaf nicht sofort eine Bindung zum Lamm herstellt, dieses auf die Weide hinausgeht und sich unter die anderen Lämmer mischt, dann weiß das Mutterschaf nicht mehr, wer wer ist. Ich muss Ihnen wohl nicht sagen, dass Sie kein Schaf sind, und wenn Sie in den ersten Wochen nach der Geburt eine gewisse Distanz oder gar Abneigung Ihrem Baby gegenüber empfinden, dann schlagen Sie damit durchaus nicht aus der Art.

Sehr wahrscheinlich aber sehen Sie Ihr Baby an und empfinden eine leidenschaftliche Liebe – einem Löwen ähnlicher als einem Lamm. Wenn Sie Ihr Neugeborenes auf der nackten Haut spüren, es an Ihrem Herzen wiegen, es streicheln und tätscheln, verspüren Sie wahrscheinlich einen Sog, eine starke Sehnsucht nach mehr. Ich weiß noch, wie verloren ich mir vorkam, wenn die Schwester auf der Entbindungsstation Maddie nach dem Stillen ins Säuglingszimmer brachte, damit ich schlafen konnte. Als ich eines Morgens den Gang hinunterschlich und durch die Scheibe lugte, protestierte Maddie gerade lauthals dagegen, dass ihr professionell, aber etwas rabiat die Windel gewechselt wurde. Am liebsten wäre ich durchs Glas gesprungen und hätte sie aus den grausamen Klauen der bösen Hexe gerettet.

Katherine, deren Tochter in Großbritannien durch einen Kaiserschnitt zur Welt kam, beschrieb eine »sofort einsetzende, absolut wunderbare Bindung« zu ihrem Baby. Als sie hörte, wie ihr Mann am Telefon im Gespräch mit Freunden und Verwandten vom Baby als »es« sprach, wurde sie wütend. »Ich weiß noch, wie zornig ich war – ich habe hysterisch geweint –, als David sagte: ›Oh, es ist gesund und munter‹, und mir kam es so vor, als würde er sie als Individuum negieren. Ich habe mich furchtbar aufgeregt.«

Abgesehen vom Tod gibt es keine Erfahrung, die mehr umwälzende körperliche Veränderungen mit sich bringt als eine Geburt. Das erklärt, warum man sich unmittelbar darauf gleichermaßen erfüllt und ausgelaugt fühlt.[19] Wie bei jeder anderen emotionalen Erfahrung, die man als Mutter macht, gibt es auch hier keine »richtige« Reaktion. Wie die Anthropologin Sarah Blaffer Hrdy anmerkt, gibt es, anders als bei den Tieren, die nach der Geburt ihrer Jungen eine sehr spezifische Verhaltensweise an den Tag legen, »bei *Homo-sapiens*-Frauen, die gerade ein Kind zur Welt gebracht haben, [...] keine universal verbreiteten ›Erbkoordinationen‹, die mit dem Ablecken der Jungen und dem Aufbeißen der Fruchtblase durch andere Säugetiermütter vergleichbar wären«.[20] Hurra! Nein, wir lecken unsere Kinder weder sauber, noch essen wir unsere Plazenta oder verhalten uns sonst wie »artspezifisch«. Euphorie ist weder die einzige, noch die »typische« Reaktion auf die Ankunft des Babys.

Ob Sie sich im Kreißsaal Hals über Kopf in Ihr Baby verlieben oder nicht, sagt absolut gar nichts darüber aus, ob Sie eine »gute« Mutter sind. Aber Ihre Reaktion auf die Geburt und auf die starken Gefühle, die Sie erleben, geben wertvolle Hinweise auf Ihre Stärken und Schwächen, auf wunde Punkte und verborgene Talente. Es lohnt sich, darauf zu achten, wie Sie diese erste und dramatische Herausforderung als Mutter erleben, weil es in den folgenden Jahren unzählige Momente geben wird, in denen Sie sich wiederum erschöpft, ängstlich, euphorisch, machtlos fühlen werden. Wenn Ihnen vielleicht bewusst wird, dass Sie bei Furcht emotional zumachen, dass Sie rot sehen, wenn Sie die Kontrolle verlieren, oder dass Erschöpfung bei Ihnen Panik auslöst, haben Sie die Möglichkeit, an diesen Schwachstellen zu arbeiten, während Ihr Kind heranwächst.

Wieder zu Hause

Die ersten paar Tage zu Hause mit Baby haben oft etwas Surreales. Die Grenzen scheinen zu verschwimmen, die Gefühle sind in Aufruhr, als stehe man Kopf. Schuld sind der Schlafentzug, die hormonelle Umstellung, aber auch die Geburtserfahrung mit ihren emotional-psychischen Folgen. Ich erinnere mich noch genau daran, dass ich das seltsame Gefühl hatte, von Maddie getrennt und doch stark mit ihr verbunden zu sein. Tag für Tag flüsterte ich, wenn mich gerade keiner hören konnte: »Ich kann nicht glauben, dass du da bist«, oder »Sind das wirklich deine Zehen?«, weil mich diese wundersame Andersheit umwarf. Wenn sie (wie alle Neugeborenen, die die Stimme ihrer Mutter hören) auf eine Frage hin das Köpfchen drehte und unser Blick sich traf, hielt ich ehrfürchtig den Atem an.

In einem wunderschönen Essay, der auf ihren Tagebüchern basiert, beschreibt die Romanautorin Elizabeth Berg, wie sie nach der Geburt ihrer Tochter morgens aufwachte und automatisch mit der Hand an den Bauch langte. »Ich sorge mich um dich, verloren, wie du aussiehst in einem Bettchen, das gigantisch scheint. Ich sehe tausend Mal am Tag nach dir, wie du da schläfst, den Kopf fest gegen den Watteschutz gepresst. Ist dir das vertraut, den Kopf gegen etwas zu drücken? Ist das der Grund dafür, dass du entschlossen dorthin strebst, egal, wo im Bettchen ich dich ablege? Ich bin froh, dass ich dich endlich bei mir draußen in der Welt habe, aber manchmal vermissen wir, wie es einmal war. So kommt es, dass ich aufwache und meine Hand auf meinen leeren Leib lege. So kommt es, dass du Zentimeter für Zentimeter einer Erinnerung entgegenstrebst und im Schlaf nach einer Art Trost suchst. Wir haben die Schwangerschaft nicht vollständig hinter uns gelassen, keiner von uns. Wir erinnern uns gemeinsam.«[21]

Die meisten Mütter haben zwar die Geburt deutlich und ausgeprägt in Erinnerung, berichten aber von einer Art Amnesie, was die ersten Wochen zu Hause angeht. Ich für meinen Teil weiß jedenfalls nicht mehr, was ich den ganzen Tag getan habe, als Maddie ein oder zwei Wochen alt war. Ich sehe mich noch durch unsere winzige Wohnung schlurfen, und ich erinnere mich, dass ich eines Morgens einen Stapel sauber zusammengelegter Lätzchen im Kühlschrank fand, und dass an eine normale Unterhaltung in vollständigen Sätzen inklusive Adverbien und Adjektiven nicht einmal zu denken war. Und wie viele Mütter, mit denen ich sprach, wusste ich selten, ob es draußen hell oder dunkel war.

»Ich wusste später nicht mehr, wer mich alles besuchen gekommen war«, sagte mir meine Freundin Nicole, was mich nicht wunderte, denn ich war auch dabei gewesen. Wirklich faszinierend fand ich allerdings, wie energiegeladen und lebhaft sie mir noch im Krankenhaus vorkam, als ich bei ihr vorbeischaute – wenige Stunden, nachdem sie Zwillinge geboren hatte. »Ich kann gar nicht glauben, wie gut du aussiehst«, hatte ich begeistert gesagt, als ich ihre rosigen Wangen und ihre leuchtenden Augen sah.

»Mir geht's gut«, sagte sie. Und dann machte sie einen großen Wirbel um das Geschenk, das ich mitgebracht hatte. Sie wollte sogar mit mir den Gang hinunter zu den Babys gehen, aber ich bestand darauf, dass sie sich ausruhte. »Ich stecke wirklich voller Energie«, jubelte sie. Heute weiß ich, dass sie träumte, als wir miteinander sprachen.

Viele Mütter empfinden die Zeit unmittelbar nach der Geburt, weil sie so euphorisch, so energiegeladen sind, als eine angenehme Überraschung. Kathleen, die ihren Sohn an einem Weihnachtstag in Kalifornien zur Welt brachte, erklärte ihre »große Euphorie« damit, dass sie nun endlich von den Hormonen befreit war, die neun Monate lang Übelkeit in ihr erregt hatten. »Ich habe mich in meinem Leben nie wohler gefühlt als an jenem Tag und in den Wochen darauf. Ich wachte nachts schweißgebadet auf, aber ich hatte das Gefühl, dass das ganze schlechte Zeug, das mir Übelkeit verursacht hatte, aus mir herausgespült wurde. Und tagsüber war ich fit und glücklich – es war wunderbar.«

Bei Elise, ebenfalls aus Kalifornien, »hielt die Euphorie mehrere Tage an«. Nachdem man ihr angekündigt hatte, dass sie nur noch schlafen würde, brachte Elise nun vor lauter Aufregung kein Auge zu. »Ich wachte immer wieder auf und sah Ella an und wollte sie in den Arm nehmen. Sie schlief so viel, dass es einfach toll war, wenn sie aufwachte und um sich blickte. Das wollte ich nicht verpassen.«

Müde, ängstlich und unsicher

Zum Leidwesen der meisten Mütter ist der hohe Adrenalinspiegel nicht von Dauer. Zermürbende Erschöpfung, schmerzende Dammrissnähte, wunde Brustwarzen, Hämorrhoiden, unerklärliche Weinkrämpfe und Heißhungerattacken können selbst die glückseligste Mutter heimsuchen. Ein paar Wochen nach der Geburt werden Sie sich wahrscheinlich betrogen fühlen – von Ihrem Körper, Ihrem Arzt, den Zeitschriften und Büchern, die

Sie gelesen haben, und von jeder Mutter, die irgendwie versäumt hat zu erwähnen, wie hart die ersten Wochen sein können.

»Niemand hat mir gesagt, wie schwer es werden würde«, sagte Stephanie mit noch immer spürbarer Verärgerung. »Ich hatte das Gefühl, alle hätten sich verschworen, mir nichts zu sagen. Wahrscheinlich wollen die Leute einen nur nicht verschrecken, aber ich war absolut nicht auf diese Erschöpfung vorbereitet. Natürlich wusste ich vom Verstand her, dass ich müde sein würde, aber niemand hat mich wirklich darauf vorbereitet. Anfangs habe ich mich oft übergeben, und ein Kollege sagte: ›Das kommt von der Erschöpfung. Schlafentzug ist eine Form der Folter.‹«

Wenn sie Billy Wilders Kriegsfilm-Klassiker *Stalag 17* nie gesehen haben, sollten Sie ihn sich heute noch ausleihen und versuchen wach zu bleiben bis zu der entscheidenden Szene, in der ein amerikanischer Kriegsgefangener von einem Nazi-Befehlshaber gefoltert wird. Keine Angst, die Szene wird Sie kein bisschen aufregen. Im Gegenteil: Wenn der Leutnant am Ende von den Nazis ins Lager zurückgeschickt wird, werden Sie wegen seines heroischen Verhaltens wohl kaum vor Bewunderung zerfließen – Sie zucken höchstens mit den Schultern und sagen: »Na und! Das ist doch gar nichts!« Denn die Folter besteht im Schlafentzug. Der arme Kerl wird gezwungen, ein paar Tage lang an einer Wand zu stehen. Toll. Sie kriegen wochenlang nicht genug Schlaf, und niemand feiert Sie dafür als Heldin.

Eine Mutter beschrieb ihren Geisteszustand als posttraumatische Belastungsstörung, und zweifellos ist die Geburt ein Trauma, das uns an den Rand unserer körperlichen Grenzen bringt. Die Psychologin Karen Binder-Brynes, eine Expertin für posttraumatische Belastungsstörungen, meint, die Geburt sei nie als »Trauma« klassifiziert worden, weil sie ein natürlicher und mutmaßlich glücklicher Teil des Lebens sei. Aber auch sie ist der Ansicht, dass die Schmerzen, die Angst, das Gefühl der Ohnmacht sowie der Gedanke an den Tod einer Reihe von Auslösern für posttraumatische Belastungsstörung entsprechen. Und auch die Symptome der Störung – Schlaflosigkeit, Erschöpfung, Panikattacken und Reizbarkeit – lassen sich alle mit der Zeit nach der Geburt in Verbindung bringen.[22]

Ich erinnere mich, dass ich eine starke emotionale Unsicherheit, wenn nicht gar panische Angst empfand bei dem Gedanken, dass ich für dieses winzige, hilflose Baby sorgen sollte. Wenn Maddie schrie und mit den Armen um sich schlug, brauchte ich keinen Neurophysiologen oder Traumaexperten, um zu wissen, dass mein Stresshormonpegel anstieg. Jeder Muskel meines Körper war angespannt, während ich versuchte, sie zu beruhigen; und dann machte ich mir Sorgen, dass meine Anspannung ihre Stimmung noch verschlechtern könnte.

Als wir Maddie aus der Klinik nach Hause brachten, wurde die Raumtemperatur in unserer Wohnung zum Blitzableiter für meine vielen Ängste. Unsere wunderbare Wohnung im vierten Stock hatte ihren Charme eingebüßt, weil die Heizkörper nicht funktionierten. Ich verwandelte mich in eine Furie und schrie unseren Vermieter mit einer Heftigkeit an, die im Umkreis von zwei Häuserblocks jeden sprachlos machte. Als er endlich kam, um die Leitungen zu entlüften, blieb ich in der Nähe stehen, klammerte mich an ein Raumthermometer und drohte ihm, ich würde ihn entlüften, wenn nicht sofort die Wärme zu uns hoch käme.

Die meisten Mütter erleben ähnliche Gefühlswallungen. Das Klischee der jungen Mutter, die ihr schlafendes Baby aufweckt – um zu überprüfen, ob es noch immer atmet –, wird wohl in jeder Neugeborenenabteilung kolportiert. Alyce schickte ihren Mann auf die Suche nach einem Rektalthermometer, als sich ihr Säugling bei Berührung etwas warm anfühlte. »Wir hatten ein digitales Ohrthermometer, aber wir wussten, dass es nicht so genau ist, und als es 38 Grad anzeigte, wurden wir echt ein bisschen nervös. Man hatte uns gesagt, wir sollten den Arzt benachrichtigen, wenn die Temperatur über 38,2 liegt, also habe ich Steve mit dem Taxi zur 24-Stunden-Apotheke geschickt. Er kam mit zwei verschiedenen Rektalthermometern zurück. Und natürlich wussten wir nicht, wie man damit umgeht. Wie weit schiebt man es hinein? Wie viel Vaseline kommt an die Spitze? Am Ende riefen wir einen Freund an, einen Kinderarzt, und der erklärte uns die Sache Schritt für Schritt. Bis wir endlich sicher waren, dass es Nathaniel gut ging, waren wir total am Ende.«

Kristen schwebte in »ständiger Angst«. Sie hatte sich schon die ganze Schwangerschaft hindurch Sorgen um das Baby gemacht, und bei der Kreißsaalführung fragte sie den Arzt, ob es vorkomme, dass ein Geburtshelfer das Baby fallen lässt, wenn es »herausschießt«. Als der erklärte: »Ich hab noch nie eins fallen gelassen«, schloss Kristen daraus, dass anderen Ärzten so etwas durchaus passiere. Noch Monate nach der Geburt ihres Sohnes war Kristen sicher, dass jemand seine empfindliche Haut mit heißen Getränken verbrühen würde, oder dass ihr Mann ihn fallen lassen würde. »Ganz zu schweigen vom plötzlichen Kindstod und davon, dass ich alle Stunden nachsehe, ob er noch atmet«, sagte sie, als ich sie nach ihrer Angstschwelle fragte. »Ich habe mich gebessert, aber da ist immer noch so ein kleiner Dämon, der mir auf die Schulter tippt und mir ins Ohr flüstert, dass etwas Furchtbares geschehen wird. Ich weiß nicht, ob ich verrückt bin oder das 11.-September-Syndrom habe oder ob es die Hormone sind.«

In ihrem Buch *Babyblues* beschreibt Kate Figes, wie sie in jeder Ecke ihrer Wohnung Gefahren witterte: »Ein Küchenmesser könnte ihnen nur zu leicht eine schwere Verletzung zufügen, ein zu festes Zupacken ihnen das Genick brechen, ein Kissen sie ersticken. Ich wusste natürlich, dass ich meine Kinder nie ernstlich gefährden würde, aber diese Vorstellungen waren so lebhaft und überfielen mich so oft, dass sie mich erschreckten und mir ein Unbehagen bereiteten, das mitunter an Wahnsinn grenzte, weil ich sie nicht kontrollieren und mich nicht gegen sie wehren konnte. Ein Psychiater hätte dies wohl als verdrängte Wut oder als Verlangen interpretiert, mich von den ständigen Ansprüchen des Säuglings zu befreien [...].« Doch Figes glaubt – und ich neige dazu, ihr zuzustimmen –, dass in diesen frühen Wochen ein atavistisches Verhalten zum Zuge kommt.[23] Trotz der zermürbenden Müdigkeit sind wir empfänglicher, alarmbereiter, reagieren sensibler auf die Nöte unseres Babys.

Der berühmte Psychiater Daniel Stern glaubt, dass die Natur über die Ängste, die Sie unmittelbar nach der Geburt erleben, »das Überleben Ihres Babys sichert«. In seinem Buch *Geburt einer Mutter* wehrt er sich vehement dagegen, dass einige Psychiater die mütterlichen Ängste als unbewussten Wunsch deuten, dem Baby wehzutun: »Doch die Deutung der aufmerksamen Reaktionen (Ängste) einer Mutter als Manifestation ihrer Ambivalenz erscheint mir als Fehlanwendung einer eher verkehrten und destruktiven als hilfreichen Theorie. Sie verletzt lediglich die Mutter und verursacht tiefe Selbstzweifel.«[24]

Das hat gerade noch gefehlt – noch mehr Selbstzweifel –, ausgerechnet in den ersten paar Wochen, in denen der Tagesablauf Ihres Babys noch weitgehend unvorhersehbar ist und Sie jede Verhaltensänderung erst neu auslegen müssen. Wenn es nicht schläft, laufen Sie stundenlang auf und ab, um es zu beruhigen. Schläft es dagegen länger als gewohnt, fürchten Sie das Schlimmste und rennen ins Kinderzimmer, um nachzusehen, was los ist. Wenn das Baby viel schreit, geraten Sie außer sich, doch ein Baby, das nie schreit, ist wohl auch nicht ganz normal. Meine Freundin Dawn wählte gar den Notruf, als ihr Baby zum ersten Mal spuckte. »Die sagten immer wieder: ›Bitte beruhigen Sie sich, und rufen Sie Ihren Hausarzt an.‹ Aber ich schrie, mein Kind habe sich noch nie so übergeben, und das sei ein Notfall.«

»Als ich mein Kind bekam, war ich selbst noch ein Teenager«, sagte Jennifer. »Ich weiß noch, wie ich vom Krankenhaus nach Hause fuhr. Die Kleine schrie. Ich fragte mich, ob ich anhalten solle, um ihr die Windel zu wechseln. Ich hatte das Gefühl, als wüsste ich rein gar nichts. Und ihr Schreien nahm mich furchtbar mit.«

Alyce sagte, als ihr Sohn drei Wochen alt war: »Die größte

Offenbarung der ersten Tage und Wochen war für mich, dass mir klar wurde, wie es zum Schüttelsyndrom kommt, warum Kinder misshandelt, geschlagen, auf den Boden geworfen werden. Wenn ich Steve nicht hätte, der mir Nathaniel auch mal abnimmt… ich könnte – ich weiß nicht. Es geht nicht darum, dass man eine schlechte Mutter ist. Es ist einfach so, dass die Situation einen dermaßen erschlägt. Man kriegt zu wenig Schlaf; man handelt irrational. Ich weiß nicht, wie manche es ganz allein schaffen. Oder wie eine Vierzehnjährige das schafft.«

Kurz nachdem ich mit Alyce gesprochen hatte, rief ich eine meiner besten Freundinnen an; sie ist Mutter von vier Kindern. Wir hatten uns schon vor langer Zeit zum Mittagessen verabredet, aber als ich ihre gereizte, erschöpfte Stimme hörte, sagte ich, wir könnten auch einen neuen Termin ausmachen. »Nein, nein«, sagte sie hörbar verzweifelt. »Ich muss hier raus, sonst geb ich mir noch die Kugel.« Später beim Essen erklärte sie, sie könne nachvollziehen, warum manch eine Mutter ihr Baby aus dem Fenster wirft. »Keine gibt gern zu, dass es ihr manchmal so geht. Aber an Tagen wie diesem, wenn ich krank bin und die Kinder auch und wir alle die ganze Nacht durchwacht haben – oder gar mehrere Nächte hintereinander –, weiß ich, dass ich ohne Hilfe durchdrehen würde.«

Jackie, Mutter neugeborener Zwillinge, gestand sich einfach zu, sich eine bestimmte Zeit lang ohnmächtig, erschöpft, überfordert und elend zu fühlen: »Ich gehöre zu den Menschen, die eine Situation verstehen und irgendwie einordnen müssen, auch wenn sie total chaotisch ist. Ich sagte mir: Ich weiß, das wird echt schwer in den nächsten drei Monaten, manchmal sogar unmöglich. Ich gebe mir 90 Tage, in denen ich nicht weiß, was der Tag bringt, und das muss ich akzeptieren. Und ich war in den ersten drei Monaten tatsächlich nicht gerade glücklich. Aber ich wusste, dass es nicht an den Kindern liegt, sondern an mir, und dass es ganz sicher wieder besser wird, und das hat mich davor bewahrt durchzudrehen.«

In dieser Phase direkt nach der Geburt darf man sich nicht der Hoffnung hingeben, dass das Leben bald wieder normal verlaufen wird. Es ist alles andere als »normal«, wenn Tag und Nacht ineinander verschwimmen, wenn der Körper sich auf schmerzhafte und bizarre Weise aufbläht und wieder in sich zusammensackt, wenn das Herz nicht nur jede Menge Gefühl, sondern auch genauso viel Panik durch den Körper pumpt. Befreien Sie sich von diesem Druck, nehmen Sie sich absolut nichts vor – außer zu schlafen, zu essen, Ihr Baby zu füttern und sich mit ihrem Partner, das kleine Wunder zwischen sich, ins Bett zu legen. Wenn es Ihnen gelingt zu duschen und das voll gespuckte Nachthemd zu wechseln, dürfen Sie sich anerkennend auf die Schulter klopfen. Und dann wieder ab ins Bett.

Das Stillen ist kein Test…

Wenn Sie die Erwartungen, die Sie an die ersten Wochen nach der Geburt haben, etwas zurückschrauben, können Sie den Stress abbauen und sich leichter ins Stillen einfinden. Leider gehen die meisten von uns davon aus, dass uns der Instinkt sagt, wie wir die Milch in den Mund des Babys bugsieren, und dass der natürliche Milchfluss dann automatisch in Gang kommt. Wenn es mit dem Stillen anfangs nicht so klappt – und das ist die Regel –, löst das daher häufig eine Sturzflut von Gefühlen aus: Frustration, Enttäuschung, Schuld. Es stimmt, das Stillen gehört zu den großen Vorzügen des Mutterseins, es ist praktisch, kostenlos, gesund und ungemein befriedigend. Allerdings sagten mir alle Mütter, die ich befragte, dass das Stillen, weil sie unrealistische Erwartungen und zu wenig Information und Unterstützung hatten, ihnen zunächst etwa so natürlich vorkam wie das Fliegen. Egal, ob Sie zu einer überzeugten Anhängerin der La-Leche-Liga werden und mehrere Jahre stillen oder ob Sie nach ein paar Wochen zum Fläschchen übergehen – Ihr Baby wird gedeihen. Und Sie tun niemandem einen Gefallen, wenn

Sie anhand dieser ersten großen Aufgabe unter Beweis stellen wollen, was für eine tolle Mami Sie sind.

»Alle sagten: ›Ach, wenn du's erst mal raushast, ist es ein Kinderspiel‹«, erinnerte sich Alyce. »Und man liest zwar vom Milchstau, aber die meisten Bücher stellen solche Probleme dar, als seien sie die Ausnahme, nicht die Regel. Als ich jedes Mal, wenn ich Nathaniel stillte, so einen stechenden Schmerz im Arm hatte, wusste ich daher nicht, woher er kam.« Alyce erlebte mit ihrer Brustentzündung Stunden des Elends, das durch widersprüchliche Aussagen vonseiten der Ärzte, der Stillberaterin und ihres wohlmeinenden Ehemanns noch verstärkt wurde. »Steve drängte mich, die Stillabstände zu verlängern, damit ich mich ausruhen konnte – so ein Witz! Wer kann sich da ausruhen? Und als ich meine Kinderärztin anrief, sagte die mit so einem Zsa-Zsa-Gabor-Tonfall: ›Schäätzchen, wir können ihm nur gääben, was wir haaben. Das ist in Ordnung, gääben Sie ihm die Flasche oder ein bisschen von der herausgedrückten Milch, die Sie haaben.‹ Als hätte ich das alles im Vorrat. Sie war wirklich nett, aber unterbewusst geht es einem doch ganz schön an die Nieren, weil man denkt, man hätte nicht genug Milch.«

Als sie sich an La Leche wandte, eine Organisation, die Wendy Wasserstein einst als »Nuckel-Nazis« bezeichnete, erfuhr Alyce, dass sie häufiger stillen solle. Daraufhin hatte sie ihr Baby manchmal bis zu sechs Stunden am Stück an der Brust. »Ich hatte wirklich das Gefühl, meine Brüste fallen gleich ab! Schließlich habe ich es nicht mehr ausgehalten. Ich bat Steve, ein Fläschchen zuzubereiten, und wir gaben Nathaniel ein Milchpräparat, und nach zwei oder drei Tagen war alles wieder normal. Jetzt hat sich endlich Harmonie eingestellt; es ist toll.«

Jill bat, nachdem sie mehrere Tage lang frustriert unter Schmerzen zu stillen versucht hatte, eine Stillberaterin um Hilfe. »Bryan nannte sie ›die Brustflüsterin‹, weil sie so sanft und freundlich war. Trotzdem war es mir einfach zu schwierig; dann hat Nicholas auch noch abgenommen, und da habe ich auf Ersatznahrung umgestellt.« Die meisten Frauen stillen deshalb nicht, weil sie glauben, sie hätten nicht genug Milch.[25] Und ohne Frage wäre die ganze Prozedur viel einfacher, wenn unsere Brüste durchsichtig wären. Dass man nicht sieht, was das Baby bekommt, und dass darüber hinaus Neugeborene beim Stillen gern einschlafen und nach der Geburt auch noch an Gewicht verlieren, kann das Fläschchen überaus attraktiv machen.

Wie die meisten Frauen erhielt Elise im Krankenhaus eine kurze Stilleinführung und wurde vor dem Einschießen der Milch entlassen. »Ich bin ohnehin ziemlich vollbusig. Als daher meine Brüste dermaßen riesig wurden, dachte ich wirklich, ich könnte Ella ersticken!«

Ich werde nie vergessen, wie ich vom Krankenhaus nach Hause kam, Maddie in ihre Wiege legte und selbst ein kurzes Nickerchen machte. Als ich aufwachte, waren meine Brüste zu riesenhaften, leckenden Torpedos aufgebläht. Ich versuchte krampfhaft, Maddie anzulegen, aber meine Brustwarzen waren 25-mal so groß wie ihr kleiner Mund. Nicht, dass sie ihre winzigen rissigen Lippen nicht eingesetzt hätte – ich konnte es kaum fassen, wie stark sie nuckelte. Am nächsten Tag waren meine Brustwarzen so wund, dass ich beim Stillen immer weinen musste; alle, von meiner Mutter bis hin zur Kinderärztin, rieten mir, es aufzugeben.

Aber ich wollte nicht aufgeben – und zwar nicht nur aufgrund meiner mütterlichen Märtyrerhormone, sondern auch, weil ich überzeugt war, dass Stillen das Beste fürs Kind ist. Ich malte mir aus, dass ich mein unschuldiges Baby Mittelohrentzündungen, Allergien und einem niedrigeren IQ ausliefern würde, nur weil meine Brustwarzen schmerzten. Als mir meine Schwester den Trick zeigte, Maddie auf einem Kissen etwas höher zu lagern, und als ich den lindernden Effekt warmer Kompressen und kalter Kohlblätter entdeckte (beim Welken tun sie Wunder), schmolzen Schmerzen und Schwierigkeiten dieser ersten Tage dahin. In Maddies dritter Woche auf Erden konnte ich das Stillen bereits genießen; in Woche sechs wusste ich schon nicht mehr genau, wo die Probleme eigentlich gelegen hatten.

Wenn ich ihr in die feuchten braunen Augen blickte, ihr zusah, wie sie einschlief und wieder aufwachte, fühlte ich mich fast animalisch – gänzlich einzigartig und gleichzeitig völlig unspektakulär. Ich war glücklich und stolz, hatte das Gefühl, kompetent, fürsorglich, verletzlich, stark zu sein.

Natürlich weiß ich, dass sich Maddie, wenn ich mich für eine Ersatznahrung entschieden hätte, auch gut entwickelt hätte. Die stillen Momente, in denen ich sie im Arm hielt und ihr die Wange und den Kopf mit dem weichen Flaum streichelte, in denen ich zusah, wie sie mit ihrem zarten Fäustchen meinen Finger oder einen Zipfel meiner Bluse umklammerte, wären genauso schön und intensiv gewesen, wenn ich sie mit dem Fläschchen gefüttert hätte. Es ist weit besser, das Baby gelöst und entspannt mit Babynahrung zu füttern, als es voller Sorge, Ablehnung oder Wut zu stillen. Muttermilch allein entscheidet nicht darüber, welchen Weg Ihr Kind im Leben einschlägt. Wenn Sie Rücksicht auf Ihre eigenen Gefühle, Ihre eigenen Bedürfnisse nehmen, wird das Ihrem Kind viel mehr zugute kommen als die besondere Zusammensetzung der Muttermilch.

Wenn Sie sich für das Fläschchen entschieden haben, werden Sie sich darauf einstellen müssen, dass Sie den Prügelknaben abgeben, vor allem wenn Ihre Freundinnen und Angehörigen passionierte Stillbefürworter sind. Auf eine Umfrage der Zeitschrift *BabyTalk* im Jahr 2001 kamen 36 000 leidenschaftliche Antworten, die dokumentierten, wie weit Still- und Fläschchenlager auseinander liegen. Zwei von drei stillenden Frauen taten Babys, die mit Ersatznahrung aufwachsen, »Leid«, mehr als ein Drittel hielt Mütter, die mit der Flasche füttern, für »egoistisch und faul«. Eine Mutter verglich das Füttern mit Ersatznahrung mit dem Rauchen. Eine andere beschuldigte die Fläschchen-Mamis der Vernachlässigung – wenn nicht gar des Missbrauchs – ihrer Kinder.[26]

Natürlich war auch die Fläschchenfraktion nicht eben zimperlich. Zwar gaben 92 Prozent an, für das Stillen zu sein, doch relativiert sich diese Aussage, wenn man sich die Realität betrachtet: 83 Prozent der stillenden Mütter berichteten, dass sie sich von Frauen, die Fläschchen geben, angegriffen fühlen. Der Zeitschrift zufolge »kommt die Kritik meist in Form missbilligender Blicke und abwertender Bemerkungen vonseiten anderer Mütter, wenn in der Öffentlichkeit gestillt wird«.

Es ist ein Jammer, wenn diese Konkurrenz den universellen Mütterklub in rivalisierende Lager teilt, die einander von vornherein feindlich gegenüberstehen. »Als Emily zur Welt kam, hatte ich mit dem Stillen solche Probleme, dass sie an Gewicht verlor«, erinnerte sich meine Schwägerin Lois. Lois, die ihren Abschluss in Harvard und an der Harvard Law School gemacht hat, ist eine der tüchtigsten Frauen, die ich kenne. Doch auch sie sagte: »Zum ersten Mal in meinem Leben wusste ich wirklich nicht, was ich tun sollte. Ich hatte panische Angst, und ich fühlte mich furchtbar allein.« Einer Studie des Boston City Hospital zufolge stillen die so genannten »Typ-A-Mütter« eher, »weil sie es gewohnt sind, die Aufgaben anzugehen, die sich ihnen stellen«.[27] Aber auch Mütter, die es gewohnt sind, Verantwortung zu tragen, Herrin über ihr Universum zu sein, erleben Angst und Frustration, wenn sich etwas scheinbar so Simples, wie dem Baby die Brust in den Mund zu stopfen, zu einem schmerzhaften Kampf entwickelt.

Katherine war nach einem Kaiserschnitt, den sie als »Versagen« einstufte, wild entschlossen, mit dem Stillen zurechtzukommen: »Ich hatte das Gefühl, ich müsste, weil ich an der einen Sache gescheitert war, etwas tun, das natürlich ist. Das Stillen war daher sehr wichtig für mich. Und natürlich war es ganz und gar nicht einfach.« Dass ihr Mann mit seiner ersten Frau Kinder großgezogen hatte (»Ich bin mir ziemlich sicher, dass sie ihnen die Flasche gab«) und »alles unglaublich gelassen anging«, verstärkte Katherines Frustration. Er schien nicht zu verstehen, wie wichtig es ihr war, nicht nur zu beweisen, dass sie es konnte, sondern dass sie es besser konnte als Ehefrau Nummer eins. Als ihr Mann, der es wirklich nur gut meinte, vorschlug, auf Ersatznahrung umzustellen, bekam Katherine »einen Tobsuchtsanfall«.

Als ich ein paar Wochen nach der Geburt ihres Sohnes mit Alyce sprach, erklärte sie, sie sei manchmal richtiggehend wütend. Doch der Gereiztheit folgte das Schuldgefühl auf dem Fuß. »Zum Teil gebe ich den Büchern die Schuld, die behaupten, es sei so ein großartiges Gefühl, schön und verbindend oder so«, sagte sie. »Ich bin noch nicht so weit, dass eine Bindung stattgefunden hat, und ich komme mir deshalb vor wie ein Monster.«

Egal, mit welcher Frau man über die ersten Wochen nach der Entbindung spricht: Wenn sie nicht einfach alles abstreitet, sich um jeden Preis rechtfertigt, sich vom Konkurrenzdenken hinreißen lässt oder schlicht lügt wie gedruckt, so wird sie zugeben, dass sie sich zuweilen unfähig vorkam, idiotisch, wütend, frustriert oder alles zusammen. Glauben Sie mir, viele Mütter ärgern sich über ihr Neugeborenes, fürchten sich vor ihm, verfluchen, ja hassen es – und das nicht nur, weil das Baby dafür verantwortlich ist, dass ihnen die Brustwarzen wehtun und sie vor Müdigkeit fast umfallen, sondern auch, weil es ihnen das Gefühl gibt, durch die »Aufnahmeprüfung« zum Muttersein zu rasseln.

Ja, Nein und Vielleicht

Das Stillen ist aber keine Prüfung. Mit zwei Stunden Schlaf auszukommen ist ein Widerspruch in sich. Die Rückkehr in die Normalität setzt erst ein, wenn Ihre Kinder aus dem Haus sind – und selbst dann ist Ihr Leben nicht das gleiche wie vor der Geburt. Vor diesem Hintergrund kann und sollte die Phase unmittelbar nach der Entbindung eine Zeit des intensiven Glücks sein, ein Anlass, die Vollkommenheit Ihres Babys zu bewundern und zu feiern, das Gefühl zu erleben, das die Romanautorin Louise Erdrich als »ozeanische Einheit« beschreibt, »das große *Ja*, die Ganzheit«.[28]

Das Stillen meiner Kinder, die Momente, in denen ich sie gewiegt und im Arm gehalten habe, sind mir über die Maßen friedlich in Erinnerung. Ich schloss die Augen und fühlte mich eins mit meinem Baby, bis ins Innerste gelassen und von einer Wärme durchdrungen, die so stark war, dass ich mich fragte, ob ich wohl im Dunkeln leuchtete. Das war sicher keine vom Schlafmangel herrührende Halluzination. Eine in Schweden durchgeführte Studie über stillende Mütter ergab, dass beim Stillen große Mengen des Hormons Oxytozin freigesetzt werden. Das wiederum hebt nicht nur die Körpertemperatur, sondern sorgt auch dafür, dass wir gelassen sind und uns eng mit unserem Baby verbunden fühlen. Wenn Sie Ihr Baby liebkosen und streicheln (und wer kann dem widerstehen?), steigt der Oxytozinspiegel sogar noch weiter an: »Die Mutter produziert deswegen Oxytozin, während sie ihr Baby liebkost, weil ihre streichelnde Hand die gleiche beruhigende Wirkung verspürt wie das Baby, das gestreichelt wird.«[29]

Aufgrund anderer neurobiologischer Studien bezeichnen manche Wissenschaftler Oxytozin als Liebeshormon. So steigt der Oxytozinspiegel bekanntermaßen beim Orgasmus sprunghaft an, und wenn man Nagetieren das Hormon spritzt, scharwenzeln sie umeinander herum, als hätten sie sich gerade zusammen im Heu vergnügt. Bei einem Versuch setzte man junge Rhesusäffchen in einen Käfig mit Weibchen, die noch keine Jungen gehabt hatten und denen man Oxytozin verabreicht hatte. Die Affenweibchen, die sich normalerweise nicht für Jungtiere interessieren, spielten mit den Babys und küssten sie. Auch zu den Weißkitteln, die den Versuch durchführten, waren sie gleich viel freundlicher.

Eine weitere interessante Studie über Mütter führte ein Psychologe in Toronto durch. Daraus geht hervor, dass das Hormon Kortisol, das normalerweise bei Stress freigesetzt wird, auch dazu beiträgt, dass sich die junge Mutter vom Geruch ihres Säuglings angezogen fühlt, dass sie mit größerem Mitgefühl auf sein Schreien reagiert und dass sie sich engagierter um seine

Pflege kümmert.[30] Es gibt sogar Hinweise darauf, dass die Aufregung oder der Stress bei jungen Adoptivmüttern einen vergleichbaren Anstieg des Kortisolspiegels auslösen kann. Doch Oxytozin und Kortisol sind nicht die einzigen Hormone in unserem Körper, und die Neurochemie allein kann die komplizierten Gefühle, die uns in den Wochen nach der Geburt umtreiben, nicht hinreichend erklären.

Zum Glücksgefühl gesellen sich Momente, in denen Sie eine atavistische Panik, eine tiefe Sorge oder Angst verspüren. »Ich war überrascht, wie einsam ich mich fühlte – besonders wenn ich nachts stillte«, erinnert sich Alyce. »Ich hatte dann keine glücklichen Gedanken – es ging einfach nicht. Mir kamen immer wieder Leute in den Sinn, die gestorben waren, oder andere traurige Sachen.«

Jackie, die Zwillinge zur Welt brachte, fürchtete, dass sie einen dem anderen vorziehen könnte. »Am größten war am Anfang meine Sorge, ob ich sie beide gleichzeitig trösten und Vertrauen aufbauen könnte, wo ich doch nur zwei Arme, zwei Hände habe. Das war für mich eine große Hürde, besonders als ich sie noch nicht kannte. Heute kenne ich sie, aber damals hatte ich ständig das Gefühl, Michael zu betrügen, wenn ich mich um Peter kümmerte, und wenn ich Peter fünf Minuten mehr gab und Michael schrie, dachte ich: Ich werde es nie schaffen, zu beiden eine Bindung aufzubauen.«

Zu einer Bindung zu einem »schwierigen« Baby zu finden – oder einem, von dem man denkt, es sei schwierig –, ist besonders heikel. Jedes Mal, wenn es jammert oder den Rücken krümmt oder sich vor Frust völlig verkrampft, stellt man sich selbst als Mutter in Frage, den eigenen Wert und die Entscheidung, ein Kind in die Welt zu setzen. Anders als bei der Enttäuschung oder Wut, die uns manchmal überkommt, wenn wir Kleinkinder oder Teenager haben, gibt es vor dieser panikartigen Verzweiflung der ersten Wochen kein Entrinnen. Man hat gar nicht die Zeit oder die Kraft, einen Schritt zurückzutreten, um die Dinge aus der Distanz zu sehen und ins rechte Licht zu rücken; und man hat damit ja auch keine Erfahrung. Das gilt für alle Mütter, und nicht nur beim ersten Kind. Elizabeth, die in St. Louis lebt, erinnert sich, dass die Ankunft ihres Sohnes – das zweite von drei Kindern – das Bild, das sie von sich selbst hatte, dramatisch veränderte. »Unser erstes Baby war pflegeleicht gewesen, einfach perfekt. Mein Sohn dagegen schrie von der Minute an, als er herauskam«, erklärte sie. »Er war einfach nur unglücklich. Und ich auch. Ich beschrieb ihn anderen gegenüber immer als ›aufreibend‹, ›anstrengend‹ und ›extrem schwierig‹, denn so war er. Aber nach und nach wurde mir klar, dass er nur abhängiger war, mich mehr brauchte, und dass das nicht unbedingt etwas Schlechtes war. Ich hörte mit den negativen Etikettierungen auf und beschloss, einfach anders mit ihm umzugehen als mit meiner Tochter.«

Dass es Elizabeth gelang, das Verhalten ihres Babys einmal aus einem anderen Blickwinkel zu betrachten, ja ihre eigenen widersprüchlichen und negativen Gefühle zum Positiven zu wenden, ist unglaublich ermutigend. In ihrem Buch *Torn in Two: The Experience of Maternal Ambivalence* beschreibt die britische Psychoanalytikerin Rozsika Parker eindringlich, wie viel mehr Verständnis für uns selbst und unser Kind wir gewinnen können, wenn wir neben angenehmen Gefühlen wie Euphorie und Liebe auch Wut, Frustration, ja sogar unseren Hass zulassen: »Was das Muttersein angeht, so glaube ich, dass der Konflikt zwischen Liebe und Hass die Mütter zu dem Bemühen anspornt, ihr Baby zu verstehen und zu kennen ... Und genau dieses schwierige Nebeneinander von Liebe und Hass bringt die Mutter dazu, sich damit auseinander zu setzen, was zwischen ihr und dem Baby geschieht.«[31]

Natürlich ist es viel einfacher, dem »schwierigen« Baby einen Stempel zu verpassen – und sei es ein liebevoller, wie »lebhaft« oder »kleiner Racker« –, als innezuhalten und sich einmal zu fragen, warum bestimmte Verhaltensweisen bei uns bestimmte Reaktionen auslösen. Wir heften unseren Kindern häufig schon Etiketten an, noch ehe sie ihren ersten Atemzug tun, und wenn das Baby dann zwei Monate alt ist, haben wir sehr wahrscheinlich schon eine Unmenge Kosenamen parat. Ob Sie Ihr Neugeborenes »Engelchen« oder »Kätzchen«, »Spätzchen« oder »Schnucki«, »Wildfang« oder »Satansbraten« nennen – diese Bezeichnungen sagen ebenso viel über Ihre Haltung aus wie über das Temperament des Babys. Auf jeden Fall aber sollten Sie Klebezettel verwenden anstatt Hammer und Meißel, denn Ihr »unmöglicher« Säugling kann sich durchaus noch zu einem verträumten Kleinkind entwickeln.

Vor allem aber werden Sie sich entwickeln – von einer unsicheren, konfliktbeladenen, verwirrten und überlasteten jungen Mutter zu einer weiseren, reiferen Seele, die ihren Kindern Rat und Trost spendet. Ja, ich spreche von Ihnen. Wenn es Ihnen schwer fällt, sich beim Blick auf Ihr Baby daran zu erinnern, dass es vor kurzer Zeit noch in Ihrem Bauch war, so ist es noch viel schwieriger, in die Zukunft zu sehen und sich vorzustellen, dass Sie dann genau wissen, wie Sie es zum Lachen bringen oder es beruhigen oder ihm helfen, sich selbst zu helfen. Jetzt haben Sie Ihr weinendes Baby im Arm und fragen es immer wieder: »Was möchtest du?« Oder Sie nehmen sein Köpfchen zwischen die Hände und fragen sich: »Mein Gott, es ist so zerbrechlich und hilflos. Wie soll ich es nur beschützen?«

Warum die Mutter ihre Mutter braucht

Die Hilflosigkeit unseres Neugeborenen ist uns wohl auch deshalb so bewusst, weil wir uns selbst so hilflos fühlen. Aber anders als in den vorangegangenen neun Monaten, in denen andere dauernd Wirbel um uns machten und uns verwöhnten, uns behandelten, als seien wir das hilflose Baby, sollen wir nun plötzlich wie Erwachsene handeln, Mutter sein!

Erica drückte es so aus: »Wenn man schwanger ist, ist man das Baby – man wird verhätschelt und verwöhnt. Alle sind fürsorglich, bevormunden einen sogar manchmal. Wenn das Baby da ist, muss man diese Rolle aufgeben; so trauert man nicht nur darüber, nicht mehr mit dem Baby zusammen, nicht mehr mit ihm verbunden zu sein, sondern auch darüber, selbst kein Baby mehr zu sein.«

Der Psychoanalytikerin Joyce Block schreibt in *Mutter werden*: »Wenn sie Mutter geworden ist, kehrt eine Frau durch die Gegenwart des Säuglings zu den frühen Stadien des Lebensbeginns zurück.«[32] Ein Teil unseres unbewussten Ich identifiziert sich ganz intensiv mit dem Baby; wir erfahren eine große Bedürftigkeit, ein Gefühl der Verletzlichkeit, das den Erwartungen, die andere an unser Verhalten stellen, nicht entspricht. Ja, wir dürfen erschöpft sein, weinerlich, sogar ungewaschen, aber sich ins Bett zu verkriechen, das ist in einem Haushalt der westlichen Welt schlicht fehl am Platz.

Wenn Sie dagegen zufällig auf der japanischen Inselgruppe Goto zu Hause sind, sollen Sie sich ins Bett legen. Dort bleiben junge Mütter mindestens einen Monat lang im Bett, beinahe so kokonartig verschnürt wie ihre Neugeborenen, während ihre eigenen Mütter ihnen Essen bringen und sie umsorgen. Die liebenden Großmütter bedienen sich sogar eines melodiösen »Mutteranisch«, mit dem sie auf die Verletzlichkeit und Hilflosigkeit der jungen Mutter eingehen.[33]

Bei der Vorstellung, einen ganzen Monat lang ans Bett gefesselt zu sein, während die eigene Mutter den lieben langen Tag in einer Babysprache vor sich hingurrt, würden bei uns wohl die meisten Mütter schreiend das Weite suchen. Doch das andere Extrem – 48 Stunden im Krankenhaus, und dann, rums, zu Hause, ohne jede Hilfe – ist genauso absurd. Leider haben nur wenige der Mütter, mit denen ich sprach, vorhergesehen, wie schwer es werden würde, und sich zumindest ein bisschen Hilfe organisiert. Dafür wurde eine Reihe von Gründen angeführt, wie »Das kann ich mir nicht leisten« oder »Wir haben nicht genug Platz, dass jemand hier übernachtet« oder »Ich käme mir vor wie ein verwöhnter Yuppie« oder »Ich wollte mit meinem Mann und meinem Baby allein sein«. Worauf ich antwortete:

»Leihen Sie sich Geld, richten Sie die Couch her, und holen Sie sich jemanden, der sauber macht und kocht, damit Sie auch wirklich Zeit für Ihr Baby und Ihren Mann haben.«

Steves Schwester Lois erinnerte sich, wie viel es ihr bedeutete, dass meine Schwiegermutter in den ersten Wochen zu Hause ungefragt das Mädchen für alles spielte: »Als Emily auf die Welt kam, war es furchtbar schwer, sie zum Trinken zu bringen. Mein Mann und ich waren mit den Nerven am Ende. Allen ging es nur darum, dass Emily trinken sollte, doch Mom brachte mir ein Glas Wasser.« Ich erinnerte sie daran, dass sie das Gleiche für mich getan hatte, als ich die Nacht bei meinen Schwiegereltern verbrachte. »Du und Gloria, ihr seid wie die Feen morgens um fünf aufgetaucht, um mir mit Maddie zu helfen. Ich hätte euch am liebsten den Heiligenschein poliert, als ich wieder ins Bett kroch!«

Eine gute Freundin, die Lesbe ist und deren Partnerin kurz zuvor ein kleines Mädchen zur Welt gebracht hatte, vertraute mir an, dass sie sich wünschte, ihre Mutter wäre stärker in ihr Leben eingebunden. »Es ist wirklich seltsam«, sagte sie mit einer Verletzlichkeit, die ich an ihr nicht kannte. »Ich wollte meine Mutter nie um mich haben. Es war mir immer egal, was sie über mein Leben dachte, und ich hatte nie das Gefühl, dass ich sie brauchte. Aber jetzt möchte ich, dass sie sich um mich kümmert. Ausgerechnet ich!«

Als Nick Neugeborenengelbsucht bekam und sein Blut täglich auf Bilirubin untersucht werden musste, fuhr ich von Brooklyn nach Manhattan zu einem Kinderarzt in der Nähe meiner Eltern. Auf dem Heimweg machte ich immer bei ihnen Halt. Ich dachte, ich tue das, weil ich den Kinderarzt so sehr mochte und mir keinen Arzt in Brooklyn suchen wollte. Doch heute weiß ich, dass ich vor allem in die Nähe meiner Mutter suchte. Ich wollte, dass sie sich ein paar Minuten am Tag um mich kümmert – selbst wenn ich dafür eine Stunde fahren musste. Wenn sie nur meine Hand streichelte oder mir eine Tasse Tee machte oder mir beim Stillen zusah oder mich weinen ließ, war das wie ein Schuss Oxytozin. Manchmal beruhigte es schon meine angespannten Nerven, wenn ich sie nur Nick in den Armen wiegen sah. Ich hörte zu, wie sie ihm mit ihrer rauchigen Stimme ein Lied sang und ihm mit der Hand im Takt auf den Po klapste, während er sich an ihre Schulter schmiegte, und fast konnte ich ihre Wange an meiner spüren. Wenn wir zusammen auf dem Sofa saßen, tätschelte sie mir in dem gleichen Rhythmus geistesabwesend den Arm, und dieser Rhythmus leitete auch mich, wenn ich Maddie oder Nick liebkoste.

Viele haben heutzutage ihre Mutter nicht in der Nähe. Katherine, die in London wohnt, merkte, dass durch die Geburt ihrer Kinder eine emotionale Brücke zu ihrer Mutter in Edinburgh entstand – ein bittersüßer Wandel in ihrer Beziehung: »Als ich nach London zog und mir dort mein Leben einrichtete, entstand eine Distanz zwischen uns. Wir sahen uns im Urlaub und riefen uns hin und wieder an. Jetzt telefonieren wir jeden zweiten Tag und sind uns durch die Kinder sehr, sehr nah gekommen.«

Meine Mutter war über siebzig, als meine Kinder zur Welt kamen; sie hatte bereits drei Enkeltöchter, kümmerte sich liebend gern um sie und brüstete sich mit ihnen. (Als wir von Manhattan nach Brooklyn zogen – gerade mal elf Kilometer weiter –, tat sie so, als wanderten wir nach Brasilien aus!) Aber es gibt auch Großmütter im mittleren Alter, die es als bleischwere Bürde empfinden, Oma zu sein, und die es gern noch ein paar Jahre hinausgeschoben hätten. »Als wir ihr die große Neuigkeit mitteilten, kündigte meine Mutter umgehend an, dass sie nicht ›Großmutter‹ genannt werden wollte«, erinnert sich Lisa. »Anfangs verletzte mich das wirklich, aber dann wurde mir klar, dass sie sich als aktive 63-Jährige jung fühlte – und sie sich wirklich alt vorgekommen wäre, wenn man sie ›*granny*‹ genannt hätte.« Nach ausgiebigen Diskussionen (»fast so lange, wie wir dafür brauchten, einen Namen für unseren Sohn zu finden«), kam ihre Mutter auf »Grammy«. »Ich glaube, ihr gefiel es, mit dem Preis für Popmusik in Verbindung gebracht zu werden!«, sagte Lisa lachend.

Wenn Oma alles besser weiß

Und dann gibt es noch die Mütter und Schwiegermütter, die die Oma-Keule schwingen und alles besser wissen. »Meine Mutter wollte mir helfen«, erinnerte sich Alyce. »Aber sie hatte mir das Fläschchen gegeben, hatte nie gestillt, also bekam ich ständig zu hören: ›Ich hab es ja probiert, aber meine Milch war so schlecht, dass du dauernd gespuckt hast‹. Ich war schließlich so weit, dass ich ihr die Seiten in dem Buch kopieren musste, in denen steht, dass das nichts mit schlechter Milch zu tun hat, denn es brachte mich zum Wahnsinn, dass sie so etwas auch nur dachte.«

Joannes Mutter fragte sie dauernd, ob das Baby wohl genug Milch bekäme. »Wenn ich ja sagte, fragte sie immer: ›Aber woher weißt du denn das?‹ Das ging mir natürlich ans Selbstvertrauen. Ich glaube nicht, dass sie das mit Absicht machte, aber ich hätte das Stillen beinahe aufgegeben, weil ich ernsthaft zu zweifeln begann, ob ich genug Milch hatte.«

Egal, ob Joannes Mutter aus einer Art Konkurrenzdenken so handelte (was durchaus verbreitet ist) oder aus Sorge – im Ergebnis untergrub sie Joannes Selbstvertrauen. Statt die Motive ihrer Mutter zu hinterfragen, stellte Joanne sich selbst in Frage. Zu einer Zeit, in der wir die Unterstützung unserer Mutter dringend brauchen, in der wir so verletzlich sind wie nie, ist es besonders schwer, mit ambivalenten Gefühlen zurechtzukommen – auf beiden Seiten. Manchmal hilft es schon, einfach zu fragen: »Was willst du damit sagen?« oder »Ich weiß, du meinst es gut, aber es hilft mir überhaupt nicht, wenn du mir so etwas erzählst/mich so etwas fragst.«

Wenn Sie selbst als Mutter schon ein gutes Stück Weg zurückgelegt haben, können (und sollten) Sie sich die Zeit nehmen, darüber nachzudenken, wie sich Ihre eigene Mutter entwickelt hat und warum bestimmte Verhaltensweisen bei ihr bestimmte Reaktionen hervorrufen. Cynthia, Adoptivtochter einer Frau, die selbst keine Kinder bekommen konnte, wurde klar, dass das erstaunlich unkooperative und kritische Verhalten ihrer Mutter einem starken Neid entsprang, und es gelang ihr, ein hohes Maß an Mitleid und Toleranz aufzubringen. »Ich habe wohl schon, als ich ihr von meiner Schwangerschaft erzählte, gespürt, dass sie hin- und hergerissen war. Einerseits wollte sie, dass ich glücklich bin, dass alles glatt verläuft; auf der anderen Seite stieg wieder das erdrückende Gefühl in ihr auf, versagt zu haben. Natürlich hätte sie es mir niemals eingestanden, dass sie so empfand, aber ich wusste einfach, dass da etwas war. Sie war sehr distanziert, sehr kritisch, was gar nicht ihre Art ist.«

Manche Frauen bitten ihre Mütter lieber nicht um Hilfe, weil sie um keinen Preis »wie sie werden« wollen, ein Bild ihrer selbst aufgeben wollen, das sich deutlich – wenn nicht gar krass – von dem der Großmutter absetzt. Das gilt besonders für Frauen, die wieder arbeiten wollen, deren Mütter aber einst ganz zu Hause blieben. Es gibt auf der ganzen Welt keine Mutter, die dem Ende ihres Mutterschaftsurlaubs nicht zumindest mit gemischten Gefühlen entgegensehen würde, wenn nicht gar mit Angst. Wenn einem eine Mutter im Nacken sitzt (oder auf dem Sofa oder am Telefon) und schon mit ihrer bloßen Gegenwart heraufbeschwört, was man schon vor Jahren abgelehnt hat, kann ihre »Unterstützung« erdrückend, lästig oder kritisch wirken.

Für Jackie war die am wenigsten hilfreiche »Helferin« ihre Schwiegermutter, eine Immigrantin in erster Generation, deren in ihren Traditionen verhaftete Haltung zur Mutterschaft Jackie zum Wahnsinn trieb. »Es war so, dass sie gleich am Anfang ankam und versuchte, alles in die Hand zu nehmen, so wie sie es bei ihrer Tochter getan hatte. John kann so etwas nicht haben, und das war gut, denn ich habe viele Freundinnen, die dasselbe Problem haben und deren Ehemänner sich nicht für sie einsetzen. Die ganze Zeit lehnte sie mir über der Schulter und fragte: ›Hast du genug Wasser in der Wanne? Du lässt ihn zu lang nackig an der frischen Luft. Warum hältst du ihn so?‹ In der Art. Ich habe versucht, gelassen damit umzugehen, aber es kam so weit, dass sie mir wirklich auf die Nerven fiel. Ich dankte ihr sehr für ihre Ratschläge, erklärte ihr aber, dass sie einfach Großmutter sein und die Mutterrolle mir überlassen sollte. Sie war sehr gekränkt; irgendwann waren wir so verkracht, dass ich nichts mehr von ihr hörte – und sie wohnt im gleichen Haus drei Stockwerke über uns!«

Wenn Ihre Mutter mit ihrer neuen Rolle zu kämpfen hat, wenn sie Neid verspürt, Rivalität, Unsicherheit oder einfach Angst vor dieser neuen Situation, wird es ihr sehr viel schwerer fallen, Ihnen emotionale Hilfe anzubieten. Ohne diese Hilfe aber können besonders in der Phase unmittelbar nach der Geburt vielleicht auch ganze Wogen von Ablehnung, Enttäuschung oder Wut entstehen. Selbst wenn Sie nie erwartet haben, dass Ihre Mutter auf der Stelle da ist, das Baby mit entzückten Ohs und Ahs willkommen heißt, sich die Ärmel hochkrempelt und eine Kanne Kräutertee braut, so ist es doch nur natürlich, dass Sie gern bemuttert würden. Und wer könnte das wohl besser als die Person, die am meisten davon versteht?

Die postnatale Depression

Mütter, deren eigene Mutter starb, ehe sie selbst erwachsen wurden, haben ein deutlich erhöhtes Depressionsrisiko.[34] Eine meiner ältesten und besten Freundinnen verlor ihre Mutter, als sie zehn Jahre alt war. Als ich sie kurz nach der Geburt ihres zweiten Kindes besuchte, sprach aus ihren Augen eine große Traurigkeit. Es war, als wolle sie mir unbedingt etwas erzählen, als wolle sie verzweifelt ihren Schmerz mitteilen, spüre aber gleichzeitig, dass ich sie nicht verstehen oder ihr nicht helfen konnte. Als wir uns ein paar Monate später zum Mittagessen trafen, beschrieb sie ihre Depression als einen »anderen Zustand«, ähnlich einer starken Übelkeit oder einer körperlichen Krankheit. »Ich konnte mir einfach nicht vorstellen, dass es mir je wieder besser gehen würde. Wenn mich jemand besuchen kam, dachte ich: ›Wie schafft sie es zu gehen? Wie schafft sie es zu funktionieren?‹ Ich konnte kaum eine Sache pro Tag erledigen. Ich spürte so eine Last, so ein Gewicht. Es war erdrückend.«

Eine andere Mutter, mit der ich sprach, beschrieb ihre postnatale Depression als »Zustand ständigen Gehetztseins – als fräßen mich Termiten von innen heraus auf«. Sie konnte sich nicht entspannen und fand trotz einer bleiernen Müdigkeit nicht in den Schlaf. Katherine, die bereits bei ihrem ersten Kind einen heftigen, aber kurzen Babyblues erlebt hatte, konnte sich selbst damit trösten und beruhigen, dass ihre große Melancholie schließlich wieder nachlassen würde. »Das erste Mal war es wirklich schlimm«, sagte sie mit angespannter und sorgenvoller Miene. »Aber bei Emma wusste ich, dass es kommen würde. Daher konnte ich mir, als ich die ganze Zeit weinen musste, sagen: Na gut, es ist furchtbar, aber es wird vorübergehen.«

Und für gewöhnlich geht die postnatale Depression auch vorbei. In den ersten Wochen nach der Geburt erleben acht von zehn Müttern vorübergehend eine weinerliche Phase.[35] Ich weiß noch, dass ich bei Waschmittelwerbungen in Tränen ausbrach, Angst und Panik verspürte, lethargisch oder zickig wurde. Doch meine Stimmungsumschwünge hätte man nicht als postnatale Depression bezeichnen können, ein Zustand, der bis zu 20 Prozent der jungen Mütter ereilt. Zur postnatalen Depression gehören andauernde Hoffnungslosigkeit, Schuldgefühle, Angst, mangelnder Antrieb und gelegentliche Fantasien, sich oder dem Baby etwas anzutun.[36] Mütter, die unter dieser Art der Depression leiden, erleben Stimmungsschwankungen, Lethargie, das Gefühl von Unzulänglichkeit und Angst. Wenn Sie bereits unter Depressionen gelitten haben, insbesondere nach einer früheren Schwangerschaft, so ist die Gefahr, dass es erneut geschieht, sehr groß (70 Prozent). Doch auch wenn es Ihr erster ernst zu nehmender Babyblues ist, sollten Sie sofort Hilfe suchen. Gut, zu den ersten Wochen nach der Geburt gehören fast immer Schlaflosigkeit, ein veränderter Appetit, Angst, Stimmungsschwankungen. Doch wenn das Gefühl der Depression oder des Gehetztseins anhält, sollten Sie umgehend mit Ihrem Arzt darüber sprechen.

Einer der am meisten Besorgnis erregenden Aspekte der postnatalen Depression ist die Mauer, die sie zwischen Ihnen und Ihrem Baby sowie zwischen Ihnen und denen, die Sie lieben, errichten. Wer sich selbst leer und hilfsbedürftig fühlt, kann nichts geben. Selbst in einem schwachen Fall von Depression kommt einem die Beziehung zum Kind mehr wie eine Zwangsjacke vor. Es ist wahnsinnig schwer, sich aus dem Bett zu quälen und ein schreiendes Baby zu trösten, wenn man vor Erschöpfung krank oder emotional am Boden ist. Der Mann fühlt sich vielleicht von seiner Frau abgeschnitten, er macht sich Sorgen, und die Stimmungsschwankungen, die er weder voraussagen noch beeinflussen kann, frustrieren ihn. Als ein guter Freund von Steve neulich anrief, um uns von seinem Neugeborenen zu erzählen, spürte ich, dass nicht alles in Ordnung war. »Wie geht es Carrie?«, fragte ich. »Sie weint dauernd. Ich weiß nicht, was mit ihr los ist.« Auch Carrie hatte ihre Mutter in jungen Jahren verloren. Sie war zwar eng mit ihren Schwestern verbunden, doch spürte ich, dass ihre Depression sehr ernst war und völlig unerwartet kam. Sie wollte niemanden sehen, hatte das Stillen aufgegeben und schlief kaum noch. Ich sagte unserem Freund, er solle sich um Hilfe kümmern und dafür sorgen, dass sie von ihm, guten Freundinnen und Angehörigen viel Unterstützung bekäme. »Selbst wenn ihr danach ist, sich in einer Höhle zu verkriechen – lass das nicht zu«, riet ich ihm. »Das Schlimmste wäre jetzt, wenn sie allein wäre.«

Die Sache mit der Hilfe

In dem Moment, als ich diesen Ratschlag gab, wusste ich bereits, wie schwer er zu befolgen war. Carrie gehört zu diesen selbstbewussten, fähigen Karrierefrauen, die sich schwer tun, um Hilfe zu bitten. Oder vielleicht sollte ich besser sagen: Die meisten Mütter haben große Schwierigkeiten damit, um Hilfe zu bitten. Ich weiß noch, wie ich mit meiner zwei Monate alten Maddie an einem Regennachmittag zu Hause war und das Telefon klingelte. »Karen und ich haben gerade mit Amy und Diane zu Mittag gegessen. Wir haben gedacht, wir kommen bei dir vorbei und sehen uns Madeleine an, damit du mal eine kleine Pause einschieben kannst.«

»Klar«, quietschte ich, und mein Magen verkrampfte sich. Ich legte auf, machte schnell mein Bett, rannte dann durch die Wohnung wie eine Verrückte, warf die Pizzakartons in den Müll, hob die Spucktücher auf, ordnete die Stapel ungelesener Zeitungen. Fünfzehn Minuten später fiel die kleine Helferschar ein. Sie bewunderten begeistert Maddies »klitzekleine Zehennägel« und den »perfekten Mund«. Ich wuselte durch die Wohnung und brachte ihnen Plätzchen und Kaffee. Als sie wieder gingen, stand ich über einem Spülstein voller schmutziger Tassen und Untertassen und fragte mich, warum ich weinen musste.

Darauf gibt es eine einfache Antwort: Ich hatte Hilfe angenommen, die ich hätte ablehnen, und Hilfe abgelehnt, die ich hätte annehmen müssen. Ich mochte meine Freundinnen, aber ich wusste, dass sie nicht zu Babysittern taugten – erst recht nicht nach ein paar Verdauungs-Cocktails am Mittag. Trotzdem hatte ich gegen mein Gefühl eingewilligt, dass sie kamen. Schlimmer noch, ich ließ es zu, dass sie ihr ursprüngliches Versprechen, mir zu einer »kleinen Pause« zu verhelfen, nicht einhielten. Ich wurde zum Aschenbrödel, das alles allein machte, statt sie zu bitten, Kaffee zu kochen, mir eine Tasse zu bringen und hinterher sauber zu machen.

Jackie wusste es besser. Sie umgab sich eines Nachmittags mit

Freundinnen – allesamt Mütter. »Ich fühlte mich so allein, so unverstanden von John. Ich lud zwei meiner Freundinnen ein, und meine Mutter kam auch, und ich weinte und redete und weinte. Und schon fühlte ich mich besser, gestärkt.«

Um Hilfe zu bitten (oder gar vor Freundinnen auf dem Sofa zu schluchzen), betrachten die meisten von uns als Schwäche oder als Unfähigkeit oder beides. Neulich war ich in einer Buchhandlung und sah ein Regal mit einer neuen Überschrift: »Selbstvervollkommnung«. Hilfe ist ganz offensichtlich in unserer Kultur zu einem unanständigen Wort geworden. Das trifft besonders auf Eltern zu. Zuzugeben, dass man es nicht allein schafft, dass man überlastet, unsicher oder in seiner neuen Rolle unglücklich ist, geht einfach nicht. Es mag die Norm sein, aber es ist nicht normal.

Platz für Papa

Die erste Person, an die sich viele Mütter wenden, ist logischerweise ihr Ehemann – doch genau da liegt der Hase im Pfeffer. Er hat nicht nur noch weniger Ahnung als Sie, sondern er wird darüber hinaus sehr wahrscheinlich – womöglich genetisch bedingt – keinesfalls zugeben, dass er nicht weiß, was er tut. (Warum sind 10 000 Spermien nötig, um ein Ei zu befruchten? Weil keins nach dem Weg fragt!) Vielleicht ist Ihr Ehemann nicht der Windelchampion, den Sie sich erträumt hatten; oder er schafft es irgendwie, das mitternächtliche Geschrei, das Tote wecken würde, einfach zu verschlafen; oder er flieht bei Tagesanbruch ins Büro; oder er ist dermaßen in das Baby verliebt, dass er es nicht mehr aus dem Arm gibt; oder er ist einfach nicht der Mensch, den Sie sich vorgestellt hatten – all das kann die Einsamkeit der ersten Wochen zu Hause noch trostloser machen. Egal, was Sie tun, behalten Sie im Hinterkopf, dass es sehr lange dauern kann, bis aus Lebenspartnern Eltern geworden sind. Ihre Wege werden nie völlig parallel verlaufen. In den ersten

Wochen nach der Geburt hat Ihr Partner mit seinem neuen Selbstbild zu kämpfen, und seinem Wunsch, Ihnen zu helfen, stehen seine weitgehende Unerfahrenheit und ein Gefühl der Unzulänglichkeit entgegen.

Die große Mehrheit der Mütter, mit denen ich sprach, erlebte, dass die Geburt ihres Babys selbst die gleichberechtigtste Ehe in ein Fernsehklischee aus den fünfziger Jahren verwandelte. »Es war, als hätte sich mein Mann – nicht mein Baby – bei der Geburt plötzlich umgestellt«, sagte Julie lachend. »Er verwandelte sich in einen dieser Fernsehpapis, die durchs Kinderzimmer stolpern und davon reden, eine zweite Hypothek aufzunehmen, damit das Geld reicht. Es war wirklich unheimlich.«

Auch Steve und ich tappten in die Falle »Expertin trifft auf ungeschickten Lehrling«. Ich weiß noch, wie ich an einem Wochenende morgens ein Bad nehmen wollte – ein Vergnügen, das mir wochenlang verwehrt gewesen war. Ich wollte gerade in die dampfende Wanne steigen, als Steve aus dem Nebenzimmer rief: »Ich glaube, sie hat einen Ausschlag am Po. Haben wir noch Wundschutzcreme?« Ich wusste, er würde sie nie finden, also zog ich meinen Bademantel wieder über, begutachtete mit ihm den Ausschlag, suchte die Creme und diskutierte lang und breit mit ihm darüber, wie viel wir davon auftragen sollten. Als die Windel endlich saß, war mein Badewasser kalt.

Der Tanz wiederholte sich unzählige Male: Er reichte eine Aufgabe an mich weiter, oder ich nahm ihm etwas ab, oder er kam mir nicht schnell genug zu Hilfe, sodass ich es einfach selbst erledigte. Man beachte, in welchem Ausmaß diese traditionelle Dynamik aus meiner Ungeduld, meiner scheinbaren Überlegenheit oder meiner Besserwisserei resultierte. Auch wenn es mir nicht unbedingt gefallen hat, den Großteil der Babypflege zu übernehmen, so trug ich doch erheblich zu unserer Rollenverteilung bei: Papi, der die Brötchen verdient, und Mami, die fürs Baby da ist.

Die meisten Paare können diese Schwierigkeiten überwinden, indem sie sich ihren Erwartungen und ihren Enttäuschungen stellen, über ihre Ängste und ihren Ärger sprechen. Als Jackie und John nach der Geburt ihrer Zwillinge auf verschiedenen Umlaufbahnen kreisten, tat Jackie etwas, das viele Frauen wohl als zu hart empfänden: »John war keine Hilfe. Ich glaube, er war es einfach nicht gewöhnt, dass ich nicht mehr alles im Griff hatte, ihn weinend anrief. Aber ich hatte keinerlei Unterstützung. Ich war den ganzen Tag allein mit neugeborenen Zwillingen. John wurde sehr ärgerlich, wenn ich ihn anrief. Also habe ich mich hingesetzt und mich ernsthaft mit ihm darüber unterhalten, wie es mir ging. Ich sagte ihm, ich akzeptiere ganz und gar nicht, wie du damit umgehst. Ich muss mich für eine Weile von dir trennen.« Und das tat sie. Jackie ging für einen Monat nach Kalifornien zu ihrer Schwester. »Ich musste über alles nachdenken, herausfinden, was ich von John brauchte, damit unser neues Leben für mich funktioniert«, sagte sie mit hart erworbener Selbstsicherheit. »Ich habe viel nachgedacht und mich entspannt, und er auch; dann kam er zu mir nach Kalifornien, und wir haben alles geregelt.«

Es ist nicht einfach, den Rückwärtsgang einzulegen oder ganz auszuscheren, wie es Jackie getan hat. Und oft ist es vielleicht auch nicht klug, in den ersten Monaten überhaupt etwas zu unternehmen. Doch wenn Sie von Ihrem Partner enttäuscht sind, sich verletzt oder verärgert fühlen, erwarten Sie bitte nicht von ihm, dass er es Ihnen an der Nasenspitze ansieht. Sagen Sie ihm, wie es Ihnen geht und was Sie brauchen.

Kristen, die mit Mitte dreißig heiratete, freute sich riesig darüber, als sie drei Monate nach der Hochzeit schwanger wurde. Heute ist ihr klar, wie wenig »Partnererfahrungen« sie und ihr Mann Doug vor der Geburt des Babys sammeln konnten. »Ich wünschte, wir hätten die Gelegenheit gehabt, unsere Ehe zu festigen, unsere Ziele zu diskutieren und auszuhandeln. Wir hatten kürzlich unseren ersten großen Streit, und das war schlimm. Doug wollte auf ein Golfwochenende fahren; er war gerade erst mit Freunden weg gewesen, und ich war wütend und gekränkt. Er sagte nichts. Ich glaube, er wollte meine Wut einfach aussitzen. Am Anfang sagte ich: ›Nur über meine Leiche‹, und dann: ›Sieh mal, ich bin nicht deine Mutter, und ich bin nicht Gouverneur Gray Davis, der allein über den Haushalt entscheidet. Wir sind Partner.‹«

Dass die Geburt eines Kindes eine extrem große Belastung für eine Ehe darstellt, ist durch diverse Studien erhärtet worden. Und selbst wenn Ihre Beziehung den schweren Übergang schafft, stehen die Chancen weniger als eins zu fünf, dass Sie sich danach einander näher fühlen. In einer Studie gab sogar die Hälfte der untersuchten Paare an, dass sich ihre Beziehung ernsthaft verschlechtert hatte oder dass die Partner eine größere Distanz zwischen sich spürten als vor der Schwangerschaft.[37]

Diese Zahlen sind erschreckend und traurig, gemessen an unrealistisch hohen Erwartungen. Aber kann man überhaupt anders aufeinander reagieren, wenn man so wenig Zeit füreinander hat? Kann man es überhaupt verhindern, dass man sich über den andern ärgert, wenn man erschöpft und überlastet ist und sich in seiner eigenen Rolle unsicher fühlt? Wesentlich ist, dass man sich genügend Zeit füreinander nimmt und dem Partner ausreichend Gelegenheit gibt, mit dem Baby allein zu sein. Ich meine damit nicht, dass man ihm das Baby in die Hand drückt und dann jeden seiner Schritte beobachtet. Das funktioniert nicht. Sie müssen weggehen oder darauf bestehen, dass die beiden zusammen weggehen.

Und tragen Sie regelmäßig einen freien Abend in den Kalender ein. Ich weiß, das klingt nach einem dieser fidelen Ratschläge in einer Frauenzeitschrift, aber viele der Frauen, die für solche Zeitschriften schreiben, haben auch Kinder. Ich weiß nicht, wie viele von ihnen selbst mit ihrem Mann ausgehen, aber wir wissen alle, dass es gut ist, solche Termine im Kalender festzuschreiben. Warum? Wenn nicht rot unterstrichen im Terminkalender steht »Freier Abend mit Peter«, dann wird daraus auch nichts. Ihre Beziehung steht dann an letzter Stelle – oder zumindest an zweitletzter Stelle. An allerletzter Stelle steht die Zeit, die Sie sich für sich selber nehmen.

Steve und ich sind nach der Geburt zum ersten Mal miteinander ausgegangen, als Maddie drei Wochen alt war. Wenn ich mich recht erinnere, dauerte unser freier Abend etwa 45 Minuten: Wir übergaben Maddie meinen Eltern und rasten zwei Häuserblocks weiter in ein kleines, romantisches französisches Restaurant. Steve, der meine Nervosität spürte oder vielleicht auch teilte, schlug vor, dass wir die Vorspeise auslassen, und verschwand dann kurz, um zu telefonieren, »nur um zu sehen, ob alles okay ist«. Obgleich an der Heimatfront alles ruhig war, schlang ich meine Ente à l'Orange wie ein Wolf hinunter, gerade so, als befänden wir uns in der Schulcafeteria und kämen gleich zu spät zum Unterricht. Kaum war ich fertig, rief Steve bereits »*L'addition!*«, und wir kehrten hastig in unsere Höhle zurück.

»Schon wieder da?«, fragte meine Mutter, als wir in die Wohnung stürzten. »Ist was passiert?«

Wie hätte ich ihr erklären sollen, dass uns die kurze Zeit in dieser frühen Phase von Maddies Leben wie eine Ewigkeit vorkam? »Na ja, wir waren ein bisschen nervös«, sagte ich entschuldigend. »Wir versuchen es in ein paar Wochen noch einmal.« So kam es, und dieses Mal bereicherten wir unsere Erfahrung um ein Dessert (und zwölf zusätzliche Minuten).

Alyces Mann, der ebenfalls Steve heißt, sorgte für drei gemeinsame Monate, indem er Elternzeit nahm. Obwohl sie beide zwölf Wochen lang zusammen zu Hause waren, hatten sie nicht allzu viele freie Abende, aber sie hatten etwas, was nur wenigen Paaren vergönnt ist – die Chance, Zeit miteinander zu verbringen und zu einem neuen »Wir-Gefühl« zu finden.

»Wenn mich jemand fragen würde, ob es sich für den Vater lohnt, Elternzeit zu nehmen und drei Monate zu Hause zu bleiben, würde ich sagen, ja, definitiv«, sagt Alyce im Rückblick. »Manche haben gesagt, es sei doch eine Verschwendung, wenn Steve die ersten drei Monate zu Hause bleibt. Wo das Baby doch noch so klein ist. Aber es ist wichtig, Zeit füreinander zu haben und den Umgang miteinander zu lernen. Und darum geht es doch eigentlich. Wir hatten nicht viel Zeit für Zärtlichkeiten oder irgendetwas in der Art, aber wir haben versucht, einmal die Woche eine Stunde ohne Baby miteinander zu verbringen.«

Sex Wochen später (kein Druckfehler)

Miteinander zum Essen zu gehen, ist das Eine. Was Sie nach dem Essen machen, das Andere. Wenn Sie oder Ihr Mann Albert Brooks' Behauptung teilen, dass das Langweiligste am Sex das Abendessen ist, dann wird der berüchtigte Nachsorgetermin sechs Wochen nach der Geburt rot angestrichen in Ihrem Kalender stehen. Ich weiß noch, wie ich mich in die Praxis meines Frauenarztes schleppte. Ich war dermaßen benommen von meiner Dauermüdigkeit, dass ich, als er mir aufmunternd mitteilte, es sei alles in Ordnung und ich könne »wieder normal Verkehr« haben, lachen musste. Was konnte wohl normal daran sein, meine wundeste Körperöffnung irgendetwas anderem auszusetzen als einem warmen Bad? Nur lange unterdrückte Sadomaso-Fantasien hätten meinen Sexualtrieb zu diesem Zeitpunkt auf Trab bringen können.

Die meisten Mütter sind nach sechs Wochen überhaupt noch nicht bereit für irgendetwas, was irgendwie mit einem Penis zu tun hat. In manchen Kulturen warten die Paare Monate, ja sogar Jahre. Bei den Abelam in Papua sollen Mütter und Väter mit dem Sex warten, bis ihre Kinder laufen können. Bei den Alorese in Indonesien ist die große Nacht da, wenn das Kind sitzen kann. Und den Massai ist der Geschlechtsverkehr verboten, bis das Kind den ersten Zahn hat.[38] Eine in der Zeitschrift *Journal of Sex Research* veröffentlichte Studie kam zu dem Schluss, dass 84 Prozent der Paare ihr Sexualleben zwölf Wochen nach der Geburt wieder aufnehmen. Dennoch können Müdigkeit, die Eingewöhnung in die neue Rolle, körperliche Veränderungen und das Stillen den Wunsch nach Sexualität mehrere Monate lang beeinträchtigen.[39]

Viele Frauen verspüren enorme Schuldgefühle, wenn sie körperlich nichts mit ihren Männern zu tun haben wollen, obgleich der Sex keine Schmerzen verursacht. Eine Frau beschrieb das so: »Wenn ich mich den ganzen Tag ums Baby gekümmert habe, gehe ich ins Bett, und Sex ist das Letzte, woran ich denke. Manchmal, wenn er mit mir schlafen will und meinen Körper zu berühren beginnt, möchte ich schreien.«

Meiner Erinnerung nach hatte ich das Gefühl, dass Maddie und später Nick meine Privatsphäre völlig in Beschlag nahmen. Entweder hielt ich sie auf dem Arm, oder ich stillte sie, oder ich trug sie umher, oder ich putzte etwas weg, das sie auf mir hinterlassen hatte. Manchmal empfand ich unsere körperliche Verbindung so angenehm wie ein mehrgängiges Menü oder ein warmes Bad, und wenn wir nur wenige Stunden getrennt waren, sehnte ich mich genauso danach, mein Baby zu berühren, wie ich mich danach sehnte, Steve zu berühren, wenn er länger weg gewesen war.

Wenn ich Maddie gebadet hatte, legte ich mich neben sie und sog ihren köstlichen Duft ein, küsste sie und knabberte an ihren winzigen Füßchen, liebkoste sie mit den Fingerspitzen, der Wange, den Lippen. Selbst mitten in der Nacht liebte ich es, Nicks vom Schlaf feuchten Kopf an meinem Hals, seinen kleinen runden Po in meiner Hand zu spüren. Aber es gab auch Tage, an denen die absolute Hilflosigkeit, die Bauchkoliken, der Hunger meines Babys es mir schwer machten, in mir die Person zu sehen, die ich nur wenige Wochen zuvor noch gewesen war. Diese neue Erfahrung, vollkommen von den körperlichen Bedürfnissen Nicks oder Maddies in Anspruch genommen zu sein, mit dem Bild in Einklang zu bringen, das ich mir von mir selbst gemacht hatte, war extrem schwierig. Am Ende des Tages war mein Bedürfnis nach lustvoller Berührung längst gestillt und meine Selbsteinschätzung schwer erschüttert. Wenn ich dann ins Bett kroch, wollte ich nichts als fünf Minuten im Dunkeln für mich alleine haben, und das weiche, kühle Bettzeug war alles, was mein Körper spüren wollte.

Für viele Mütter fördert dagegen der Drang, wieder an das

Ich vor der Entbindung anzuknüpfen, den Wunsch nach Sexualität. Wenn man den ganzen Tag mit den Bedürfnissen des Babys beschäftigt ist, sehnt man sich vielleicht danach, vom Ehemann in den Arm genommen, geliebt und begehrt zu werden. »Ich fühlte mich Brian so nah, nachdem das Baby zur Welt gekommen war. Ich wollte Sex haben, und obwohl es anfangs nicht befriedigend war, genoss ich das Zusammensein, das Gefühl, eine Frau zu sein, nicht nur eine Abfüllstation!«, erinnerte sich Elise.

Wenn man sich nur wie eine Abfüllstation vorkommt oder mit dem eigenen Busen nicht klarkommt, kann das für das Sexualleben verheerend sein. Schließlich spielt der Busen eine wichtige Rolle in unserer sexuellen Entwicklung und der Freude am Sex. Wenn er daher stundenlang in erster Linie funktional zum Einsatz kommt, kann es schwer fallen, im Bett plötzlich umzuschalten. »Ich verbringe mein halbes Leben damit, das Baby zu stillen. Ich liebe es, aber ich habe das Gefühl, meine Brüste gehören meiner Tochter – nicht Jack«, sagte eine junge Frau. Sie fand einfach keine Freude daran, wenn ihr Mann ihre Brüste streichelte, »obwohl es mich früher besonders stimuliert hat«.

Andere Mütter dagegen genießen ihre nunmehr vollbusige Figur. »Ich war oben rum immer ein bisschen flach«, meinte Felicia. »Das Stillen hat deshalb mein Ego unheimlich aufgepeppt. Es war etwas ganz Fantastisches – eigentlich nicht sexuell, sondern eher eine Erfahrung, die mich dazu brachte, meinen Körper auf eine Art zu lieben, wie ich ihn nie geliebt hatte.«

Steve hat sich jedenfalls nie beschwert, selbst als sich aus meinem tropfenden Busen die Muttermilch über ihn ergoss – eine alles andere als erotische Erfahrung. Die meisten Mütter aber mögen es überhaupt nicht, wenn ihre Brüste spontan aktiv werden, und die Erschöpfung, die wunden Brustwarzen und ein nicht eben positives Bild des eigenen Körpers tragen das Ihre dazu bei, dass sie sich alles andere als sexy fühlen.

Dawn ist eine tatkräftige, athletische 32-Jährige, deren durchtrainierter Körper sich in den ersten Monaten der Schwangerschaft kaum veränderte. »Im vierten Schwangerschaftsmonat aß ich dann aber wie ein Scheunendrescher. Am Ende hatte ich 22 Kilo zugenommen, und ich weiß zwar, dass ich das Gewicht nach und nach wieder verlieren werde – guter Gott! Das hoffe ich wirklich –, aber im Moment ist es echt hart. Ich bin immer richtig fit gewesen, war mit meinem Körper zufrieden, aber jetzt fällt es mir schwer, wieder abzunehmen. Ich komme mir vor wie ein Wal, und das nervt gewaltig.«

»Ich wurde relativ spät, allerdings bald nach unserer Heirat schwanger«, sagt Ellen. »Als ich noch mit Männern ausging, definierte ich mich zu einem großen Teil über mein Aussehen. Ich war mir immer bewusst, wie die Männer mich taxierten. Wenn ich wollte, konnte ich richtig Eindruck schinden. Jetzt habe ich nicht mal mehr die Zeit, eine Dusche zu nehmen! Und wenn, versuche ich, nicht in den Spiegel zu sehen.«

Ich erinnere mich an einen Abend, kurz nachdem Nick zur Welt gekommen war, als ich ihn in unserem Bett stillte. Ich trug einen besonders unattraktiven Still-BH (ein attraktiver Still-BH wäre ein Widerspruch in sich) und außerdem eine Atemschutzmaske, weil ich Halsschmerzen hatte und fürchtete, ich könnte Nick anstecken. Da mir Nick ein bisschen warm vorkam, wollte ich ihm die Temperatur messen. Und wie es eben manchmal vorkommt, wenn man dem Baby das Thermometer mit der Vaseline ins Hinterteil schiebt, schoss Nick seine verdaute flüssige Mahlzeit torpedoartig aus. Da saß ich nun, der Busen hing aus dem BH, in meinem ungewaschenen Haar klebte Babykacke, und unter dem Kinn baumelte die Atemschutzmaske. Ich rief Steve um Hilfe. Er kam mit einer Rolle Küchenpapier angerannt und erstarrte vor Entsetzen: »Um Himmels willen! Du siehst aus wie des Teufels Großmutter! Kannst du deinen Kopf auch um 360 Grad drehen?«

»Ich drehe jedenfalls durch, wenn du mir nicht hilfst, hier sauber zu machen!«, knurrte ich.

Ist die Mustermami erotisch?

Dieses Bild meiner selbst – nach einer Dusche natürlich – mit der Frau in Einklang zu bringen, die Steve nach eigener Aussage begehrte, war mir nicht immer möglich. Und wie wir alle wissen, ist unser Gehirn unser wichtigstes Sexualorgan. Wer also nicht sexy denkt, wird wohl in Sachen Sex nicht besonders viel Spaß haben. Für die meisten Mütter, mit denen ich mich unterhielt, waren Sex und Romantik in den Monaten nach der Geburt eine ferne Erinnerung. »Gelinde gesagt, fühle ich mich nicht besonders attraktiv«, sagte Kristen, die Frau eines Anlageberaters, mit einem Lachen. »Und dazu gehört auch, dass ich mir vorkomme wie eine Klischeefrau, wie so eine brave Fernsehmami. Doug kommt vom Büro nach Hause, und mich interessiert nur, was das Baby heute alles gemacht hat, und nicht, was auf dem Aktienmarkt so los war; deshalb kommt es mir vor, als hätten wir gar kein gemeinsames Gesprächsthema.«

Wie bei Kristen trug auch bei mir die Müdigkeit nicht nur dazu bei, dass ich mich körperlich weniger attraktiv fühlte. Ich, die für gewöhnlich begierig die Nachrichten verfolgte, brachte weder die Energie noch das Interesse auf, mehr als die Schlagzeilen zu lesen – und das auch nur, falls die Zeitung zufällig da lag, wenn ich Maddie am Frühstückstisch stillte. Die Folge war, dass ich mir vorkam wie ein Trottel und mir Sorgen machte, dass Steve das bald auch so sehen könnte. Ich vermisste unsere Gespräche über die Arbeit, darüber, was in der Welt so vor sich ging. Egal, wie sehr er sich für Maddies Schlafrhythmus begeisterte, so konnte ich doch nicht glauben, dass er diese Tranfunzel liebte, die aus mir geworden war.

Dabei hätte ich über alles reden sollen – meine Gefühle über Sex, meinen Körper, Steves Arbeit, über alles und jedes, was sich auf unsere Ehe auswirkte. Viele Väter kennen, wie ihre Frauen, die intensive körperliche Liebe zu ihrem Baby und die Erschöpfung, die die Pflege in den ersten Wochen mit sich bringt. Vielleicht erleben Sie auch Enttäuschung, Einsamkeit, Ängste und das Gefühl, noch mehr arbeiten zu müssen. Kein Wunder, dass sich dieser Aufruhr in Ihrem Leben dann auch im Schlafzimmer auswirken kann.

Mehrere Mütter, mit denen ich sprach, empfanden es als Schock, dass ihre Ehemänner alles andere als scharf auf sie waren. »Männer wollen meist vor ihren Frauen wieder Sex haben; bei uns dagegen war es umgekehrt: Ich wollte wieder Sex. John nicht. Und deshalb habe ich mich sehr allein gefühlt, sehr einsam. Selbst wenn er neben mir lag, war ich allein. Ich fühlte mich unverstanden«, erinnerte sich Jackie. »Ich habe mit ihm darüber gesprochen. Ich weiß noch, dass ich ihn fragte: ›Wie soll ich mich als Frau fühlen, wenn du mich körperlich ablehnst? Woher soll ich wissen, ob es nicht daran liegt, dass ich ein bisschen zugenommen habe oder dass mein Körper nicht mehr der gleiche ist?‹ Er sprach das nicht aus, aber ich fühlte mich unattraktiv und nicht begehrenswert.«

Katys verletzte Gefühle verwandelten sich in Wut, als das Desinteresse ihres Mannes mehrere Monate andauerte: »Das war eins der schwierigsten Probleme, mit denen ich fertig werden musste. Unsere Tochter kam mit einem Kaiserschnitt zur Welt, daher konnte ich bald wieder in unsere Beziehung einsteigen, aber er hatte einfach kein Interesse. Ich fühlte mich zurückgewiesen, auch wenn er mir versicherte, dass es nichts mit mir zu tun hatte – dass es sein Problem war. Ich kam mir vor wie eine allein stehende Mutter, weil das Baby dauernd an mir hing. Wenn ich dann endlich in unser Ehebett kam, war mein Mann immer noch nicht besonders erpicht, und ich dachte: ›O Gott, was haben wir nur getan, dass wir dieses Baby bekommen haben!‹«

Manchmal will man einfach nur in den Arm genommen, verwöhnt werden, man will hören, dass man fantastisch ist, man will verführt werden – nicht mit Sekt und Rosen, sondern mit Einfühlungsvermögen. Der Mann, der das Abendessen macht, das Wohnzimmer aufräumt, mit dem Baby spielt, während die Mama ein ausgiebiges Bad genießt, und ihr dann anbietet, ihr den Rücken zu schrubben, wird viel eher mit seiner Frau im Bett landen als der Mann, der über Schuldgefühle, Tücke oder Drängelei an Sex kommen will.

»Ich finde meinen Mann am hinreißendsten, am attraktivsten, wenn er mit dem Baby spielt oder es zärtlich im Arm hält«, sagte mir Laura. »So möchte ich gern, dass er sich auch mir gegenüber verhält – liebevoll und verantwortungsbewusst.« Als sie merkte, dass ihr Mann von ihrem abgewürgten Liebesleben frustriert war, wollte Laura das eigentlich nicht ansprechen. Doch dann hatten sie bei einem Kurzurlaub ohne Baby die Gelegenheit zum Gespräch. »Es war das erste Mal, dass wir allein waren, und wir konnten ganz offen über unsere Gefühle reden. Wir machten einen langen Spaziergang im Park, und Jason sagte mir, dass er unsere intime Beziehung vermisste, dass er mich auf eine Art vermisste, die mir nicht bewusst gewesen war. Mir wurde klar, dass ich mich noch immer um meinen Ehemann kümmern muss, dass ich diese intime Beziehung hegen muss. Er ist so gut zu mir, so gut zum Baby, da muss ich auch gut zu ihm sein.« Laura versuchte gezielt, ihr sexuelles Ich wieder mit Leben zu füllen – was zugegebenermaßen im Hotelzimmer einfacher war als später in den schlaflosen Nächten der Non-Stop-Babypflege, doch sie merkte, dass der Druck, unter den sie sich setzte, sich auszahlte. »Mir geht es jetzt ganz anders – im guten Sinne, nicht so, dass ich ärgerlich oder unglücklich wäre.«

Die Signale des Babys lesen lernen

Wenn Sie das Gefühl haben, mit Ihrem Partner nicht so ganz im Einklang zu sein, so hängt das eng mit der Anstrengung zusammen, in diesen ersten Wochen herauszufinden und zu verstehen, was Ihr Baby will oder braucht. Es ist frustrierend und mühsam, sich im Team durch diese erste Zeit zu kämpfen, besonders, wenn Ihr Partner genauso wenig Ahnung hat wie Sie selber, wie man ein »hungriges Schreien« von einem »gereizten« oder einem »gelangweilten« unterscheidet. Was Sie um drei Uhr morgens hören, ist einfach ein lautes Schreien. Also wandern sie im Kinderzimmer auf und ab, wiegen das Baby, singen ihm ein Lied, und die Wahrscheinlichkeit, dass Sie mit Ihrem schreienden Baby weinen und jammern, ist groß, nur um später in irgendeinem Buch zu lesen, dass Sie das Kind womöglich mit Reizen überfluten.

Wenn Ihr Baby eine Dreimonatskolik hat, ist es das einzig Wahre, sich auch mal eine Pause zu verschaffen und das Baby einem geduldigen Menschen anzuvertrauen, damit Sie der Situation für ein, zwei Stunden entfliehen können. Helfen kann Ihnen auch das Buch *Das glücklichste Baby der Welt: So beruhigt sich Ihr schreiendes Kind – so schläft es besser*, in dem Harvey Karp erklärt, wie man beim Neugeborenen mit den, wie er es nennt, fünf S den Beruhigungsreflex auslösen kann: Strammes Einwickeln, Seiten/Bauchlage, Schhhhh, Schaukeln (oder sanftes Schütteln) und Saugen (Schnuller).[40] Ich habe es mehrmals erlebt, wie dieser Ansatz mit fantastischem Ergebnis umgesetzt wurde.

Glücklicherweise kommen auch die untröstlichsten Kinder mit Dreimonatskolik meist im dritten oder vierten Lebensmonat zur Ruhe. Mir ist klar, dass das eine sehr lange Zeit ist, wenn Ihr Säugling so hartnäckig schreit, als wolle er Tolkiens Nazguls Konkurrenz machen. Doch besser, Sie beten sich vor: »Auch das geht vorbei, auch das geht vorbei«, statt sich selbst die Schuld daran zu geben, dass Sie nicht wissen, was Ihrem Säugling fehlt. Kein Mensch weiß, was genau hinter der Dreimonatskolik steckt (es sind jedenfalls keine Verdauungsstörungen). Dagegen wissen wir sicher, dass wir nach acht oder neun Wochen die Signale unseres Babys besser lesen können. Das Gefühl, im Dunkeln zu tappen, hat sich bis dahin weitgehend verflüchtigt.

Dass die meisten Säuglinge um den zweiten Monat herum zum ersten Mal bewusst lächeln, verstärkt dieses Gefühl der Verbundenheit oder führt es zum ersten Mal herbei. Wenn der Säugling etwa acht Wochen alt ist, sind Sie wahrscheinlich auch etwas ausgeruhter und weniger panisch. T. Berry Brazelton beschreibt in seinem Buch *Touchpoints*, wie sich die Mutter eines zwei Monate alten Babys für die Vorsorgeuntersuchung »zur Feier des Tages ein bisschen fein macht«.[41] Nun haben Sie es vielleicht geschafft, auch mal eine Dusche einzuschieben – selbst wenn die Tage noch immer mit den unzähligen Bedürfnissen des Babys ausgefüllt sind.

Ich bin mir nicht sicher, ob es genau zu diesem Zeitpunkt war, doch irgendwann um Maddies zweiten Lebensmonat auf diesem Planeten fand ich zu einer größeren Harmonie mit ihr. Vielleicht hatte sich auch mein Hormongleichgewicht (oder Ungleichgewicht) nach der Geburt wieder eingependelt. Jedenfalls konnte ich nicht nur selbstbewusster auf ihre Bedürfnisse reagieren, sondern wusste auch schon im Voraus, was kommen würde. Maddies Weinen stürzte mich nicht mehr in tiefe Verzweiflung. Ich konnte sogar zwischen Hunger und Langeweile und Enttäuschung unterscheiden und ihr nach Kräften helfen. Eine Mutter, mit der ich sprach, beschrieb die ersten Wochen als »Blindflug«: »Meistens war ich überfordert und stolperte nur von einer Aufgabe in die nächste, ohne richtig darüber nachzudenken.«

Für Jackie, Mutter von Zwillingen, war die Suche nach Halt so dramatisch, dass sie sich noch genau daran erinnert, wie sie ihn fand. »Ich erlebte zwölf Wochen und drei Tage nach ihrer Geburt eine völlige Wende. Es war unglaublich! Es war ein Mittwoch. Es war von morgens bis abends ein toller Tag, und ich fragte mich: ›Habe ich mich über Nacht verändert? Oder haben sich die Babys verändert? Oder haben wir uns gemeinsam verändert?‹ Egal, was es war – sie reagierten plötzlich auf mich, und ich hatte das Gefühl, dass ich kompetenter und entspannter mit ihnen und ihren Bedürfnissen umging. Dass ich wusste, was ihr Schreien bedeutet. Ich weiß noch, dass es ein wunderschöner, ein unglaublicher Tag war. Es war, als ginge ein Licht an; es war wirklich eigenartig.«

»Wenn man die ersten Wochen überlebt hat, hat man sich

einen Orden verdient«, sagte mir Elise an dem Tag, als ihr Baby den dritten Monat auf Erden feierte. »Es sind die kleinen Dinge. Ich kann ihre Signale lesen. Ich fühle mich wie eine Mutter und nicht wie eine Irre!« Doch, wie Elise eilig hinzufügte, ihr Leben als neue Mutter war immer noch Welten entfernt vom »Leben vor der Geburt«.

Neue Haltung zum neuen Zustand

Wenn Maddies Tagesablauf nun besser vorhersehbar war, so galt das noch lange nicht für meinen. Unsere Tage bestanden aus Stillen, Windelwechseln, Wäschewaschen, ein bisschen Schlafen. Manchmal gelang es mir zu duschen, mich anzuziehen und mit Maddie spazieren zu gehen, häufiger aber waren unsere Tage völlig unstrukturiert und fügten sich ungeplant aneinander. Was ich von morgens bis abends tat, ließ sich nicht mehr mit den üblichen Maßeinheiten – Uhr, Filofax, Checklisten – messen. Ich war in eine neue Dimension eingetaucht, eine Zone, in der der Tag sich aus emotionalen Wellen zusammenfügte statt aus klaren Zeitabschnitten.

Ich war ein schnelles, anspruchsvolles Arbeitsleben gewohnt und empfand daher die fehlende Strukturiertheit und die Langsamkeit dieser ersten Phase mal als angenehm, mal als Besorgnis erregend. An die Stelle der fünfzehn Bälle, mit denen ich im Büro jeden Tag jongliert hatte, traten nun plötzlich winzige, flüchtige Seifenblasen. Sobald ich versuchte, eine in die Hand zu nehmen, platzte sie, und schon segelte mir eine andere über den Weg. Wenn Steve mich am Abend fragte: »Was hast du heute gemacht?«, war ich häufig ratlos. »Tja, ich habe Maddies Bodies mit einem Spezialwaschpulver gewaschen. Ich habe mit ihren Zehen gespielt. Ich habe ein paar Minuten mit Mutter telefoniert. Ich glaube, ich habe geduscht – oder war das gestern?«

Wenn Sie zu den Menschen gehören, die gut mit Unsicherheit umgehen und es akzeptieren können, dass ihnen hin und wieder einiges entgleitet, dann werden Sie die ersten Monate als Mutter leichter bewältigen als viele der Frauen, mit denen ich sprach. Meine alte Freundin Nancy, die ich seit der ersten Klasse kenne und die schon damals zu Höherem berufen war, schaffte es in die oberste Etage von Morgan Stanley, ein Job, wie er anspruchsvoller nicht sein könnte. Daneben spielte sie halb professionell Tennis, saß im Vorstand mehrerer gemeinnütziger Vereine und engagierte sich ehrenamtlich in einem Ferienlager für emotional gestörte Kinder. Sie schwor mir, dass sie noch Zeit zum Schlafen fand, doch ich hatte da meine Zweifel. Nancy fiel die Umstellung, den ganzen Tag mit einem Säugling zu Hause zu sein, extrem schwer. Sie vermisste ihren eingefahrenen Rhythmus und die disziplinierte Choreografie des Alltags vor dem Baby. »Als ich den ganzen Tag mit Jennifer zu Hause war, fühlte ich mich völlig desorientiert«, erinnerte sie sich. »Ich hielt mich immer für einen von Natur aus sehr organisierten, disziplinierten Menschen, doch ich erkannte, dass ein großer Teil dieser Disziplin mir von meiner Arbeit und meinem Sport auferlegt worden war. Ich wusste, ich hatte um zehn Uhr einen Termin oder einen Flug um zwei oder ein Tennisspiel um sechs. Plötzlich hatte ich nur das Baby, das nicht schlafen wollte – und zwar gar nicht!«

Da wir keine klaren Ziele haben und unsere Tage kaum strukturiert sind, empfinden wir die ersten paar Monate mit unserem Säugling häufig als erdrückend und verwirrend. Natürlich gibt es zahllose »Ziele«, die es zu erreichen, ja zu übertreffen gilt, wenn wir uns um unsere Neugeborenen kümmern; nur, wir nehmen sie nicht als solche wahr. Wenn Sie auf das Schreien Ihres Babys reagieren und es Ihnen gelingt, es zu beruhigen, haben Sie eine große »Aufgabe« bewältigt; wenn Sie eine Harmonie mit Ihrem Säugling herstellen, indem Sie sich neben ihn legen oder sich an ihn schmiegen, leisten Sie etwas, auch wenn sich eine solche Leistung nicht so leicht ausdrücken oder bemessen lässt. Und wenn es Ihnen dann noch gelingt, sich und Ihr Baby anzukleiden und einen Spaziergang oder eine Ausfahrt zu machen, wenn Sie jemanden besuchen oder einen Arzttermin wahrnehmen, haben Sie eine wahre Großtat vollbracht. Sie sollten nur nicht versuchen, das kinderlosen Freundinnen oder ihren Kolleginnen im Büro zu erklären. Selbst Ihr Ehemann ist vermutlich dermaßen in seinem verlässlichen und vorhersagbaren Arbeitsalltag verankert, dass er, verglichen mit der schwerelosen Suppe, in der Sie treiben, auf einem anderen Planeten zu leben scheint.

Der Psychologin Daphne de Marneffe zufolge liegt die Herausforderung dieser frühen Phase darin, »die Ambiguität und Fluidität zu akzeptieren… neuen Erfahrungen gegenüber offen zu bleiben und unser Bedürfnis nach Sicherheit und Kontrolle herunterzuschrauben«.[42] Als ich im Mutterschutz war, beging ich den Fehler, einen Fuß in der Bürotür behalten zu wollen, statt mich einfach dem Leben zu Hause hinzugeben. Als Nick etwa zehn Wochen alt war, also rund einen Monat, bevor mein Mutterschutz zu Ende ging, beschloss ich, ihn zu einer der regulären Redaktionssitzungen ins Büro mitzunehmen. Die meisten meiner wichtigen Mitarbeiter – Chefredakteure und Artdirektoren – waren dort, und nach dem Ah und Oh über Nick machten wir uns an die Arbeit. Nach einer Viertelstunde begann er zu schreien, weil er offenbar Hunger hatte. Ich versuchte so diskret wie möglich meine Bluse zu öffnen, um ihn zu stillen. Schließlich waren wir hier bei der Zeitschrift *Parents*, und die Mitarbeiter waren überwiegend Frauen. Doch da zwanzig Augenpaare mich anstarrten (zwei männliche), war ich unruhig, unsicher und angespannt. Schlimmer noch, Nick nahm meine Anspannung auf und schrie wie am Spieß, statt zu trinken. Meine Kollegen sahen aus, als litten sie körperliche Schmerzen. Ich entschuldigte mich daher und hastete mit Nick in die Damentoilette, wo wir beide tief durchatmeten und er problemlos 20 Minuten saugte.

Dass ich mich überhaupt ins Büro gewagt hatte, lag vor allem an meiner Einsamkeit. Genau an diesem Tag hatte ich zugesehen, wie Maddie, damals dreieinhalb, mit ihrer Babysitterin aus der Wohnung hüpfte, und war in Tränen ausgebrochen. Ich fühlte mich, als hätte ich sie verloren, als werde unser Leben nie wieder sein, wie es war. Dass Steve und die meisten meiner guten Freundinnen arbeiteten, war auch nicht gerade eine Hilfe. Dass das Büro eine solche Anziehung auf mich ausübte, lag auch an meinem Hunger auf die Gesellschaft Erwachsener. Ich wollte mir bestätigen, dass ich meine Rolle als arbeitende Frau einfach wieder aufnehmen und einige der sich daraus ergebenden Vorteile genießen konnte.

Meine Freundin Nancy merkte, dass sie die soziale Stellung ihrer Arbeit und den Status, den sie in dieser Arena genossen hatte, nur schwer loslassen konnte. Ihr kam es vor, als bewohnten ihre Kolleginnen und sie unterschiedliche Planeten, von der Zeitzone einmal ganz zu schweigen. Sie auf einen Plausch anzurufen, kam nicht in Frage (»Ich wusste, wie lästig das gewesen wäre«), und der Versuch, mit völlig fremden Frauen im Park Kontakt aufzunehmen, erwies sich als fruchtlos: »Offen gesagt waren dort, wo wir wohnten, die meisten Frauen im Park Kindermädchen. Ich verbrachte die meiste Zeit mit meiner Mutter. Gott sei Dank wohnte sie in der Nähe.«

In den ersten Lebensmonaten Ihres Babys sind andere frisch gebackene Mütter die beste Unterstützung. Sie brauchen kein Netzwerk, sondern nur ein paar Frauen, die Rat, Trost und eine neue Perspektive für Ihr neues Leben bieten können. Ihre Kolleginnen, selbst diejenigen, die Kinder haben, halten Ihnen garantiert den falschen Spiegel vor – den gleichen, den auch Sie verwendeten, ehe Ihr Kind auf die Welt kam. Nur eine andere Mutter oder eine Frau, die sich genauestens daran erinnert, wie abnorm die ersten Monate sind, hat den Verstand und das Feingefühl zu sagen: »Hey, so wie es war, wird es nie wieder werden. Du wirst deinen Weg finden und anfangen, dich selbst wieder zu finden.«

Vielleicht stellen Sie fest, dass Ihr neues Ich nach Hause gehört, nicht in den Job, von dem Sie dachten, dass er Ihnen so viel bedeutet. Oder Ihnen wird klar, dass Sie keinesfalls 24 Stunden, sieben Tage die Woche mit dem Baby zu Hause bleiben wollen. Egal, ob Sie wieder arbeiten gehen oder zu Hause bleiben – bevor Sie entscheiden, sollten Sie ernsthaft in sich gehen. Trotzdem werden viele Gefühle über Sie hereinbrechen, von Hin- und Hergerissenheit bis hin zu großer Angst. Es geht nicht nur darum, was für Ihr Baby am besten ist. Wenn die ersten drei Lebensmonate vorüber sind und Sie aus dem Kokon aus Müdigkeit und Verwirrung wieder auftauchen, werden Sie eine dramatische Veränderung erleben – nicht nur in der Beziehung zu Ihrem Baby, sondern in allen Beziehungen und ganz besonders der zu sich selbst.

Den Rhythmus finden, zu sich selbst finden

Vierter bis zwölfter Lebensmonat

Während man in den ersten drei Monaten »der totalen Fürsorge nichts zurückbekommt« (so eine Mutter), zeichnet sich die Phase zwischen dem vierten und dem zwölften Lebensmonat häufig dadurch aus, dass man »sich bis über beide Ohren verliebt«. Wenn ich mir heute Fotos von Maddie im Alter von fünf, sechs oder acht Monaten ansehe (von denen wir mehrere Kartons voll haben), erinnere ich mich daran, dass ihr Körper wie eine reife Frucht war, wie ein funkelnagelneues Kissen, samtig und kühl und weich. Nach dem Baden legte ich meine in ein Frotteehandtuch gewickelte Schönheit auf das Bett und lag stundenlang neben ihr, voll Bewunderung für die Form ihrer Ohren, die Vollkommenheit ihrer runzligen Zehen oder ihre weiche gurrende Stimme.

Hatte Maddies ständige Hilfsbedürftigkeit als Säugling eine Art primitiven Reflex in mir ausgelöst, sie zu trösten, zu füttern und in den Arm zu nehmen, trat nun eine Gegenseitigkeit in unser Verhältnis. Wenn ich morgens in ihr Zimmer kam, sah ich hingerissen, wie ihr düsteres Stirnrunzeln einem breiten Lächeln wich. Beim Klang meiner Stimme strotzte ihr ganzer kleiner Körper vor Freude. Egal, was für eine harte Nacht ich hinter mir hatte, egal, wie ausgelaugt ich war, wenn ich mich aus dem Bett quälte – beim Anblick ihres strahlenden Gesichtchens war meine Erschöpfung wie weggeblasen.

Als sich mein Mutterschaftsurlaub nach drei Monaten viel zu früh dem Ende zuneigte, überkam mich immer wieder die schiere Panik. Ich hatte die Herausforderungen, die intellektuellen Anregungen, die Anerkennung, die mir meine Arbeit gebracht hatte, vermisst, doch die Vorstellung, Maddie Ana, der Filipina, die wir zu ihrer Betreuung engagiert hatten, zu übergeben, entzog mir sämtliche Energie. Ana war jung und begeistert bei der Sache, aber ich bezweifelte, ob sie einen Notfall meistern konnte. Natürlich hatte ich auch keine Ahnung, was für ein Notfall das hätte sein sollen, doch in ihren ersten beiden Arbeitswochen musste ich mich zwingen, die Wohnung zu verlassen, damit sie ein bisschen Zeit allein mit Maddie verbringen konnte. Zuvor hatte ich mich danach gesehnt, Besorgungen zu machen oder sogar einmal mit einer Freundin zu Mittag zu essen. Doch nun raste ich durch die Gegend wie der Road Runner auf der Flucht vor dem Kojoten. Als ich eines Nachmittags zurückkam und sah, wie Ana versuchte, Maddie ein nicht angewärmtes Fläschchen zu geben, hatte ich ein Gefühl, als würde der Boden unter mir nachgeben. Ich rief Steve im Büro an und jammerte, dass wir jemanden mit mehr Erfahrung würden finden müssen oder dass ich eben einfach meinen Job aufgeben und zu Hause bleiben musste. Wie immer rückte er den Vorfall ins rechte Licht und half mir aus dem emotionalen Dickicht wieder heraus.

Die meisten arbeitenden Mütter, mit denen ich sprach, kehrten drei bis sechs Monate nach der Geburt wieder in ihren Job zurück. Ein paar – vor allem diejenigen, die in Europa leben – nahmen eine längere Elternzeit. Viele waren der Meinung, es sei wohl einfacher, wieder arbeiten zu gehen, solange die Kinder noch ganz klein sind, und nicht erst, wenn sie älter sind. Mit drei Monaten mag Ihr Säugling die Mühen und die schlaflosen Nächte mit einem Lächeln und hin und wieder einem zeitlich passenden Gurren belohnen, doch ist er noch zu klein zum Spielen und verfügt noch nicht über die Gefühlspalette eines sechs oder zwölf Monate alten Babys. Mir fiel es schon schwer, mich von Maddie loszueisen, als sie drei Monate alt war, doch noch schwerer wurde es, als es auf ihren ersten Geburtstag zuging.

Der Sog nach Hause

Als Maddie etwa zehn Monate alt war, begann ich sogar darüber nachzudenken, ob ich meinen Job als stellvertretende Chefredakteurin der Zeitschrift *Good Food* aufgeben sollte. Es schmerzte unheimlich, jeden Morgen ihre Hand von meinem Mantel zu lösen, für die Arbeit auf Reisen zu gehen und mich abends durch die Rushhour zu kämpfen, um ein paar Stunden, ehe sie schlafen ging, wieder zu Hause zu sein. Mich plagten die Fragen, mit denen jede Mutter konfrontiert ist: Tue ich das Richtige? Woher weiß ich das?

Ich hing an meiner Arbeit, meinen Kolleginnen und der Aufgabe, eine Zeitschrift auf die Beine zu stellen; doch Maddie war nun in einer Phase, in der jeder Tag etwas wunderbar Neues mit sich bringt: ein neues Wort, der Versuch zu singen oder die wackligen Vorstufen zu den ersten Schritten. Es war auch nicht annähernd so prickelnd, im Büro Snacks aus der Mikrowelle zu essen, wie Maddie zum ersten Mal ein Vanilleeis schlecken zu sehen.

Es folgten zahllose gefühlsgeladene Gespräche mit Steve und meinen Freundinnen. Mehrere von ihnen meinten, ich würde zu Hause verrückt werden, und mein Steuerberater warnte mich, dass wir unseren Lebensstil drastisch würden ändern müssen. Doch Steve war bereit, diese umwälzende Veränderung mit mir zu planen, und wollte mich unterstützen, egal, wie ich mich entschied. Er meinte, es sei einen Versuch wert. »Du kannst dir später immer noch einen anderen Job suchen, wenn du das willst.«

Da war ich mir nicht so sicher, aber ich beschloss, den Absprung zu wagen, und setzte einen Termin dafür fest. Ich nahm mir vor, es meiner Chefin an einem Freitag zu sagen, und ich hatte Angst vor diesem Gespräch. Alex war eine alte Freundin, vor der ich große Achtung hatte. Ihr Mann Steve war mein erster Chef gewesen, und wie viele kinderlose Paare hatten sie zahllose Ersatzkinder, mich eingeschlossen.

Alex, die in ihrer Arbeit aufging, hatte die Zeitschrift aus der Taufe gehoben und mich angestellt, als ich im sechsten Monat schwanger war. Als Molly starb, hatte sie mir großzügig freigegeben und mich gebeten, mir so viel Zeit zum Erholen zu nehmen, wie ich brauchte – obwohl unsere Tragödie sich zu einem denkbar ungünstigen Zeitpunkt ereignete. Als ich ihr – kaum, dass ich wieder zur Arbeit zurückgekehrt war – mitteilte, dass ich wieder schwanger war, schluckte Alex einmal schwer, brachte mir aber wieder Unterstützung und Verständnis entgegen. Bei dem Gedanken, ihr von meiner Absicht zu erzählen, tröstete ich mich damit, dass ihre Arbeit in ihrem Leben eine so große Rolle spielte, dass sie sicher schnell Ersatz finden würde.

Ich war so auf meine eigenen Pläne fixiert, dass ich, als sie mich am Dienstag in ihr Büro rief, annahm, es ginge um ein Layout oder eine Personalangelegenheit. Stattdessen nahm sie einen tiefen Zug an ihrer Zigarette, sah mir in die Augen und verkündete sichtlich angespannt und gequält, dass sie aufhören werde. Ich weiß nicht mehr genau, was sie sagte, weil ich mich fühlte, als habe mir jemand einen Hammerschlag auf den Kopf versetzt. Sogar meine Hände waren taub. Am Ende dieses Tages hatte man mir den Chefposten und eine satte Gehaltserhöhung angeboten, und der Plan, den ich so sorgfältig geschmiedet hatte, war plötzlich völlig bedeutungslos.

Wenn ich in den ersten Monaten als Mutter etwas gelernt hatte, dann war das, auf umwälzende Veränderungen gefasst zu sein und davon auszugehen, dass sich in dem Moment, in dem der Alltag voraussehbar wird, garantiert wieder etwas ändert. Es ist im besten Fall unrealistisch, im schlimmsten demoralisierend, ein Ziel erreichen zu wollen, indem man zwischen zwei logischen Punkten eine gerade Linie zieht. Wenn ich Chefredakteurin werden wollte, dann hatte ich nun die Chance. Sollte sich diese Chance als unbrauchbar oder schlicht zu aufreibend erweisen, weil der Sog nach Hause zu stark war, so konnte ich immer noch auf Plan A zurückgreifen und mich freiberuflich versuchen.

Es stellte sich aber heraus, dass der Posten mich auf einen Weg katapultierte, der mich innerhalb weniger Monate in die höchste Liga führte. Ich wurde Chefredakteurin der Elternzeitschrift *Parents,* als Maddie ein gutes Jahr alt war. Das war ein Traumjob, die Chance, mein Privatleben und meine Arbeit auf wunderbare Weise zu verbinden. Man hätte mich dort allerdings nicht eingestellt, wenn ich nicht bereits einen Chefposten bei einer anderen Zeitschrift innegehabt hätte – und sei es nur für kurze Zeit.

Mit neuer Energie in den Beruf

Ich kann weder behaupten, dass seither alles wie am Schnürchen gelaufen ist, noch will ich ausschließen, dass die freiberufliche Arbeit von zu Hause eine vergleichbare Befriedigung und vielleicht weniger Stress mit sich gebracht hätte. Aber ich bin mir sicher, dass ich, weil ich Mutter bin, auch eine bessere Redakteurin wurde. Ich konnte mich nicht nur in meine Leserinnen hineinversetzen, mit ihnen leiden und ihre Sorgen verstehen, sondern ich fühlte mich auch praktisch jeder Aufgabe, die sich mir stellte, gewachsen. Als junge Mutter war ich in Maddies erstem Lebensjahr zur Jonglierkünstlerin geworden, musste Flexibilität und Einfallsreichtum an den Tag legen. Der erste Geburtstag markierte das Ende des wohl veränderungsträchtigsten Jahres in meinem Leben. Ich hatte völlig neue Muskeln entwickelt, verfügte über ungeahnte Energiereserven und stellte fest, dass ich auch nach neun Stunden im Büro noch glücklich und aktiv sein konnte.

Ich fragte mich, ob mir in meiner Gehirnrinde ein neuer Lappen gewachsen war, denn in einem Teil meines Hirns schien es, selbst wenn ich im Büro war, unaufhörlich zu brummen. Es war völlig unmöglich, mein Mutter-Ich von meinem Arbeits-Ich zu trennen, und ich hatte das Glück, dass ich es auch nicht musste. Wenn mir mitten in einer Konferenz plötzlich einfiel, dass ich

Ana daran erinnern musste, mich in meiner Mittagspause in der Kinderarztpraxis zu treffen, verdrehte keine der Anwesenden die Augen oder sah mich schief an. Wenn ich zu spät ins Büro kam, musste ich mir keine passende Ausrede einfallen lassen, im Gegensatz zur fiktiven Kate Reddy in Allison Pearsons schreiend komischen Roman *Working Mom*:

Eine Ausrede. Eine Ausrede, mit der man in der City durchkommt. Eine Ausrede aus der Kategorie, die meine Freundin, die Anwältin Debra, eine Männerentschuldigung nennt. Gestandene Manager, die schlechterdings entsetzt wären über Geschichten von einem nächtens erbrechenden Baby oder einem arbeitsunwilligen Kindermädchen (rätselhafterweise wird die Kinderbetreuung, obwohl sie von beiden Eltern bezahlt wird, immer dem Verantwortungsbereich der Frau zugerechnet), akzeptieren willig alles, was mit Verbrennungsmotoren zu tun hat.

»Das Auto ist liegen geblieben / die Scheibe ist eingeschlagen worden.«

»Sie hätten mal sehen sollen, was beim – bitte Schauplatz des Grauens einfügen – in der – bitte Straße einfügen – los war.«

Einer dieser Sätze genügt vollkommen. Die Diebstahlssicherung, der Autoalarm, beide sind jüngst eine wertvolle Ergänzung des männlichen Entschuldigungsrepertoires, und obwohl sie weibliche Züge zeigen (haarsträubend unberechenbar, schrill, lautstark), sind sie an eine Männerentschuldigung leicht anzuhängen und können zur Reparatur in die Werkstatt gebracht werden.[1]

Wie die fiktive Kate, so arbeitete auch meine Freundin Nicole, die vier Kinder hat, in einer testosteronhaltigen Umgebung. Sie erinnerte sich, wie sie nach der Geburt ihres ersten Kindes in der Toilette Milch herausdrückte, die sie dann ganz hinten im Kühlschrank ihres Büros versteckte. Vor allem aber ist ihr die Gleichgültigkeit ihrer Kollegen in Erinnerung. »Ich wollte allen Fotos von Isabel zeigen, ihnen erzählen, was für erstaunliche Fortschritte sie machte. Aber die saßen nur in Konferenzen und zerbrachen sich den Kopf über Dinge, die in meinen Augen völlig unwichtig waren verglichen mit dem, was bei mir zu Hause geschah.«

Betsy, die in Alabama lebt, hatte sich nach einer Frühgeburt durch eine Reihe nervenaufreibender Handicaps gequält (krankes Baby, größere Familientragödien, ein Ehemann, der beruflich viel auf Reisen war). Ihren Job empfand sie als anstrengend, und bisweilen brachte er sie zur Raserei. »Mir wurde plötzlich bewusst, wie viel Zeit man mit Klatsch, Kaffeepausen und Telefongesprächen vertrödelt«, erinnerte sie sich. »Ich hasste das, weil es mir verglichen damit, wie effektiv ich am Ende meines Mutterschutzes zu Hause einen Fünf-Stunden-Arbeitstag bewältigt hatte, verrückt und unproduktiv vorkam.« Als ihr Sohn ein paar Monate alt war, fühlte sich Betsy hin- und hergerissen. Sie zog sich deshalb in ein Kloster zurück, in dem sie von einer Nonne Hilfe und Führung erhielt. »Ich betete, schrieb meine Ziele auf und redete auf der langen Fahrt nach Hause mit einer guten Freundin. Ich beschloss zu kündigen, von zu Hause aus zu arbeiten und bei meinem Sohn zu sein. Ich war mir vollkommen sicher, dass es die richtige Entscheidung war.«

Dass Sie sich zwischen Ihrem Kind und Ihrem Job hin- und hergerissen fühlen, gehört unweigerlich zu dieser und im Grunde auch zu allen folgenden Phasen des Mutterseins. Das kann besonders schmerzhaft sein, wenn Sie niemanden haben, mit dem Sie Ihren Kummer teilen können – keine Waffenschwester. Ich weiß noch, wie fassungslos und erschüttert ich war, als ich, soeben aus dem Mutterschutz zurückgekehrt, erfuhr, dass die Empfangsdame unseres Büros, deren Baby um die gleiche Zeit zur Welt gekommen war wie Maddie, gekündigt hatte. Ihre Schwiegermutter, die sich zu Hause um das Baby gekümmert hatte, hatte ihm offenbar statt Zahnungsgel Desinfektionsmittel auf den Gaumen geschmiert. Dem Baby ging es gut, doch für die Mutter brachte es das Fass zum Überlaufen. Als ich ihr zusah, wie sie unter Tränen ihre Sachen zusammenpackte, fühlte ich mich wie ein Soldat, der allein im Schützengraben zurückbleibt. Wir waren die einzigen beiden Frauen mit kleinen Babys gewesen; nun stand ich allein auf weiter Flur – gestresst und unsicher.

Eine Umfrage, die die Zeitschrift *Parents* jüngst unter arbeitenden Müttern durchführte, ergab, dass 99 Prozent »manchmal oder meistens gestresst« sind.[2] Die meisten von uns gehen davon aus, dass sich dieser Stress durch eine bessere Kinderbetreuung oder flexiblere Arbeitszeiten oder engagiertere Väter abbauen ließe – und all das würde auch sicher helfen. Aber wir müssen wohl auch akzeptieren, dass das Hin- und Hergerissensein zum Leben mit dem Baby dazugehört, und dass die Spannung zwischen unserem arbeitenden Ich und unserem Mutter-Ich uns auch Kraft und Kreativität verleiht.

Nein, ich übertreibe nicht. Eine ganze Reihe von Müttern, mit denen ich sprach, empfanden es wie ein Geschenk, dass sie sich in diesen ersten sechs Monaten ihrer eigenen Kreativität, Leidenschaft, Geduld, Stärke und Findigkeit bewusst wurden. Indem sie diese Qualitäten auf ihren Beruf übertrugen, gelang es ihnen, eine völlig neue Laufbahn einzuschlagen oder sich zielgerichtet auf ihre Arbeit zu konzentrieren. Alyce begann kurz nach der Geburt ihres Sohnes über ihre Karriere als Designerin nachzudenken. »Als ich die ersten Monate, in denen ich mich erschöpft und ohnmächtig fühlte, erst mal hinter mir hatte, überkam mich so ein tolles Gefühl, wie großartig es ist, das hier – dieses Wunder – zu vollbringen. Es ist größer als ich gedacht hatte! Und jetzt glaube ich, dass ich sogar noch Größeres schaffe – beruflich. Ich werde mich nicht in verschiedenen Projekten verzetteln. Ich bin bereit für etwas richtig Großes – eine Riesenaufgabe. Es ist, als ob ich Kraft getankt hätte.«

Vielen Frauen fiel es als Mutter leichter, Risiken einzugehen. »Ich weiß, ich habe im Beruf Dinge riskiert, die ich vor dem Baby nie in Betracht gezogen hätte«, sagte eine Investmentbankerin. »Nicht dass ich unverantwortlich gehandelt hätte, aber ich sagte meine Meinung und trat für Veränderungen ein, und zwar mit einer Bestimmtheit, zu der ich zuvor nie den Mumm aufgebracht hätte.«

Ich weiß noch, dass ich, als ich nach dem Mutterschaftsurlaub an meinen Arbeitsplatz zurückkehrte, nur wenig Geduld für kleine Schwätzchen oder für Konferenzen hatte, die ich als Zeitverschwendung betrachtete. Meine Zeit war wertvoll, denn je mehr ich im Büro bewältigte, umso einfacher war es, früher nach Hause zu kommen und mich auf meine Zeit mit Maddie zu konzentrieren. In ihrem Buch *Babyblues* beschreibt Kate Figes, wie sie als Mutter »im Beruf mutiger wurde«. Auch sie konnte die Büroroutine nur schwer akzeptieren: »Ich habe festgestellt, dass die allgegenwärtige geistige Präsenz des eigenen Kindes all die personalpolitischen, betrieblichen, hierarchischen Belange und erst recht die Wichtigtuerei von Kollegen stark relativierte.«[3]

Erica hatte, ehe sie ihr Baby bekam, eine Privatpraxis als Psychologin und war mit der Entwicklung einer erfolgreichen Seminarreihe auch in die Unternehmenswelt eingestiegen. Da sie so viel wie möglich zu Hause sein wollte, dachte sie nicht nur über ihren Zeitplan, sondern auch über ihre Fähigkeiten nach und nahm einige wichtige Änderungen vor. »Ich wollte arbeiten, aber ich musste einen Weg finden, bei geringster Stundenzahl das maximale Einkommen pro Stunde zu erzielen. Als Bryce auf der Welt war, ging ich diese Aufgabe, glaube ich, mit neuer Kreativität an. Ich setzte mich hin, bewertete all meine Fähigkeiten – und zwar nicht nur die, die ich in der Praxis gebraucht hatte – und begann darüber nachzudenken, wie ich mich verwirklichen konnte. Bryce beförderte mich sozusagen auf die nächste Stufe meines Lebens.«

Jackie, die sich durch die Schule ackerte, mit ihrem Mann ein Fitnesscenter betrieb und sich um ihre chronisch kranke Mutter kümmerte, betrachtete die Sechzig-Stunden-Woche als normalen Bestandteil ihres Lebens. Als sie mit Zwillingen schwanger wurde, nahm sie daher an, sie werde ein paar Monate aussetzen und dann mit vollem Elan wieder arbeiten. Als wir uns trafen, waren ihre Jungen fünf Monate alt und hatten bereits die Kleidergröße von Einjährigen. Jackie dagegen war schon wieder bei Kleidergröße 36, strahlte eine Sanftheit aus, die ich an ihr noch nie erlebt hatte. »Ich weiß, das klingt altmodisch, aber ich habe wirklich das Gefühl, dass mein Leben erst anfing, als ich sie bekam«, sagte sie. »Nicht, dass ich vorher nichts gemacht, nicht einiges auf die Beine gestellt hätte, aber mit den Babys sehe ich mich selbst in einem ganz neuen Licht.« Sie erklärte, sie werde nicht ins Sportstudio zurückkehren, um mit ihrem Mann zu arbeiten. »Dank der beiden haben ich erkannt, dass ich gern ein besserer Mensch sein möchte. Ich sitze nur da und denke: ›Tue ich alles, was ich gern tun möchte? Bin ich die Blicke, die sie mir schenken, wert – die Blicke, die sagen: ›Du bist einfach die Allerbeste!‹ Ich frage mich, ob ich gut genug bin, um dem gerecht zu werden. Es hat mich dazu gebracht, neu darüber nachzudenken, wer ich sein möchte.«

Für einige der Frauen, mit denen ich sprach, übten diese Blicke – »Du bist einfach die Allerbeste!« – einen unwiderstehlichen Sog nach Hause aus. »Ich hatte mir nie vorgestellt, dass ich ihn dermaßen lieb gewinnen würde«, sagte mir Erica. »Obwohl ich mich schnell an etwas hänge, nahm ich doch an, ich würde mir Hilfe suchen, und es wäre in Ordnung, wenn ich nach drei Monaten wieder ganztags arbeiten ginge. Aber gefühlsmäßig war es dann ganz anders. Da war so eine Mauer, als wir uns der Dreimonatsmarke näherten, und mir wurde klar, dass ich nicht einfach zurückkehren und genauso lang wie zuvor arbeiten könnte. Das kam überraschend. Ich hatte mir nie überlegt, wie sehr ich meine Zeit mit dem Baby genießen würde. Niemand hätte mich darauf vorbereiten können.«

Eine meiner Kolleginnen beim Fernsehen – eine aufstrebende Korrespondentin, die als Frontfrau für eine Talkshow aufgebaut wurde – sagte mir, sie habe schreckliche Angst davor gehabt, Abstriche in ihrer Karriere machen zu müssen, als sie merkte, dass sie schwanger war. »Es war nicht geplant. Ich hatte eigentlich immer gedacht: Na ja, vielleicht versuchen wir's, wenn ich 35 bin. Ich war daher überzeugt, dass ich nach drei Monaten wieder arbeiten gehen würde, kein Problem.« Doch die ersten fünf Lebenswochen ihres Sohnes waren sehr schwierig. »Ich war ein Wrack, völlig erschöpft. Ich fragte mich insgeheim – und mit schlechtem Gewissen –, ob ich nicht einen schrecklichen Fehler begangen hätte. Die Leute sagten dauernd: ›O, Muttersein ist das schönste Geschenk, das es gibt‹, und ich dachte bei mir: ›Tolles Geschenk!‹ Soweit ich sehen konnte, war es ein ständiges Nehmen, ohne dass ich etwas zurückbekam.«

Doch dann, um den vierten Monat herum, schlief ihr Sohn länger und belohnte sie regelmäßig mit einem breiten, herzerwärmenden Lächeln. »Ich war ergriffen. Ich meine, total überwältigt davon, wie sehr ich ihn liebte. Leider kam diese Wende genau zu dem Zeitpunkt, als man mir einen wichtigen Job gab, für den ich nach Kalifornien musste. Ich war fünf Tage die Woche weg und fühlte mich, als hätte ich mein Innerstes zu Hause gelassen. Die Trennung von ihm machte mich körperlich krank.«

Als der Sender auf den Mutterschutz eine Art Zwischenstufe folgen ließ, in der sie seltener zur Berichterstattung abberufen wurde und weniger Fernsehauftritte hatte, reagierte meine Freundin mit gemischten Gefühlen, aber grundsätzlich erleichtert. »Ich liebe meinen Job noch immer sehr, aber ich bin wirklich lieber bei ihm, als ich es je vermutet hätte. Manchmal bin ich mir nicht ganz sicher, weil ich doch einen ziemlich hohen Preis bezahlt habe. Ich wurde bestraft, aus dem A-Team herausgenommen, aber im Grunde hat mir der Sender einen großen Gefallen getan, indem er mich Teilzeit arbeiten lässt. Ich habe zwar noch immer Ziele, aber ich glaube, den größeren Lohn habe ich hier.«

Andere Mütter, mit denen ich sprach, sagten – manchmal mit einem Anflug von Schuldgefühlen –, dass sie sich auf ihre Arbeit freuten, auf den vorhersehbaren, geordneten Alltag ihres »alten Lebens«. Die allein erziehende Mutter Sandra brauchte die Rückkehr ins Büro für ihr Selbstbild als unabhängige und kompetente berufstätige Mutter. »Ich musste aus finanziellen Gründen arbeiten, aber ich brauchte es auch für mich selbst. Ich könnte keinesfalls den ganzen Tag zu Hause bleiben. So weit kenne ich mich. Ja, es war hart, und als mein Mutterschutz vorbei war, hätte ich mir gewünscht, ich hätte sechs Monate zu Hause bleiben können statt vier, aber ich wollte meine Karriere wirklich nicht aufgeben. Selbst später, als die Kinder älter waren und ich eine Beziehung mit einem Mann einging, der gut verdiente und bereit war, für mich und meine Kinder aufzukommen, konnte ich nicht zu Hause bleiben. Ich bin einfach nicht der Typ.«

Für meine Freundin Jane war es eine Erlösung, wieder arbeiten zu gehen. Nach einer postnatalen Depression, die noch dadurch verstärkt wurde, dass sie mit dem drei Monate alten Säugling von der Welt abgeschnitten war, riss die Rückkehr in einen vertrauten Alltag, zu den hilfsbereiten Kollegen und einem Job, den sie liebte, sie aus der Dunkelheit. »Ich kenne viele Frauen, die unter ähnlichen Symptomen litten wie ich, allerdings nicht so anhaltend und intensiv. Sie erlebten diese ersten Monate als unheimlich, verlassen, einsam. Für mich bestand die Lösung darin, wieder arbeiten zu gehen. Mein Job gab mir Halt.«

Da wir mit einem Neugeborenen nur für den Augenblick leben, und später, wenn die Monate ins Land gehen, gerade mal von einem Augenblick zum nächsten, müssen wir uns einmal in aller Ruhe fragen, welche Folgen diese neue Phase für die Zukunft haben wird. Es ist nicht gerade einfach, die kurzfristigen Fortschritte gegen die möglichen langfristigen Folgen abzuwägen, da die Variablen zahlreich und kompliziert sind. Wenn Sie ihrem vier Monate alten Baby in die Augen sehen, können Sie noch nicht wissen, ob es zu den unabhängigen Kindern gehören wird, ob es zufrieden mit seinen Freunden in die Kinderbetreuung abzieht, oder ob es Sie braucht und sich nur schwer von Ihnen trennt. Sie können nicht wissen, ob das liebevolle Kindermädchen, dem Sie Ihr Baby übergeben, so umsichtig ist wie

Sie selbst, und genauso wenig können Sie von Ihrem Kind erwarten, dass es als Lohn dafür, dass Sie Ihren Job aufgeben und zu Hause bleiben, ein perfektes Engelchen ist.

Hilfe dringend benötigt

Obgleich uns die meisten wissenschaftlichen Untersuchungen bestätigen, dass Kinder nicht unter einer Betreuung leiden – vorausgesetzt, diese Betreuung ist beständig und kindgerecht –, fühlt sich wohl jede Mutter der Welt schuldig, wenn sie die Wohnung verlässt. Sie werden nie mit Sicherheit sagen können, ob die Entscheidungen, die Sie heute fällen, sich später als richtig erweisen. Wie Studien und der gesunde Menschenverstand bestätigen, bleibt Ihnen nur eins übrig: sich selbst treu zu sein. Ein Kind, dessen Mutter niedergeschlagen und frustriert zu Hause bleibt, leidet mehr als eines, dessen Mutter sich selbst pfleglich behandelt – sei es, indem sie berufstätig ist oder anderen Aktivitäten nachgeht – und der es, dank neu gewonnener Kraft, umso leichter fällt zu geben, wenn sie wieder zu Hause ist.[4] Ein Baby braucht die Liebe seiner Mutter, doch es muss sicher nicht jede Minute des Tages bei ihr sein. Es gedeiht auch bestens, wenn es Umgang mit anderen liebevollen Erwachsenen hat.

Aber hier liegt der Hase im Pfeffer. Wie findet man »andere liebevolle Erwachsene« – oder auch nur einen liebevollen Erwachsenen? Qualifizierte, bezahlbare Kinderbetreuung ist ungefähr so leicht zu finden wie der Heilige Gral. Die Kandidatinnen, mit denen Steve und ich Bewerbungsgespräche führten, verschwimmen in meiner Erinnerung mit der Szene aus *Mrs. Doubtfire*, in der Robin Williams eine Reihe albtraumartiger Babysitter spielt. Ich glaube mich an eine Frau zu erinnern, die wie eine von Williams' »Kandidatinnen«, ständig wiederholte: »Ich sein Job. Ich sein Job.«

Die erste Frau, die wir anstellten, war uns als »jamaicanische

Mary Poppins, fabelhaft mit Kindern« empfohlen worden, und sie war zweifelsohne fröhlich und tatkräftig. Aber vom ersten Tag an gab sie mir das Gefühl, eine stümperhafte Anfängerin zu sein oder, schlimmer noch, die Überängstliche, die sich überall einmischt. Als ich ihr eines Nachmittags sagte, ich wolle Maddie baden, gab sie sie mir mit den Worten: »Na, dann machen Sie mal« und ging in die Küche. Irgendwann bat ich sie um Hilfe, und ehe ich auch nur etwas sagen konnte, hatte sie Maddie in Windeseile aus der Wanne gefischt und zu einem feuchten Paket verschnürt. Teamwork war für Jeanette kein Thema. Es ging nach ihrem Kopf oder gar nicht.

Eine Woche, nachdem sie bei uns angefangen hatte, rief ich Steve vom Schlafzimmer aus flüsternd und schluchzend im Büro an. Ich weiß nicht mehr genau, was vorgefallen war, dass ich dermaßen in Tränen aufgelöst war, aber ich weiß noch, dass ich am Boden zerstört war beim Gedanken daran, dass ich diese Frau feuern musste. Ich geriet in Panik und schämte mich gleichzeitig, weil ich so verängstigt und kindisch war. Steve erinnerte mich daran, dass ich im Lauf meiner Karriere Dutzende von Leuten angestellt und wieder entlassen hatte. Diese Frau arbeite für mich, und ich müsse ihr daher sagen, was ich von ihr wolle, oder ich müsse sie loswerden. Ich brüllte, er verstehe rein gar nichts, und legte auf.

Und Steve verstand wohl tatsächlich nicht, wie sehr sich dieses Beschäftigungsverhältnis von anderen unterschied. Das äußerte sich schon in der komplexen Gemengelage aus Schuld, Sorge, Dankbarkeit und Kummer, die mich jedes Mal überkam, wenn ich Maddie abgab. Ich brauchte Jeanette für den wichtigsten Job im ganzen Universum – für die Betreuung meiner winzigen Sonne, die im Mittelpunkt dieses Universums stand –, und ich fürchtete, dass ihre Fürsorge davon abhing, inwieweit ich sie, Jeanette, glücklich machte. Wenn ich mit dieser herrischen Tagesmutter aneinander geriet, würde Maddie dann darunter leiden? Sollte ich einfach die Pantoffeln anlassen und zu Hause bleiben?

Mein Happy End – wenn das Thema Kinderbetreuung überhaupt eins haben kann – bestand darin, dass ich die wichtigste Lektion lernte, die es bei der Suche nach einer Betreuung fürs Kind gibt: Ich brauchte eine, die zuallererst auf meiner Seite war. Wir begehen häufig den Fehler, dass wir ausschließlich die Bedürfnisse unseres Kindes im Auge haben. Wir möchten eine Ersatzmutter oder – in einem Hort – mehrere Ersatzmütter. Entscheidend aber ist es, wenn man seine Arbeit wieder aufnimmt, jemanden oder mehrere Personen zu haben, die für einen da sind. Das bedeutet, dass eine Frau, die eine arbeitende Mutter unterstützt, auch davon überzeugt sein sollte, dass diese die richtige Wahl getroffen hat. Wenn Sie Ihr Baby in einem Hort unterbringen wollen, sollte es einer sein, der Sie regelmäßig darüber informiert, was Ihr Baby gemacht hat – nicht, weil es dem Baby weiterhilft, sondern weil man dort weiß, dass Sie im Bilde sein wollen. Auch Ihre Überraschungsbesuche sollten willkommen sein. Eine Betreuerin, die voreingenommen, arrogant oder so unterwürfig ist, dass sie Ihnen offenkundig nie die Wahrheit sagt, sollten Sie nicht anstellen. Ein Hort, in dem es nicht gern gesehen ist, wenn Eltern nachfragen, regelmäßig anrufen oder auch mal kurz hereinschauen, ist nicht der richtige für Ihr Baby.

Für eine Partnerschaft, die alle glücklich macht, ist es entscheidend, dass auch Sie Ihren Teil dazu beitragen. Kümmern Sie sich nicht um jedes Detail. Wenn Sie ständig alles besser wissen, treiben Sie Ihre Kinderbetreuerin in den Wahnsinn. Ich muss zugeben, dass ich Jeanette mit Adleraugen beobachtete. Wenn sie die Ersatznahrung nicht milligrammgenau abwog, stürzte ich herbei und übte »konstruktive Kritik«. Heute weiß ich, dass ein Teelöffel Wasser mehr oder weniger Maddies Nährstoffversorgung nicht beeinträchtigt hätte, und mir wird klar, wie lästig ich ihr gefallen sein muss. Andererseits weiß eine gute Tagesmutter, die nicht nur Erfahrung mit Neugeborenen hat, sondern auch mit frisch gebackenen Müttern, dass wir am Anfang alle ein bisschen von der Rolle sind, und wird sich nicht auf einen Streit mit Ihnen einlassen.

Als Jackie Schwierigkeiten mit ihren Zwillingen hatte, gelang es ihr, eine überaus kompetente Kinderfrau zu finden. Doch die Unsicherheit, die sie in den ersten Monaten nach der Geburt verspürte, wuchs durch die Hilfe nur weiter. »Da ich es gewöhnt bin, alles selber zu machen, fiel es mir richtig schwer, mir so viel Hilfe ins Haus zu holen. Ich dachte die ganze Zeit, ich sollte es allein schaffen. Es belastete mich, dass die Frau, die wir angestellt hatten, so besitzergreifend war, und mir wurde klar, dass ich, wenn ich sie weiter alles erledigen ließ, nicht lernen würde, es selbst zu tun. Ich hatte das Gefühl, je mehr sie da war, desto mehr schob ich das Muttersein hinaus. Sie war toll. Sie sagte: ›Lassen Sie sich doch mal die Nägel maniküren. Gehen Sie ruhig zum Friseur. Gehen Sie doch ins Kino.‹ Aber ich konnte mich einfach nicht amüsieren, weil ich die ganze Zeit dachte: So etwas tut eine Mutter nicht.«

Als die Jungen etwa vier Monate alt waren, entledigte sich Jackie aller Helfer – einschließlich einiger wohlmeinender, aber nicht eben hilfreicher Verwandter. »Ich sagte mir: Ich habe zwei Kinder und damit viel um die Ohren, und ich muss herausfinden, wie ich damit zurechtkomme.« Jackie räumt ein, dass in den ersten beiden Wochen das totale Chaos herrschte. »Aber ich war richtig glücklich. Ich war ziemlich streng mit Michael und Peter, aber bald klappte es mit dem geregelten Tagesablauf, und ich war glücklich und stolz.«

Jackies Erfahrungen unterstreichen, wie wichtig es ist, eine Kinderbetreuung zu haben, die Ihre Fähigkeiten und das Gefühl, etwas zu leisten, unterstützt und Ihnen die Chance lässt, zu lernen und eine Bindung zu Ihrem Kind aufzubauen. Für eine partnerschaftliche Zusammenarbeit ist es unabdingbar, dass Sie über Ihr Baby reden, darüber, wie Sie sich seinen Tagesablauf vorstellen, und was Sie von der Betreuerin erwarten oder nicht. Sie müssen sich darüber im Klaren sein, wie wichtig die Betreuerin für Ihre Familie ist, und dass Sie ihr den Respekt entgegenbringen müssen, den sie verdient. Wenn Sie ständig zu spät von der Arbeit nach Hause kommen oder, schlimmer noch, ihr das

Geld nicht pünktlich zukommen lassen, signalisieren Sie ihr: »Meine Arbeit ist wichtiger als deine.«

Bei Ana, die fünf Jahre für uns arbeitete, beging ich unter anderem den Fehler, dass ich mir zu wenig Zeit dafür nahm, mich unter der Woche einmal mit ihr hinzusetzen und über Maddies oder Nicks Entwicklung, über eventuelle Probleme oder einfach nur über Anas Arbeit zu reden. Wir führten diese Gespräche allzu häufig zwischen Tür und Angel, wenn ich am Abend hereinhastete und sie schon wieder auf dem Sprung war.

Viele Horte führen ein Tagebuch über den Tagesablauf ihrer Schützlinge, damit die Eltern im Bilde sind. In den fortschrittlicheren Einrichtungen gibt es sogar Videokameras, sodass man hin und wieder »durchs Schlüsselloch gucken« kann. Eine Tagesmutter kann Fotos oder Notizen machen, was Ihr Baby so macht, während Sie weg sind. Wenn Sie die Fotos oder die Tagebucheinträge gemeinsam durchgehen, ist das oft ein guter Anlass, über eigene Vorstellungen und Ängste, über die eigene Arbeit oder die der Tagesmutter zu sprechen.

Sie müssen nicht die beste Freundin Ihrer Tagesmutter werden; schließlich sind Sie ihre Chefin. Aber jedes Beschäftigungsverhältnis steht und fällt mit einer guten Kommunikation. Wenn Sie Ihrer Tagesmutter nicht klar sagen, was in ihren Verantwortungsbereich fällt, oder wenn sie Beschwerden nicht vorbringt, werden Sie sich als Team schwer tun.

Einer der Knackpunkte dieser Phase liegt darin, dass Sie, wenn es Ihnen wirklich gelungen ist, eine Person zu finden, die Ihr Baby offenkundig liebt und an der Ihr Baby gleichermaßen hängt, diese Person vielleicht am liebsten erwürgen wollen. Kathleen, die in Kalifornien lebt, fand eine Tagesmutter, die halbtags arbeitete und ihr von einer Nachbarsfamilie wärmstens empfohlen wurde. »Unsere Freunde waren voll des Lobes, und auch ich war begeistert«, sagte Kathleen. »Aber schon nach wenigen Tagen war ich wahnsinnig eifersüchtig. Ich kam mitten am Tag von der Arbeit zurück, um mit Christian zusammen zu sein und wollte sie nicht da haben. Ich wollte mit ihm allein sein, ihn nicht mit jemandem teilen. Ich glaube, ich wollte sie aus dem Rhythmus bringen, weil ich nicht wollte, dass sie meine Rolle übernimmt.«

Ich kann Ihnen gar nicht sagen, wie viele Mütter gestanden, dass sie die Betreuungsperson als Rivalin betrachteten und grün vor Neid waren. Haben Sie keine Angst! Sie werden immer die Sonne und der Mond für Ihr Baby sein. Und wenn Sie das Glück haben, eine liebevolle Tagesmutter zu finden und Ihr Baby sie anbetet, dann freuen Sie sich und geben Sie ihr eine Gehaltserhöhung. Wenn die Betreuerin dagegen auf Ihre Gefühle keine Rücksicht nimmt oder es Ihnen hinreibt, wenn Ihr Kind in Tränen ausbricht, sobald Sie in die Wohnung kommen (»Ach herrje. Den ganzen Tag hat sie nicht geschrien!«), dann warten Sie den richtigen Zeitpunkt ab, ihr freundlich den Laufpass zu geben!

Wenn Sie lieber zu Hause bleiben

In einer perfekten Welt wäre eine gute Kinderbetreuung allen Müttern zugänglich, nicht nur jenen, die arbeiten wollen oder müssen. Doch selbst wenn es solch ein subventioniertes System gäbe, bliebe das bittere Gefühl, das uns beschleicht, wenn wir unser Baby jemand anders übergeben. Dieser jemand kann noch so wunderbar oder gut ausgebildet sein, dennoch werden Millionen von Müttern lieber zu Hause bleiben. Und das aus gutem Grund. Ganztags seine Kinder zu bemuttern, kann Träume erfüllen, kann bereichernd und lohnend sein, angenehm und anregend. Die Psychologin Daphne de Marneffe stellt fest: »Als Mutter sollten wir alle Möglichkeiten nutzen, herauszufinden, was wir denken und was wir wollen. Jede muss die wichtigen Fragen für sich selbst abwägen, damit sie ihr Leben selbst gestalten kann, statt sich einfach nur mit der Realität abzufinden.«[5]

Erica erzählte voller Begeisterung von der Zeit, die sie mit ihrem Sohn Bryce verbracht hatte. Sie war zuvor »sehr ehrgeizig gewesen und hatte die Karriereleiter erklommen«. Doch nun entdeckte sie, dass ihre Angst, diese Leiter wieder herunterzufallen, von ihr abfiel, als sie beschloss, sich auf die gemeinsame Zeit mit Bryce zu konzentrieren. »Mir wurde klar, dass ich, als ich wie eine Verrückte meine Karriere verfolgte, kaum auf mich selbst geachtet hatte; mir fehlte der mentale Raum. Ein Baby gibt einem diese Art Beziehungsraum – Raum nur für einen selbst und das Baby. Es vermittelt einem auch ein neues Zeitverständnis und lässt einen erkennen, was man vorher gemacht hat und wo es nun hingehen soll.«

Erica hatte mehrere Monate gebraucht, um zu lernen, alte Erwartungen loszulassen, tief durchzuatmen und sich von ihrem Sohn leiten zu lassen. Auch andere Mütter, vor allem solche, die beruflich viel erreicht hatten, waren der Meinung, dass es im ersten Jahr mit dem Baby vor allem darauf ankomme, nicht auch zu Hause viel erreichen zu wollen. Die alltäglichen Ziele in der Babybetreuung sind bestenfalls vage umrissen, Versuche, die Aufgaben zu planen, meist erfolglos, und die Gelegenheiten, Schwerpunkte zu setzen, dünn gesät. Katy wohnt in London und arbeitet in einem Verlag; sie gewöhnte sich an, sobald sie sich vorkam »wie im Hamsterrad«, laut auszusprechen, was sie sich für den Tag vornahm. »Ich bin mir sicher, meine Nachbarn hielten mich für übergeschnappt, aber ich sagte: ›Heute werde ich einfach nur hier sitzen und dir zusehen, wie du spielst! Heute wasche ich nicht ab, sondern nehme mir die Zeit, dich zu baden!‹« Allein schon, dass sie sich der vielen winzigen und wertvollen Momente, die sie und ihr Baby gemeinsam verbrachten, bewusst war, federte das Gefühl der Ziellosigkeit und der Frustration ab.

Was nicht heißen soll, dass es langweilig oder ermüdend oder belastend ist, den ganzen Tag mit dem Baby zu Hause zu sein. Es ist eine echte Herausforderung, und ich glaube, wir verwechseln oft Langeweile mit Ambivalenz, Erschöpfung mit Depression. Wenn man sich hin- und hergerissen fühlt, wenn man einerseits beim Baby sein und andererseits die Bestätigung haben möchte, die sich leichter im Beruf erlangen lässt, kann einem das die Energie und den Antrieb rauben. Wenn man dagegen weiß, dass man zu Hause bleiben will, und wenn man zu dieser Entscheidung steht, ohne sich dafür rechtfertigen zu müssen, kann das Kraft und Freude spenden. Einer Mutter, die daran glaubt, was sie tut, geht es psychisch viel besser als einer, deren Hin- und Hergerissenheit und Unzufriedenheit sich auf ihren Umgang mit den Kindern auswirken. »Ich habe mich nie so im Reinen mit mir selbst gefühlt wie zu der Zeit, als ich mit meinen Babys zu Hause war«, sagte Nicole und fügte spürbar verärgert hinzu, dass es ungeheuer schwierig war, ihrem Umfeld von ihrem Mann bis hin zu ihren Freundinnen klar zu machen, dass sie einen hervorragenden Job mit sagenhafter Bezahlung aufgeben wollte, um zu Hause zu bleiben. »Niemand wollte glauben, dass es mich wirklich glücklich machte, bei meinen Kindern zu sein, mit ihnen zu spielen oder sie einfach zusammen zu beobachten.«

Lisa Belkin schrieb für das *New York Times Magazine* einen Artikel über berufstätige Frauen, die die Überholspur verließen, um ganz bei ihren Kindern zu sein. Sie beantwortet die provokative Frage »Warum regieren nicht Frauen die Welt?« so: »Vielleicht wollen sie nicht.« In ihrem Bericht, der Hunderte leidenschaftlicher Leserbriefe nach sich zog, führt Belkin wissenschaftliche Studien und weiteres Belegmaterial für die These an, dass die meisten von uns sich vor allem »Vernunft, Ausgewogenheit und eine neue Definition von Erfolg« wünschen. Und sie schließt mit der Aussage, dass nun, da mehr Frauen die Ausgewogenheit suchen und lieber zu Hause bleiben, auch Männer verstärkt bereit sind, ihren Arbeitsplatz zu verlassen. »So betrachtet, ist das nicht eine gescheiterte, sondern der Beginn einer neuen Revolution. Die Frauen haben eine neue Tür einen Spaltbreit geöffnet, und dahinter finden wir vielleicht ganz neue Verhältnisse.« Eine der Frauen, mit denen sie sprach, vermutet, dass die Antwort auf die Frage »Warum regieren nicht Frauen die Welt?« lautet: »Wir tun es schon!«[6]

Platz für Papa

Wenn Sie sich dazu entschließen, über Ihr eigenes Reich zu Hause zu regieren, werden Sie vielleicht schockiert feststellen, dass Ihr Mann noch immer glaubt, er sei König. Sein Anteil an der Kinderbetreuung und der Hausarbeit beträgt nur einen Bruchteil des Ihren.[7] Ich weiß natürlich, dass das sexistisch klingt und dass es viele Väter gibt, die so oft kochen und die Windeln wechseln wie ihre Frauen, aber wenn Mami den ganzen Tag zu Hause ist, nimmt Papi häufig an, dass sie auch den Haushalt schultern sollte. Ja, Mami wird, auch wenn sie ganztags arbeiten geht, sehr wahrscheinlich mehr Pflichten auf ihrer Liste stehen haben als Papi. (Allein der Umstand, dass sie überhaupt eine Liste für Kinder- und Hausarbeiten führt, unterscheidet sie bereits von den meisten Männern, die ich kenne.)

Als wir vor nicht allzu langer Zeit einen Bericht für *Good Morning America* über den so genannten Hausarbeitskrieg machten, fiel es uns gar nicht schwer, Paare zu finden, zwischen denen diese Schlacht mit erstaunlicher Intensität immer wieder aufflackerte. Stacy und Chris, die wir vorstellten, lebten mit ihren vier Kindern, darunter zehn Monate alten Zwillingen, in Massachusetts in einem kleinen Haus am Stadtrand. Chris, der für Pepsi Getränke auslieferte, räumte ein, dass er wenig im Haushalt arbeitete, zumal Stacy ihren Job aufgegeben hatte, um bei den Kindern zu sein. In unserem Gespräch scherzten sie immer wieder über den Hausarbeitskrieg: Stacy bekannte, dass sie manchmal Wäsche, um die Chris sich gekümmert hatte, neu zusammenlegte; Chris gestand ein, dass er dazu neigte, seine Sachen herumliegen zu lassen, auf dass Stacy sie aufhob.

Im Lauf unseres Gesprächs merkte ich, dass Stacys Frust weniger aus der ungleich aufgeteilten Arbeit resultierte, sondern daher, dass Chris keine Ahnung hatte, wie schwer sie den ganzen Tag lang arbeitete. »Ich bin früher ganztags arbeiten gegangen«, sagte sie. »Ich habe zwei Teilzeitjobs gehabt. Das, was ich jetzt mache, ist anstrengender als alles, was ich in meinem

Leben jemals getan habe; und er weiß das einfach nicht.« Als ich sie fragte, was Chris denn tun könne, um ihr zu zeigen, dass er ihre Arbeit anerkennt, wandte sich Stacy ab und antwortete gepresst: »Ich wünschte nur, er würde sagen: ›O, gut sieht es hier heute aus‹ oder – irgendetwas, was mir das Gefühl geben würde –« Sie konnte nicht weitersprechen, weil sie weinen musste. Was wie eine leichte Sitcom begonnen hatte, entpuppte sich als tief schürfendes Drama.

Die Debatte darüber, wer im Haushalt was übernimmt, greift offenbar viel tiefer als die Staubschicht, die sich unter der Couch ansammelt. Wenn man sie unter den Teppich kehrt – der schlechte Witz ist gewollt –, weil »er's einfach nicht kapiert«, stiehlt man sich aus der Verantwortung. In dieser Phase die Frage, wer was macht, einfach zu ignorieren, heißt, eine Art Zeitzünder zu stellen. Die Bombe explodiert vielleicht erst, wenn ihr Kind älter ist, aber sie hören sie jeden Tag ticken, vielleicht auch jede Nacht. Als ich Stacy fragte, ob ihr Groll sich auch im Schlafzimmer auswirke, sagte sie: »Ja, hin und wieder schon. Ich halte ihn hin.«

Fragen Sie jede beliebige Eheberaterin nach den größten Gefahren für das Eheglück, und sie nennt garantiert die Arbeitsteilung zu Hause.[8] Ob wir Witze darüber reißen, uns über die erbärmlichen Bemühungen unseres Mannes lustig machen, uns beschweren, toben oder drohen – an der Wurzel der Debatte steht der verständliche Wunsch, mit dem Menschen, den man am meisten liebt, an einem Strang zu ziehen. Wenn Ihr Mann nicht seinen Teil beiträgt oder wenn ihn das Vatersein dazu veranlasst, noch mehr Zeit auf den Beruf zu verwenden, oder wenn Sie das Gefühl beschleicht, Sie sprechen verschiedene Sprachen, dann stauen sich Wut, Verzweiflung und Vereinsamung auf. Dann geht es darum, diese Gefühle an die Oberfläche zu bringen und möglichst gemeinsam zu ergründen, warum sie so tief gehen.

Für viele von uns ist der Kampf um die Hausarbeit in Wahrheit ein Kampf mit uns selbst. Wir müssen uns fragen, wie weit wir alles unter Kontrolle haben möchten und wie viel Macht wir brauchen, um uns wie eine gute Mutter zu fühlen. Meist geben wir die Hausarbeit bereitwilliger ab als die Kinderbetreuung, möchten gern einen Partner haben, der nach dem Abendessen abwäscht. Doch wenn es um die Bindung zum Kind geht, empfinden wir ihn oft als Konkurrenz. Was »fair« ist, müssen Sie nicht nur im Kontext Ihrer Ehe abschätzen, sondern auch in Hinblick darauf, was Sie für sich selbst wollen. Wenn Sie davon träumen, ganz bei Ihrem Baby zu Hause zu sein, Ihre Familie aber auf Ihr Einkommen angewiesen ist, dann legen Sie vielleicht eine zweite Schicht ein, um Ihre Mutterrolle so gut wie möglich auszufüllen. Wenn das Muttersein Sie erschöpft und nicht ausfüllt, wird es Sie wurmen, dass Ihr Mann die Freiheit hat »sein Leben genauso zu leben wie vorher« (wie eine Mutter mir verbittert sagte).

Natürlich ist es unglaublich schwer, die komplexen und widersprüchlichen Gefühle in dieser Phase auseinander zu halten. Wir geben unserem Ehemann gern widersprüchliche Signale, weil wir selten die Gelegenheit haben, uns in aller Ruhe darüber klar zu werden, was wir wollen und was sich ändern muss. Als Maddie noch ein Baby war und Steve und ich beide ganztags arbeiten gingen, war es schon schwierig, einen Satz zu Ende zu bringen, und die Zeit, darüber nachzudenken, ob mir mein Leben gefiel oder nicht, hatte ich schon gar nicht. Kein Wunder, dass ich einfach so weitermachte und Witze darüber riss oder mich im Stillen darüber ärgerte, dass ich es war, die sich häufiger um die Wäsche kümmerte.

Ich musste erst neulich daran denken, als ich ein altes Video von Maddies erster Geburtstagsparty hervorholte. Steve kommentierte mit entwaffnendem Humor meinen Tag, angefangen mit dem Kuchenbacken am Vormittag über die Ankunft der Freunde und Verwandten, den unanständigen Geschenkestapel (die meisten hatte ich gekauft und eingepackt) bis hin zum Abend, an dem ich 25 schokoladenbeschmierte Teller abräumte. Bemerkenswert ist, dass ich der Star am Herd, an der

Spüle, am Esstisch und wieder an der Spüle bin. An einer Stelle weise ich meinen Möchtegern-Spielberg sogar darauf hin, dass noch Teller in die Spülmaschine geräumt werden müssen.

Als ich das Video zum ersten Mal ansah, fiel mir auf, dass ich den Tag praktisch allein bestritten hatte, und das hinterließ einen faden Beigeschmack. Als ich es mir dann noch einmal ansah, tauchte noch ein anderer Aspekt auf. Laut und deutlich waren Dutzende von Komplimenten zu vernehmen, die Steve liebevoll in den Film hineingeschrieben hatte. Ich war der Star des Films, nicht nur, weil ich für den Tag das Drehbuch verfasst, die Regie geführt und die Produktion übernommen hatte, sondern auch, weil der Kameramann meine Mühen in ein warmes Licht kleidete und anerkennend einfing.

Das soll nicht heißen, dass, nur weil Steve meine Leistung anerkannte, damals – wie heute – bei uns kein Hausarbeitskrieg getobt hätte. (Glauben Sie mir, in den 25 Jahren, die wir zusammen sind, hätte oft ein ganzer Güterwaggon voller Rosen die ungerechte Lastverteilung bei der Kinderbetreuung nicht aufwiegen können.) Aber seine Dankbarkeitsbezeugungen belegen, welch große Einigkeit bei uns darüber bestand, dass wir uns, um den Übergang zum Elternsein zu schaffen, mit großer Konzentration und Energie neu aufeinander einstellen mussten. In ihrem Buch *The Second Shift* (Die zweite Schicht) stellt Arlie Russell Hochschild mehrere Paare vor, bei denen es aufgrund »mangelnder Dankbarkeit selbst an kleinen Liebesbezeugungen fehlte«.[9] So gut wie in jedem Fall führte das zu Spannungen, ja Entfremdung, besonders, wenn weitere Kinder kamen.

Dankbarkeit ist natürlich keine Einbahnstraße. Die meisten Mütter, mit denen ich sprach, bedachten ihren Partner bestenfalls mit den Worten: »Ich denke mal, er ist besser als die meisten Papas, die ich kenne.« Meistens messen wir unsere Leistungen mit unterschiedlichem Maß. Mütter neigen dazu, ihren Mann mit sich selbst zu vergleichen, während Väter ihre Mitarbeit im Haus meist an der ihres eigenen Vaters messen – und im Vergleich dazu ist selbst die winzigste Leistung ein erheblicher Fortschritt.[10] Steve machte auf fast alles, was er tat, mit Pauken und Trompeten aufmerksam. »Ich habe Maddie gebadet und sie dazu gebracht, diese Kindervitamine zu schlucken«, frohlockte er. Dann folgte eine Pause, in der er wohl auf eine dankbare Reaktion wartete. Als ich das einer Freundin beim Mittagessen erzählte, sagte sie verärgert: »Es ist unglaublich! Ich kann mir mit den Kindern die ganze Nacht um die Ohren geschlagen haben, aber wenn ich dann morgens in die Küche komme, heißt es: ›Willst du dich nicht bei mir bedanken? Ich habe heute Pfannkuchen für die Kinder gemacht!‹ Hurra! Ich mache an 365 Tagen im Jahr drei Versionen von Frühstück.«

Dass viele von uns in den ersten Jahren als Mutter genau registrieren, wer wie viel macht, erscheint verständlich und verzeihlich, entspringt es doch unserem Bedürfnis nach einer symmetrischen Partnerschaft. Ich wünschte mir nicht nur, dass Steve Maddie so engagiert betreute wie ich, sondern dass er ihr auch die gleichen Gefühle entgegenbrachte. Ich wollte, dass er die gleichen Schuldgefühle hatte wie ich, Montag morgens beim Abschied von ihr die gleichen Qualen litt wie ich. Doch Steve ging es völlig anders. Verstehen Sie mich nicht falsch. Keine Nanosekunde stellte ich seine Liebe zu Maddie in Frage – er hätte für sie einen Mord begangen. Doch sein Selbstbild hatte keine wesentliche Veränderung erfahren, während mein Selbstverständnis täglich neu ins Schlingern und Stolpern geriet.

Viele Frauen bestätigten, was ich in Maddies erstem Lebensjahr erlebte: dass das Vatersein, so tief und aufregend ihre Ehemänner es empfanden, ihre Prioritäten und Erwartungen nicht nachhaltig erschütterte. »Am Anfang hatte ich das Gefühl, dass wir im gleichen Boot sitzen«, sagte Dawn. »Danny war sogar noch verrückter nach dem Baby als ich. Aber als er dann wieder arbeiten ging und sozusagen in sein altes Leben zurückglitt, dachte ich manchmal: Was machst du da? Kapierst du's nicht? Neulich abends zum Beispiel gingen wir zusammen aus, und wir hatten der Babysitterin versprochen, um neun wieder da zu sein. So gegen zehn vor neun sagte ich: ›Hey, wir müssen jetzt wirklich gehen.‹ Ich wusste ja, dass er sich amüsierte und gern geblieben wäre, aber es wurde immer später, und schließlich blieb mir nichts anderes übrig, als zu sagen: ›Ich gehe jetzt. Du kannst ja bleiben, wenn du magst.‹ Er sagte: ›Nein, nein, ich komme mit‹, aber ich merkte, wie enttäuscht er war, dass er schon los musste. Ich hatte die ganze Zeit an Zuhause gedacht, ob es dem Baby wohl gut ging und wann wir aufbrechen müssten. Er dagegen verhielt sich genauso wie ein Jahr zuvor.«

Eine Mutter, die wieder arbeiten ging, als ihr Sohn sechs Monate alt war, ärgerte sich unheimlich darüber, dass ihr Mann anscheinend nie im Stress war. »Ich denke, es wäre schlimmer, wenn es uns beiden elend ginge«, sagte sie mit einem kraftlosen Lachen. »Aber ich verstehe einfach nicht, wie er Abend für Abend Überstunden im Büro machen kann und überhaupt kein schlechtes Gewissen hat, dass er diese Lebensphase seines Babys verpasst. Wenn ich nicht von der Arbeit wegkomme, leide ich körperlich! Er entschuldigt sich, wenn er zu spät kommt, aber mir ist klar, dass wir in völlig unterschiedlichen Welten leben. Und das gibt mir irgendwie ein Gefühl von Distanz, das ich nie erwartet hätte.«

Im ersten Lebensjahr kann das Baby Sie einander näher bringen oder einen Keil zwischen Sie schieben. Ich fühlte mich nie enger mit Steve verbunden, als wenn wir zusammen im Bett lagen, uns Maddie ansahen und einander zuflüsterten: »Ist sie nicht wunderschön? Ist das zu glauben, dass wir sie gemacht haben?« Dann wieder kam es mir vor, als trennte uns eine tiefe Schlucht, wenn uns die Frage, wer was macht oder wessen Job wichtiger ist, mit den fundamentalen Unterschieden zwischen uns konfrontierte. Diese Unterschiede zu beachten und sogar akzeptieren, erforderte Zeit, Geduld und, zu einem gewissen Grad, die Bereitschaft, auch mal nachzugeben.

Ich würde gern berichten, dass wir, als Steve Maddies ersten Geburtstag filmte, zu einer fairen Arbeitsteilung gefunden hätten. Doch die Wahrheit ist: Wir hatten – bisweilen erbittert, jedoch immer wieder anders – zu sehr mit unseren neuen Rollen zu kämpfen. Wir stritten und versöhnten uns, kümmerten uns um Hilfe und opferten berufliche Chancen. Steves Rolle in Maddies Leben wuchs enorm, als sie zum Kleinkind wurde. Das stärkte sein Selbstbewusstsein und half mir, die Zügel ein wenig nachzulassen. Als ihr erstes Wort allerdings Da-da war, spürte ich zugegebenermaßen neben der Freude auch einen kleinen Stich.

Für Steve und mich spiegelte sich in der Aufgabe, uns als Paar neu zu definieren, unser individuelles Ringen um unser radikal verändertes Selbstbild. An Maddies erstem Geburtstag blickten wir auf das längste Jahr zurück, das je verflogen war. In so kurzer Zeit war so viel geschehen, und doch erinnere ich mich an Nächte, in denen ich dachte, sie würden nie zu Ende gehen, und an lange, erschöpfende Tage. Als Mutter war ich weit gekommen, hatte verborgene Energie- und Kraftreserven entdeckt. Es gab sogar Momente, in denen ich erlebte, was die tibetanischen Buddhisten als *Lungta* bezeichnen – das Gefühl, alles im Griff zu haben, eine Windpferd-Mama zu sein und nicht mehr um meine Position kämpfen zu müssen.

Natürlich hatte mich dieses Jahr auch gezwungen, mir meiner eigenen Abgründe bewusst zu werden, zu akzeptieren, dass ich noch einen langen Weg vor mir hatte, bis ich völlig im Gleichgewicht war – zu Hause, im Beruf, in meiner Ehe und im Verhältnis zur weiteren Familie, zu Freundinnen und Kolleginnen. Ich hatte gelernt, dass, wie Daphne de Marneffe schreibt, »das Muttersein Frauen zu einem neuen Verhältnis zu sich selbst führt … nicht in dem schwachen Sinne, dass sich ›die Prioritäten verschieben‹, sondern im Sinne eines neuen Verhältnisses zur Erfahrung«.[11] Um dieses erste, umwälzende Jahr unbeschadet zu überstehen, musste ich die Hoffnung fahren lassen, dass der Tag jemals wieder mir allein gehören würde; akzeptieren, dass das Leben mit einem Baby selten nach Plan verläuft, dass die Spannung zwischen Liebe und Wut stark genug ist, Stahl zu verbiegen, und dass wir die Reserven, die wir für unser Kind brauchen, nur aufbringen, wenn wir uns selbst nicht vernachlässigen.

Loslassen

Das Kleinkind: zweites und drittes Lebensjahr

Ich weiß nicht mehr genau, wann mir bewusst wurde, dass Maddie kein Baby mehr war. Gut in Erinnerung ist mir dagegen, dass ich mich in ihrem zweiten und dritten Lebensjahr oft nach der Zeit zurücksehnte, als ich sie nach Lust und Laune hochnehmen konnte und sie sich willig in meine Arme schmiegte. Als sie zum ersten Mal frei lief, jubelte und klatschte ich wie ein begeisterter Maddie-Fan, doch bei aller Begeisterung steckte mir doch ein Kloß im Hals. Selbst wenn sie mir mit steifen Beinen in die ausgestreckten Arme wankte, ahnte ich, dass sie sich nun Schritt für Schritt von mir entfernen würde.

Ich hatte Recht. Kurz, nachdem sie es geschafft hatte, allein zu laufen, ließ sie immer öfter meine Hand los, legte den Kopf zur Seite und eine Hand auf die Hüfte und marschierte, den anderen Arm übertrieben hin und her schwingend, davon. Sie sah aus wie die Miniaturausgabe einer Erwachsenen, und genau diesen Eindruck wollte sie auch machen. Mir gefiel es, wenn sie die »Mrs. Lady« spielte, wie Steve es nannte, doch hin und wieder streifte Madeleine alles Babymäßige so vollständig ab, dass mir der Atem stockte. Plötzlich sah ich sie dann als die kleine Person, die sie war, eine Person für sich, getrennt von mir und anders als ich.

Die Trennung ist schmerzhaft, weil sie, wie Judith Viorst anmerkt, unseren Einfluss und unsere Kontrolle schmälert; sie gibt uns das Gefühl, dass wir weniger gebraucht werden, weniger wichtig sind, und wir hegen die Angst, dass die Trennung unser Kind Gefahren aussetzen könnte.[1] Das ganze Leben unserer

Kinder hindurch pendeln wir zwischen Unabhängigkeit und Abhängigkeit hin und her, doch die vielen großen Entwicklungsschritte des zweiten und dritten Lebensjahrs (die ersten Worte, die ersten Schritte, die ersten Freunde) belegen auf besonders dramatische Weise, dass wir unsere Kinder weder ständig kontrollieren noch allezeit beschützen können. In den Kleinkindjahren halten wir unsere Kinder entweder an der Hand – oder wir halten den Atem an und schlagen die Hände vors Gesicht.

Bei einigen der Mütter, mit denen ich sprach, löste die körperliche Unabhängigkeit ihrer Kinder einen Überwachungsreflex aus, der an Wahnsinn grenzte. Carol zog ihre achtzehn Monate alte Tochter Amanda in einer Wohnung aus Gummi groß. Sie hatte nicht nur die Türen mehrfach kindergesichert, sondern das Wohnzimmer darüber hinaus mit Gummimatten ausgelegt (in den anderen Zimmern lag Teppichboden). Alle Ecken, Kanten und hervorstehenden Teile waren mit großen Schaumstoffstücken und Gummimaterial versehen, das aussah, als stamme es von Autoreifen. Jedes Zimmer war weich und sicher wie der Mutterschoß. Dennoch beobachtete die Mama mit Argusaugen jede Bewegung ihrer Amanda. An dem Tag, an dem ich sie besuchte, vergnügte sich Amanda mit einem Buch; ihre Mutter erinnerte sie wiederholt daran, dass man sich an den Buchseiten schneiden kann.

Natürlich war es einfach, das Verhalten dieser Mutter als überzogen und neurotisch abzutun, doch ich wusste auch, dass ihre Ängstlichkeit andere Belastungen in ihrem Leben widerspiegelte. Carols Vater war nach einem Schlaganfall noch sehr hinfällig, und sie besuchte ihn häufig im Krankenhaus. Sie fühlte sich elend, weil sie wieder arbeiten gehen musste, das Geld war knapp, und sie war noch nicht bereit, ihre Tochter in die Obhut einer Tagesmutter zu geben. Carol, die mit 38 zum ersten Mal Mutter geworden war, sagte, sie werde wohl keine weiteren Kinder bekommen: »Amanda ist mein Ein und Alles.«

Was steckt hinter der Trennungsangst?

Wenn wir merken, dass wir klammern, müssen wir versuchen herauszufinden, warum wir solche Angst haben. Die Ursache könnte in einem Kindheitstrauma zu suchen sein, in beruflichem Stress oder in den altbekannten mütterlichen Schuldgefühlen. Ich weiß noch, wie schwer es mir fiel, Maddie abends zu Bett zu bringen, als sie etwa ein Jahr alt war. Wir brauchten für gewöhnlich fast eine Stunde dafür, denn zum Ritual gehörten mehrere Bücher (oder ein Buch, das ich dreimal vorlas), eine ausgiebige Verabschiedung ihrer 3500 Stofftiere, mehrere Schlaflieder im Schaukelstuhl und Rückenkraulen im Kinderbettchen – Sie wissen, was ich meine. Als ich einer Freundin, die drei etwas ältere Kinder hat, mein Herz ausschüttete, nickte sie mitfühlend und sagte: »Aber an Wochentagen seid ihr ja auch nur am Abend zusammen. Wahrscheinlich willst du die Sache selber in die Länge ziehen.«

Da war etwas dran. Meine Arbeit war sehr anstrengend, und obwohl ich es mir fest vornahm, kam ich nie rechtzeitig zum Abendessen nach Hause. Wenn ich mich über die »anstrengende Gutenachtzeremonie« beschwerte, täuschte ich nur darüber hinweg, dass mein Schuldbarometer auf »Hoch« stand und ich mir wünschte, Maddies Bedürfnis nach gemeinsamen Stunden besser zu entsprechen. Wenn Maddie noch eine Geschichte hören wollte oder ein wenig länger auf meinem Schoß sitzen blieb, hatte ich keine Eile, sie loszulassen. Meine Hin- und Hergerissenheit steigerte meinen Wunsch, die gemeinsame Zeit zu genießen. Ich bezeichnete unser Ritual als anstrengend, wollte es aber eigentlich gar nicht abkürzen. Im Rückblick glaube ich, dass viele meiner Kämpfe mit Maddie und später mit Nick unmittelbar daraus resultierten, dass ich im Alltag über steiniges Terrain stolperte. Es fiel mir sehr schwer, Grenzen zu ziehen oder die Kinder einfach mal nur spielen zu lassen, da ich diese »Trennungen« unterbewusst als Eingriffe in unsere gemeinsame Zeit erlebte.

In dieser Phase kommt es immer wieder vor, dass Ihre Trennungsangst mit dem natürlichen Unabhängigkeitsstreben Ihres Kleinkindes kollidiert. Das führt manchmal zu einem schlimmen Wutanfall – bei Ihnen oder Ihrem Kind. Manchmal sind die Signale auch weit subtiler und widersprüchlicher. Lauschen Sie einfach mal in den Gängen eines Hortes. Ich hörte einmal einer Mutter zu, die sich am Morgen der ersten Musikstunde von ihrem Kleinkind verabschiedete: »Also, Süße, Mami geht jetzt.«

Susi nimmt ein Tamburin in die Hand und schüttelt es.

»Tschüs, Schätzchen«, sagt Mami etwas anklagend.

»Tschüs«, antwortet Susi und schüttelt weiter das Tamburin.

»Ich bin bald wieder da«, sagt Mami, und es klingt fast wie eine Frage. Susi scheint sie nicht zu hören. »Ich gehe jetzt, ja?«

»Ja.«

»Bis später. Viel Spaß, ja?« Susi hört wohl den unsicheren Unterton; ein Schatten huscht über ihre Stirn. »Sei nicht traurig. Ich bin bald wieder bei dir«, sagt Mami und bittet Susi um eine letzte Umarmung.

Susi rennt zu ihrer Mami und bricht in Tränen aus. »Mama, nicht gehen. Mama, nicht gehen!«

Mami seufzt und blickt verzweifelt zur Lehrerin hinüber, die ihr dabei hilft, Susis Finger von Mamis Mantel zu lösen. Sie stürzt aus dem Zimmer, winkt, ruft noch ein paar ermunternde Worte und wischt sich die Tränen aus dem Gesicht.

Diese Szene weckte bei mir Erinnerungen an die Kleinkindzeit meiner Kinder. Immer wieder untergrub ich unabsichtlich ihre Unabhängigkeitsbestrebungen. Ich kann gar nicht zählen, wie oft ich den Abschied zu lange hinauszögerte und die Kinder geradezu dazu aufforderte, sich wie ein Baby an meine Beine zu klammern, wenn ich dann zu gehen versuchte.

Verstehen Sie mich nicht falsch. Ich will nicht behaupten, dass ich mit meiner zögerlichen Haltung die Trennungsangst meiner Kinder erst heraufbeschwor. Ihre Angst und ihr Zorn waren echt; das verzweifelte Weinen und der feste Klammergriff spiegelten den Schmerz und die Panik, die sie verspürten, bis ihnen eine erfahrene Erzieherin oder eine liebevolle Tagesmutter zu Hilfe kam. Doch dadurch, dass ich das Unvermeidliche zu lange hinausschob, machte ich die Trennung nicht eben leichter.

Mir half es, die Erwartung aufzugeben, dass es je einfach sein würde, sich zu verabschieden und eines der Kinder in eine neue Umgebung zu entlassen. Tag für Tag, Woche für Woche, Monat für Monat kämpfen wir darum, unsere Bedürfnisse mit denen der Kinder in Einklang zu bringen. Ich lernte, den Kindern mehr Verantwortung zu übertragen. Indem ich Maddie und Nick hin und wieder die Möglichkeit gab zu bestimmen, wo es lang geht, zwang ich mich, einen Schritt zurückzutreten und die Welt mit ihren Augen zu sehen, statt mich dauernd von Schuldgefühlen blenden zu lassen.

Wenn Sie über den Alltag Ihres Kleinkindes nachdenken, wird Ihnen rasch klar, dass es praktisch keine Mitsprache hat, wenn es darum geht, ob Sie bei ihm bleiben oder nicht. Wenn Mami sagt: »Ich gehe mal kurz weg, aber Oma ist bei dir«, kann es lediglich möglichst laut protestieren. Mami wird dann sehr wahrscheinlich sagen: »Aber Schätzchen, du magst es doch, wenn Oma zu Besuch kommt« oder: »Aber ich bin doch nur eine Stunde weg« oder: »Na gut. Mami bleibt noch zehn Minuten und geht dann, okay?«

Als Maddie noch ein Kleinkind war (und keine Ahnung hatte, was zehn Minuten oder zehn Stunden überhaupt sind), versuchte ich ihr das Gefühl zu vermitteln, dass nicht nur ich die Fäden in der Hand hielt, indem ich ein vorhersagbares Verabschiedungsritual erfand. Wir suchten uns ihr Lieblingsbuch oder -video aus (eines, das ich auswendig kannte, und das war selten ein Problem, denn sie hatte einen unersättlichen Appetit auf Wiederholungen) und entschieden gemeinsam, wann ich gehen sollte, zum Beispiel, »wenn das Bild mit dem lachenden Laster kommt« oder »wenn der Vogel niest«. Ein paar Mal beging ich den Fehler, über das Niesen hinaus zu bleiben. Maddie sagte dann ungeduldig: »Okay, Mama. Geh jetzt.«

Dieser Ansatz war eines Abends von besonderem Erfolg gekrönt, als Nick etwas über zwei war. Er hätte schon längst schlafen sollen, und wir waren beide müde, doch er spielte weiter Katz und Maus mit mir. Ich sang ihm ein Lied, tätschelte ihm das Frotteehinterteil, sagte Gutenacht und versuchte aus dem Zimmer zu gehen. In diesem Moment warf er sich gegen die Gitterstäbe seines Bettchens und hob ein Geschrei an, das Tote aufgeweckt hätte. Ich nahm die Kampfansage an, setzte mich aber diesmal in den Schaukelstuhl in der Ecke des Zimmers und sagte: »Okay, Nick. Du sagst mir, wenn ich gehen kann.« Man konnte förmlich die Bremsen in seinem Gehirn kreischen hören. Er legte sich auf den Bauch, die Augen kugelrund, und bellte heiser: »GEH RAUS!« Ich versuchte, nicht über die Schwelle zu hüpfen.

Machtkämpfe, die nicht zu gewinnen sind

Natürlich habe ich auch unzählige Male den Kopf zum Angriff gesenkt, mit den Füßen gescharrt und mir, kochend vor Wut, innerlich vorgebetet: »Ich gebe nicht nach.« Das waren keine schönen Szenen. Ich erinnere mich, wie Maddie die kleinen Finger in die Türschwelle krallte, wenn ich die Klinke festhielt und ihr noch einmal fünf Minuten Auszeit in ihrem Zimmer verordnete. Oder an den Morgen, an dem ich gegen Nicks Widerstand die tropfende Windel aufmachte (er hatte die Klebestreifen selbst lösen wollen), um dann eine Dreiviertelstunde mit meinem wütenden, kreischenden Sohn zu diskutieren, bis Maddie frustriert rief: »Mensch, Mama, mach ihm doch einfach die nasse Windel wieder hin!« Ich fischte die fünf Pfund schwere Trophäe aus dem Müll, klatschte sie Nick wieder an und sah ihm zu, wie er, mit noch immer zuckenden Schultern, behutsam die Klebestreifen wegmachte, über seine nasse Windel stieg und sich auf den Boden legte, sodass ich ihm eine neue anlegen konnte.

Die Geschichte klingt heute wie aus einer Sitcom, aber damals war mir gar nicht nach Lachen zumute. Ich kam mir dumm und unfähig vor – ein Verlierer, so ziemlich auf der ganzen Linie. Die Mutter eines achtzehn Monate alten Kindes sagte mir einmal: »Ich bin ein Mensch, der gern gewinnt; daher erlebe ich die Machtkämpfe als Wettbewerbe, in denen es einen Gewinner und einen Verlierer gibt. Wenn ich nachgebe, besonders wenn er unablässig geschrien hat, habe ich das Gefühl, verloren zu haben, besiegt worden zu sein. Und ich hasse dieses Gefühl.«

Meine Freundin Nancy Samalin, die mehrere hervorragende Bücher über Erziehung verfasst hat, hält seit über einem Jahrzehnt Seminare für Eltern. Sie glaubt, dass Eltern vor allem verlieren, wenn sie in die »Glücksfalle« tappen, wenn sie also ihren Kindern jegliche Enttäuschung ersparen wollen. Statt Ihrem nörgelnden Kleinkind eben doch noch einen Keks in die Hand zu drücken oder beim ersten Anzeichen von Unzufriedenheit weich zu werden, sollten Sie Ihrem kleinen Tyrann geben, was er braucht – nämlich Grenzen, denn die Welt ist groß und unberechenbar.

T. Berry Brazelton meint, man solle das Kleinkind Frustration, Wut und die Ruhe nach dem Sturm unter anderem deshalb erleben lassen, weil ihm damit das Gefühl vermittelt wird, die Angst beherrscht und einen Erfolg verbucht zu haben.[2] Ich wünschte, ich hätte das gewusst, als Maddie ihren ersten Wutanfall bekam – ein so schockierendes Erlebnis für mich, dass ich am liebsten schreiend aus dem Supermarkt gerannt wäre. Ja, der Supermarkt – die schiere Masse an Versuchungen, die einen Tobsuchtsanfall auslösen können, wären angetan, Aldi, Edeka und Co. auf die Liste für die Internationale Kampagne zum Verbot von Landminen zu setzen.

Ich weiß noch, dass ein Ritz-Cracker Maddie so aufbrachte. Ich glaube, er ging kaputt. Oder vielleicht war er nur leicht angestoßen. Oder vielleicht hatte es gar nichts mit dem Cracker zu tun. Wie auch immer – innerhalb einer Nanosekunde mutierte meine üblicherweise sanftmütige Tochter zu einem Miniaturork, knurrte und spuckte, schlug den Kopf vor und zurück und trat so kräftig gegen den Einkaufswagen, dass ihr die Schuhe davonflogen. Ich erwog, die Schuhe nach ihr zu werfen, zog aber stattdessen Maddie aus dem Wagen, setzte mich auf den Boden und hielt sie zwischen den Regalen mit Gemüsekonserven auf dem Schoß fest. Ich wiegte sie hin und her, redete leise über alles, was mir in den Sinn kam – die Geschichte der Hülsenfrüchte vielleicht – und wartete, dass der Tornado vorüberzog. Als sie zu mir aufsah und fragte: »Mama, wo kommen die Erbsen her?«, wusste ich, sie war wieder im Lot.

Es gibt mehrere Dutzend Theorien, wie man mit einem Wutanfall umgehen soll – sie reichen vom Weggehen bis zum Hintern versohlen. Von letzterer Methode bin ich nicht überzeugt; unkontrolliertes Verhalten mit unkontrolliertem Verhalten zu beantworten, ist alles andere als sinnvoll. Mit einer Tracht Prügel vermittelt man einem Kind lediglich, dass ein großer Mensch mit seiner Körperkraft einen kleinen Menschen verletzen darf. Und das Weggehen funktioniert, glaube ich, nur, wenn Sie dem brüllenden kleinen Wesen signalisieren, dass Sie in der Nähe sind, bereit zu helfen, wenn Sie können. Brazelton rät sogar, dem Kind zu sagen: »Der Wutanfall hier ist deine Sache«, und ihm dann »den Freiraum lassen, seine Gefühle zu ordnen«.[3] Das mag zu Hause funktionieren, wo Sie den Schauplatz des Schreckens verlassen und hin und wieder hereinschauen können, um sicherzugehen, dass es dem Kind gut geht, und ihm zu zeigen, dass Sie es nicht verlassen haben (auch wenn Sie bei sich denken: »Teufel noch mal, aber ich wünschte, ich könnte.«). Im öffentlichen Raum dagegen geht die Sorge um das Kind Hand in Hand mit einem Gefühl der Demütigung. Sie stellen sich vor, dass Dutzende von Leuten im Laden die Augen verdrehen, »ts, ts« murmeln, einen großen Bogen um Sie machen und Ihr Kind in die Rubrik verwöhntes Gör einordnen, Resultat einer schlechten Erziehung. Und wahrscheinlich haben Sie Recht. Fremde reden sich gern ein, dass sie ihrem eigenen Kind so ein Verhalten nie durchgehen lassen würden – meistens die, die selbst keine Kinder haben. Am besten kommen Sie mit solchen Besserwissern zurecht, indem Sie sich leise vorbeten: »Ich kenne diese Leute nicht. Ich werde sie nie wiedersehen. Mir ist es ganz egal, was sie von mir halten.«

Manche Mütter haben damit weniger Probleme als andere. Lanie erzählte, wie ihre Tochter Sophie, die »immer ziemlich stur« war, eines Tages mitten auf der Straße einen Tobsuchtsanfall bekam. »Sie war sauer, denn sie wollte nicht im Buggy sitzen, aber sie war auch eindeutig müde. Sie wollte ihren Mantel nicht anbehalten, aber draußen war es kalt. Also warf sie sich auf den Gehweg, und mir war klar, dass wir nirgendwo hingehen würden, bevor das geklärt war. Genauer: bevor sie es geklärt hatte, denn wenn sie so ist, kann ich sie zu nichts zwingen. Unterdessen kamen Nachbarn vorbei, und einige von ihnen dachten offenbar, dass sie gerade ihren Kopf durchsetzte, aber das machte mir nichts aus. Zu dieser Phase als Mutter gehört für mich auch, mir darüber im Klaren zu sein, dass ich tun muss, was für mein Kind das Beste ist. Und in diesem Moment musste ich einfach nur dastehen und warten. Ich kann mich nicht von dem, was andere Leute von mir denken, zusätzlich unter Druck setzen lassen.«

Wenn die »anderen« zufällig Ihre Angehörigen sind, kann die Sache jedoch ziemlich unangenehm werden. Judy erzählte, wie sie im Sommer ihre Eltern besuchte und ihr zwei Jahre alter Sohn Nate einen schrecklichen Wutanfall hatte. »Mit seinen Wutanfällen war immer schwer umzugehen. Und dieses Mal war es richtig schlimm. Er schrie und stampfte auf den Boden und machte ein Heidentheater. Aber ich kam schon damit zurecht. Oder ich dachte, ich käme zurecht, bis meine Mutter den Kopf durch die Tür steckte und sagte, Nate müsse damit aufhören, weil er die Nachbarn störte, und dieser Lärm sei ja nicht auszuhalten. In dem Moment drehte ich durch«, sagte Judy. »Ich schrie sie an, sie solle gehen und uns allein lassen – und zwar genauso laut wie Nate.«

Als sie später noch einmal über die Szene nachdachte, erkannte Judy, wie tief verwurzelt ihre Wut gewesen war. »Ich denke, ich reagierte darauf, dass meiner Mutter immer alles andere wichtiger war als ich; das hatte mich über die Jahre sehr verletzt. Sie machte sich mehr Gedanken über die Nachbarn als über meine Bedürfnisse, und das spülte Gefühle wieder hoch, von denen ich gar nicht mehr wusste, dass sie noch da waren.«

In der Kleinkindphase Ihrer Kinder wird noch einmal offenbar, ob Ihnen selbst als Kind das Gefühl vermittelt wurde, geborgen und geliebt zu sein. Mütter, die keine hinreichende Fürsorge erhielten, misshandeln oder vernachlässigen ihre Kinder eher als Mütter, die in der Familie Zuwendung und liebevolle Unterstützung fanden.[4] In einer interessanten Studie über Mütter von kleinen Jungen fanden die Forscher heraus, dass die Art, wie die Frauen ihr Verhältnis zur eigenen Mutter beschrieben, sich enorm auf ihren Umgang mit und ihre Gefühle zu ihrem Sohn auswirkte. »Die Art, wie eine Mutter ihre eigenen Bindungserfahrungen darstellt, steht im Zusammenhang damit, wie sie ihr Verhältnis zu ihrem Kind sieht und empfindet.«[5] Das gelte besonders für Mütter, die von einer engen und positiven Bindung zu ihrer Mutter berichten.

Das Leben der Mutter und die Art, wie man ihre Liebe erlebte, prägt natürlich den Umgang mit dem eigenen Kleinkind. Ob Ihre Mutter ein positives oder negatives Rollenbild vorlebte, glücklich oder zornig, autoritär oder liberal war – die Entscheidungen, die man tagtäglich bewusst oder unbewusst trifft, spiegeln ihren Einfluss wider. Wenn sie Ihnen die Rute erspart hat, Sie selten getadelt und nie lächerlich gemacht hat, belastet es Sie womöglich viel stärker, wenn in Ihnen der Zorn hochkocht. Eine Frau, deren Mutter von einer Karriere träumte, wegen der familiären Verpflichtungen aber darauf verzichten musste, verwendet vielleicht übermäßig viel Energie auf den Beruf. Eine junge Mutter, deren eigene berufstätige Mutter kaum zu Hause war, schwört sich womöglich, es anders zu machen. Meine Freundin Sandra, die als Kind auch mal eine Tracht Prügel einstecken musste, verdreht immer die Augen, wenn wir anderen uns mal wieder gegenseitig beichten, wie wir die Fassung verloren haben. »O Gott«, sagt sie dann mit einem Seufzer, wenn jemand zugibt, dem Kind den Mund verboten zu haben. »Ihr seid alle solche Jammerlappen.«

Wahrscheinlich hat sie Recht – manchmal. Mit einem Kleinkind, das einen Wutanfall bekommt, weil es nicht noch ein fünfzehntes Mal die Rutsche hinunterrutschen darf, schafft man den Abgang aus dem Park leichter, wenn man klar und entschieden sagt: »Ich weiß, du bist wütend, aber wir müssen jetzt gehen«, als wenn man mit dem kleinen Trotzkopf zu diskutieren versucht. Aber hin und wieder vergisst man einfach, dass man ein Kind, indem man es diszipliniert, nicht bestraft, sondern ihm etwas beibringt.

Ellen, deren zwei Jahre alter Sohn Alex sich sehr schwer von ihr trennte, als er in die Kleinkindbetreuung kam, sagte, dass sie an dem Tag, als er so schlimm weinte, dass er spucken musste, eigentlich das Handtuch werfen wollte. »Ich weiß noch, dass ich danach mit einer Freundin zu Mittag aß und mich fragte, ob ich wirklich so weitermachen sollte. Ich hatte ihn über Wochen langsam daran gewöhnt, sich von mir zu trennen. Aber dann dachte ich mir: Wenn ihn das so unglücklich macht, sollte ich vielleicht aufhören zu arbeiten.« Wie sich in der nächsten Woche herausstellte, zahlte es sich aus, dass sie nicht gleich aufgegeben hatte, denn plötzlich konnte sie gehen, ohne dass er eine Szene machte. »Die Erzieher und die anderen Eltern klatschten Beifall, als ich ging. Es war, als hätten wir ein Football-Spiel gewonnen«, erinnerte sich Ellen lachend. »Ich war total erleichtert. Als ich ihn das nächste Mal in den Hort brachte, fühlte ich mich, als hätte mir jemand eine Zentnerlast von den Schultern genommen – so glücklich war ich.«

Wenn man Eingewöhnungsschwierigkeiten mit Geduld und der Unterstützung einer Betreuerin begegnet, wird aus der Qual für gewöhnlich ein Triumph. Ein Wutanfall dagegen löst meist Erschöpfung, Zorn, Schuldgefühle aus. Der Versuchung, dem Trotzkopf die erwünschten Chips zu geben oder ihn doch noch

15 Minuten fernsehen zu lassen, lässt sich nur schwer widerstehen. Marianne, arbeitende Mutter »eines harten Brockens«, machte diese Erfahrung, als ihr ältester Sohn im Kleinkindalter war: »Am Anfang hatte ich mit Josephs Wutanfällen große Probleme«, sagte Marianne. »Es fiel mir sehr schwer, nicht einfach nachzugeben, denn das eine Plätzchen oder kleine Spielzeug schien nicht von Bedeutung, gemessen an seiner Wut. Doch nachdem ich mit anderen Müttern darüber geredet und auch einiges über Wutanfälle gelesen hatte, wurde mir klar, dass ich ihm keinen Gefallen tat, wenn ich nachgab. Er sollte ja nicht lernen, dass er durch Schreien und Brüllen jedes Mal bekommt, was er will.«

Die meisten Mütter, mit denen ich sprach, empfanden diese Phase, in der das Kind viel haben will, aber noch keine Worte dafür hat, als eine hochexplosive Zeit. »Jesses Wutanfälle kamen für mich völlig willkürlich«, erinnerte sich Jane. »Er flippte aus, schrie und weinte, und ich schleppte ihn dann meist aus dem Laden oder vom Spielplatz. Einmal zog ich ihn in den Bus und merkte dann erst, dass wir nur zwei Häuserblocks von unserem Haus weg waren. Ich glaube, ich war so darauf fixiert, ihn nach Hause zu bringen, dass ich ganz vergaß, wo wir waren.«

Sie müssen keine Übermutter sein, um zu wissen, dass eine Zweijährige, die hungrig, müde, krank oder quengelig ist, nichts damit anfangen kann, wenn man sie fragt: »Hättest du gern Makkaroni, ein Erdnussbutterbrot oder Hühnersuppe zum Mittagessen?« Die Qual der Wahl löst womöglich einen Kurzschluss aus, und sehr wahrscheinlich bringt die Kleine ihre Überforderung zum Ausdruck, indem sie jeden, der ihr in den Weg kommt, beißt, schlägt, tritt oder an den Haaren zieht. In allen Büchern über Kleinkinder kann man nachlesen, dass der Trick darin besteht, schon vorher zu wissen, wann der Überlastungsknopf leuchten wird, und dem Kind schon vor dem Tobsuchtsanfall eine Auszeit zu geben – nicht hinterher als Strafe. Doch in der Praxis blickt man nur selten so weit voraus, dass man um alle emotionalen Landminen herum manövrieren kann. Wenn es dann aber knallt, sollten Sie nicht Ihr Elend noch vergrößern, indem Sie sich vorwerfen, Sie hätten es kommen sehen müssen.

Hochs und Tiefs

Den Tag mit einem Kleinkind zu überstehen, erfordert enorm viel Energie, Selbstkontrolle, Einfühlungsvermögen, Kreativität und Klugheit. Dennoch erwarten wir gegen alle Vernunft, dass Übergänge nahtlos funktionieren, das Kind stundenlang frei spielt und die Verständigung kristallklar vonstatten geht. Das aber ist schlicht unmöglich. Die Kleinkindjahre sind nicht deshalb so anstrengend, weil sie durchweg furchtbar wären, sondern weil auf intensiv glückvolle Hochs unvermeidliche und häufig schmerzhafte Tiefs folgen. Wenn Sie in guter Stimmung sind, wenn Sie ausgeruht, satt, schwungvoll und gelassen sind, dann prallt so ziemlich alles, was Ihr Kleinkind Ihnen in den Weg pfeffert, von Ihnen ab. Ja, Sie stehen das Unwetter durch und zeigen Ihrem Kind noch den Regenbogen am Horizont. Wenn Sie aber einen schlechten Tag oder eine schlaflose Nacht hatten, wenn Sie keine Zeit für eine richtige Mahlzeit oder ein Telefonat mit einer guten Freundin hatten, wenn Sie sich nicht mit einem Erwachsenen unterhalten, die Zeitung lesen oder auch nur Ihr Bett machen konnten, könnten Sie an die Decke gehen, wenn Ihr Kleinkind völlig ausflippt, weil es Ihr Schmuckkästchen nicht haben darf. Kennen Sie die Szene in dem Film *Annie Hall*, in der Woody Allen und Diane Keaton sich ineinander verlieben? Sie wollen zum Abendessen Hummer zubereiten, doch die Hummer machen sich selbstständig, und Allen und Keaton rennen lachend und kreischend durch die Küche und haben ihren Spaß an diesem denkwürdigen Moment ihrer Beziehung. Später im Film, als sich Allen mit einer anderen, der falschen Frau verabredet, folgt genau die gleiche Situation noch einmal, doch die Frau hat keinerlei Draht dazu. Sie findet die krabbelnden Krustentiere alles andere als komisch und wird mit Allen einfach nicht warm. Unzählige Male empfand ich eine Situation mit Maddie oder Nick, die am Tag zuvor noch lustig gewesen war, einen Tag später, wenn ich zu müde oder zu schlecht gelaunt war, so mitzuspielen, wie die Kinder es gern gehabt hätten, als unerträgliche Last. Ich war die falsche Frau.

Katherine, die mit ihrem zweiten Kind schwanger wurde, als das erste noch Windeln trug, fand es – körperlich und gefühlsmäßig – besonders schwierig, mit den Ansprüchen ihres Kleinkinds umzugehen, während »das andere in einem Tuch vor meinem Bauch« baumelte. »Mir fällt es furchtbar schwer, altersgemäße Verhaltensweisen zu akzeptieren. Ich bin mit Julie an ihrem Geburtstag ins Naturkundemuseum gegangen, und Dinge, die mir, ehe das Baby kam, nichts ausgemacht hätten, gingen mir nun unheimlich auf die Nerven. Sie wollte im Laden alles anfassen, oder sie wollte nicht in den Kinderwagen. Mit so etwas wird man ganz leicht fertig, wenn man nur eins hat, aber diesen Luxus habe ich nicht. Ich habe ein Baby und ein Kleinkind. Das bereitet mir jedenfalls die meisten Probleme – meine Ungeduld gegenüber Julie, die macht mich richtig traurig.«

Eine Mutter eines »ausgeflippten« Kleinkinds sagte mir, dass sie häufig zusammen mit ihrem Zweijährigen einen Wutanfall bekommt. »Manchmal schreie ich, und manchmal weine ich. Als wäre es ansteckend.« Die Launen eines Kleinkinds können durchaus ansteckend sein. In ihrem Buch *Mutter werden* beschreibt die Psychologin Joyce Block das Phänomen, dass Mütter so vollständig in die Welt ihres Kleinkinds eintauchen, dass sie Wutanfälle und andere Extremsituationen, in denen ihr Kleinkind außer sich gerät, als die ihren erleben. »Bei solchen, übrigens sehr verbreiteten Erfahrungen kommt es ganz deutlich zur Identitätsvermischung und einem Verlust an Distanz. Psychologen sprechen in einem solchen Fall von verschwimmenden Ich-Grenzen zwischen den einzelnen Beteiligten.« [6]

Mehr als einmal ließ ich mich von meinem hysterischen Kind mit in den emotionalen Abgrund reißen. Mir kommt da ein besonders elender Nachmittag in den Sinn, an dem ich Grippe hatte. Steve war auf Geschäftsreise, und beide Kinder waren schon seit zwei Tagen ans Haus gefesselt gewesen. Ich hatte Nick auf der Hüfte und versuchte, für Maddie eine Kleinigkeit zu essen zu machen. Ich ignorierte ihr ständiges Jammern ebenso wie den Knoten, den ich deswegen im Magen hatte. Da hefteten sich Nicks Augen zielstrebig wie ein Laser auf eine Packung Schokochips. »Lade!« forderte er. »Jetzt gibt's keine Schokolade«, gab ich zurück und machte mich auf die Explosion gefasst. »LADE!«, schrie er. Ich gab Maddie einen Cracker und bot auch Nick einen an, doch er feuerte ihn auf den Boden und schlug mich dann ins Gesicht. Ich dachte nicht einmal nach. Ich schlug zurück und traf seine Hand mit solcher Wucht, dass das Klatschen Nicks Kreischen übertönte und Maddie auf das Geräusch hin versteinerte. »Du hast Nick geschlagen«, keuchte sie und riss ungläubig die Augen auf. Als ich dann Nicks Hand küsste und gemeinsam mit ihm weinte, betete ich, dass ich nie wieder die Fassung verlieren und dass ich einen Weg finden möge, meine Wut in Zaum zu halten.

Ich habe Nick oder Maddie nie wieder geschlagen, aber es gab immer wieder Situationen, in diesen ersten Jahren, die mir deutlich machten, wie es geschehen kann, dass liebende Eltern völlig die Kontrolle über sich verlieren. Dass ich viel über die kindliche Entwicklung wusste und die richtige Anwendung einer Auszeit oder andere Methoden, für die ich jeden Monat in der Zeitschrift *Parents* warb, konnte meine Wut nicht lindern. Das Ausmaß meines Zorns spiegelte das Ausmaß meiner Liebe wider. Und häufig weinte ich aus Frustration oder Wut ebenso hemmungslos wie aus Freude oder vor Lachen. In einem wunderbaren, komischen Essay über den mütterlichen Zorn sagt die Schriftstellerin Anne Lamott über die schmerzliche Ironie der Liebe zu unseren frustrierenden Kindern: »Manche von uns wollten Kinder haben – und sie geben uns so viel, dass wir es kaum ertragen. Wenn man gern schreien möchte, geben die Kinder einem auch etwas, worüber man schreien kann. Man kann nicht mit ihnen diskutieren. Wenn man mit jemandem streitet, gibt man sich Mühe: Man hört sich die Position des anderen an, seine Bedürfnisse, seine Probleme, und irgendwie kommt man zu einem Ergebnis; und auch wenn es nicht perfekt ist, möchte man sein Gegenüber doch jedenfalls nicht ohrfeigen. Weil wir jedoch manchmal so müde sind, taumeln wir bei einem Streit mit unserem Kind nur elend durch Zeit und Raum und die Räume dazwischen; und dann gehen wir in die Luft.«[7]

Studien belegen, dass Frauen mit Kleinkindern doppelt so häufig eine Depression bekommen wie andere Mütter. In ihrem Buch *Wenn Mütter zu sehr lieben* stellt Carin Rubinstein die These auf, dass die Depression der Preis für die Selbstaufgabe ist, dafür, dass man ständig gibt, gibt, gibt – Zeit, Aufmerksamkeit, Mitleid, Verständnis –, und sehr wenig zurückbekommt.[8] Sicher kann die emotionale Belastung der Selbstaufgabe ihren Tribut fordern, doch das Gleiche gilt für Frustration und Wut. Wenn Ihr Kleinkind sein Schüsselchen Spaghetti mit Tomatensoße vom Tisch schleudert, nachdem Sie die Spaghetti genau so zubereitet haben, wie sie Ihr Kind am liebsten mag, jagen Ihnen womöglich Mordgedanken durch den Kopf. Doch Sie setzen diese Gedanken nicht in die Tat um. Vielleicht lassen Sie sie nicht einmal nach außen dringen. Stattdessen lenken Sie Ihre Wut nach innen, wo sie wie ein Bleigewicht auf dem Brustkorb lastet. Eine Bleischürze mit sich herumzutragen, ist anstrengend. Und es ist auch eine einigermaßen passende Beschreibung dafür, wie sich eine Depression anfühlt.

Wenn Sie sich gestatten, den Raum zu verlassen, die Tür hinter sich zuzumachen, zu schreien und in Ihr Kopfkissen zu boxen oder einfach nur tief durchzuatmen, dann gelingt es Ihnen besser, sich wieder in den Griff zu bekommen. Damit geben Sie ein Vorbild ab dafür, wie auch Ihr Kind sich verhalten sollte. Wenn Sie sagen: »Ich bin jetzt ziemlich wütend. Ich muss eine Weile allein sein, um mich zu beruhigen«, versteht Ihr Kleinkind vielleicht kein Wort, aber es wird mitbekommen, wie heilsam eine selbst auferlegte Auszeit sein kann.

Gönnen Sie sich (und Ihrem Kind) eine Pause

In der Kleinkindphase ist es besonders schwierig, die Grenzen abzustecken und mitten am Tag auch mal ein bisschen Zeit für Mama abzuzwacken. Marianne, Mutter von Zwillingen, beschrieb sich selbst als »Magnetmami«. Wenn sie nach der Arbeit nach Hause kommt, hat sie binnen weniger Sekunden »ein Kind am linken Bein hängen, während das andere am rechten zerrt«. Sie betrachtet die 75 Minuten, die sie zur Arbeit pendelt, als Zeit für sich. »In dieser Stunde kann ich Zeitung lesen und vielleicht auch mal die Augen schließen, ohne dass irgendjemand etwas von mir will.«

Ich weiß noch, wie wichtig mir nach meinem Arbeitstag bei der Heimkehr mein Sechsminutenritual war. Ich begrüßte Maddie kurz und kündigte an, dass ich nun meine Spielkleider anziehen würde. Sie protestierte selten, weil ich immer Wort hielt. Es tat mir gut, mich in meinem Zimmer langsam aus Kostüm und Strumpfhose zu schälen und dann, ebenso gemächlich, meine Arbeitskleidung gegen etwas Bequemes einzutauschen. Häufig machte ich das Licht aus und atmete die letzte Minute im Dunkeln tief durch. Wenn ich dann zu Maddie ins Wohnzimmer kam, war ich bereit, mich mit ihr in unser Abendritual zu stürzen.

Wenn Sie ein Kleinkind haben, brauchen Sie alles Adrenalin, das Sie sich irgendwie in die Venen pumpen können. Ich hatte schon ganz vergessen, wie lustig und wie anstrengend es ist, einem Zweijährigen hinterherzulaufen, wenn es durch den Tag hüpft, tanzt, hechtet und galoppiert, als meine Freundin Jackie mit ihren Zwillingen bei mir auftauchte. Kaum waren die beiden aus dem Zwillingskinderwagen heraus, polterten sie schon zwischen den Möbeln hin und her wie menschliche Flipperbälle. Michael rannte mit der Konzentration eines Kamikazefliegers ein paar Stufen rauf und runter, während Peter, der noch etwas wacklig auf den Beinen war, schnurstracks auf eine Schüssel mit Nüssen zustürzte, die ich vergessen hatte wegzustellen. »Wie schaffst du das nur?«, fragte ich Jackie, die früher Fitnesstrainerin war. Sie zuckte mit den Schultern und lachte, als Michael ihr von einem Stuhl aus in die Arme sprang. »Gott sei Dank bin ich gut in Form«, antwortete sie und schleuderte das 30 Pfund schwere Kerlchen in die Luft.

Ich bewunderte Jackie dafür, dass sie zwar wusste, wann sie helfen musste, dass sie aber bereit war, ihre Jungs selbstständig durch unser Wohnzimmer hasten und tasten zu lassen. Als Michael mit dem Kopf auf den Fußboden knallte, erwartete ich, dass Jackie hinrennen und sich seiner annehmen würde. Doch sie trällerte nur: »Upsie, Upsie«, stellte ihn wieder auf die Füße und sah zu, wie er weiterrannte.

Ich war nicht so gut im Beobachten. Ich neigte dazu, wie ein Hubschrauber über Maddie und Nick zu kreisen, ständig bereit, mich hinabzustürzen und ihnen zu Hilfe zu eilen. So ersparte ich ihnen zwar manch einen Misserfolg, brachte sie aber auch häufig um das schöne Gefühl, eine Aufgabe selbst gemeistert oder etwas dazugelernt zu haben. Eines Morgens, Nick war etwas über zwei Jahre alt, wurde mir dies deutlich klar. Maddie und ich sahen Nick zu, wie er versuchte, sich die Socken anzuziehen. »Guck mal Nicks Ohren an«, flüsterte Maddie. »Wie rot die sind.« Sie hatte Recht. Nick strengte sich so an, dass er puterrot war von den Wangen bis zu den Ohren, die wie kleine Bremslichter rechts und links seiner gefurchten Stirn leuchteten. Die Versuchung, ihm zu Hilfe zu eilen und die Ferse nach unten zu drehen, war so groß, dass ich ein paarmal tief durchatmen und wegsehen musste. Als sein Frust immer größer wurde, sagte ich: »Schätzchen, dreh die Socken erst um.« Das hatte etwa den Effekt, als hätte ich versucht, einen Brand mit Benzin zu löschen. Im Zuge der Explosion, die nun folgte, warf er mit den Socken um sich, weinte Krokodilstränen und schrie empört: »Nein, Mama! Still sein! Allein!«

Einer Ende der Achtzigerjahre durchgeführten Studie zufolge bekommen Kleinkinder alle neun Minuten ein »Nein!« zu hören.[9] Alle wichtigen Entscheidungen des Alltags treffen die Erwachsenen, die häufig Zeichen falsch deuten oder die begrenzte Sprache ihres Kleinkindes nicht verstehen. Ihr Kind will nichts anderes als selbermachen, versuchen, probieren und noch einmal selbermachen. Nach Fehlversuchen ist der Sieg am Ende umso schöner. Eine kluge Psychologin riet mir einmal, als ich drauf und dran war, Maddie unter einem Stuhl hervorzuholen (sie war drunter gekrabbelt, hatte sich aufgesetzt und wusste nicht, wie sie wieder herauskommt): »Sagen Sie ihr, wie es geht. Aber überlassen Sie sie dann mal eine Minute lang sich selbst.« Ich ließ mich auf Maddies Augenhöhe nieder und sagte ihr, sie müsse sich bücken und dann wieder herauskrabbeln. Erst sah sie mich ein bisschen verängstigt an, doch plötzlich verstand sie es: Wie ein Miniatur-Jogi senkte sie den Kopf auf den Boden, schlängelte sich wieder heraus und lächelte mich triumphierend an.

Stärken statt strafen

Die Einsicht, dass Ihr kleines Kind schon ganz geschickt und robust ist, kann unglaublich befreiend wirken. Viele Trennungen, die einem zunächst rigoros und grausam vorkommen, lassen sich mit diesem Wissen ganz anders angehen. Wenn Sie Ihrem Kind signalisieren: »Ich weiß, du kannst allein einschlafen«, statt: »Ich mache das nicht gern, aber es ist zu deinem Besten«, dann verlagert sich der Schwerpunkt von Ihrem Willen zur Kompetenz Ihres Kindes. Das Schlafengehen eröffnet die Chance, Ängste zu überwinden, zu lernen, wie man sich selbst beruhigt und entspannt. Das erreicht man natürlich nicht an einem Abend, doch die eigene Haltung zu ändern, ist der erste wichtige Schritt.

Es gibt Kampfschauplätze, die sich als besonders vertrackt erweisen. So fällt es schwer, sich zurückzunehmen und das Kind die Richtung bestimmen zu lassen, wenn es ums Essen geht. Deshalb berichten die meisten Mütter, dass das Essen nach dem Zubettgehen der größte Frust- und Stressauslöser ist.[10] Jeder von uns trägt Automatismen in sich, die uns unsere wohlmeinenden, aber völlig unerfahrenen Eltern einst einpflanzten. Wenn Nahrung und Essen in Ihrer Familie ein belastetes Thema waren, dann haben Sie wahrscheinlich eine Vielzahl von Angehörigen, die gerne den Refrain anstimmen: »Der Kleine isst ja wie ein Vögelchen.« Ich habe vor nicht allzu langer Zeit eine Liste gefunden, die auf den ersten Blick wie ein Einkaufszettel aussah; darauf stand: »3 Rosinen, 1/4 l Milch, 4 halbe Trauben, 2 Bissen Toast, 2 Becher Badewasser, ein M&M, 1/3 Salzstange, 1/2 Teelöffel Zahnpasta«. Erst wusste ich nicht mehr, warum ich diesen seltsamen Zettel geschrieben hatte, doch dann fiel es mir wieder ein: Es war eine Liste dessen, was Nick eines Sonntags zu sich genommen hatte; Anlass für die Bestandsaufnahme war die Bemerkung meiner Tante, der Junge sei »dürr«.

Dabei war Nick ein guter Esser. Aber wie die meisten Kleinkinder war er viel zu beschäftigt mit dem Laufenlernen, als dass er in seinem Hochstuhl hätte stillsitzen können. Und er war zu sehr darauf erpicht, den Umgang mit Löffel und Tasse zu üben, als dass er es zugelassen hätte, dass ich ihm Apfelmus in den Mund stopfe. Ich fütterte ihn mobil, indem ich mit einer Schale Frühstücksflocken oder Bananenstückchen hinter ihm herlief und ihm, wenn er es gerade zuließ, einen Löffel voll in den Mund schob.

Ich wusste von Maddie, dass der mangelnde Appetit bei Nick normal und nicht lebensbedrohlich war. (In Mittelstandsfamilien gibt es nur sehr sehr wenige unterernährte Kinder – selbst wenn sie nichts als Nudeln essen.) Ich hatte auch gelernt, die Sache auf weite Sicht zu betrachten. Statt sich darüber aufzuregen, wenn ein Kind den ganzen Tag nichts anderes zu sich genommen hat als Fischli und Apfelsaft, sollte man sich die Ernährung einer ganzen Woche ansehen. Dabei stellt man unweigerlich fest, dass Kinder – wie zahllose Studien bestätigen – essen, wenn sie Hunger haben. Ihre Aufgabe besteht darin, Ihrem Kind genügend gesunde Alternativen anzubieten, und nicht, es zum Essen zu zwingen.

»Die weite Sicht ist wichtig«, sollten Sie sich in den Kleinkindjahren mantraartig immer wieder vorbeten. Was Sie jetzt aus dem Gleichgewicht bringt oder Sie die ganze Nacht wach hält, sieht schon in ein paar Monaten aus wie ein winziger Punkt auf dem Radarschirm. Scheinbar erdrückende Probleme lösen sich oft von allein in Luft auf. Meine Freundin Jane war überaus besorgt über die leichte Sprachverzögerung bei ihrer achtzehn Monate alten Tochter. »Sie spricht längst nicht so gut wie Jesse in ihrem Alter«, sagte sie mir eines Abends nach dem Essen. »Ihr Vokabular umfasst maximal zwölf Wörter, und wenn sie mal ein neues Wort spricht, verschwindet es danach wochenlang wieder von der Bildfläche.«

Janes Kummer war umso größer, als sie selbst ein Meister der Konversation ist. Ehe es die Warteansage gab, kam es mehr als einmal vor, dass ich die Vermittlung bat zu überprüfen, ob Janes Telefon, aus dem seit zwei Stunden das Besetztzeichen tutete, defekt war. »Der Anschluss ist besetzt«, lautete die unvermeidliche Diagnose.

Erst ein Termin bei einer Logopädin beruhigte Jane, dass die leichte Sprachverzögerung sich nicht ernsthaft auf die Entwicklung ihrer Tochter auswirken würde. Wenige Monate später – Jane gönnte sich zwischendurch auch mal eine Pause und machte mit ihrem Mann den dringend benötigten Urlaub –, hatten Mutter und Tochter diese Hürde hinter sich gelassen. Jetzt, zwei Jahre später, ist Jane stolz auf ihre unablässig plappernde Julia und erinnert sich nur noch undeutlich an die Tage, da sie befürchtete, sie würde nie sprechen lernen. Sie verweist gern darauf, wie unterschiedlich ihre beiden Kinder sind und wie viel Freude es ihr macht, ihre individuellen Fähigkeiten zu stärken. »Es ist fantastisch, wie Julia sich ausdrücken kann – sie ist ganz anders als Jesse –, aber jeder von ihnen ist einfach wunderbar.«

Vergleiche hinken

Die Fortschritte Ihres Kindes im richtigen Rahmen zu sehen, fällt in diesen frühen Jahren, in der die Entwicklung rasant verläuft, besonders schwer. Ich erinnere mich an einen sehr düsteren Moment auf meiner Reise durchs Muttersein, als mich eine Frau im Supermarkt unschuldig fragte: »Und wie alt ist denn Ihr kleiner Junge?« Aus einer Reihe von Gründen log ich: »Er ist gerade ein Jahr geworden«, obwohl Nick fast vierzehn Monate alt war. Doch ich hatte lange genug in der Schlange vor der Kasse gestanden, um zu wissen, dass der Sohn dieser Frau bald seinen ersten Geburtstag feiern würde, und aus seinem Munde hatte ich mindestens ein Dutzend perfekt artikulierter Wörter gehört. Ja, als Mama ihre Frage stellte, hatte er gerade auf seinen winzigen Schuh gedeutet und gesagt: »Sneaker aus, Mama.«

Nicks Vokabular bestand damals aus drei Wörtern – oder besser gesagt, drei Silben: »ma« stand für »mein«, »Milch«, »mehr«, »Maddie« und »Mama«; »da« bedeutete »Dad«, »das« und »da«, und »na« hieß »Banane« oder sein Lieblingswort »nein«. Sneaker jedenfalls war nicht Bestandteil seines Repertoires.

Ich verstand also – zu Recht oder nicht – die Frage, die die Mutter des kleines Genies stellte, als eine Art Herausforderung zum Duell, als Fehdehandschuh, der einen Familienwettbewerb auslöste. Solch einen Wettbewerb erleben Sie in diesen Jahren häufig, und womöglich finden Sie ihn, wie ich, ebenso lästig wie unwiderstehlich. Als Maddie relativ früh auf steifen Beinchen zu laufen begann, gab ich auf dem Spielplatz um die Ecke gern mit ihr an. Wenn jemand fragte, wie alt sie sei, kam auf meine Antwort garantiert ein ungläubiges »Wow! Und sie rennt schon richtig! Meine Tochter ist drei Monate älter und kann noch nicht mal frei laufen.«

Das Problem mit den Vergleichen ist, dass sie auf der irrigen Annahme fußen, ein viel versprechender Beginn sei Garant für eine erfolgreiche Zukunft. Doch wie Sie in jedem Buch über kindliche Entwicklung nachlesen können, gibt es für nichts, was Ihr Kleinkind lernt, das »richtige« Alter. Kinder entwickeln sich sehr unterschiedlich. Nick war sprachlich ein wenig langsam, Maddie rannte ihren Altersgenossen im Sandkasten davon, doch diese Unterschiede verwischten sich mit der Zeit. Und als Nick fünf war, redete er uns alle unter den Tisch.

Das Heimtückische an den Vergleichen ist nicht nur, dass sie Unsicherheit und Ängste auslösen, sondern auch, dass sie andere Mütter verärgern können. Andrea, die aus einer Wohnung in der Stadt in einen Nobelvorort gezogen war, verschlug es die Sprache, als sie eine Frau in der Nachbarschaft anrief, um sich mit ihr und ihrem Kind zum Spielen zu verabreden. »Unsere Söhne waren fast gleich alt, also dachte ich, es wäre doch nett, wenn wir sie zusammenbringen könnten. Aber da fängt sie an, mich auszufragen, was für Spielsachen Jonathan hat, was er gern tut, ob er viel redet und so weiter. Dann sagt sie mir: ›Nun, ich glaube, Pete ist Ihrem Sohn von der Entwicklung her ein bisschen voraus, also sollten wir vielleicht noch ein Jahr oder so warten.‹ Ist das zu glauben?«

Angesichts des enormen Drucks, den Kindern möglichst früh die optimalen Anregungen zu bieten, überraschte es mich nicht besonders, dass besagte Mutter sogar die Freunde ihres Kleinkindes auswählen wollte. Doch wie ich Andrea erklärte, war das ein Problem der anderen Mutter. Was Sie in dieser Zeit, in der Sie selten Bestätigung finden, am wenigsten brauchen, ist der Kampf mit anderen Müttern. Das gilt besonders dann, wenn Sie darum ringen, Beruf und Familie auszubalancieren, und fürchten – wie es die große Mehrzahl der Mütter tut –, dass Sie Ihre Kinder und sich selbst damit um wichtige gemeinsame Stunden bringen. In der turbulenten Kleinkindphase ist es besonders wichtig, einen Kreis von Helfern, Angehörigen und Freunden zu finden. Wenn Sie auf dieser Achterbahnfahrt nicht nach einer helfenden Hand greifen können, sind Sie am Ende vielleicht allein auf weiter Flur.

»Ich suche gleich gesinnte Mütter«, antwortete Lanie auf meine Frage, wie das Muttersein sich auf ihren Freundeskreis auswirkt. »Doch der Knackpunkt ist nicht so sehr, ob jemand arbeitet oder gearbeitet hat, sondern der Erziehungsstil. Meine Tochter Sophie beispielsweise kann noch nicht teilen. Ich meine, welche Zweijährige kann das? Sie schnappt also einem anderen Kind ein Spielzeug weg, oder das andere Kind nimmt ihr etwas weg. Ich meine aber, man muss den Kindern zutrauen, dass sie das bis zu einem gewissen Grad selbst regeln können. Ich habe eine sehr gute Freundin, mit der ich immer meinte, auf einer Wellenlänge zu sein. Ich war sehr glücklich, dass wir zur gleichen Zeit ein Kind bekamen. Aber ich ertrage es nicht, wie sie mit Sophie umgeht. Sie lässt die Kinder nicht aus dem Blick und mischt sich ein, und ich glaube nicht, dass das gut ist für Sophie. Das macht unsere Treffen richtig schwierig.«

Wir haben alle ein natürliches Bedürfnis, uns unsere Sippe selbst auszusuchen, einen Bund mit seelenverwandten Müttern zu schließen, die stillschweigend oder ausdrücklich unser Verhalten billigen. Keinesfalls aber sollten wir uns hinter »den anderen Müttern« verschanzen und damit unsere eigenen Wahlmöglichkeiten einschränken. Das gilt für die gesamte Zeit als Mutter, denn wir sind häufig gezwungen, radikal neue Schwerpunkte zu setzen, unsere Entscheidungen zu überdenken und uns selbst zu hinterfragen. Doch in den Kleinkindjahren macht schon die schiere Bandbreite und Intensität der Veränderungen das Navigieren besonders schwierig.

Hin- und hergerissen

»Ich habe einfach das Gefühl, dass ich nichts wirklich gut mache im Moment«, sagte Marianne, Mutter von drei Kindern unter drei Jahren. »Wenn ich im Lotto gewinnen würde, würde ich Teilzeit arbeiten. Aber das steht nicht zur Debatte. Für mich ist es auch wichtig, neben dem Dasein als Mutter und Ehefrau noch etwas anderes zu haben. Aber wenn am Wochenende das Kindermädchen nicht da ist, ist es richtig hart. Ich freue mich dann auf den Montag. Aber ich kann keine zusätzlichen Projekte übernehmen und abends nicht länger im Büro bleiben, weil ich zu Hause gebraucht werde. Und ich will ja bei den Kindern zu Hause sein. Also habe ich das Gefühl, dass ich meinen Job nicht so gut mache, wie ich könnte, und zu Hause ist es genauso.«

Die Schuldgefühle arbeitender Mütter kochen in den Kleinkindjahren aus mehreren Gründen hoch; nicht nur, weil man befürchtet, diese vielen ersten Schritte zu verpassen – Laufen, die ersten Wörter –, sondern weil das Zusammensein mit Ein- und Zweijährigen auch einfach viel Spaß macht. »Ich habe mir nie, nie vorgestellt, dass ich jemanden so lieben könnte wie Alex«, sagte meine Freundin Ellen neulich. »Ich habe nie auch nur im Traum daran geglaubt, dass ich die Geduld aufbringen und so viel Spaß daran finden würde, einfach nur mit ihm zusammen zu sein.« Am schwierigsten fand es Ellen – wie fast alle Mütter, mit denen ich sprach – zu lernen, ganz da zu sein, wenn sie mit ihrem Sohn zusammen war. Sich auf seine Bedürfnisse einzustellen, den »beruflichen Lärm« in ihrem Kopf herauszufiltern, einfach »nur jetzt hier zu sein«: sich nicht hin- und hergerissen zu fühlen, sondern völlig bei ihm.

Einige der schönsten Erinnerungen, die ich an Nicks Kleinkindjahre habe, sind die Sommerabende im Urlaub in den Adirondacks. Ich badete ihn, ging dann hinaus und setzte ihn mir in der Dämmerung auf den Schoß. Ich erzählte ihm Geschichten oder sang ihm ein Lied vor, während wir am dunkler werdenden Nachthimmel die ersten Sterne blitzen sahen. Weitab vom Telefon, vom Abwasch, vom Lärm im Haus saß ich da, geborgen in der Stille der Nacht, und erlebte mit Nick, der in eine Decke eingewickelt war, eine alles umfassende Freude. Diese Augenblicke waren etwas ganz Besonderes, zumal Nick als Kleinkind mit der Kraft seines Sternzeichens Stier durch den Alltag stürmte. Er war leidenschaftlich, reizend, voller Energie, doch da er ständig bestrebt war, mit »Mimi« (seinem Spitznamen für Maddie) gleichzuziehen, blieb ihm wenig Zeit dafür, still auf Mamas Schoß zu sitzen.

Zu den angenehmen Erfahrungen dieser Jahre gehören auch die Rollenspiele, die ein älteres Kleinkind bereits macht. Als Maddie knapp drei war, schlüpfte sie regelmäßig in die Rolle einer ihrer Lieblingsheldinnnen aus Disneyfilmen und gab kleine Vorstellungen. Ich erinnere mich noch, dass ich stundenlang den Prinzen zum augenklimpernden Schneewittchen gab, oder dass ich so tat, als bemerke ich die Überschwemmung auf dem Badezimmerboden nicht, wenn sie die schüchterne kleine Meerjungfrau spielte. Ihr Spiel war bisweilen so realistisch, dass mir das Herz stockte. Eines Sonntagmorgens suchte sie sich eine alte Aktentasche heraus, in die sie Millimeterpapier und Briefumschläge stopfte, um dann zu verkünden: »Ich geh jetzt zur Arbeit, Schätzchen.« Sie steckte ihre Patschhände in meine Handschuhe und fügte in einer vor Mitleid und Bedauern triefenden Stimme hinzu: »Ich esse außer Haus. Und komme erst spät nach Hause.« Als sie in meine Schuhe stieg und den Flur entlangstakste, versetzte mir das einen heftigen Stich. »Ich rufe dich an!«, trällerte sie. Als sie im Garderobenschrank verschwand, verspürte ich ein quälendes Zwicken und Stechen.

Damals war mein Job mir wahnsinnig wichtig. Selbst wenn ich es mir hätte leisten können, ganz zu Hause zu bleiben, war mir klar, dass ich arbeiten wollte. Doch das Ringen um ein Gleichgewicht, der Versuch, den Kuchen in angemessene Zeit- und Aufmerksamkeitsstückchen zu teilen, brachte es mit sich, dass immer jemand – und meistens ich – zu kurz kam. Susan Lewis beschreibt in *Reinventing Ourselves After Motherhood* (Sich nach dem Muttersein neu erfinden), ausgehend von ihrer eigenen Reise von der Unternehmensanwältin zur Vollzeitmutter, das Leben Dutzender ehemaliger Karrierefrauen, die sich dafür entschieden, zu Hause zu bleiben. Manche hatten »keine Ahnung, wie tief ihre Liebe und wie aufreibend der Alltag sein würde«. Andere fanden, dass die unzureichende Kinderbetreuung, die Arbeit ihres Ehemanns und die Komplexität des Lebens es einfach unmöglich machten, alles zu schaffen.[11]

Hin- und hergerissen sind berufstätige Mütter nicht nur, weil sie »nicht genug Zeit für alles« haben. Unbestreitbar lassen auch die meisten Firmen Mütter im Stich, indem sie ihnen weniger zahlen als ihren männlichen Kollegen, ihnen zu unflexible Arbeitszeiten aufdrängen und nur selten Hilfe bei der Kinderbetreuung anbieten. Viele Mütter, mit denen ich sprach, beschrieben eine emotionale Diskrepanz zwischen dem Zuhause und der Arbeitsstelle. Die Anwältin Hope, die auf Scheidungsrecht spezialisiert ist, erklärte: »Ich kenne mich gut im Scheidungsrecht aus, aber ich glaube nicht, dass ich je wieder auf diesem Gebiet arbeiten werde. Ich bringe einfach nicht die negativen Gefühle auf, wie ich es vor Juliettes Geburt konnte.«

Fast ausnahmslos berichteten die arbeitenden Mütter, mit denen ich sprach, dass sie in den Kleinkindjahren ihrer Kinder unter Stress und Selbstzweifeln litten. »Als sie noch ein Baby war, hatte ich eigentlich kein Problem damit, wieder arbeiten zu gehen«, erzählte mir die Mutter eines 16 Monate alten Kindes. »Ich hatte eine hervorragende Babysitterin, eine ältere Hispanoamerikanerin, der ich völlig vertraute. Doch inzwischen läuft und spricht meine Tochter, und ich merke, dass sie bestimmte Wörter mit spanischem Akzent ausspricht und dass sie zu viele Titelmelodien aus dem Fernsehen kennt, und das macht mich ganz verrückt. Ich habe das Gefühl, ich sollte in diesen prägenden Jahren zu Hause sein.«

Ich verspürte oft Schuldgefühle und Neid, wenn unsere Kinderfrau anrief und mir von einem wichtigen Fortschritt Maddies berichtete. Aber so bedauerlich es war, dass ich nicht mit griffbereiter Videokamera vor Ort war, um Maddies ersten selbstständigen Schritt zu dokumentieren, so merkte ich doch bald, dass Maddie begeistert alles noch einmal vorführte, sobald ich nach Hause kam. Und wenn Steve eintraf, wiederholte sie es gerne noch einmal – und nochmal und nochmal. Maddie brauchte den emotionalen Schub unseres Lobes, aber es war ihr egal, ob wir die Ersten waren, die ihr applaudierten, oder die Letzten.

Wenn ich an ihre ersten wackligen Schritte denke, sehe ich vor mir, wie sie mir in die Augen sah, mir in die ausgestreckten Arme wankte und sich dann sofort wieder abstieß, um es noch einmal zu versuchen. Sie brauchte mich noch, doch das Laufen war ein so einschneidendes Symbol ihrer Unabhängigkeit, dass ich nicht nur ihre Hand loslassen musste, sondern auch ein Bild meiner selbst. Ich musste dieses aufregende Loslassen als einen wesentlichen Aspekt der Kleinkindjahre akzeptieren.

Mit der Unabhängigkeit stellte sich bei Maddie auch die Angst ein, da ihr bewusst wurde, dass sie eine eigenständige Person ist. Wie alle Kleinkinder durchlief sie eine Phase, in der sie sich im Spiel immer wieder in kleinen Schritten von mir entfernte, um dann in meine sicheren Arme zurückzukehren. Sie war dermaßen auf meine volle Aufmerksamkeit angewiesen, dass sie mir ihre Hände auf die Wangen legte und meinen Kopf zu sich hin drehte. Oder sie bellte mir herrisch einen Befehl zu, um dann meine Hilfe zurückzuweisen. Ihre Verwirrung darüber, wo sie hingehörte, spiegelte bisweilen meine eigene. Ich wollte für sie da sein, aber ich schätzte auch meinen Platz im Beruf, bei Steve und bei meinen Freunden. Kurz bevor sie in den Kindergarten kam, wo sie den emotionalen Beistand anderer Erwachsener und ihrer Altersgenossen finden würde, hatte ich das große Bedürfnis, sie noch einmal als Baby zu erleben, während ich doch gleichzeitig einen Weg finden musste, sie loszulassen. Wahrscheinlich war es kein Zufall, dass eines unserer Lieblingsspiele damals »Vogel im Nest« war, in dem es darum ging, ein bequemes Nest aus Sofakissen zu bauen und dann meinen kleinen Vogel auf die Suche nach Nahrung zu schicken. Am schönsten war es natürlich immer, wenn sie in meine Arme zurückgeflogen kam.

Alles unter einen Hut

Im Kindergarten: drittes bis sechstes Lebensjahr

Ich bin noch keinem dreijährigen Kind begegnet, das ich nicht mochte. Sicher, ein Dreijähriges bekommt auch mal einen Wutanfall, der dem Tornado eines Kleinkindes in nichts nachsteht, verschanzt sich wild entschlossen hinter seinem Trotz oder zermürbt Sie mit seinem Gejammer. Doch meistens geht es mit großen Augen und einem erstaunten: »Ist die Welt nicht toll?« in den Tag. Wenn ich unser Familienalbum durchblättere, bleibe ich oft sehnsüchtig an den Bildern unserer Kindergartenkinder hängen. Nick, wie er mit ausgestreckten Armen nackt unter dem Rasensprenger durchläuft, oder Maddie, die sich mit einem eleganten Kostüm und Schal aufgetakelt hat, oder beide tief in ein Bilderbuch versunken, das ich ihnen immer wieder vorlas. Sie stehen da, den Kopf nach hinten gelegt, und lachen aus vollem Hals, sie schlingen mir liebevoll die Arme um den Hals, oder sie verneigen sich verlegen nach einer Vorführung im Kindergarten. Mir ist diese Phase als Zeit der Gefühle, des Lernens und des Lachens in Erinnerung.

Ich war unheimlich gern mit meinen Kindern zusammen, als sie drei, vier und fünf Jahre alt waren. Ihre ungewollt komische Sprache (»Ich hab schon wieder Aufschluck, Mama«), ihre freie und ungebundene Fantasie, ihre tiefen und offen zur Schau gestellten Gefühle (»Du bist so süß, meine Baby-Mama«, schmachtete Nick und gab mir sechs oder sieben Gutenachtküsse). Aber wie häufig in dieser Lebensphase der Kinder verhinderten Beruf, Kindergarten und die zusätzlichen Belastungen, dass wir »einfach nur zusammen waren«.

Im Rückblick sehe ich mich selbst in der Rolle der gut gekleideten Jongleuse auf dem Drahtseil – die typische arbeitende Mutter mit einem Kindergartenkind, einem Neugeborenen, einem viel beschäftigten Ehemann, einem unordentlichen Haushalt und der unterentwickelten Fähigkeit zu delegieren. Ich wanderte auf dem schmalen Grat zwischen Stolz, Freude und Zuversicht auf der einen und Selbstzweifeln, Schuldgefühlen und Unzufriedenheit auf der anderen Seite. Ich machte alles, aber ich fragte mich immer wieder, ob ich es nicht ziemlich schlecht machte. Wenn meine Arbeit zu kurz kam oder ich wegen eines Notfalls zu Hause gar nicht erst ins Büro konnte, hatte ich Schuldgefühle meinen Kolleginnen gegenüber. Als Maddie einen Kindergartenausflug machte und ich trotz mehrerer strategisch günstig angebrachter gelber Zettel »Vesper für Kindergarten!« Selbiges vergaß, gab ich ihr eine eilig besorgte braune Papiertüte mit einem Brötchen und Saft mit und hatte dabei ein schlechtes Gewissen, als hätte ich ihr Atommüll eingepackt. Die Erzieherinnen schien das wenig zu kümmern und Maddie erst recht nicht. Und doch war es einer von unzähligen Anlässen, bei denen ich mich fragte, ob sich das nicht besser regeln ließ.

Was ich erst Jahre später erkannte: Meine Schuldgefühle resultierten zu einem erheblichen Teil aus meinen unrealistischen Erwartungen. Nachdem ich jahrelang der Täuschung nachhing, dass der Tag in Wirklichkeit 36 Stunden hat, habe ich eine mathematische Formel für mütterliche Schuldgefühle entwickelt. Sie lautet folgendermaßen:

$$\text{UE} \times \frac{\text{Beruf + Ehemann + Kind(er) + Angehörige + Freunde + Extras}}{\text{18 Stunden}} = \text{Schuldgefühle}$$

Das mysteriöse UE steht für »unrealistische Erwartungen«. Man addiere die Stunden, die man (zu Hause oder nicht) dem Beruf widmet, dem Kind oder den Kindern, der Ehe, den Freunden, den Angehörigen und den »Extras« wie ehrenamtlicher

Arbeit, Kirche oder Sport. Dann teile man die Summe durch 18 (ich gehe von einem Vierundzwanzigstundentag und sechs Stunden Schlaf aus). Nun multipliziere man das Ergebnis mit UE, den unrealistischen Erwartungen, dem fatalen Fantasiegebilde »Perfekte Mami« – und heraus kommen Schuldgefühle hoch zehn. Setzen Sie den UE-Faktor herab, indem Sie neu definieren, was Sie unter »alles schaffen« oder, besser noch, was Sie unter »alles« verstehen, und Sie haben eine Chance, die Schuldgefühle zu reduzieren.

Die Formel lässt sich auf fast alle Mütter anwenden, doch sie gilt besonders dann, wenn die Kinder in den Kindergarten gehen und, ungeachtet ihrer neu erworbenen Unabhängigkeit und der Zeit, die sie außer Haus verbringen, unsere Zuwendung brauchen. In dieser Phase gesellen sich zu den Tätigkeiten als Betreuerin, Spielkameradin und Erzieherin die als Lehrerin, Trainerin, Koordinatorin der Sozialkontakte, Schnellköchin, Kleidungsberaterin, Vermittlerin und Seelenklempnerin. Es kann nicht schaden, wenn Sie backen, nähen, singen, schauspielern, zeichnen und einen kreischenden, 15 Kilogramm schweren Derwisch in den Kindersitz hieven können. Doch es ist unmöglich, all diese Aufgaben perfekt zu erledigen. Sicher gelingt es Ihnen nicht einmal, auch nur halb so gut zu sein wie Ihre Nachbarin, die einen makellosen Haushalt führt, einen gepflegten Garten und anregende Sozialkontakte hat. »Wie schafft sie es, den Job, die Kinder, den Kirchenchor und eine perfekte Kleidung unter einen Hut zu bekommen?«, fragen Sie sich, wenn Sie mal wieder am Abgrund stehen. Wenn Ihre Antwort lautet: »Sie ist einfach besser organisiert als ich« oder »Wenn ich nur ein bisschen früher aufstehen würde, könnte ich auch mehr erledigen« oder »Sie kocht einfach besser«, dann tappen Sie genau in eine Falle, die Ihr Ego empfindlich kneift.

In dem Roman *Working Mom* wird eine Mutter porträtiert, die sich abhastet, um zu Hause und im Job erfolgreich zu sein. Das Buch beginnt damit, dass sie Mince Pies klopft. Warum nimmt die Heldin Kate Reddy die fertigen kleinen Pastetchen aus der Folie und lässt ein »Nudelholz auf ihre unschuldigen zuckerbeschneiten Gesichter niedergehen«? Weil ihr der Kindergarten mitgeteilt hat, die Eltern mögen »eine freiwillige Spende für das festliche Büfett« der anstehenden Weihnachtsfeier beisteuern. Kate erklärt trocken: »Briefe von der Schule sind in einem Code abgefasst, einem Code, der derart listig im Text verborgen ist, dass er nur vom Geheimdienst in Bletchley Park oder von Frauen mit Schuldgefühlen im fortgeschrittenen Stadium des Schlafentzugs entschlüsselt werden kann.« Sie fügt hinzu, dass die Mütter, wenn der Kindergarten um eine Spende bittet, natürlich etwas selbst Gebackenes bringen sollen – »ganz bestimmt nichts, was ein faules Stück Mutter im Supermarkt kaufen kann«.[1]

Wie an Dutzenden anderer Stellen musste ich Tränen lachen, weil ich mich selbst wiedererkannte. Ich erinnerte mich an einen Abend, an dem Maddie mich im Büro anrief und mir verkündete, sie könne zum gemeinsamen Essen unmöglich die drei Dutzend Haferplätzchen mitbringen, die zu backen ich wundersamerweise nicht vergessen hatte, weil das Thema dieses Mittwochs Schweden war. »Wir müssen etwas Schwedisches machen«, sagte sie bestimmt.

»Zum Beispiel?«, fragte ich und musste mich zusammenreißen, sie nicht anzufahren. »Hering? Ein skandinavisches Büfett für 23 Personen?«

»Ich weiß nicht, Mama«, sagte sie leise, und in ihrer dünnen Stimme schwang Furcht mit. »Aber wir müssen.«

»Okay, Schätzchen«, gab ich nach. »Ich denke mir was aus.«

Natürlich regnete es in Strömen, als ich das Büro verließ, und das Delikatessengeschäft in der Nähe hatte schon zu. So musste ich von einem Feinkostgeschäft zum nächsten rennen, bis ich Roggencracker und gewürzten Frischkäse gefunden hatte. Mindestens zwei Stunden verbrachte ich damit, den Käse auf die Cracker zu streichen, ohne dass diese zerkrümelten, und eine weitere halbe Stunde damit, Maddie davon zu überzeugen, dass es sich um eine original schwedische Spezialität handelte.

Warum, mögen Sie sich fragen, habe ich Maddie nicht erzählt, dass Haferplätzchen ein schwedisches Nationalgericht sind? Oder, noch besser, dass der schwedische Tag erst im nächsten Monat anstehe und morgen Vollkorntag sei im Montessori-Kinderhaus? Zum einen hatte Maddie in ihrer Entwicklung einen Punkt erreicht, an dem sie peinlich genau alle Regeln befolgte und ihre Erzieherin (in diesem Fall eine wunderbare Schwedin namens Kirsten) vergötterte. Und ich war in meiner Entwicklung an einem Punkt angelangt, an dem ich mir und meiner Kindergartentochter unbedingt beweisen wollte, dass Mama alles kann, dass Mama sie nie im Stich lassen würde und dass Mama, die in dieser Woche zweimal abends länger arbeiten musste, das wieder gutmachen würde, indem sie durch die Läden rannte, um Roggencracker für den schwedischen Tag aufzutreiben.

Aus diesem Grund machte ich mir die Mühe, Plätzchen zu backen, mich im Elternbeirat zu engagieren, kunstvoll arrangierte Geburtstagsfeiern auszurichten. Ich erinnere mich noch an einen besonders elenden Abend, an dem ich im Wohnzimmer saß – die Uhr zeigte an, dass es auf Mitternacht zuging – und verzweifelt das große grüne Handtuch und die Drahtkleiderbügel auf meinem Schoß anstarrte – der magere Versuch, für Maddies fünftes Halloweenfest ein Meerjungfrauenkostüm zu basteln. Als ich nachsah, was das Fernsehprogramm noch zu bieten hatte, landete ich ausgerechnet bei *Vom Winde verweht*. Bald war ich in Tränen aufgelöst – nicht etwa, weil die liebe kleine Bonnie gestorben war, sondern wegen der Szene, in der Mammy Mrs. O'Haras Samtportiere in ein wunderschönes grünes Kleid verwandelt. Als Scarlett mit den Quasten, die sie nun als Gürtel umschmeichelten, und den Vorhangfransen als Schulterschmuck in Rhetts Zelle stolzierte, warf ich das Handtuch zu Boden, stauchte die Drahtbügel in die Wolldecke und stürmte aus dem Zimmer wie eine bockige Südstaatenschönheit. Ich glaube, ich kaufte am nächsten Tag ein billiges Kostüm, und Maddie überlebte es; ja, sie war wohl begeistert, ständig anderen kleinen Meerjungfrauen im Discounter-Kostüm über den Weg zu laufen.

Unrealistische Erwartungen und die daraus resultierenden Schuldgefühle nähren sich aus der unsinnigen Annahme, dass wir etwas tun »sollten«, das wir nicht tun können oder wollen. Oder dass wir bestimmte Dinge »niemals« tun sollten; einige davon zeigt mein absoluter Lieblingscartoon von Roz Chast unter dem Titel »Sammelkarten: Schlechte Mamis«: »Nr. 23: Lucy L. – erzählte einer Freundin eine ›komische‹ Geschichte über ihr Kind und lachte auf seine Kosten« oder »Nr. 61: Deborah Z. – Hat noch nie versucht, selber Knete herzustellen« oder »Nr. 89: Becky O. – Befahl ihrem Kind, als sie telefonierte, ›HALT JETZT DIE KLAPPE, sonst setzt es was‹.«[2]

Ich bin Hunderten von Müttern mit Kindern unterschiedlicher Altersstufen begegnet, die unter dem Fantasiekonstrukt »Perfekte Mami« leiden. Besonders heftig hängt es uns aber wohl in der Kindergartenzeit an. Wenn wir die Babyzeit überlebt und die Stromschnellen der Kleinkindjahre bewältigt haben, marschieren wir in der Erwartung in diese Phase, dass die neu erworbenen Muskeln und Erfahrungen uns schon da durchlotsen werden. Doch wenn unsere Kinder in den Kindergarten kommen oder anderweitig außer Haus sind oder wenn wir uns wieder außerhalb der Familie engagieren, fordert der Druck, das alles zusammenzuhalten, mitunter einen hohen Tribut.

Vor nicht allzu langer Zeit machte ich für *Good Morning America* einen Beitrag über Elternberater; das sind überwiegend nicht professionell ausgebildete Frauen, die andere Mütter am Telefon anleiten, wie sie mit den vielen Belastungen ihres Lebens besser zurechtkommen. Buffi, die sich in unserem Beitrag beraten ließ, war eine attraktive junge Mutter mit zwei kleinen Kindern, einem hilfsbereiten Mann, einem großen, vor Sauberkeit blitzenden Haus und einem Teilzeitjob. Ihre Schwester, die in der Nähe wohnte und auch ein Baby hatte, passte auf die Kinder auf, wenn Buffi im Geschäft war. Buffi tauschte sich regelmäßig mit ihrer Mutter aus und hatte ein großes Netzwerk an Freundinnen. Dennoch war sie bereit, fast 300 Dollar im Monat auszugeben, um sich von einer Fremden beraten zu lassen, wie sie eine bessere Mutter sein könne.

»Als ich mich entschloss, Peggy als Elternberaterin anzurufen, hatte ich das Gefühl, keine gute Mutter zu sein«, räumte Buffi ein. »Es ist ganz klar ein Makel, um Hilfe zu bitten, weil man ja offenbar etwas falsch macht. Aber ich brauchte Hilfe. Und ich dachte mir: Gut, ich frage mal nach. Ich habe ein eigenes Unternehmen und viele Leute, die mir dabei helfen, also habe ich das einfach auf mein Leben zu Hause übertragen.«

Als ich sie fragte, warum sie das Gefühl hatte, Hilfe zu brauchen, zeigte die Schimäre »Perfekte Mami« ihre fiese Fratze: »Ich war unausgeglichen und unglücklich. Ich behauptete, dass meine Kinder immer das Wichtigste wären, aber ich handelte nicht danach. Für mich kam der Abwasch zuerst. Die Wäsche. Mir waren einfach alle anderen Aufgaben wichtiger.« Die Aufgaben umfassten unzählige Freiwilligenstunden für die Pfadfindergruppe ihrer Tochter, die Kindergarten-Fußballmanschaft ihres Sohnes und die Kirche. Außerdem steckte sie – buchstäblich – bis zu den Knien in einem ehrgeizigen Gartenprojekt für Kinder, und sie hatte eine kranke Großmutter, der sie versprochen hatte, sie regelmäßig zu besuchen, was sie aber nur selten einrichten konnte. Schließlich war da noch der Abwasch, der Hausputz und das Geschäft.

Wenn ihr Kindergartenkind Zach nach dem Abendessen ihre Zuwendung brauchte, bat sie ihn zu warten, bis der Abwasch fertig sei; wenn er mit ihr spielen wollte, ehe sie das Wohnzimmer gesaugt hatte, bekam er zu hören: »Nur noch eine Minute.« Doch aus der Minute wurde oft eine halbe Stunde – eine Ewigkeit für einen Vierjährigen –, und wenn Buffi endlich ihre Schürze weghängte und sich zu Zach auf den Wohnzimmerboden setzte, »hatte er schlechte Laune, und wir amüsierten uns ganz und gar nicht miteinander«.

Buffis Beraterin Peggy schlug vor, entweder den Abwasch

warten zu lassen oder Zach an der Arbeit zu beteiligen. Die meisten Kindergartenkinder sind durchaus in der Lage, eine Spülmaschine zu befüllen oder Geschirr abzutrocknen oder Töpfe und Pfannen wegzuräumen. Sie lieben Staubsauger und andere Gerätschaften im Haushalt. Vor allem wollen sie bei Ihnen sein, in Ihre Fußstapfen treten, Ihre Schürze tragen, in die Rolle eines Erwachsenen schlüpfen, indem sie die Aufgaben von Erwachsenen erledigen.

Buffis Dilemma erinnerte mich an einen Abend – Maddie war so alt wie Zach –, an dem ich in 45 Minuten ein Essen für sechs Verwandte zubereiten musste, von denen vier immer eine Viertelstunde zu früh kamen. Als Maddie fragte, ob sie helfen dürfe, kam mir die brillante Idee, dass sie die Servietten verzieren könnte. Maddie war sehr stolz auf ihre Fertigkeit im Tischdecken, also kümmerte sie sich eifrig um die Tischsets, das Geschirr und sogar die Gläser, ehe sie sich mit ihren Stiften hinsetzte. In den folgenden 30 Minuten kochten, plauderten und sangen wir, während wir unseren jeweiligen Aufgaben nachgingen. Ich sah zwar nur ihren über die Arbeit gebeugten Hinterkopf, war aber glücklich, dass ich sie in meiner Nähe hatte. Da hörte ich Steve in die Küche kommen und spürbar angespannt fragen: »Maddie, Schätzchen, was machst du da?«

»Ich verziere, Dad«, sagte sie freudestrahlend.

»Weiß Mami, dass du verzierst?«

»Ja, sie wollte das.«

Ich fürchtete mich davor hinzusehen, tat es dann aber doch. Und dort, auf meinen funkelnagelneuen Leinensets, waren die Früchte (und Blumen, Strichmännchen und Schnörkel), die Maddie mühevoll gemalt hatte. Ein großer Stapel Papierservietten lag unbenutzt links neben ihr.

»Maddie!«, keuchte ich. Doch ihrem Gesicht sah ich an, dass ich drauf und dran war, einen fabelhaften Augenblick zu ruinieren. Ich besann mich. »O Schätzchen. Die sehen wunderschön aus.«

Immer wieder verhinderte der Zeitmangel, dass wir einfach

nur zusammen waren. Wir mussten um halb neun in den Kindergarten und zur Arbeit; wir trafen uns um drei mit Freunden im Park; wir hatten Karten für ein Kinderkonzert und durften nicht zu spät kommen; wir hatten einen Termin beim Arzt. Und in den Augen eines Kindergartenkindes, das in ein Puzzle vertieft ist oder fröhlich in der Badewanne planscht, ist jede dieser Verpflichtungen völlig unwichtig. Ich war dagegen oft hin- und hergerissen, ob ich den Tag der Kinder (und meinen) einigermaßen vorhersagbar gestalten oder sie »einfach mal in Ruhe lassen« sollte. Ein Malkurs, der mir als ideale Alternative zu den Fernsehcomics am Samstagvormittag erschien, kollidierte am zweiten Samstag plötzlich mit Maddies Entdeckung der Leggins und dem Wunsch, mehrere davon anzuprobieren, ehe sie aufbrach. Ich lernte, eine zusätzliche Stunde für die Leggins-Parade einzuplanen, und dann sogar, den Malkurs ganz zu streichen, doch diese Freiheit hatte auch ihren Preis. Ich war enttäuscht und ärgerte mich über die in meinen Augen unnötige Trödelei, und ich fragte mich, ob ich wohl zu nachgiebig war.

Häufig war ich tatsächlich zu nachgiebig, erlag dem Erziehen-mit-Schuldgefühlen-Syndrom, das viele Mütter (vor allem die Überlasteten, die zu viel denken) dazu bringt, eigene Entscheidungen in Frage zu stellen oder herauszuzögern oder auch einen Rückzieher zu machen. In ihrem Buch *Wenn Eltern zu sehr…: Warum Kinder alles bekommen, aber nicht das, was sie wirklich brauchen* schreibt Diane Ehrensaft über die »größte Gefahr«, der Eltern heute ausgesetzt sind: »Innerlich zerrissen, laufen sie gleichzeitig in zwei Richtungen, um beidem gerecht zu werden: sich und ihren Kindern – und für beide wollen sie zu viel.«[3] Sie rät: »Unser Weg aus dem Durcheinander besteht darin, dass wir den Traum, *mit* unseren Kindern zu leben, aufgeben und eine realistischere Vorstellung davon entwickeln, wie wir unseren Kindern gemäß ihrem Alter und ihrem Entwicklungsstand Zuwendung und Fürsorge geben können. Aber dafür müssen wir uns genügend Zeit nehmen.«[4]

Bei Maddie beging ich zum Beispiel den Fehler, einen mit Kursen, Konzerten und Kultur voll gestopften Terminkalender mit sinnvoller Beschäftigung zu verwechseln. Wenn ich in der Mittagspause anstand, um Karten für ein Kinderkonzert zu ergattern, dann beruhigte es vielleicht mein schlechtes Gewissen, weil ich an jenem Tag länger arbeiten musste, doch an dem Tag, an dem das Konzert dann stattfand, hätten wir uns wahrscheinlich genauso gut amüsiert, wenn wir im Schlafanzug zu Hause geblieben wären.

Als Nick dann in den Kindergarten kam, fiel es mir schon leichter, seinem Bedürfnis nach möglichst wenig festem Programm entgegenzukommen. Eines Abends im Frühherbst saßen wir müßig mit einem Eis in der Hand auf der Terrasse unseres Hauses in Brooklyn und sahen zu, wie die Nachbarn auf dem Gehweg an uns vorbeigingen. Als der Sohn unserer Freunde auf Rollerblades vorbeisauste, platzte Nick aufgeregt heraus: »Weißt du was, Mama? Wenn es später, später, später, später, später, später, später mal schneit, gehen wir Eis laufen.« Und er fügte hinzu: »Weißt du noch, gestern, wie wir auf der Schlittenschuhbahn gewest sind? Auf der blauen? Und ich bin hingefallt? Und der Junge mit der roten Mütze ist auch hingefallt?«

Ich erinnerte mich sehr wohl, auch wenn der Vorfall über ein Jahr zurücklag. Ich fand es erstaunlich, an welche Einzelheiten er sich noch erinnerte, und wie er die Abfolge der Ereignisse beschrieb. Für Nick war die Zeit komprimierter; die Vergangenheit drang mit verblüffender Klarheit in die Gegenwart ein, und die Zukunft fand jetzt statt. Sein »Gestern« und »Morgen« waren mit einem dicken Pinsel gezogen, weil er überwiegend auf der Leinwand des »Heute« lebte. Mein »Gleich« war für ihn »Jetzt«, es sei denn, ich wollte, dass er etwas »jetzt« erledigte: In diesem Fall begriff er sehr wohl die Macht des »gleich«. Seine Sicht der Zukunft beschränkte sich darauf, dass er etwas, was ihm gefallen hatte, gern wiederholen wollte (wie den Besuch der »Schlittenschuhbahn«). Was Uhren anging, so waren sie für ihn lediglich Requisiten, die man brauchte, wenn man Erwachsensein spielte. Mit einem Blick auf sein Lieblingsaccessoire, eine große Kunststoffuhr, sagte er dann: »Weißt du, wie viel Uhr es schon ist? Hundert nach eins!«

Nachdem ich in Maddies Kindergartenzeit gelernt hatte, wie wichtig einer fester Tagesablauf ist, und dass es wenig Zweck hat, Druck auf ein trödelndes Kind auszuüben, war ich so klug, mehrere Markierungspunkte in Nicks Tagesablauf einzubauen. Wenn wir um acht Uhr aufbrechen mussten, stellte ich den Wecker und beauftragte ihn, mir zu sagen, wenn er klingelte. Und wenn etwas Unvorhergesehenes unsere Zeit weiter beschnitt, versuchte ich, bestimmte Rituale abzukürzen, statt sie ganz zu streichen.

Ein Kindergartenkind ist nie in Eile. Es lässt sich vielleicht von Ihrer Hektik anstecken, wenn Sie es beim Aufbruch antreiben, aber es kann nicht nachvollziehen, warum Sie sich so aufregen. Es erinnert uns Tag für Tag an eine Lektion, die auch ich allzu häufig vergesse: »Kümmer dich nicht um morgen. Genieß die Gegenwart – auch wenn gerade nichts Besonderes geschieht.« Ja, das klingt unglaublich altmodisch, aber es ist viel weiser, als Fußball, den Malkurs und die musikalische Früherziehung gleichzeitig in das Leben Ihres Kindes zu stopfen, wenn es doch einfach nur schön ist, auf der Terrasse zu sitzen und die Welt an sich vorüberziehen zu lassen.

In unserem zielorientierten, schnelllebigen Dasein ist oft nur wenig Raum für Betätigungen, die keinem besonderen Zweck dienen. Wir bringen unser Kindergartenkind in den Schwimmkurs mit dem klaren Ziel vor Augen, dass es mit dem Wasser vertraut wird und vielleicht auch schon paddelnd das Becken alleine durchqueren kann. Doch wenn wir nur einfach mit unserem Kind zusammen sind, tun wir viel mehr, als wir vermuten. Verbringen Sie einfach mal fünf Minuten mit einem Drei- oder Vierjährigen, und er bombardiert Sie mit den außergewöhnlichsten Fragen (»Wer hat die Sterne ausgeschaltet, Mama?«), liefert Ihnen messerscharfe Beobachtungen zur Natur (»Guck mal! Der Baum tanzt!«) oder bedenkt Sie mit brutal ehrlichen Aussagen zu Ihrem Äußern (»Warum hast du Haare in der Nase?«). Ihre Reaktion – die Art, wie Sie auf die Frage antworten und Ihr Kind dabei ansehen – ist dazu geeignet, sein Selbstvertrauen zu stärken, seinen Wortschatz zu bereichern, ihm wertvolle soziale Kompetenzen zu vermitteln und natürlich die Beziehung zwischen Ihnen zu festigen. Es ist daher selten Zeitverschwendung, einfach nur »zusammen zu sein«. Häufig sind das sogar die schönsten Augenblicke in einem übervollen Wochenplan.

Wenn Sie die Zeit Ihres Kindes mit »sinnvollen« Beschäftigungen füllen, sollten Sie sich sicher sein, dass Sie es tun, weil Ihr Kind es will, und nicht, weil das Nachbarskind auch für den Bambini-Triathlon trainiert oder weil Sie mit drei gern Ballett gelernt hätten. Buffi räumte ein, dass Sie sich an die Grenzen der Erschöpfung brachte, weil sie das Gefühl hatte, dass alle anderen Mütter um sie herum das Gleiche taten. »Als ich klein war, konnte ein Kind nicht gleichzeitig Musik- und Tanzunterricht nehmen. Man war froh, wenn man einmal im Jahr oder gar einmal alle fünf Jahre tanzen konnte! Heutzutage meldet jede ihr Kind überall an. Die Mütter beschäftigen ihre Kinder rund um die Uhr. Ich spüre den Druck, eine perfekte Mutter zu sein. Und was das bedeutet, bestimme nicht ich, sondern die anderen.«

Ebenso heimtückisch wie der Versuch, mit den Supermamis mitzuhalten, ist der Hang, die eigenen Aktivitäten damit zu vergleichen, was die eigene Mutter mit ihren Kindern unternommen hat. »Meine Mutter hat nicht gearbeitet«, erinnerte sich Karen, die vier Geschwister hat. »Sie widmete uns ihr Leben.« Karen, die für ein großes Versicherungsunternehmen arbeitet, beklagte sich darüber, dass sie keine Zeit hat, mit ihrer Vierjährigen Plätzchen zu backen oder an den Kindergartenausflügen teilzunehmen. »Was hat Ihre Mutter denn alles mit Ihnen unternommen, als Sie noch klein waren?«, fragte ich sie. Karen zögerte und erzählte dann ein paar nette Erinnerungen – Papierpüppchen basteln, noch einmal Plätzchen backen. Dann gab ich ihr ein Blatt Papier und bat sie, alles, was sie mit ihrer Tochter unternahm, aufzuschreiben. Als sie auf der Rückseite weiterschreiben wollte, nahm ich ihr das Blatt weg. Auf ihrer Liste stand so ziemlich alles von Kino über Rollenspiele bis hin zu Wochenendspaziergängen in freier Natur.

Warum also hatte Karen das Gefühl, dass sie nicht an ihre Mutter heranreichte, an ein idealisiertes Mutterbild, an ihre Freundinnen, von denen sie glaubte, sie seien die weit besseren Mütter? Ich bin keine Psychologin und kenne Karen nicht gut genug, um dem genauer auf den Grund zu gehen. Doch wahrscheinlich rührte ihr Kummer nicht daher, dass sie zu wenig Zeit für ihre Tochter hatte, sondern basierte auf dem Gefühl, dass, egal, wie viel sie machte, es nie ausreichen würde. Dabei übersah sie, dass die zunehmende Unabhängigkeit ihrer Tochter, der Starrsinn, mit dem sie bisweilen zum Ausdruck brachte, was sie wollte und was nicht, absolut nichts damit zu tun hatten, wie viele Beschäftigungen Karen ihr bot. Wenn ihre Vierjährige häufig brüllte: »Du bist die böste Mama in der ganzen Welt!«, dann geschah das nicht, weil Karen eine schlechte Mutter war, sondern weil ihre Tochter in diesem Augenblick enttäuscht und zornig war.

Wir sollten uns in dieser Phase als Mutter bewusst sein, dass wir nicht alle Bedürfnisse unserer Kinder befriedigen können. Und das müssen wir auch gar nicht. So schwierig und schmerzlich es auch sein mag, unser Kindergartenkind unglücklich zu machen, so ist es doch viel schlimmer, wenn wir jedem Wunsch nachgeben. Ein Kind, das ein Nein hört, mag toben und rasen, doch wenn es sich wieder beruhigt, hat es ein unschätzbares Geschenk erhalten – die Erfahrung, dass es mit einer Enttäuschung umgehen, einen emotionalen Orkan überstehen und in die liebevolle Umarmung der Mutter zurückkehren kann.

Der »richtige« Kindergarten

Wenn unsere Kinder in die Welt hinausgehen, zeitigt der Versuch der Eltern, ihrem Kind das Beste zu bieten, oft das schlechteste Ergebnis. Denken Sie an die Schlacht um den besten Kindergarten, die in vielen Städten der USA tobt. Ein Beispiel ist die berühmt gewordene Geschichte des ehemaligen Wertpapieranalysten der Citygroup Jack B. Grubman und seines Chefs Sanford I. Weill. Im Mittelpunkt dieses Skandals stand einer der elitärsten Kindergärten Manhattans, die Y Nursery School in der 92. Straße. Grubman, Vater zwei Jahre alter Zwillinge, wollte seine Kinder unbedingt im Y unterbringen. Also schickte er eine E-Mail mit belastendem Material an Weill und schlug einen Tauschhandel vor: Grubman wollte AT&T-Aktien empfehlen, wenn Weill seinen Zwillingen eine Empfehlung für die begehrten Kindergartenplätze im Y gab. Die Mädchen wurden zu einem Zeitpunkt aufgenommen, zu dem die Citygroup dem Kindergarten eine Million Dollar spendete.

Der Skandal traf einen Nerv und löste in den Medien eine Flut von Berichten über das absurde Rennen um einen Platz im besten Kindergarten aus. Immer verrücktere Geschichten wurden kolportiert: Eltern engagierten eine Person allein zu dem Zweck, an dem Tag, an dem Besichtigungstermine im Kindergarten vergeben wurden, neben dem Telefon zu sitzen und die Wiederwahltaste mit der Nummer des Aufnahmebüros zu drücken. Eine Mutter trat einer Kirchengemeinde bei, als sie noch schwanger war, um die Chancen ihres Kindes, im kirchlichen Kindergarten aufgenommen zu werden, zu erhöhen. Mancher ging auf die Suche nach weitläufigen Verwandten, die irgendwelche Kontakte zu einer begehrten Einrichtung hatten. Meine Freundin Nancy, die dem Kuratorium eines exklusiven Kindergartens in Manhattan vorstand, scherzte über die Vielzahl »alter Freunde« (»Leute, denen ich im Leben noch nicht begegnet bin«), die jedes Jahr um die Zeit, zu der die Anmeldungen entgegengenommen wurden, aus dem Nichts auftauchten.

In vielen Teilen des Landes beginnt das Rennen erst in der Vorschule, doch die emotionale Belastung ist die gleiche. Plötzlich haben Sie das Gefühl, dass die Zukunft Ihres Kindes auf dem Spiel steht, dass sein ganzes Glück von der Kindergartenfrage abhängt. Eine Mutter, mit der ich mich unterhielt, erzählte, dass die Leiterin des kirchlichen Kindergartens, in den ihr Kind gehen sollte, an einem Informationsabend den Eltern verbot »dass wir uns austauschen und unseren Freunden sagen, in welchen Kindergarten wir unser Kind geben wollen«. Sie zermarterte sich den Kopf darüber, ob sie der Leiterin zum Trotz mit ihrer besten Freundin über die Kindergartenauswahl reden oder ob sie »brav sein und alles für mich behalten sollte«. Dass die Eltern wie Kinder behandelt werden, verstärkt deren Hang, sich zu stark mit ihren Kindern zu identifizieren und sich selbst wie ein Kindergartenkind zu fühlen (und bisweilen auch so handeln).

»Wir haben uns alle aufgeführt wie verängstigte Kleinkinder«, sagte diese Mutter. »Ich meine, der Druck war so groß, unsere Kinder in diesem Kindergarten unterzubringen. Und wir alle hatten Angst, dass unser Kind überhaupt keinen Platz mehr erhalten könnte. Und dann?« Es ist ein ziemlich elendes Gefühl, wenn man keinen Einfluss auf die Entscheidung nehmen kann, die sich vielleicht nachhaltig auf die Zukunft des Kindes auswirken wird. Selbst wenn Sie sich schwören, sich nicht von der Hysterie anstecken zu lassen, oder wenn sie in der glücklichen Lage sind, in einer Gemeinde zu leben, in der die Auswahl groß ist oder es gar keine gibt – die Qual der Wahl also wegfällt –, werden Sie wahrscheinlich unsicher, hatten Sie doch in den ersten Lebensjahren Ihres Kindes die Fäden noch in der Hand und ebneten ihm eigenhändig den Weg durch seine kleine Welt.

Wenn Ihr Kind in den Kindergarten oder Hort kommt, sind Sie plötzlich mit dem Wettbewerb konfrontiert, der nun beginnt. Sie überkommt die Angst, Ihr Kind könnte in einer mittelmäßigen Einrichtung landen – eine schlimme Vorstellung, wenn man davon ausgeht, dass der Kindergarten der erste Schritt auf dem langen Weg ins Studium und in eine lukrative Karriere ist.

In Städten wie New York sprechen die Eltern offen darüber, dass der richtige Kindergarten in die richtige Grundschule mündet, später in eine prestigeträchtige Privatschule, anschließend in eine der Eliteuniversitäten und schlussendlich in eine einträgliche berufliche Laufbahn.

Wenn Sie nun denken: »Um Himmels willen! Was spielt es für eine Rolle, in welchen Kindergarten mein Kind geht. Hauptsache, es ist glücklich!«, dann lassen Sie sich nicht beirren. Es stimmt: Das Wichtigste am Kindergarten ist der Umgang mit Erziehern und Gleichaltrigen. Natürlich ist es eine schöne Sache, wenn der Kindergarten Musik anbietet oder Sport oder eine Sprachförderung. Wichtiger als die körperliche und kognitive ist jedoch die soziale Kompetenz. Wenn Sie Ihr Kind dazu bringen, sauber zu werden oder auf ein Stichwort das Alphabet aufzusagen, mag es als kindergartenreif gelten. Doch viel wichtiger ist, dass es in der Lage ist, anderen Kindern zuzuhören, innezuhalten, wenn man es darum bittet, zu teilen, sich mit anderen abzuwechseln und einfachen Anleitungen zu folgen.[5]

Die soziale Kompetenz – das heißt, ob Ihr Kind mit seinen Freunden und Erziehern zurechtkommt – ist für den Kindergarteneintritt das wichtigste Kriterium. Wenn es also noch ein Jahr in einer weniger reglementierten Umgebung braucht oder wenn die Erzieherinnen anregen, das Kind noch ein Jahr im Kindergarten zu lassen, ehe es in die Schule geht, dann machen Sie sich keine allzu großen Sorgen. Fragen Sie nach, welche sozialen Fähigkeiten man Ihrem Kind dort nahe bringen möchte, und versuchen Sie, diese auch zu Hause zu üben. Spielnachmittage mit Freunden, Rollenspiele und viel Lob, wenn Ihr Kind die erwünschten Fähigkeiten an den Tag legt, können in kurzer Zeit viel bewirken. Wenn Sie Ihrem Kind ein weiteres Jahr Zeit gönnen, in dem Sie Ihre Wahlmöglichkeiten ebenso wie die Stärken Ihres Kindes neu abschätzen, so ist das viel besser, als wenn Sie panisch die gemeinsamen Stunden in ein Training verwandeln, das Kartenspiel durch die Lernkarten ersetzen und den Kalender mit Lernaktivitäten voll stopfen.

Einige von uns allerdings können sich den Luxus, ein weiteres Jahr zu warten, einfach nicht leisten. Wir melden unsere Kinder im Kindergarten an, weil wir den halben Tag oder mehr für uns brauchen. »An dem Vormittag, an dem Joel zum Trampolinspringen geht, fühle ich mich wie im Himmel«, sagte Helen. »Zum ersten Mal seit drei Jahren habe ich zwei Stunden nur für mich. Neulich habe ich das Auto kaum angehalten, um ihn abzuliefern, so eilig hatte ich es, weiterzufahren.« Helen lachte, doch vielen Müttern, die ganztags arbeiten, fiel es nicht so leicht zuzugeben, wie oft sie sich am Wochenende mit ihrem Kindergartenkind den Montag herbeiwünschten. Sally, die zwei Jungs im Alter von drei und fast fünf Jahren hat, beschrieb ihr Büro als »Oase der Ruhe – selbst an den hektischsten Tagen«. Kerstin van Ogtrop bringt in dem Essay-Band *The Bitch in the House*, das Leben im Beruf und zu Hause auf den Punkt:

Hier sind ein paar Sätze, die man mir im Büro sagt:

- »Dich kann nichts erschüttern.«
- »Hast du je schlechte Laune?«
- »Man hat Respekt vor dir, sobald du den Raum betrittst.«
- »Mit deinem geradlinigen, offenen Stil gelingt dir einfach alles.«
- »Du bringst Ruhe in den Laden, so dass keiner in die Luft geht.«

Hier sind Sätze, die man – okay, meine Familie – mir zu Hause sagt:

- »Mami, immer bist du schlecht gelaunt.«
- »Warum regst du dich so auf?«
- »Entspann dich doch einfach mal.«
- »Du brauchst nicht gleich zu schreien!«
- »Du bist so gemein, dass du gar nicht hier wohnen solltest, und ich will, dass du für den Rest deines Lebens auf der Arbeit bleibst!«

Dieser letzte ist mein Lieblingsausspruch. Er ist auch der traurigste, weil er eine schmerzliche Wahrheit einfängt: Allzu oft bin ich im Beruf eine bessere Mutter als zu Hause.[6]

Auch ich habe meine Arbeit nach einem Wochenende ununterbrochener Kinderbetreuung oft als willkommene Erholung empfunden. Montags fiel es mir zwar schwer, Maddie mit ihrer Kinderfrau zurückzulassen, doch im Büro waren andere Fähigkeiten gefragt, andere Aspekte meiner selbst. Als wir Probleme mit der Kinderbetreuung bekamen, ging ich auf die Suche nach einem Kindergarten, obwohl Maddie, die Mitte September Geburtstag hat, ebenso gut noch ein Jahr hätte warten können. Ich meldete sie im Sommer vor ihrem Geburtstag nicht ohne Schuldgefühle für den Herbst in einem wunderbaren Kindergarten in der Nähe an.

Die erste Woche war die Hölle. Maddie klammerte sich an meine Beine und bettelte mich an, nicht zu gehen; also blieb ich. Die meisten anderen Eltern lieferten ihre Kinder einfach ab, nur eine Mutter – wie ich im Karrierekostüm – war eine Art Leidensgefährtin. Ihr Sohn Freddie trennte sich so schwer von ihr, dass Maddies Reaktion auf meinen anstehenden Aufbruch dagegen geradezu zahm wirkte. Freddies Mutter und ich sahen auf die Uhr, während wir den Trick »noch eine letzte Geschichte, noch ein allerletztes Spiel« ausprobierten, der uns den Abgang manchmal erleichterte. Doch es verging eine ganze Woche, ohne dass wir große Fortschritte gemacht hätten. Dann, am Montag der zweiten Woche, rannte Maddie glücklich in den Gruppenraum, während Freddie weiter klammerte und weinte. Ich war seltsam unschlüssig, ob ich diese Mutter – die ja noch immer eine Fremde war – allein lassen sollte. Ich gebe zu, dass ich neben der Erleichterung, nicht die Letzte zu sein, den Hauch eines Triumphes verspürte, als ich aus dem Kindergarten stürzte.

Als Jackies Zwillinge in den Kindergarten kamen, war sie schockiert, wie sich ihr für gewöhnlich geselliger Sohn Michael allmorgendlich in ein hysterisches Monster verwandelte. »Es war schlimm; ich musste eine Woche lang im Gruppenraum herumsitzen. Dann habe ich nach und nach den Stuhl in den Vorraum geschoben und verbrachte den ganzen Vormittag dort. Schließlich habe ich den Stuhl den Gang hinunter zur Eingangstür gerückt. Und dann nach draußen. Er brauchte drei Wochen, doch am Ende konnte er sich der Gruppe anschließen, ohne alle fünf Minuten hinausrennen und nachsehen zu müssen, ob ich noch da war.« Jackie sagte, dass sie sich abwechselnd ärgerte und schämte. »Ich war nicht gerade gerne die einzige Mama im Gang. Ich kam mir richtig dumm vor, als hätte ich etwas verbrochen.«

Ob wir selbst uns als Sieger oder als Versager empfinden, hängt davon ab, wie sich unsere Kinder in dieser neuen Arena bewähren. Das wurde mir damals klar. Wir, die kompetenten Frauen (Freddies Mutter war Vizepräsidentin einer großen Finanzinstitution; Jackie führte ein eigenes Unternehmen): Jeden Tag aufs Neue stärken berufliche Erfolge unser Ego, und doch quält uns das Gefühl, versagt zu haben, wenn unsere Kinder im Kindergarten ein bisschen hinterherhinken.

Jede Mutter mit einem frisch gebackenen Kindergartenkind hofft, dass es Zeugnis von unserem Erfolg als Eltern ablegen wird. Wenn die Erzieherin anruft und uns mitteilt, dass unser Kind einen Spielkameraden gebissen oder einen Erzieher getreten oder nicht am Stuhlkreis teilgenommen hat, beschleunigt sich der Puls, der Magen macht einen Hüpfer und innerlich legen wir uns eine Erklärung zurecht, die für gewöhnlich mit »Ich« beginnt.

Als Maddie eines Tages mit einem Zettel ihrer Erzieherin nach Hause kam, auf dem stand: »Bitte achten Sie darauf, dass Madeleine morgen eine Unterhose unter ihrem Rock trägt«, und mir klar wurde, dass sie mit nacktem Po in den Kindergarten gegangen war, war mir das unendlich peinlich. (Maddie machte es gar nichts aus.) Als Nick dann in den gleichen wunderbaren Kindergarten ging, hatte ich gelernt, dass meine Kinder nicht meine Aushängeschilder sind – zumindest was ihre Kleidung angeht. Eine Mutter, die ich kenne, heftete ihrem Kindergartenkind aufgrund seiner ausgefallenen Kleidungsvorlieben einen Zettel an, auf dem stand: »Die Kleidung entspricht nicht dem Geschmack des Managements«. Auch ich stand der Garderobe meiner Kinder mit der Zeit immer offener gegenüber. Ich ließ sie sogar die Kleider für den Kindergarten selbst einkaufen, wobei ich betete, sie würden sich nicht für ein T-Shirt mit Leuchteffekt entscheiden, sondern für eines, auf dem Spaghettisoße und Traubensaft nicht so auffallen. Ich kann mich noch gut erinnern, wie Maddie ihr Herz an eine neonrosa Jacke im Elton-John-Stil mit goldenen herzförmigen Knöpfen und einem Stehkragen hängte. Erst nachdem sie sie sechsmal getragen hatte, entdeckte ich auf dem Schildchen den Hinweis »Reinigung«. Aber ich gebe zu, dass Steve und ich doch Widerstand leisteten, als Nick eines Tages im Kleid zum Frühstück erschien. Er behauptete steif und fest, dass viele Jungen im Kleid in den Kindergarten gehen. Steve sagte, keine Chance. Nick sagte, doch. Steve sagte, im Leben nicht. Also schlug ich vor, er solle es zum Frühstück und zu Hause tragen, aber nicht im Kindergarten. Nick gab widerstrebend nach.

Doch solche Äußerlichkeiten sind vergleichsweise harmlos. Schlechtes Benehmen, Widerrede, ja selbst ein nerviger imaginärer Freund kann uns in den Kindergartenjahren dazu veranlassen, einfach alles in Zweifel zu ziehen – von unserer Erziehung bis hin zu dem Kindergarten, den wir passend zum Charakter unseres Kindes ausgesucht haben. Als Steve und ich nach sechs Monaten den ersten Gesprächstermin mit Maddies Kindergartenerzieherin hatten, kam ich mir, nun ja, selbst vor wie ein hippeliges Kindergartenkind. Vielleicht lag es an den unbequemen Stühlchen oder an dem aufgeregten Geraschel, das die Rennmaus in ihrem Käfig veranstaltete, oder an der Hitze im Gruppenraum – jedenfalls fühlte ich mich wie in einer Prüfung. Als Maddies Erzieherin dann die Litanei ihrer Stärken herunterbetete, wartete ich ständig auf das »Aber«. Doch es kam nichts dergleichen. »Maddie kann bisweilen richtig stur sein, besonders wenn es ums Aufräumen geht«, wagte ich mich aus der Reserve. »Ist das im Kindergarten auch so?«

»Nein, nein«, sagte Kirsten lächelnd. »Wissen Sie, ich halte viel von Madeleines Hartnäckigkeit, der Heftigkeit, die sie manchmal an den Tag legt, ihrer Fähigkeit, bei etwas zu bleiben. Das ist Ausdruck ihrer Entschlossenheit. Und diese Eigenschaft wollen wir kanalisieren und nicht beseitigen.«

Steve machte einen weiteren Vorstoß. »Wenn sie jemand trifft, den sie noch nicht kennt, ist sie ziemlich schüchtern und sagt nichts. Kommt sie denn mit den anderen Kindern zurecht?«

»Maddie beobachtet alles ganz genau«, antwortete die Erzieherin. »Sie sieht es sich gründlich an und wartet ab, ehe sie handelt. Aber aus diesem Grund hat sie auch so eine künstlerische Begabung. Ich könnte mir vorstellen, dass sie einmal eine große Malerin wird.«

Maddies Sturheit war also Ausdauer, ihre Schüchternheit künstlerisches Genie! Steve und ich verließen den Kindergarten, rieben uns den steifen Rücken und strahlten vor Stolz. Wir staunten, dass diese kluge, erfahrene Erzieherin Dinge in Madeleine sah, die uns irgendwie – entgangen waren.

Dabei hatte sie nicht anderes getan, als Maddies Verhalten in andere Worte zu kleiden, ihr Temperament ins rechte Licht zu rücken, sodass auch wir es wertschätzen konnten. Nebenbei hatte sie die Teamarbeit zwischen Steve und mir gefördert, indem sie uns das dringend notwendige Gefühl gab, am gleichen Strang zu ziehen. Ich sage »dringend notwendig«, weil wir uns, wenn es schwierig wurde, selten, wenn überhaupt als Team verstanden hatten. Wenn Maddie trotzig war oder quengelte oder bettelte oder alles zusammenkam, verließ Steve allzu häufig den Raum, und ich ging die Wände hoch. Ich fand, dass er kniff; er fand, dass ich zu viel des Guten tat. Oder aber Steve gab nach (»Was ist schon dabei?«) und schob mir damit den Schwarzen Peter zu; dann wieder fand ich, dass er laut und »autoritär« mit Maddie umging.

Mamas und Papas Erziehungsstil

Einige unserer Erziehungsstreitigkeiten waren sicher eine Folge der Falle »Expertin trifft ungeschickten Lehrling« (siehe Seite 81). Ich hatte nicht nur mehr mit Maddies Alltag zu tun, sondern war aufgrund meiner Arbeit als Chefredakteurin der Elternzeitschrift *Parents* auch noch eine Art Fachfrau – zumindest in den Augen mehrerer Millionen Mütter. Doch wenn es darum ging, Grenzen zu setzen, war ich alles andere als ein Profi, und vor allem wollte ich nicht allein damit sein. Leider fragte ich mich nicht, ob ich wirklich bereit war, die Erziehung gleichberechtigt mit Steve zu teilen, oder ob ich vielmehr wollte, dass er nach meinen Vorgaben handelte.

Unter den vielen klugen Beratern, die ich in dieser Sache um Hilfe bat, war der Psychologe, Lehrer und Autor hervorragender Erziehungsbücher Ron Taffel. Leider hatte Ron damals das Buch, das ich hätte brauchen können, noch nicht geschrieben: *Eltern sein dagegen sehr: Warum Männer und Frauen unterschiedlich erziehen und wie sie voneinander lernen können,*[7] doch ich erinnere mich an ein Gespräch, in dem er mich fragte, wie oft ich Maddie und Steve allein ließ. Die Pause, die darauf folgte, sprach Bände. Als ich peinlich wenige Anlässe aufzählte, wurde mir klar, wie sehr ich ihre gemeinsame Zeit beschnitten hatte.

An jenem Abend vereinbarten Steve und ich, dass ich ihm die Erziehung häufiger überlassen würde. Wir tauschten frustrierende Erlebnisse mit Maddie – und miteinander – aus, und auch wenn wir nicht gerade auf Anhieb ein Paradies aus gegenseitigem Respekt und Verständnis schufen, so machten wir doch erhebliche Fortschritte.

Ein paar Wochen später kam Maddie in die Küche und verkündete, dass sie mit Steve einen »Auspflug« machen werde.

»Wohin?«, fragte ich gespannt.

»Zu Eddie Rosenmalts Haus!«, antwortete sie fröhlich.

»Wer ist Eddie Rosenmalt?«

»Ach, Mama, du weißt doch. Der alte, aaalte Präsident«, erwiderte sie herablassend.

»Oh, der Eddie Rosenmalt!«, antwortete ich und erinnerte mich, dass Steve einen Ausflug zu Theodore Roosevelts Haus Sagamore Hill auf Long Island erwähnt hatte. »Das klingt ja wirklich toll.«

Ich fragte mich, was Maddie, damals drei Jahre alt, von einer langen Autofahrt und dem Besuch eines historischen Museums haben sollte, doch ich hielt mich zurück. Seit unserem Gespräch über die Erziehung hatten Steve und ich mehrmals versucht, Vater-Tochter-Ausflüge zu organisieren, doch die meisten unserer Vorschläge bedachte Maddie mit der immer gleichen Antwort: »Mama soll auch mitkommen.« Selbst wenn sich Maddie aussuchen durfte, ob sie mit Steve ins Kino gehen oder mir beim Wäschebügeln zusehen wolle, entschied sie sich für die Wäsche.

Warum es bei »Eddie Rosenmalts Haus« endlich klappte, vermag ich nicht zu sagen. Als Steve nur mit seiner Brieftasche und Maddies Teddy (»Er heißt auch Eddie Rosenmalt, Mama!«) aus dem Haus stürmte, hielt ich daher lieber den Mund.

»Er hätte etwas zu Trinken mitnehmen müssen, ein paar Cracker, einen Pulli für Maddie und einen Regenschirm«, sagte ich meiner Mutter, als sie weg waren. »Aber ich habe keinen Ton gesagt.«

»Die kommen schon zurecht«, versicherte sie mir. »So lange er nichts Lebensgefährliches tut, lass sie in Ruhe.«

Steves und Maddies »Auspflüge« schmiedeten die beiden zusammen. Sie stärkten Steves Vertrauen in sich und meines in ihn. Doch es blieb schwierig, die Kindererziehung aufzuteilen, eine geeinte Strategie zu entwickeln und als gleichberechtigte Partner aufzutreten. Im Rückblick vermute ich, dass es der beruflichen Belastung Steves zuzuschreiben war, dass mein Anteil größer war. Er arbeitete länger und konnte sich nicht so leicht für Gespräche mit Erzieherinnen und Kinderarzttermine freinehmen wie ich. Aber das ist nicht die ganze Wahrheit.

Wahrscheinlich gab ich Maddies Betreuung ungern ab, weil ich mich schuldig fühlte, und weil ich befürchtete, sie könnte in der hektischen Arbeitswoche zu kurz kommen. Da Steve das nicht auffangen und mehr Zeit zu Hause verbringen konnte, kehrte ich die Expertin heraus und versuchte übermäßig, meine Abwesenheit wieder gutzumachen. Frustration und Gewissensbisse gingen Hand in Hand mit dem Gefühl, nicht genug Unterstützung zu bekommen. Ich sandte widersprüchliche Signale an Steve aus, weil ich selbst so durcheinander war. Ja, ich wollte, dass er mir mit Maddie mehr zur Hand ging, aber nein, ich wollte nichts abgeben, wollte eine Übermami sein und Papi an den Spielfeldrand verdammen.

Ich wünschte, ich könnte von mir behaupten, das erkannt und ein aufrichtiges Gespräch über unsere Rolle als Eltern in Gang gebracht zu haben, über unsere Ängste und Hoffnungen hinsichtlich Maddies Erziehung. Doch wir mogelten uns durch die ersten drei Jahre und folgten bequem dem Paradigma »Mami ist zuständig, und Papi hilft aus« – bis Nick kam. Nun mussten wir eine neue Strategie erarbeiten, die uns fortan durch unser Familienleben begleitete: Steve nahm sich Maddies an, während ich mich um Nick kümmerte, oder ich überließ Nick Steve, um Maddie meine ungeteilte Aufmerksamkeit zu schenken.

Das zweite Baby

Ich wollte sicher kein weiteres Kind, damit Steve und Maddie mehr zu zweit unternehmen konnten. Nein, ich befürchtete sogar, dass die zusätzliche Last uns erdrücken würde. Selbst wenn Maddies wachsende Unabhängigkeit in mir den unbewussten Wunsch auslöste, noch einmal die enge Bindung mit einem Baby zu erleben, so überwogen doch gedanklich die negativen Folgen, die ein zweites Kind für sie haben könnten. Ich war mit einer Schwester und einem Bruder aufgewachsen, die acht beziehungsweise elf Jahre älter waren als ich. Ich wusste daher, wie schwer es sein kann, wenn man sozusagen immer das Baby ist. Allerdings hatte ich als verwöhntes Nesthäkchen keine Ahnung von Geschwisterrivalität. Steve, ältestes von vier Geschwistern, wusste nur allzu gut, wie es ist, mit einem (oder drei) jüngeren Rivalen um die Aufmerksamkeit von Mama und Papa zu buhlen. Wir hatten uns zwar schon über ein zweites Kind Gedanken gemacht, waren aber eigentlich noch nicht dazu bereit, als wir Opfer einer Art Verschwörung wurden. Es war ein bisschen so, wie wenn sich eine Melodie im Kopf festsetzt und unaufhörlich abläuft, und plötzlich pfeift der Typ im Bus oder an der Kasse neben Ihnen oder die Kollegin am nächsten Schreibtisch das gleiche verflixte Lied. »So ein Zufall«, denken Sie sich. »Sie konnte doch nicht hören, dass mir das Lied durch den Kopf ging… oder?«

Kaum hatte ich über ein zweites Kind nachzudenken begonnen, kam ein Handzettel von einem Windelservice ins Haus geflattert, der »doppelt so viele Windeln in der halben Zeit« versprach. Wenig später verkündete eine College-Freundin, die ein dreijähriges Kind hatte: »Ich bin schwanger!« Und das große Finale ereignete sich, als Madeleine mich im Büro anrief und sagte: »Mama, kann ich eine Schwester haben?«

»Was?«, entgegnete ich und überlegte mir, ob sie sich vielleicht wieder einen ihrer Unsinnssätze ausgedacht hatte und es heißen musste: »Mami, kann ich an Silvester graben?« Doch mit glockenheller Stimme wiederholte sie klar und deutlich: »Kann ich eine Schwester haben?«

Ich brummelte etwas vor mich hin und wechselte schnell das Thema. Was – oder wer – hatte sie denn auf diese Idee gebracht? Maddie war schließlich erst drei und hatte keine Ahnung, was ein Geschwisterchen ihr bringen würde – von Steve und mir ganz zu schweigen. Ich stellte schnell eine Liste der Verdächtigen zusammen: Meine Mutter oder die Babysitterin, ein überaus neugieriges Wesen, hätten es ihr schon in den Kopf setzen können.

Es stellte sich heraus, dass der Besuch bei einer Freundin Maddie darauf gebracht hatte. Caroline, die kleine Schwester, überstrahlte alles. »Sie hätten mal Madeleine sehen sollen«, berichtete Carolines Mutter. »Sie war so sanft und süß zum Baby. Sie gaben einfach ein tolles Bild zusammen ab.«

An diesem Abend erlebte ich das Zusammensein mit Maddie besonders intensiv. Sie brachte die Sache mit dem Schwesterchen nicht noch einmal auf, sondern erzählte vom Kindergarten. Und sie genoss die Aufmerksamkeit, die wir ihr nach dem Abendessen schenkten. Ich weiß noch, wie Steve ihr »ein letztes Mal« »Let It Be« vorsang, ehe Maddie ihn großzügig ziehen ließ. Ich dachte darüber nach, wie wichtig sie uns war, wie groß das Terrain unseres Lebens war, das sie abgesteckt hatte, und ich fragte mich, ob wir von ihr erwarten konnten, dieses Gebiet mit einem winzigen Eindringling zu teilen. Doch als wir uns mit dem Gedanken, unsere Familie zu erweitern, angefreundet hatten, wurde mir klar, dass Maddie als einzige Navigatorin auch unser gesamtes Gepäck schulterte und aufgrund unserer mangelnden Erfahrung stürmische See mit uns durchfahren musste. Ein Geschwisterchen konnte einen Teil der Aufmerksamkeit (im Positiven und im Negativen) von Madeleine ablenken.

Solche Überlegungen äußerte neulich auch eine Mutter, mit der ich gegen Ende ihrer zweiten Schwangerschaft sprach. Hope war als Einzelkind aufgewachsen und daher immer davon ausgegangen, dass sie und ihr Mann Jeff nur ein Kind haben würden. »Jeff ist das mittlere von drei Kindern, hätte sich aber immer gewünscht, Einzelkind zu sein. Und ich war Einzelkind. Doch als Juliette fast zwei Jahre alt war, begann sich in mir eine Traurigkeit breit zu machen, die ich auch als Kind verspürt hatte. Mir wurde nach und nach klar, dass es für mich nicht das Beste gewesen war und auch für sie vielleicht nicht das Beste sein würde, Einzelkind zu sein. Ich wollte nicht, dass sie einsam und traurig ist, wie ich es manchmal war.«

Viele Mütter von Kindergartenkindern, mit denen ich über ihren Entschluss sprach, noch ein Baby zu bekommen, sehnten sich auch nach den Babyjahren zurück. »Ich vermisse den Babyduft«, sagte eine Mutter. Mehrere wünschten sich ein Baby zum »Kuscheln«. Eine Freundin, die vier Kinder und mit ihren 50 Jahren das Alter überschritten hat, in dem man ernsthaft über ein fünftes nachdenkt, verspürt jedes Mal, wenn sie ein Neugeborenes in den Armen seiner Mutter sieht, einen Stich. »Ich habe diese Phase einfach geliebt«, sagte sie. »Etwas in mir möchte das noch immer – wenn es ginge.« Eine andere Frau, deren Ältestes vor einem Jahr in den Kindergarten kam, sprach über die lange Zeit, in der ihr Vierjähriger weg ist. »Ich bin nicht mehr sein Ein und Alles, und das setzt mir zu.«

Für Hope, die die ersten Lebensmonate ihrer Tochter als »absolut traumatisch« erlebte, stand nicht die Sehnsucht nach einem Baby im Mittelpunkt. »Viele Freundinnen erzählten mir, wie traurig sie waren, als ihre Kinder in ein großes Bett umzogen«, sagte sie. »Oder als sie laufen lernten. Das habe ich nie so empfunden. Ich habe mich nicht nach einem Baby zum Knuddeln gesehnt. Ich habe jetzt sogar noch mehr Freude an Juliette. Sie ist so umgänglich, so lustig. Ich bin richtig gern mit ihr zusammen.« Ich fragte sie, ob der Gedanke daran, dass sie einen Teil dieser gemeinsamen Zeit werde opfern müssen, ihr Schuldgefühle machte. Hope erwiderte: »Ich fühle mich nicht schuldig, denn ich konnte viel Zeit mit Juliette verbringen. Ich habe ihr viel gegeben. Ich mache mir keine Sorgen, dass ich nicht genug Zeit oder Liebe für sie haben könnte. Vielleicht kommt das noch, wenn das Baby da ist; vielleicht ist dann alles anders. Aber im Moment freue ich mich nur. Und sie auch. Sie hat in diesem Sommer eine Menge Puppen ›zur Welt gebracht‹!«

Ich bewunderte Hopes Einstellung und erinnerte mich an die Schuldgefühle, die während der gesamten Schwangerschaft mit Nick an mir nagten (vielleicht hatte ich deshalb Sodbrennen!). Unzählige Nächte lag ich wach und spielte die immer gleiche nutzlose Leier in meinem Kopf ab: »Ich habe schon jetzt kaum genug Zeit für Maddie. Wie soll ich es schaffen, meine Zeit zwischen den beiden aufzuteilen? Wie können wir von ihr erwarten, dass sie Platz macht und den kleinen Fremdling in unserer Familie willkommen heißt? Wir sind dabei, ihr Leben völlig umzukrempeln – und sie hatte nicht einmal die Chance, mit zu entscheiden.«

Zu allem Übel besuchten Maddie und ich, als ich mit Nick im achten Monat schwanger war, auch noch meine beste Freundin, die soeben mein wunderschönes Patenkind Isabel zur Welt gebracht hatte. Ich wollte, dass Maddie das vier Wochen alte Baby in den Arm nehmen konnte.

Unser Besuch verlief wunderbar. Madeleine nahm Izzie zärtlich auf den Arm, gurrte sie an und sang ihr etwas vor wie ein kleiner Engel. Ich hatte Tränen in den Augen, als ich schmachtend sagte: »O, Schätzchen, du wirst eine wunderbare große Schwester sein!« Mit einem seligen Lächeln auf dem Gesicht antwortete Maddie sofort: »Du auch, Mama.« Da beging ich den Fehler zu antworten: »Aber, Maddie, meine Süße, ich bin doch die Mama des Babys.« Es folgte eine qualvolle Pause, in der ich spürte, wie die Rädchen in ihrem Gehirn rotierten. Dann sagte sie leise: »Aber du bist meine Mama.«

Das saß! Während ich verzweifelt versuchte, ihr zu erklären, dass ich Maddies Mama sein würde und die ihres Brüderchens, sprang in mir das Band mit den Schuldgefühlen wieder an. Mittlerweile hatte ich noch ein paar Selbstvorwürfe hinzugefügt: »Wir sind noch nicht so weit.« »Unser Leben ist jetzt schon hektisch; nun wird es völlig aus der Bahn geraten.« »Maddie wird nicht mehr der süße, liebe Mittelpunkt unseres Universums sein, sondern ein kalter Planet, Lichtjahre entfernt.« »Unsere gute Kinderfrau wird völlig überfordert sein; sicher wird sie kündigen.« Und schließlich: »Für Nick bleibt nur, was wir an Aufmerksamkeit und Liebe übrig haben.«

Wie es sich herausstellte, mussten wir Nick seine Stückchen des gemeinsamen Zeitkuchens, an denen bereits maddiegroße Bissen fehlten, tatsächlich oft wie Fast Food servieren. Das war, als er noch ein Baby war, kein Problem. Damals konnte ich Maddies Bedürfnis nach Aufmerksamkeit mindestens im gleichen Maße nachkommen wie Nicks. Doch als Nick ins Kleinkindalter kam und darum kämpfte, mit der Familie Schritt zu halten, spürte ich, dass er darunter litt, wenn wir alle zur Arbeit und in den Kindergarten abmarschierten, und er nicht »auch mit« konnte.

Ein Gespräch mit einer jungen Mutter, die mit ihren drei kleinen Jungs in Alabama lebt, erinnerte mich erst kürzlich wieder daran, wie schwierig es war, Maddies Streben nach Unabhängigkeit und Raum für sich allein mit Nicks Eifer, Schritt zu halten und möglichst viel von Maddies Raum zu besetzen, unter einen Hut zu bringen. Als Cathys fünfjähriger Sohn Ford in die Vorschule kam, konzentrierten sich seine Eltern verständlicherweise auf die Frage, wie er sich in die neue Schule, die Regeln, die Abläufe und die ziemlich strenge Kleiderordnung einfügen würde. »Ford hatte damit aber keinerlei Probleme«, sagte Cathy. »Uns erstaunte vielmehr unser Mittlerer, Jack. Bis dahin waren Ford und er in den gleichen Kindergarten gegangen, und Jack machte alles, was sein großer Bruder auch machte. Er schlitterte daher in eine echte Krise, als er seinen großen Bruder ziehen lassen und zu Hause bleiben musste.« Cathy und ihr Mann meldeten Jack für eine Turnstunde an, damit er etwas hatte, worauf er sich freuen konnte. Aber er weigerte sich, auch nur in die Nähe einer Matte zu gehen, bis »sein großer Bruder es ihm vormachte. Da machte er mit und fand es toll.« Sobald sein Bruder mit von der Partie war, konnte man auf Jack zählen.

Da Nick immer mit Maddie Schritt halten wollte, war er so flink und aufgeweckt und eifrig, dass »Allein!« viel früher als bei Maddie zu seinem Wahlspruch wurde. Die Schuldgefühle, die ich bereits hatte, als ich noch mit Nick schwanger war, wurden dadurch abgefedert, dass Maddie nun Gesellschaft hatte, wenn ich überraschend im Büro festgehalten wurde oder mir eine Auszeit mit Steve gönnte. Ich fühlte mich auch weniger schuldig, Nick zu Hause zurückzulassen, als zu der Zeit, als Maddie ein Baby war. Zum einen war ich ein wenig älter und weiser geworden. (Oder besser gesagt, älter und ein wenig weiser.) Zum anderen wusste ich, dass Maddies Anwesenheit Nicks Trennungsängste linderte. Sie kümmerte sich rührend um Nick, selbst wenn sie sich beschwerte: »Ach, er ist so nervisch!« Eines Abends waren Steve und ich zum Essen aus, und eine nette junge Frau kam zum ersten Mal als Babysitterin. Nach der Bettzeit rief ich kurz an, um zu hören, wie sie mit Nick, dem notorischen Bettchenhasser, zurande kam.

»Wie ist es mit Nick gegangen?«

»O, ganz gut«, berichtete sie. »Maddie ist jetzt gerade bei ihm im Bettchen und liest ihm Bücher vor. Sie sagte, sie wüsste, welche er am liebsten mag.«

»Und hat er etwas gegessen?«

»Ja. Maddie hat ihn gefüttert, und das hat ihm sichtlich gefallen.« Sie lachte und fügte hinzu: »Um ganz ehrlich zu sein, Mrs. Murphy, ich durfte ihn kaum anfassen. Sie ist sogar mit ihm in die Badewanne gegangen, obwohl Sie ja gesagt haben, dass sie nicht baden muss.«

Geschwisterrivalität

Damit Sie mich nicht falsch verstehen: Maddie war nicht immer die vorbildliche Hilfsbabysitterin. Mehr als einmal war sie mit Nick »in die Wanne gehüpft«, wobei ihre Motive eher denen der bösen Meereshexe Ursula entsprachen als denen der kleinen Meerjungfrau. Sie tat Nick, als er ein Säugling war, zwar nie weh, doch sie frönte jenen Boa-Constriktor-artigen Umarmungen, die eifersüchtige Geschwister gern als Liebesbezeugungen ausgeben. »Ich habe doch mein Baby nur lieb, Mama«, beschwerte sie sich, wenn ich ihren Klammergriff um seinen Hals löste.

Ich fand – und das wird Ihnen sicher nicht anders gehen, wenn Ihr zweiter Wonneproppen zur Welt kommt –, dass ich meiner Erstgeborenen nie gerecht werden konnte. Ständig beklagte sie sich, dass ich mich zu viel mit dem Baby abgab und dass ich »das mit mir nie gemacht« hatte. Ich ließ mich von Maddie in lächerliche Diskussionen verwickeln, wie lange ich sie in den Schlaf gewiegt hatte, als sie ein Säugling war, verglichen mit der Zeit, die ich mit Nick im gleichen Schaukelstuhl verbrachte. Meine kluge Freundin und Kollegin Nancy Samalin empfahl mir schließlich einen anderen Weg. »Warum sagst du nicht einfach: ›Ich wette, du würdest dich am liebsten noch einmal von mir in diesem Stuhl wiegen lassen!‹ Mal sehen, wie sie reagiert.«

Wie es Nancy vorhergesagt hatte, gestand Maddie traurig und schüchtern ein, dass sie auch gern noch einmal auf meinen Arm wollte. Dem gab ich natürlich nach, und als sie sich auf meinem Schoß einrollte, spielte ich ein neues Geschwisterspiel mit ihr. Ich nenne es »Wirf das Baby aus dem Zug und andere dämonische Fantasien«.

»Ich wette, du würdest Nick am liebsten in einen Schrank sperren und den Schlüssel wegwerfen«, sagte ich.

Maddie zögerte, unsicher, wie sie reagieren solle. Dann breitete sich von den Mundwinkeln her ein Lächeln über ihr Gesicht aus. »Ja. Oder ihn in die Waschmaschine stecken«, sagte sie.

»Oder ihn ganz hoch in den Himmel schießen?«

»Oder bis auf den Mond! Oder ihn die Toilette runterspülen«, kreischte sie und brach in ein Kichern aus, das ihr die Anspannung aus den kleinen Schultern schüttelte. Ich fühlte mich ein bisschen schuldig, weil wir für meinen neugeborenen Sohn, der friedlich in seinem Bettchen schlief, immer teuflischere Beseitigungsarten ersannen. Doch ich wusste, dass unsere Worte ihn nie so treffen konnten wie die Eifersucht und die mögliche Wut seiner Schwester. Außerdem hätte es etwa so viel Aussicht auf Erfolg gehabt, Maddie zu versichern, dass sie Nick später sicher einmal lieben würde, wie George W. Bush zum Eintritt in die demokratische Partei zu überreden.

Um eine Vorstellung davon zu bekommen, was Ihr älteres Kind so schlucken muss: Stellen Sie sich einmal vor, wie Sie es aufnehmen würden, wenn Ihr Mann eines Tages mit einer neuen Frau im Arm nach Hause kommen und verkünden würde: »Liebling, das ist meine neue Frau Joanne. Sie wird ab jetzt hier bei uns wohnen. Ich weiß, du wirst sie lieben wie ich.« Das ist natürlich nicht ganz dasselbe. Doch wir sollten die unrealistische Hoffnung auf Friede Freude Eierkuchen über Bord werfen und uns darauf einstellen, dass unser älteres Kind irgendwann in den ersten Monaten brüllen wird: »Ich hasse das Baby!« Selbst wenn es seine negativen Gefühle nie äußert, sollten wir unsere Bereitschaft signalisieren, sie anzuhören und anzuerkennen, wie schwer es ist, der neuen kleinen Person Platz zu machen.

Mehrere Mütter eines neugeborenen Geschwisterkindes erzählten, dass sie Zielscheibe für die Wut des Erstgeborenen sind. »Sein Ärger richtet sich nicht gegen das Baby«, berichtete Jordan, als ihr zweites Kind etwa vier Wochen alt war. »Er ist sogar sehr nett und freundlich zu ihr. Dafür ist er wütend auf mich.« Deborah hatte, als ihre Tochter geboren wurde, zwei Söhne im Kindergartenalter; ihr mittleres Kind warf ihr regelmäßig vor: »Du bist keine lustige Mama mehr.« Beim ersten Mal musste Deborah lachen, »aber es verletzt mich doch ein bisschen«.

Entwicklungspsychologen werden Ihnen bestätigen, dass es normal und natürlich ist, wenn Ihr Kindergartenkind seine Wut gegen die Mama richtet. Dennoch ist es alles andere als komisch, wenn das normalerweise gutmütige Erstgeborene kreischt: »Ich hasse dich!« und sich stur allen Anweisungen widersetzt. So schuldig Sie sich auch fühlen mögen, so sollten Sie nicht aus dem Auge verlieren, dass es auch in dieser unruhigen Übergangszeit unerlässlich ist, Rituale zu pflegen und Grenzen zu setzen. Es mag verlockend sein, dafür, dass Ihr Ältestes Opfer bringt, die Regeln ein wenig zu lockern oder seine exzessiven verbalen Angriffe zu tolerieren, doch damit tun Sie niemandem einen Gefallen. Ihr Kindergartenkind muss mehr denn je darauf vertrauen können, dass Sie seine Welt mit Ihrer Kraft und Liebe so voraussagbar und sicher machen, wie sie war, ehe der kleine Bruder oder die kleine Schwester kam.

Emotionale Stürme

Selbst wenn Sie (bislang) nur ein Kind haben, versprechen die Kindergartenjahre dramatische Veränderungen im emotionalen Klima Ihrer Familie. Vielleicht ist bei Ihnen wie bei mir das vierte Lebensjahr schlimmer als das zweite und dritte. Da wir annehmen, die schlimmsten Turbulenzen mit dem Kleinkindalter hinter uns gebracht zu haben, fällt es uns umso schwerer, den Tobsuchtsanfall eines Dreijährigen oder den Trotz einer Vierjährigen hinzunehmen. »Ich dachte, das wäre nun vorbei«, sagte mir eine junge Mutter neulich, als wir anstanden, um ein Flugzeug zu besteigen, und sie darum kämpfte, ihren Vierjährigen an der Hand zu behalten. Er war groß, deshalb wirkte sein Geschrei und Gejammer regressiv. Aber der Tag war lang gewesen, und verständlicherweise wollte er nichts als raus aus dieser endlosen, eintönigen Schlange aus langweiligen Erwachsenen.

Einige Mütter erzählten mir, dass die Wutanfälle ihrer Kleinkinder auf der Richterskala der Belastung kaum ausschlugen, wohingegen die Jammerei und das ewige »Warum« ihrer Vierjährigen ihren Geduldsfaden binnen Minuten reißen ließ. Hopes gesprächige kleine Tochter Juliette, die sich bereits als Kleinkind sehr gut ausdrücken konnte, verstand es mit wachsendem Vokabular immer besser, Hope zum Wahnsinn zu treiben. »Wir sind mit dem Auto unterwegs, und plötzlich brüllt Juliette: ›Sag es, Mama! Sag es!‹ Ich frage: ›Was denn, Liebling?‹ Und dann sagt sie: ›Was du gerade gesagt hast. Sag es!‹ Sie wird immer penetranter, und wir führen uns auf wie Pat und Patachon. Das macht mich ganz verrückt. Und ich glaube, sie weiß das ganz genau.«

Als Nick etwa vier Jahre alt war, kam Steve eines Abends

nach Hause und lachte über eine Begegnung mit einem Obdachlosen, der seinen Stammplatz neben dem Geldautomaten unserer Bank hatte. »Heute hat er mich um einen Dollar gebeten«, sagte Steve und schüttelte den Kopf. »Als ich ihm keinen gab, bat er um 50 Cent, dann um 25, dann um 10, dann um einen und schließlich um ein Gebet. Als er das mit dem Gebet sagte, gab ich ihm den Dollar!«

Nick folgte als Vier- und Fünfjähriger in etwa dieser Verhandlungstaktik. Er schacherte mit der Hartnäckigkeit eines Topmanagers. Dass er bereit war, für ein zusätzliches Schokoplätzchen in den Ring zu steigen, zeigt, dass er sich der Macht der Worte wohl bewusst war. Und er versuchte es immer weiter, in der Hoffnung, dass er, wenn er die Wörter nur richtig anordnete, den Code knacken und ein Bonbon bekommen würde oder eine weitere Geschichte vor dem Schlafengehen. Manchmal brach er meinen Widerstand oder brachte mich zum Lachen und kitzelte mit Charme das kleine Extra aus mir heraus, aber ebenso häufig trieb er mich auch einfach nur auf die Palme.

Als meine Kinder im Kindergartenalter waren, verstand ich mehr denn je, warum manche Eltern ihre Kinder mit einem »weil ich es dir gesagt habe« oder gar einem Klaps auf den Po zum Schweigen bringen. An manchen Tagen funktionierte bei uns eine kurze Auszeit so gut, dass ich mir vorkam wie im siebten Elternhimmel. Wenn die Sterne günstig standen, dann kam ich mit Konsequenz selbst dann weiter, wenn mein Kind zornig mit verschränkten Armen auf dem Boden saß. Doch viel häufiger ließen sich die Kinder durch nichts vom Streiten abhalten oder dazu bringen, ihre Spielsachen aufzuräumen. Ich hatte das Gefühl, dass ich das Regelwerk der Familie Murphy ständig ändern musste (nicht, dass wir so ein Regelwerk je hatten), während mir doch klar war, dass die Regel Nummer eins: »Nein heißt nein« fehlte.

Ich las in allen Büchern über das Setzen von Grenzen nach, führte lange Fachgespräche mit vielen Experten aus dem Beratergremium der Zeitschrift *Parents*, und ich erwarb sogar einen speziellen Stuhl für Auszeiten, den Maddie so toll fand, dass sie ständig darauf saß. Ich sehnte mich nach einer Autorität, die über uns schweben und die Kinder für mich erziehen würde. Diese Instanz wüsste ganz genau, wann man sich ans Regelwerk halten muss und wann man an einem schlechten Tag die Regeln weiter auslegen darf, und ihre Urteilsfähigkeit wäre ganz sicher besser als meine.

Ich habe gelernt, dass sich jeder einen Rahmen schaffen muss, der zum Kontext der Familie und vor allem zur individuellen Persönlichkeit des Kindes passt. Wenn Ihr Kindergartenkind auf das Alleinsein reagiert wie Haley Joel Osment in *The Sixth Sense*, dann kann es nicht funktionieren, wenn Sie es zu einer Auszeit in sein Zimmer verbannen. Wahrscheinlich bringt es mehr, wenn Sie es auf den Schoß nehmen und fest umarmen, bis es sich wieder beruhigt hat. Ich fand heraus, dass es besser war, Maddie ihre Barbies oder ein anderes begehrtes Spielzeug wegzunehmen, als Auszeiten anzuordnen. Und weil Maddie sprachlich weit entwickelt war, konnte ich ihr mein Handeln auch erklären. Bei Nick hatte ich mit Belohnungen Erfolg, aber weil er so hartnäckig verhandelte, ergriff ich eine weitere wichtige Erziehungsmaßnahme, die ich aus einem Beitrag in *Parents* hatte. Die Mutter, von der der Tipp kam, hatte ihren Erziehungsansatz radikal geändert, indem sie ihre Entscheidungen einer »höheren Macht« zuschrieb. So konnte sie ihren Kindern sagen: »Also, das ist die Entscheidung. Ich habe sie nicht in der Hand.« Ihre Denkweise veränderte sich völlig. Sie konnte eine Sache durchziehen und beim Nein bleiben, indem sie sich selbst sagte, dass sie lediglich eine Anordnung ausführte.

Ich bin mir natürlich dessen bewusst, dass solch ein Denken Bibel schwingenden »Experten« in die Hände spielt, die für eine »gütige Diktatur« zu Hause und eine autoritäre Erziehung plädieren nach dem Motto: »Wer die Rute schont, verdirbt das Kind.« Eltern, die nach einer Ausrede für die harte Tour suchen, fühlen sich von diesem Erziehungsansatz angesprochen. So sehr ich ihn selbst verabscheue, so kann ich doch nachvollziehen, warum er so weit verbreitet ist. Wenn man schon weiß, dass das Kind demnächst aus der Haut fahren oder anderweitig Schwierigkeiten machen wird, ist es viel einfacher (und bringt kurzfristig auch das erwünschte Resultat), sein Kind mit Schlägen zum Gehorsam zu bringen, als anders auf es einzuwirken. Eine wirkungsvolle Erziehung erfordert Zeit, unendlich viel Geduld, körperliche Kraft und emotionale Stärke. Niemand verfügt gleichzeitig über all diese Fähigkeiten, und kaum jemand kann alle seine Kräfte mobilisieren, wenn er an der Kasse oder unter der Beobachtung einer besserwisserischen Verwandtschaft steht.

Die Gründe, warum Mütter ihre Kinder schlagen, sind vielfältig. Einer davon ist die eigene Sozialisation. Wenn Sie aus einer Familie kommen, in der die Mutter Ihnen mit einem Klaps auf den Hintern Benehmen beibrachte und Ihnen das scheinbar nicht schadete, dann werden Sie ein solches Verhalten auch den eigenen Kindern gegenüber leichter rechtfertigen. (Trotzdem sollten Sie sich natürlich fragen, ob »etwas aus Ihnen geworden ist«, weil oder obwohl Sie geschlagen wurden.) Zahlreiche Untersuchungen bestätigen, dass körperliche Strafen nicht dazu angetan sind, das Verhalten eines Kindes positiv zu beeinflussen;[8] es lernt nur, dass ein großer Mensch seine körperliche Überlegenheit dazu nutzen darf, einen kleinen zu verletzen. Und das ist nicht gerade die Lektion, die Sie ihm beibringen sollten.

Wenn ein Kind in das Alter kommt, in dem es sich von der Mutter löst und ihre Autorität in Frage stellt, ist die Versuchung, der Autorität mit körperlicher »Größe« Nachdruck zu verleihen, groß. Cathy, deren Fünfjähriger gerade in die Vorschule gekommen war, wunderte sich darüber, wie oft Ford nach Hause kam und ihre Aussagen oder die ihres Mannes in Frage stellte. »Den ganzen Tag sagt er: ›Woher weißt du das?‹ Oder er fragt warum, warum, warum. Manchmal ist das nicht nur nervig, sondern es führt mir auch vor Augen, dass ich nicht mehr die Allwissende bin, die ich für ihn einst war. Er lernt jetzt von anderen. Er lernt, dass es auch andere Autoritäten gibt –

seine Erzieherin Miss Lucy zum Beispiel. Es ärgert mich einfach, wenn er fragt: ›Woher weißt du das?‹«

Meine Freundin Ellen, die einen Yale-Abschluss hat und eine der klügsten Frauen ist, die ich kenne, erinnert sich, wie überrascht sie über ihre eigenen »Bildungslücken« war, als ihr Sohn fünf wurde. »Er fragt mich nach Dinosauriern oder Sternen oder etwas, was er in der Vorschule lernt, und ich habe keine Ahnung! Ich kann seine Fragen nicht mehr alle beantworten.« Ihr Sohn Alex, ein Bücherwurm wie seine Mutter, ging furchtbar gern mit ihr in die Bücherei, um mehr über ein bestimmtes Thema zu erfahren. Ellen brachte ihm bei diesen Gelegenheiten bei, wie man recherchiert und Antworten erhält. Andere Mütter lobten das Internet – wie lustig es ist, mit ihrem Kindergartenkind auf dem Schoß die Lösung zu einem Problem zu finden, vor dem selbst Albert Einstein kapituliert hätte. »Ich habe das Problem«, gestand Jane allerdings ein, »dass Jesse sich besser mit dem Computer auskennt als ich und ich mir hinterher manchmal dümmer vorkomme als vorher, ehe er seine Frage stellte!«

Ödipaler Schiffbruch

Als Cathys Sohn sich in seine Erzieherin verliebte, die wunderbare Miss Lucy, ging es Cathy wie den meisten Müttern, deren Kinder in die Vorschule kommen. Zwar hatte ihr Sohn bereits als Baby den Hort und dann den Ganztagskindergarten besucht, doch als er in die Vorschule kam, geschah etwas Unerwartetes. »Ich dachte, es wäre keine große Sache, wenn er in die Vorschule kommt. Aber als ich an dem Tag, an dem ich ihn zum ersten Mal hingebracht hatte, ins Büro kam, musste ich erst mal ein paar Freunden eine E-Mail schreiben. Ich schrieb ihnen, wie er sich seine kleine Schuluniform angezogen, gefrühstückt und sich für die Schule fertig gemacht hatte. Als die E-Mail geschrieben war, musste ich heulen. Offenbar war es für mich eine größere Sache als für ihn.«

Egal, ob Sie eine E-Mail schreiben oder Tagebuch führen oder es jemandem am Telefon erzählen – der Augenblick, in dem Sie Ihr Kind zum ersten Mal durch das Tor einer richtigen »Schule« schicken, ist etwas ganz Besonderes. Ich wusste immer, wenn eine meiner Kolleginnen eine Einschulung hatte, denn an diesem Tag standen sie unweigerlich mit roten Augen am Aufzug oder erzählten spontan, wie schwer ihnen der Abschied gefallen war. »Sie ging die Treppe hinauf und sah so winzig aus«, erzählte mir Gail, Redakteurin bei *Parents,* an dem Tag, an dem sie ihre Jüngste abgeliefert hatte. »Ich konnte es einfach nicht glauben, dass sie ganz allein in dieses Gebäude ging!«

Beim jüngsten Kind, dem letzten Spatz im Nest, empfindet man es möglicherweise als noch schwieriger, wenn es am ersten Schultag ausfliegt. Sandi, die in Oklahoma lebt und immer gearbeitet hat, erinnert sich, wie sie ihren Jüngsten in die Schule brachte. »Mir schoss plötzlich durch den Kopf: ›O Gott, das war's.‹ Ich dachte immer, wir würden noch ein Kind bekommen. Ich wünschte, ich hätte vorher gewusst, dass er mein letztes ist. Es war sehr sehr schwer, ihn gehen zu sehen.«

Wenn Ihr Kind von einem Universum in ein anderes steuert, werden Sie feststellen, dass Sie nicht mehr Sonne und Mond seiner Galaxie sind. Die Mütter von Söhnen merken, dass die leidenschaftliche Zuwendung, die sie in der ödipalen Phase genossen, nun plötzlich auf einen rivalisierenden Planeten gerichtet ist – auf Miss Lucy oder eine andere geliebte Lehrerin oder einen neuen Schulfreund. Meine Freundin Patty schrieb einen wunderbaren Essay mit dem Titel »Ödipus-Wrack«, in dem sie das Verhältnis ihres Sohnes Matt zu seinem Vorschulfreund Gus aufzeichnete.[9] Als ich sie neulich bat, mir die Geschichte noch einmal zu erzählen, seufzte sie (Matt ist mittlerweile 14). Dann lächelte sie und berichtete von Matts ersten Vorschulmonaten. »Zuerst, in der Flitterwochenzeit, brachte er Zeichnungen und Collagen und Karten mit nach Hause, auf denen stand ›Für Mama‹. Er sagte, ich sei wunderschön, und wollte ständig mit mir zusammen sein. Dann, eines Tages, war jedes Bild ›Für

Gus‹.« Matt sprach ununterbrochen von Gus: nach der Schule, vor dem Zubettgehen, nach dem Aufwachen. »Als wir in den Weihnachtsferien einen wunderschönen Urlaub verbrachten, kaufte Matt dauernd Mitbringsel für Gus. Und er füllte seinen Rucksack mit Sachen aus dem Hotel – Seifen, kleinen Shampooflaschen. Er suchte am Strand nach den schönsten Muscheln für Gus und bestand darauf, dass wir am Flughafen Kaugummi und Süßigkeiten für ihn kauften.« Doch der Todesstoß für Mama folgte auf dem Rückflug, als Patty, die auf ein kleines Bonbon hoffte, Matt fragte, was ihm im Urlaub am besten gefallen habe. »An Gus zu denken«, erwiderte er wehmütig. Patty lachte, als sie an diese Phase Matts zurückdachte, gestand aber ein, dass sie damals »ein echtes Verlustgefühl hatte, als ob ein Teil meiner selbst ersetzt worden wäre«.

Die meisten Fachleute sind sich darüber einig, dass Freud in Hinblick auf die psychosexuelle Entwicklung zwar wohl falsch gelegen hat, dass er aber, als er den Ödipuskomplex beschrieb, auf der richtigen Spur war. Die Kindergartenjahre sind ohne Zweifel von tief gehenden Gefühlen geprägt, welche die Kinder dem einen oder anderen Elternteil entgegenbringen, jedoch nur selten beiden im gleichen Umfang. Zwar gibt es Ausnahmen, doch die Jungen verlieben sich meistens in ihre Mama und die Mädchen in ihren Papa. Kerry, eine junge Mutter aus Missouri, erinnerte sich: »Mein Sohn war mein Kuschelhäschen. Er kam morgens zum Kuscheln ins Bett, und so begannen wir den Tag. Wo immer Mama hinging, war auch er – er kam sogar gern mit zum Einkaufen. Wenn mein Mann fragte: ›Willst du mit in den Heimwerkermarkt?‹, antwortete er: ›Ach nein, ich bleibe zu Hause bei Mama.‹ Er sagte, er wolle mich heiraten, wenn er älter wäre, und war sauer, als sein Bruder ihm mitteilte: ›Es ist verboten, die eigene Mama zu heiraten.‹ Danach fragte er mich: ›Muss ich dich später mal verlassen?‹«

Ich liebte, wenngleich etwas schuldbewusst, Nicks ödipale Phase. Kein Wunder. Er lachte über jeden meiner Witze, behauptete, meine unmelodische Wiedergabe von »Over the Rainbow« sei besser als die von Judy Garland, legte mir mitten im Spiel plötzlich seine Patschhand auf die Wangen, blickte mich mit seinen dunkelbraunen Augen an und gurrte: »Oooh, du bist meine allerallerliebste Mama.« Eines Abends, nachdem ich ihm eine erfundene Geschichte über einen Koch am Königshof erzählt hatte, der seiner geliebten Prinzessin eine Kette aus essbaren Juwelen angefertigt hatte, wurden seine Augen vor Aufregung kugelrund. »Weißt du was, Mama?«, flüsterte er. »Wenn ich groß bin, mach ich dir einen ganz ganz besonderen Kuchen. Einen großen, richtig riesengroß mit Himbeeren drin. Und weißt du was?«

»Was denn, Schätzchen?«

»Wenn du ihn aufschneidest, leuchtet er im Dunkeln.«

Das Geschenk, das den Kuchen locker schlug, packte ich an Weihnachten aus, als Nick fünf Jahre alt war. Es war eine Papprolle, die in einem Stück Ton steckte und oben mit einem weiteren Tonbatzen bedeckt war. Die phallische Form war unübersehbar. Unter dem Kartonschaft steckten zwei große goldene Knöpfe in der Knete, während oben aus der Kappe mehrere bunte Federn herausragten. »Wow! Nick! Das ist wunderschön«, keuchte ich und mied Steves Blick. »Was ist das?«

»Das ist ein Baum, Mama.«

»Ein sehr hübscher Baum«, fügte Steve hinzu, während er sein Geschenk auspackte. »Und was ist das hier, Großer?«

Steve hielt einen Tonbatzen in der Hand, der aussah wie ein Hundehaufen und in dem vier Eisstiele steckten.

»O, das ist ein Pferd, Papa«, erklärte Nick. Dann zeigte er auf das Legomännchen, das er an einer Seite festgeklebt hatte. »Und das bist du, wie du runterfällst.«

Noch einmal loslassen

Meine Mutter prophezeite zwar, dass Nicks ödipale Leidenschaft ihn mehrere Jahre Psychoanalyse kosten würde, doch als er in die erste Klasse kam, besah er sich kurz die anbetungswürdige Zweitlehrerin und entschied, dass sie fehler- und makellos war. Immer wieder hörte ich in jenem Jahr die Worte: »Rate mal, was Miss Thompson heute gemacht hat«, Berichte von harmonischen Nachmittagen und schönen Spielen, ja, sogar die Verlautbarung, dass er sie zum Abendessen eingeladen hatte. »Ich glaube, ich mache Fettucine mit schwarzem Pfeffer«, sagte er seufzend, als ich ihn abends ins Bett brachte. Und so kam es!

Zahllose Mütter haben mir ähnliche Geschichten vom ödipalen Schiffbruch erzählt. Sie wurden kurzerhand durch die Lehrerin oder den »allerallerallerbesten Freund« ersetzt, manche auch durch den Herrn Papa, der plötzlich den Olymp erklomm. Als Kerrys »Kuschelhäschen« sechs wurde, entdeckte er den Fußball und wie viel Spaß es machte, mit seinen Kumpels zusammen zu sein. »Jetzt will er mehr mit seinem Papa unternehmen. Letztes Wochenende erst sind sie zum Fußball gegangen und haben mich nicht einmal gefragt, ob ich mit will. Nicht dass ich gewollt hätte, aber …« Ihre Stimme verlor sich, und ich musste sie nicht fragen, was sie meinte. Dann fügte sie etwas zu nachdrücklich hinzu: »Aber ich dachte: ›Wow. Ich habe den ganzen Nachmittag für mich. Keine Pläne.‹ Ich glaube, es machte mich gleichzeitig glücklich und traurig.«

Glück und Trauer – das sind die widersprüchlichen Gefühle einer Mutter, wenn ihr Kind, das sich noch vor einem Jahr nicht mal in die Nähe »der großen Schaukel« wagte, plötzlich mit seinem Freund »zum Mond fliegen« will, oder wenn das schüchterne Kind in der Kindergartenaufführung mitspielt oder mit den anderen Vorschulkindern zum Jahresabschluss im Kindergarten übernachtet.

Als Maddie fünf wurde, war Nick ein Kleinkind und stolperte immer aufdringlicher durch ihre Welt. Ich erinnere mich noch lebhaft daran, wie er im Urlaub auf dem Bauernhof auf seinen kurzen Kleinkindbeinchen in halsbrecherischem Tempo einen Berg hinab hinter ihr her hastete. »Mimi! Mimi!«, plärrte er. »Wart! Mit will!«

Ich saß auf unserer Veranda und wünschte mir, nicht nur Maddie möge warten, sondern auch Nick – mit dem Größerwerden. Maddie hatte in jener Woche eisverschmierte T-Shirts und Jeansshorts mit Grasflecken aus dem vorangegangenen Sommer anprobiert. Sie versuchte, eine ihrer geliebten Blusen zuzuknöpfen und stöhnte: »Sie ist geschrumpft, Mama!«

»Nein, Schätzchen«, sagte ich lachend. »Du bist gewachsen!«

Sie schossen beide in die Höhe wie das sprichwörtliche Unkraut, besonders Maddie, deren sehnige Beine minütlich zu wachsen schienen. Nick streckte sich ebenfalls und verlor den Babyspeck und auch den Babyduft, den ich gern in einer Flasche konserviert hätte. Ich spürte, dass er wohl unser letztes Kind war, und das ließ mich jeden seiner Fortschritte intensiver erleben. Ich hielt häufig ein bisschen zu stark fest, behandelte ihn zu sehr wie ein Baby, gab meinem eigenen Bedürfnis nach, die Babyzeit so lange wie möglich auszudehnen. Erst ein Besuch beim Chiropraktiker gegen Ende von Nicks Kindergartenzeit (und seine Vermutung, meine steife Hüfte rühre daher, »dass ich ein schweres Gewicht« gehoben hatte) brachte mich dazu, mir einzugestehen, dass ich Nick ziemlich viel herumgetragen hatte. Als er fragte: »Wie alt ist er?«, log ich. Er hob die Augenbrauen und bestätigte mir, was ich bereits wusste: Mit drei (in Wahrheit war er schon fünf) konnte Nick wirklich selber laufen. Die Frage war nur, ob ich bereit war, ihn zu lassen.

Auch ohne den Besuch beim Chiropraktiker hätte ich mich den widersprüchlichen Gefühlen, die ich damals hatte, stellen müssen. Mit fünf war Nick ein Sonnenschein – lustig, liebevoll, neugierig, lebhaft, voller Tatendrang, unglaublich süß. Manchmal, wenn ich ihn hochnahm oder, ja, trug, schmiegte er sich an mich, wie er es als Säugling getan hatte, selbst wenn seine langen Beine weit über meine Taille hinabschlenkerten und seine knochigen Arme sich mehr nach einem Jungen als nach einem Baby anfühlten. Doch mir war klar, dass seine Streifzüge in die weite Welt mit längeren Trennungen verbunden sein würden, dass er mehr Zeit außer Haus verbringen würde, und dass wir dann zu einer neuen Beziehung würden finden müssen.

Die Veränderungen, die ich bereits vor mir sah, brachten nicht nur eine körperliche Loslösung mit sich. Noch wenige Jahre zuvor hatte er einen Wutanfall bekommen, weil ich seine Gedanken nicht lesen konnte. Nun konnte er mit Hunderten von Wörtern aus seinem stetig wachsenden Wortschatz ausdrücken, was er wollte. Doch wenn ich Nick freien Lauf ließ und der Versuchung widerstand, seine Gedanken zu lesen, lief das meinem Bedürfnis entgegen, gebraucht zu werden, meinen Platz als Mittelpunkt seines Universums zu behaupten. Als er darauf bestand, sich sein Brot selber zu streichen, als er mir ein Kartenspiel beibrachte, als er mich von einem Freund anrief und fragte, ob er über Nacht dort bleiben dürfte, fiel es mir schwerer denn je, mich über diese Schritte zu freuen und nicht daran zu denken, dass sie meine eigene Bedeutung für sein Leben beschnitten.

Ich löste das Problem – wie viele Mütter von Kindergartenkindern –, indem ich andere sinnvolle und erfüllende Aufgaben ausbaute oder übernahm. Die eine Mutter geht wieder arbeiten, wenn ihr Kind in den Kindergarten kommt. Die andere ergreift die Chance, mehr mit ihrem Mann zu unternehmen. Doch wir alle sollten uns in den Kindergartenjahren auch die Zeit nehmen, einmal innezuhalten und uns bewusst zu machen, dass unsere Kinder ohne die ständige Fürsorge, die wir ihnen bislang zuteil werden ließen, nicht in der Lage wären, selbstbewusst voranzuschreiten, Risiken einzugehen, Freundschaften zu schließen und zu lernen.

Die Fahrt ins Blaue

Grundschule: sechstes bis zehntes Lebensjahr

Die Fachleute sind sich einig, dass Kinder unabhängiger und selbstständiger werden, sobald sie in die Schule kommen. Zwar wirft das für Sie als Mutter auch die Frage nach der Loslösung auf, doch im Großen und Ganzen ist das eine gute Nachricht. Und weil die gefürchtete Pubertät noch Lichtjahre entfernt scheint und die stürmische Kleinkindphase längst vorbei ist, atmen viele Mütter erleichtert auf, konzentrieren sich vielleicht wieder stärker auf sich selbst und vertrauen darauf, dass zwischen dem sechsten und dem zehnten Lebensjahr nicht viel passiert. Na ja. Ich habe diese Phase im Leben meiner Kinder als etwas sehr Reiches, aber auch extrem Anstrengendes erlebt.

Sicher prägt Zuversicht diese Jahre. Man nimmt das Babyalbum zur Hand, blickt sich ins verschwollene und erschöpfte Gesicht und erinnert sich daran, wie verängstigt und überfordert man »damals« war. Oder man denkt noch einmal an die Kleinkindzeit zurück und macht sich klar, dass man einen Wutanfall heutzutage mit buddhagleicher Gelassenheit überstehen würde. Aber da Ihr Kind nun den Großteil des Tages außer Haus ist, da es in einer Welt, in der Sie keinen Platz haben, lernt und wächst, haben Sie vielleicht auch das Gefühl, dass Ihnen die Zeit davonläuft und dass die wenigen Stunden, die Sie abends gemeinsam verbringen, einer ausgeklügelten Choreografie bedürfen.

In Maddies und Nicks ersten Schuljahren war unser Leben so hektisch, dass wir uns immer wieder fragten: »Ist es das wert?« Ich liebte meine Arbeit, aber nicht nur die Anforderungen meines Jobs, sondern auch die Aktivitäten rund um Schule, Freizeit, Wochenende und Freunde nahmen zu. Mehr denn je verspürte ich Druck von allen Seiten, und gleichzeitig war ich mir schmerzlich bewusst, dass ich so wenig Einfluss auf die Kinder und ihr Leben hatte wie nie zuvor.

Da Maddie eine Montessorischule besuchte, in der Fünf-, Sechs- und Siebenjährige gemeinsam unterrichtet wurden, musste ich mich nicht in dem Ausmaß auf die Schule umstellen wie viele meiner Freundinnen. Dennoch machte ich mindestens ein Dutzend Fotos von ihr, als sie in ihrem neuen rotkarierten Kleid, mit einem verheißungsvollen Lächeln auf den Lippen und einem nagelneuen Schulranzen auf dem Rücken eingeschult wurde. Ich habe sie alle aufgehoben, selbst das letzte, das etwas unscharf ist, weil Maddie sich gerade umdrehte, um ihre Freundin Susanna zu begrüßen. Dann stürmten die beiden plappernd und lachend Hand in Hand durch die Eingangstür und ließen mich sprichwörtlich im Regen zurück. Da fiel es mir wie Schuppen von den Augen: Das war's. Maddie hatte die Schwelle zu einem Leben überschritten, das häufiger von ihren Freundinnen und der Schule, von ihren Lieblingslehrern und Freizeitaktivitäten bestimmt sein würde als von meinem Tagesrhythmus.

Meine Freundin Nicole beschrieb die Einschulung ihrer Zwillinge als Triumph: »Claire wirkte an ihrem kleinen Tisch so stolz und zuversichtlich, und Theo hüpfte praktisch in die Schule. Er konnte es gar nicht erwarten.« Doch für sie ging der Tag mit einem Verlustgefühl einher. »Als ich das Schulgebäude verließ, musste ich weinen. Ich habe den ganzen Vormittag geweint. Ich wusste, die ersten paar Wochen würden furchtbar werden.«

Zunächst ist es auch furchtbar. Es fehlt Ihnen der tägliche Kindergartenweg Hand in Hand mit Ihrem Kind und der zärtliche Abschied. Und Sie verlieren den Kontakt zu den anderen Müttern, mit denen Sie vor dem Gruppenraum noch ein Schwätzchen gehalten haben. Die gesamte Kindergartenzeit hindurch bildeten die Mütter, auch wenn ich sie nicht besonders gut kannte, ein loses Netzwerk, auf das ich mich praktisch täglich verlassen konnte. Ich konnte die anderen bei Terminfragen anrufen, mich mit ihnen über Mittelohrentzündungen austauschen, sie fragen, ob sie wohl eine verlässliche Babysitterin fürs nächste Wochenende kannten, und Nicks Behauptung überprüfen, er brauche einen Einsiedlerkrebs, »weil einfach jeder einen hat, Mama«. Auf den Korridoren mit den Collagen und farbenfrohen Zeichnungen an der Wand verabredeten wir Spielnachmittage für die Kinder, tauschten Informationen über Familienveranstaltungen aus oder beklagten uns über den Weihnachtsstress. Selbst wenn ich eilig zur Arbeit musste, sagten mir ein kurzer Blick oder ein paar Worte mit der Erzieherin, was im Gruppenraum gerade los war. Und wenn die Kinder morgens einmal Angst hatten oder trotzig waren, konnte ich ein bisschen länger bleiben oder mich durch die Einwegscheibe vergewissern, dass alles in Ordnung war.

Was wird aus mir, wenn mein Kind in der Schule ist?

Wenn unser Kind eingeschult wird und wir keine Ahnung haben, was es den Tag über so tut, hat das auch Auswirkungen auf uns selbst. Wie unser Kind sind wir plötzlich auf uns gestellt. Mit dieser umwälzenden Veränderung richtig umzugehen ist eine der wichtigsten Aufgaben in dieser Phase als Mutter.

»Meaghans Schule war um die Ecke«, erzählte mir meine Freundin Patty neulich. »Zwischen ihrem Schulhof und unserem Garten war nur ein hoher blickdichter Zaun.« Patty horchte, ob sie Meaghans Stimme, ihr Lachen aus dem Stimmengewirr der Sechsjährigen heraushören konnte. Eines Tages wollte sie einen kurzen Blick hinüberwagen, doch als sie die Leiter hinaufstieg, um über den Zaun zu sehen, verlor sie das Gleichgewicht und fiel hinunter. »Mir ist nichts passiert, aber ich brauchte wohl einen Schlag auf den Hinterkopf, um zu erkennen, dass der Zaun die Trennung zwischen uns auf wunderbare Art versinnbildlichte. Wir waren uns noch immer nah, aber in ihrem Leben gab es zunehmend Dinge, über die ich nicht Bescheid wusste. Ich konnte versuchen, zu horchen oder nachzusehen, aber eigentlich ging es mich gar nichts an, was sie mit ihren Freundinnen in der Schule beredete und was sie gemeinsam unternahmen.«

Da Sie vom Schultag Ihres Kindes ausgeschlossen sind, nicht wissen, was es denkt oder fühlt, und immer weniger mit seinem zunehmend ausgefüllten Alltag zu tun haben, fragen Sie sich womöglich: »Was fange ich jetzt mit meinem Leben an?« Nicole, die zuvor bewusst nur wenige Stunden pro Woche gearbeitet hatte, verlängerte ihre Arbeitszeiten. »Ich weiß, sie kommen jetzt in eine Phase, in der sie mich nicht mehr so brauchen wie zuvor. Ich muss meine eigenen Interessen, mein eigenes Leben entwickeln, damit ich später nicht das Gefühl habe, ich hätte mich ausschließlich auf die Kinder fixiert.«

Die leitende Angestellte Josie, die ich seit vielen Jahren kenne, rief mich an. Sie hatte ein paar Monate zuvor eine Stelle erhalten, die sie seit 15 Jahren angestrebt hatte. Da sie kaum zu verstehen war, musste ich sie bitten, etwas lauter zu sprechen: »Ich muss dich treffen. Ich durchlebe eine schreckliche Zeit, denke neu über mein Leben nach.« Ich wusste, was sie sagen würde. Als allein erziehende Mutter hatte sie das Glück, dass ihr Ex-Mann bereitwillig einen großen Anteil der Erziehungslast übernahm. Nun hatte sie sich eingeredet, dass mit dem neuen Job auch bessere Zeiten für sie anbrechen würden, dass sie, wenn sie nur hart genug arbeitete, viel Geld (ihr Ex-Mann war arbeitslos) und mehr Zeit mit ihren Kindern »verdienen« konnte. »Aber weißt du was?«, sagte sie. »Es ist alles ganz anders gekommen. Wir verbringen immer weniger Zeit miteinander. Die beiden sind doch erst sechs und acht. Es ist ja nicht so, dass sie schon aufs College gehen, aber ich sehe meinen Einfluss Tag für Tag schwinden, merke, dass sie mich immer weniger brauchen. Und jetzt versuche ich verzweifelt, eine neue intensive Beziehung zu ihnen aufzubauen.« Sie begann zu weinen.

Josies Verzweiflung war umso größer, als eines ihrer Kinder in der Schule Probleme hatte. »Lizzie hatte dieses Jahr zum ersten Mal kein makelloses Zeugnis. Einer der Knackpunkte waren die Hausaufgaben. Unsere Kinderfrau sagt zwar, dass sie sich darum kümmert, aber das ist einfach nicht dasselbe. Ich habe es wohl zu lange einfach ignoriert.«

Die Selbstgefälligkeitsfalle

Da diese Phase vergleichsweise problemlos verläuft, ist man häufig weniger wachsam und ignoriert erste Anzeichen eines Problems. Wenn Ihr Kind gern in die Schule geht, Freundschaften aufbaut, gut schläft und gut isst und es Ihnen dadurch ermöglicht, ein Leben zu führen, das Ihnen vor ein oder zwei Jahren noch undenkbar schien, dann ist es ganz natürlich, dass Sie erst einmal erleichtert aufatmen. Wenn dann aber doch Probleme auftauchen – und das ist unvermeidlich –, fällt es manchmal schwer, sie zu akzeptieren und genau zuzuhören, was sich hinter dem Jammern und Klagen verbirgt. Mir wurde das eines Abends bewusst, als Maddie am Ende der dritten Klasse war. Sie hätte schon längst schlafen müssen, und ich hatte ihr bereits eine Stunde lang Lieder gesungen und Geschichten erzählt, sie gedrängt, »einfach die Augen zuzumachen«. Ich war müde und verärgert darüber, dass meine Achtjährige sich aufführte wie ihr fünf Jahre alter Bruder. Nur widerwillig erklärte ich mich bereit, ein letztes Mal ihr Lieblings-Gutenachtlied anzustimmen, doch mein monotoner, viel zu schneller Vortrag bewirkte nur die jammernde Bitte, »es langsamer zu singen«.

»Nein, Maddie«, jammerte ich zurück. »Ich gehe jetzt ins Bett, und du auch. Wir sind beide übermüdet.« Als ich in den Gang hinausging, hörte ich, wie sie hinter mir aus dem Bett stieg und mir folgte.

»Ich habe Angst vor Gespenstern«, sagte sie zögerlich, wie um den Grad meiner Skepsis zu testen. Ich hätte eine große

Chance vertan, wenn ich nicht tief durchgeatmet und mir ihr verängstigtes Gesicht einmal genauer angeschaut hätte. Statt ein weiteres grauenhaftes Gutenachtlied herunterzuleiern, lud ich sie zu einem gemeinsamen Mitternachtssnack in der Küche ein. Nach acht Minuten und einer Schale Cornflakes waren die »Gespenster« verjagt. Sie waren der verständlichen Furcht vor Maddies neuer Schule entsprungen, auf die sie im Herbst wechseln sollte.

Als Maddie die Latte ihrer Befürchtungen heruntergeleiert hatte (»Die Lehrer sind sicher schrecklich«, »Ich vermisse bestimmt meine Freundinnen«, »Ich weiß nicht, wo das Klo ist«), widerstand ich der bequemen Versuchung, nur weil ich gern in mein Bett gekrochen wäre, ihre Bedenken mit lahmen Aufmunterungen zu zerstreuen – oder ihr gar eine andere Schule vorzuschlagen. Nun, da ich mein Gefühls-Oropax herausgenommen hatte, konnte ich ihr wirklich zuhören, und als die Uhr elf schlug, bat ich sie, eine Liste mit den Dingen zu erstellen, die sie in den ersten Wochen tun wollte, damit es ein erfolgreiches Jahr würde. Als sie sich bemühte, positiv an die Sache heranzugehen, begannen sich ihre kleinen Schultern zu entspannen, und ein paar Minuten später nahm sie meine Hand und ging mit mir die Treppe hoch.

Voltaire sagte einst: »Das Ohr ist der Weg zum Herzen.« Dieser Satz gilt besonders für die Schulzeit, in der wir versucht sind, die Scherben schnell verschwinden zu lassen oder gar unter den Teppich zu kehren. Doch ebenso, wie wir unser Kleinkind seine Probleme auch mal selbst lösen, Enttäuschungen und kleinere Unwetter verarbeiten lassen sollten, so gilt für das Kind auch in dieser Phase das Motto: »Ich kann es allein.«

»Ich kann es allein«

Schulkinder haben erstaunliche Fähigkeiten, und da sie eifrig danach streben, sich immer neue anzueignen, ihrem, wie Erik Erikson es nennt, »Werksinn« nachzukommen, helfen sie auch begeistert ihren Eltern.[1] Die Frage ist, ob Sie die Geduld aufbringen, sich helfen zu lassen. »Ständig muss ich Michael hinterherräumen, wenn er aufgeräumt hat«, sagte die Mutter eines Sechsjährigen. »Es macht mich ganz verrückt, wenn er eine Dreiviertelstunde braucht, um seine Dinosammlung aufzuräumen, und seine Klamotten dann noch immer auf dem Boden herumliegen. Ehrlich gesagt ist es einfacher, es selbst zu machen.« Ich weiß auch noch sehr gut, wie schwierig es war, die Kinder durch die Hausarbeit zu lotsen, ohne ihre Begeisterung zu dämpfen. Besonders beliebte Aufgaben wie Staubsaugen, Kochen und Wischen endeten oft damit, dass der Staubsaugerbeutel auf dem Teppich ausgeleert war, eine dicke Fettschicht die Küchenablagen überzog und auf dem Holzfußboden große Pfützen schimmerten. Mit anderen Worten: Die Hausarbeit hatte zugenommen.

Im Rückblick ziehe ich im Haushalt dennoch einen übereifrigen Sechsjährigen einem unwilligen Teenager vor. Vielleicht geht das Grundschulkind nicht so geschickt mit Schaufel und Besen um, doch je früher es lernt, dass alle Familienmitglieder bei der Hausarbeit mithelfen sollen, desto besser. Einem Kind, das zehn Jahre oder älter ist, bringt man kaum mehr bei, seine Kleider (die dann etwa fünfmal größer und zahlreicher vorhanden sind) selber aufzuräumen.

Die Kleiderschlacht habe ich klar verloren. Die Kinderzimmer befinden sich irgendwo zwischen Chaos im Anfangsstadium und einem Zustand, den das Gesundheitsamt als bedenklich einstufen würde. Doch was die Küchenpflichten anging, begann ich klugerweise früh. Als Nick fünf war, schenkte ich ihm zu Weihnachten eine Nudelmaschine. Ein paar Geburtstage später erhielt er ein Waffeleisen, und mit zehn war er ausgestattet wie manch ein Chefkoch.

Die Gerätschaften sind nicht zu unterschätzen. In diesem Alter machen der Ministaubsauger, der altmodische Schaumschläger oder die Flaschenbürste eine Aufgabe im Haushalt hochinteressant. Das Genie, das die Kindereinkaufswagen erfand, hat sich einen Orden verdient. Im Supermarkt um die Ecke konnten meine Kinder in die Erwachsenenrolle schlüpfen, ohne dass sie dabei bevormundet wurden. Ich weiß noch, wie ich mit Nick in den Supermarkt ging, als er etwa sechs war und die Kindereinkaufswagen gerade erfunden waren. Ich hatte eine kurze Einkaufsliste dabei, Nick eine lange, auf der alles stand, was wir seiner Überzeugung nach brauchten. Eine geschlagene halbe Stunde füllte er seinen Wagen gewissenhaft mit Nudeln, Käse, Doughnuts, Marshmallows und einem Superman-Malbuch. Als ich ihm sagte, wir müssten jetzt wirklich gehen, wollte er die Sachen allein bezahlen. Also gab ich ihm einen Zwanzigdollarschein und hielt mich im Hintergrund, während er zur Kasse schritt. Ich sah ihm zu, wie er behutsam Artikel für Artikel aufs Band legte und dabei ehrfürchtig und respektvoll die griesgrämige Verkäuferin anblickte. Ich biss mir auf die Zunge, um mir ein breites Lächeln zu verkneifen, als er die Arme verschränkte und darauf wartete zu bezahlen. Trotz meiner Bemühungen, inkognito zu bleiben, blickte die Verkäuferin über sein zerzaustes Haar hinweg mich an und fragte: »Gehören Sie zusammen?«

Ich zögerte. »Na ja«, flüsterte ich. »Er tut so, als wäre er allein hier.«

Ich brauche wohl nicht sagen, dass mein Flüstern hallte wie ein Schrei in einer Felsschlucht. Mein sanfter kleiner Hausmann verlor völlig die Fassung »Mama! Nicht!«, bellte er, und eine Mischung aus Erniedrigung und Enttäuschung trieb ihm die Tränen in die Augen.

»Okay, okay, Nick«, gab ich so ruhig wie möglich zurück. »Gib der Dame dein Geld.«

»Ich weiß, Mama«, sagte er, sichtbar mit sich ringend. »Lass es mich allein machen!«

Wenn Ihr Kind an seine Grenzen stößt

Mit der wachsenden Kompetenz Ihres Kindes umzugehen und bereit zu sein, die Zügel nachzulassen – selbst wenn das Ergebnis nicht den Erwartungen entspricht –, ist das eine. Eine ganz andere Sache ist es, Ihrem Kind zu der Einsicht zu verhelfen, dass es nicht alles bewältigt, was es zu können glaubt. Der achtjährige Sohn einer meiner Redakteurinnen bei *Parents* war Basketballfan. Er war jedoch nicht nur klein für sein Alter, sondern auch motorisch alles andere als geschickt. »Er wird nie im Leben ein großer Basketballer werden«, resümierte seine Mutter seufzend, nachdem sie von den Fantasien ihres Sohnes erzählt hatte, eines Tages in die 45-er Schuhe seines Basketballidols zu passen. »Ich weiß nicht, ob ich die Seifenblase zum Platzen bringen oder ihn in seiner Illusion unterstützen soll. Es wird sicher ein böses Erwachen für ihn, wenn er in die weiterführende Schule kommt und plötzlich mit Jungs spielt, die doppelt so groß sind wie er.«

Für Sie als Mutter ist es in dieser Phase besonders belastend, dass Sie nicht immer da sein können, um Ihrem Kind zu helfen, wenn es in der Schule ins Straucheln gerät oder wenn ihm einfach bestimmte Fähigkeiten abgehen. Katie, Mutter eines lese- und rechtschreibschwachen Jungen, berichtete, wie fürchterlich es für sie war, ihrem klugen, aufgeschlossenen Sechsjährigen dabei zuzusehen, wie er abends stundenlang über einem Hausaufgabenblatt saß. »Es war einfach schrecklich. Jeden Abend setzten wir uns zusammen hin, um die Hausaufgaben zu bewältigen. Er weinte und wurde hysterisch. Und ich weinte auch. Es war niederschmetternd.« Katie meldete ihren Sohn bei einem Modellprojekt an, in dem Lernschwächen behoben werden. Dafür blätterte sie nicht nur an die 2500 Dollar hin, sondern sie musste auch vorgeschriebene Übungen mit ihm machen, ihn einmal im Monat dort testen lassen und zusätzlich Geld für einen Nachhilfelehrer bezahlen. Es war offenkundig, dass sie so ziemlich alles getan hätte, um ihrem

Sohn einen Teil der Last abzunehmen und sein angeschlagenes Selbstwertgefühl zu heben.

Als Mutter wollen wir unserem Kind bei behebbaren Problemen helfen, und das sollten wir auch. Manchmal jedoch sind die Beweggründe weniger altruistisch, als vielmehr narzisstisch, und in unserem Bemühen um optimale Rahmenbedingungen müssen wir uns fragen lassen, um wen es hier eigentlich geht: um das Kind oder uns. Eine Mutter, die ihr Kind nicht einschult, weil es noch nicht so weit ist, handelt sicher aus den besten Motiven heraus. Doch es gibt auch Mütter, die mit der Einschulung warten, damit ihr Kind als Klassenleitwolf an den Start gehen kann. Diane Ehrensaft schreibt in *Wenn Eltern zu sehr ...*: »Ihr Traum ... ist es, ihren gut entwickelten Sechsjährigen in einer Klasse von weniger reifen und weniger entwickelten Fünfjährigen brillieren zu sehen. Von dem Erfolg in der Vorschule hängt es ab, ob das Kind das Zeug zum Einserschüler hat, und davon wiederum hängt die Chance ab, einen optimalen Studienplatz zu bekommen. In beiden Fällen – bei den Eltern, die ihr Kind schützen, wie auch bei denen, die es zur Leistung drängen – steht hinter dem freiwilligen Zurückstellen ihres Kindes von der Vorschule der Kult des erfolgreichen Kindes.«[2]

Die Welt durch die Augen unserer Kinder zu sehen, ist eines der großen Geschenke des Mutterseins. Die Kinder dagegen als Stellvertreter zu missbrauchen, ist eine Falle, die in dieser Phase und die gesamte Schulzeit hindurch auf uns lauert. Eine Leserin meiner Ratgeberrubrik der Zeitschrift *Family Circle* bat einmal um Hilfe bei ihrer »Wut am Spielfeldrand«. Ihr kurzer Brief sprach Bände und illustrierte Jungs Aussage, der nicht realisierte Traum der Eltern sei das machtvollste Element im Leben eines Kindes. Die an der Westküste lebende Mutter berichtete, dass sie bei Fußballspielen ihrer Tochter aus der Rolle fiel: »Ich war als Kind eine gute Sportlerin«, schrieb sie, »aber damals hatte ich nur selten Gelegenheit, an organisierten Wettkämpfen teilzunehmen. Meine Tochter spielt jetzt in einer starken Fußballliga. Und obwohl ich mir geschworen habe, dass ich nie so eine schreckliche Mutter am Spielfeldrand sein will, ertappe ich mich dabei, wie ich den Schiedsrichter niederbrülle und meiner Tochter nach dem Spiel Vorwürfe mache. Als ich sie das letzte Mal kritisierte, musste sie sogar weinen. Ich fühlte mich furchtbar.«

Wenn Sie jetzt denken: »Das würde ich meinem Kind niemals antun«, dann versuchen Sie zu akzeptieren, dass unerfüllte Ambitionen, Versagensangst, Enttäuschungen und Ängste selbst in die bestbewehrte Festung eindringen. Wir machen uns vor, dass wir unsere Kinder fordern, antreiben, an ihnen herumnörgeln, weil wir »nur ihr Bestes« wollen oder weil wir wissen, dass sie »mehr leisten könnten«, oder weil wir ihnen »alle Möglichkeiten offen halten« wollen. Aber in Wahrheit tun wir es für uns selbst.

In dieser Phase ist es sehr schwer zu entscheiden, wann wir unsere Kinder fordern und wann wir sie hätscheln sollten. Doch auch wenn scheinbar so viel auf dem Spiel steht, bleibt immer noch genug Zeit für eine Kurskorrektur. Kerry, die in Missouri lebt, sprach darüber, wie frustrierend es war zu wissen, dass ihr Sohn mehr hätte leisten können. »Austin ist ein sehr umgänglicher Mensch«, sagte sie. »Sein Motto lautet: ›Die Einzelheiten sind nicht so wichtig; Hauptsache, es macht Spaß und wird erledigt.‹ Daher gab er sich so wenig Mühe wie nur irgend möglich. Ich weiß, dass er es besser könnte. Manchmal stört mich das auch, weil er mich an mich selbst erinnert. Er geht sein Zimmer aufräumen, und kurze Zeit später liest er ein Buch, das er unter dem Bett gefunden hat, und das Zimmer ist vergessen. Genauso habe ich es früher auch gemacht! Seine Stärken sind seine Schwächen. In der Schule kann das zum Problem werden. Er bekommt eine Zwei, und ich weiß, er hätte eine Eins haben können. Aber ich will ihn nicht zu stark unter Druck setzen. Er ist ein wunderbarer Mensch, und ich weiß, dass ihn das auf lange Sicht weiterbringt als sein Zeugnis.«

Mir imponierte es, dass Kerry den besonderen Charakter ihres Sohnes zu schätzen wusste und sich darüber im Klaren war, dass er zwar vielleicht keine Einser im Zeugnis hat, dafür aber viele Freunde und Spaß an der Schule. Ich bin so vielen Müttern (und Vätern) begegnet, die sich einfach nicht zurücknehmen können. Der Streit über die Hausaufgaben, das Geigeüben oder den Sport entspringt ihrem Wunsch, »stolz auf ihr Kind« zu sein. Paradoxerweise untergraben sie mit solchen Streitigkeiten die Motivation ihres Kindes.

Man sollte sich auch deshalb nicht zu weit einmischen, weil die Kinder in Schule und Freizeit an den Aufgaben, die sie zu bewältigen haben, wachsen. Wir können sie nicht rund um die Uhr beschützen und sollten das auch gar nicht versuchen. Das Leben ist selten vollkommen, nicht einmal in der zweiten Klasse Grundschule. Kinder können grausam sein. Wenn wir unsere Erstklässler in die Schule schicken, wissen wir aus eigener Erfahrung, dass sie mit Freunden und Rabauken, Geheimbünden und Cliquen unendlich viele soziale Erfahrungen machen. Wir können uns unser Kind nur schwer dabei vorstellen, wie es in seinem Schreibheft eine Zeile sauberer O's schreibt. Noch schwieriger wird die Vorstellung, dass es im Fußball vielleicht als Letztes in die Mannschaft gewählt oder auf dem Schulhof von anderen getriezt wird. Und kaum mehr denkbar ist es, dass unser Engelchen als Klassenteufelchen andere herumkommandiert oder schikaniert.

»Als Dannys Lehrerin zum ersten Mal anrief und mir sagte, dass er ein Kind in seiner Klasse drangsaliert hatte, wurde mir richtig schlecht«, erinnerte sich Kimberley. »Es war viel schlimmer, als wenn er das Opfer gewesen wäre. Ich ärgerte und schämte mich und wusste nicht, an wen ich mich wenden sollte. Mit dem Rabauken hat niemand Mitleid, und schuld sind natürlich die Eltern. Also machte ich mir nicht nur Sorgen um Danny, sondern ich fühlte mich auch noch selbst isoliert und bestraft.«

Kimberley, deren Sohn Danny eine Privatschule in Boston besuchte, war so klug, sein Fehlverhalten zu hinterfragen und sich nicht »daran aufzuhängen, wer angefangen hat«. Sie war auch auf Dannys Seite, als sie klare Regeln und Konsequenzen für sein schlechtes Benehmen aufstellte. »Am schwersten fiel mir, mich nicht selbst für sein Verhalten verantwortlich zu machen. Ich hielt mir immer wieder vor Augen, dass Danny für sich selbst einstehen muss und dass er das sicher schaffen würde. Ich wusste, er ist kein gemeines Kind. Ist er wirklich nicht.« Kimberley sprach mit der Schulleiterin, die sie beruhigte, aber auch durchblicken ließ, dass andere Eltern sie bereits auf Danny angesprochen hatten. Das tat weh. »Ich hätte mir gewünscht, dass die Leute so anständig gewesen wären, mich anzurufen«, sagte sie verbittert.

Leider wird in der Schulzeit auch vieles falsch ausgelegt. Während Sie wissen, dass Ihr Kind zum Übermut neigt, spricht die Lehrerin davon, dass es sich »abreagiert«. Ein stilles Kind mit musikalischer Begabung gilt als »sehr schüchtern« und geht unter. Es ist daher wichtig, dass Sie Ihre Sicht der Stärken und Grenzen Ihres Kind mit dem Bild in Einklang bringen, das andere von ihm haben, zumal der Einfluss von Lehrern und Trainern auf das Familienleben zunimmt. Das ist sozusagen die Kehrseite der Aufrichtigkeitsmedaille: Wir sollten nicht nur vermeiden, die Begabung unserer Kinder hochzuspielen, sondern auch bereit sein, durchschnittliche oder vielleicht sogar unterdurchschnittliche Fähigkeiten zu akzeptieren. Einerseits dürfen wir uns nicht zu sehr in das Leben unserer Kinder einmischen, indem wir sie aggressiv in die eine oder andere Richtung schubsen, andererseits müssen wir ihnen beistehen, insbesondere wenn der schulische oder soziale Druck zu groß wird.

Als Carlas sehr aktiver Sohn von seiner Lehrerin – einer Zuchtmeisterin alter Schule – als »verhaltensgestört« bezeichnet wurde, ermahnte sie ihn ständig, »sich einzufügen und der Lehrerin mehr Respekt entgegenzubringen«. Sie holte ihn nur noch ungern von der Schule ab, weil stets die Lehrerin mit verschränkten Armen dastand und kopfschüttelnd berichtete, welch »bedauerliches Missgeschick« Andy mal wieder verschuldet hatte. »Ich schimpfte dann vor seiner Lehrerin mit ihm, weil ich solche Angst vor ihr hatte und mich dafür schämte, dass mein Sohn Ärger machte«, sagte Carla. »Es wurde so schlimm, dass ich in eine Beratung ging. Dort erklärte man mir, dass der arme Andy keinen Verbündeten habe. Da mühte er sich ab in einer Klasse, in die er nicht so recht hineinpasste, und anschließend wurde er noch von seinem Vater oder mir zusammengestaucht.« Nach einem Vieraugengespräch mit der Lehrerin, in dem sie über bestimmte Verhaltensweisen sprachen, an denen Andy arbeiten musste, aber auch darüber, was Carla als Andys Stärken betrachtete, schlug sie einen völlig neuen Weg ein. »Ich beschloss, Andy so weit wie möglich zu unterstützen. Ich hörte auf, ihn vor anderen zurechtzuweisen – was ich wohl getan hatte, um vor den anderen nicht als Waschlappen dazustehen, als schlechte Mutter. Und ich hörte mir, so gut es ging, seine Version an.«

Carla zufolge verbesserte sich die Situation erheblich – auch wenn die Lehrerin weiter auf ihrem Sohn herumhackte. Andy konnte sich nun darauf verlassen, dass seine Mutter ihm bei der Bewältigung seiner Probleme helfen würde. Und er erkannte, dass manche Lehrer manche Kinder einfach nicht mögen, dass es aber Möglichkeiten gibt, damit umzugehen. »Ich glaube, er war am Ende des Schuljahrs richtig stolz auf sich«, sagte Carla. »Er wusste, dass er unter diesen wirklich schwierigen Bedingungen alles getan hatte, was in seinen Kräften stand, weil wir ihn an seine Stärken erinnert hatten, statt uns auf seine Schwächen zu konzentrieren – wie diese dumme Kuh!«

Perfektionisten und Pessimisten

Die Schule kann schon in der ersten, zweiten und dritten Klasse ziemlich anstrengend sein. Ein Kind, das sich in der Schule am Riemen reißt, entlädt seine Anspannung möglicherweise zu Hause. Eines Tages wollte Maddie, damals sieben Jahre alt, eine Meerjungfrau malen – und es nahm seinen Lauf, was in der Familie Murphy als »Abend der vermaledeiten Ovale« in die Annalen einging. Nein, sie wollte nicht irgendeine Meerjungfrau malen, sondern eine mit einem vollkommen ovalen Gesicht. Dreiundzwanzig Ovale später hatte Maddie vor Frust rote Flecken. Obgleich ich ihr immer wieder versichert hatte, dass ihre Ovale perfekt seien, behauptete sie beharrlich, sie seien »total falsch«. Jedes Mal, wenn ich sagte, sie »male wunderschön«, erwiderte sie: »Nein, ich bin grottenschlecht!«

Als sie ihren vierundzwanzigsten Versuch in Angriff nehmen wollte, bestand ich darauf, es sei Bettzeit, und schleppte sie in ihr Zimmer. Wir boten keinen schönen Anblick. Als sie sich schließlich so weit beruhigt hatte, dass ich ihr eine Gutenachtgeschichte erzählen durfte, berichtete ich Maddie von einem Theaterstück, in dem ich in der dritten Klasse mitgespielt hatte. Immer und immer wieder hatte ich die einzige Zeile, die ich sagen musste, geübt, und dann, als ich meinen Auftritt hatte, stolperte ich und fiel auf meine vier Buchstaben.

»Du bist hingefallen?«, fragte Maddie ungläubig.

»Ja, und die gesamte Klasse hat mich ausgelacht.«

»Was hast du dann gemacht?«

»Ich habe meinen Satz herausgekrächzt und bin dann von der Bühne gerannt.«

»Hast du geweint?«

»Klar. Aber weißt du was? Am nächsten Abend, als wir das Stück noch einmal aufgeführt haben, ging es besser. Jeder macht mal einen Fehler, Schätzchen.«

Am nächsten Morgen malte Maddie noch vor der Schule eine wunderschöne Wassernixe, wobei sie, das muss ich hinzufügen, mit einem nicht perfekten Oval anfing. Eine erholsame Nacht und ein Frühstück im Bauch erleichterten ihr die Aufgabe ebenso wie das Wissen darum, dass ich hin und wieder auf meinen Allerwertesten gefallen war. Aber das ist erst die halbe Geschichte. Denn auch ich hatte aus dem »Abend der vermaledeiten Ovale« gelernt: Ich versprach Maddie, sie nie wieder als »beste Künstlerin der Familie« zu etikettieren. Sie wusste, dass das Quatsch war. Außerdem schwor ich mir, dass ich mich nie wieder einmischen und ein Gemälde vollenden würde (oder eine Matheaufgabe oder eine Legokonstruktion). Und ich wollte mich künftig um Lösungen bemühen, statt schlaflose Nächte zu verbringen. An diesem Morgen – ich beklagte wieder einmal, dass ich falsch angezogen sei und »ständig den Schlüssel verlege« – wurde mir klar, dass ich mein eigenes Streben nach Perfektion im Auge behalten musste, meine Neigung, an meiner Arbeit und meinen Kochkünsten herumzukritteln und mich damit kaum reifer aufzuführen als Maddie, wenn sie sagte: »Ich bin grottenschlecht.«

Zu den interessantesten Studien, die im Bereich kindlicher Motivation und Selbstachtung durchgeführt wurden, zählt die Arbeit von Martin Seligman über den Optimismus. In *Kinder brauchen Optimismus* beschreibt Seligman, dass der Schlüssel zur Selbstachtung im »Erklärungsstil« liegt:

Wenn ein Kind scheitert, fragt es sich: »Warum?« Die Antwort, die es für sich findet, hat immer drei Aspekte: wer schuld ist, wie lange es anhält und wie weitgehend es das Leben erschüttert. Diese drei Aspekte zu unterscheiden, ist wesentlich, denn die erste Frage – ob man sich selbst oder der Welt die Schuld gibt – leitet das Gefühl der Selbstachtung. Die zweite und dritte Frage – wie dauerhaft es ist und wie es sich auswirkt – bestimmt, wie das Kind auf Misserfolge reagiert. Wenn es sich schlecht fühlt, verursacht das nicht unmittelbar einen Misserfolg. Wenn es dagegen glaubt, dass Probleme ewig nachwirken und alles erschüttern, führt dies auf direktem Wege dazu, dass es sich nicht mehr bemüht. Dieses Aufgeben führt zu weiteren Misserfolgen, die dann die Selbstachtung erschüttern.[3]

Ob Sie Optimistin oder Pessimistin sind, hängt von ihrem Erklärungsstil ab. Ein pessimistischer Mensch leidet unter Rückschlägen. Er betrachtet sie als Folge einer persönlichen Schwäche, die er für die Probleme in seinem Leben verantwortlich macht. Und, was wichtiger ist: Er verspürt keinerlei Motivation, das eigene Los zu verändern, weil er negative Ereignisse und Situationen als unveränderbar betrachtet.

Wir alle kennen Pessimisten – Freunde oder Angehörige, die sich von kleineren Krisen bereits lähmen lassen, die sich ständig darüber beklagen, dass die »Arbeit die Hölle« ist oder dass die Kälte in diesem Winter »wohl nie nachlässt«. Mir geht diese »Sonnenuntergangsmentalität«, wie es eine buddhistische Freundin bezeichnet, nicht nur auf die Nerven, sondern ich finde sie, ehrlich gesagt, auch langweilig. Wirklich problematisch aber ist, dass sich pessimistisches Denken auf die Kinder überträgt. Das gilt besonders für die ersten Schuljahre, wenn sie täglich neue Fähigkeiten erlernen und sich mit ihren Altersgenossen messen. Ein Kind, das sich für grottenschlecht hält oder ständig die »doofe Lehrerin« für seine Probleme verantwortlich macht oder mitleidheischend ausruft: »Keiner mag mich!«, muss lernen, mit seinen negativen Gefühlen umzugehen. Das aber kann es nicht, wenn seine Mutter sich ständig die Schuld für die eigenen Probleme gibt.

Als ich ganztags für die Zeitschrift *Parents* arbeitete, kam ich häufig nach Hause und missbrauchte jeden, der mir über den Weg lief, wie Steve es ausdrückte, als »seelischen Mülleimer«. So sehr ich meine Arbeit liebte, so gab es doch Tage, an denen ich nur meine Bürotür hinter mir zumachen und schreien wollte. Aber natürlich tat ich das nicht. Wie ein Kind, das sich in der Schule zusammenreißt und dann zu Hause alles rauslässt, spielte ich im Büro die perfekte Chefredakteurin und schüttelte meine Rolle in dem Moment ab, in dem ich über die Schwelle zu unserer Wohnung trat. Manchmal grummelte ich über meinen Chef, doch meistens gab ich mir für die Enttäuschungen, die ich erlebt hatte, selbst die Schuld.

Eines Abends beschwerte ich mich bei Tisch einmal wieder darüber, wie ich mit meiner Arbeit im Hintertreffen war. »Das hole ich nie auf; dauernd lasse ich mich von anderen von der Arbeit abhalten. Heute war ich mal wieder völlig bescheuert –«, begann ich, als Maddie mich unterbrach.

»Du bist nicht bescheuert, Mama«, sagte sie. »Ich glaube, du bist klug.«

Ich sah sie an, die Gabel noch mitten in der Luft, und erkannte, wie verantwortungslos ich war, wie nachlässig, wie »bescheuert«, mit meinem Gerede die Kinder, die alles hörten, mit meiner Haltung anzustecken. Ich schluckte meinen Pessimismus herunter und sagte schnell: »Du hast Recht, Schätzchen. Ich bin klug. Und du auch.« (Neulich fiel mir ein Cartoon im *New Yorker* ins Auge, der mich daran erinnerte. Eine Mutter sagte zu ihrem kleinen Sohn: »Warum bist du etwas ganz Besonderes? Weil ich deine Mami bin und etwas ganz Besonderes bin.«)

Wenn Sie dazu neigen, sich immer die Schuld zu geben und das Glas als halb leer zu betrachten statt als halb voll, dann sollten Sie einmal über Ihren Erklärungsstil nachdenken. Seligman rät: »Um den Pessimismus zu besiegen, müssen Sie Ihre Meinung über sich selbst hinterfragen. Akzeptieren Sie nicht blind Ihre eigenen Schmähungen Ihrer selbst. Treten Sie einen Schritt zurück und betrachten Sie sie unvoreingenommen. Wenn Sie stimmen, gut. Dann müssen Sie an sich oder der Welt ändern, was Sie unzufrieden macht. Vielleicht stellen Sie aber auch fest, dass Ihre Ansichten über sich selbst nicht zutreffen, dass sie Katastrophisierungen sind – extrem dauerhafte und folgenschwere Interpretationen negativer Ereignisse. Wenn dem so ist, müssen Sie sie korrigieren.«[4]

Sehen Sie sich selbst mit den Augen Ihres Kindes

Wenn Sie um Ihrer Kinder willen Ihre Selbstwahrnehmung verändern wollen, tun Sie das paradoxerweise am besten, indem Sie sich mit deren Augen sehen. Ich meine damit nicht nur, dass wir uns so verhalten sollten, wie wir das von unseren Kindern erwarten. Das ist in der Erziehung natürlich immer das A und O. Doch in dieser Phase als Mutter hilft es enorm, dass viele

Sechs- oder Siebenjährige, auch wenn nun andere erwachsene Autoritätspersonen in ihr Leben treten, ihre Mutter verehren. Eines meiner Lieblingsfotos von Nick, damals sechs, wurde bei meiner Mutter aufgenommen, die damals 85 war. Beide tragen Badesachen; Nick sitzt auf dem Schoß seiner Oma und blickt sie an, während sie ihm etwas erzählt. Er lächelt, ist vollkommen in die Geschichte oder den Witz vertieft, sieht ihr in die Augen und hat die Hand auf ihrer knochigen Brust genau über ihrem Herzen liegen.

Diese Berührung hat etwas Sanftes, Unbewusstes und gleichzeitig Verbindendes; sie erinnert mich an Augenblicke in den ersten Schuljahren meiner Kinder, in denen sie etwas für mich völlig Überraschendes sagten. Sie waren für höhere Frequenzen empfänglich, erfassten besser, was um sie herum vorging, und artikulierten ihre Gedanken mit der Sensibilität eines Vorschlaghammers. Mehr als einmal erschütterte Nick mein Selbstbild radikal, indem er mir einen Spiegel vorhielt und mir in seiner liebevollen und etwas altklugen Art klar machte, dass ich mal wieder völlig danebenlag.

An einem Tag, an dem ich wie eine Verrückte durch die Gegend gerast war und mit vorkam wie ein Hamster in seinem Rad, schenkte mir Nick einen dieser Augenblicke, in denen man denkt: »Ist das Leben nicht schön?« Ich leistete ihm im Badezimmer Gesellschaft, während er in der Wanne plantschte. Mit dem Rücken zur Wand saß ich da und revidierte meine Aufgabenliste, die ich schon so oft gelesen und wieder zusammengelegt hatte, dass sie bereits auseinander fiel. Ich war unzufrieden, weil ich so unproduktiv gewesen war. Als ich ein Seufzen hören ließ, fragte Nick: »Was ist denn, Mama?«

»Ach nichts, Süßer«, log ich. »Ich bin nur enttäuscht, weil ich heute nichts geschafft habe.«

»Das stimmt doch gar nicht«, widersprach er entschieden. »Du hast viel geschafft.«

»Zum Beispiel?«

Er sah mich an, als hätte ich seinen Geburtstag vergessen, und sagte: »Weißt du's denn nicht mehr, Mama? Du hast die Haare von dem Legomännchen gefunden.«

»Die Haare von dem Legomännchen?«, fragte ich, um Zeit zu schinden. Dann fiel es mir wieder ein: Eine Viertelstunde lang hatten wir auf allen vieren unter seinem Bett, hinter dem Stuhl und in seinen Turnschuhen nach einem gelben, linsengroßen Legoteilchen gesucht. Als ich es fand, freute sich Nick, als hätten wir den Rosettastein entdeckt.

Ich war in Gedanken noch beim Fund des Legosteinchens, als Nick hinzufügte: »Und du hast uns Makkaroni mit Käsesoße gemacht, obwohl du die gar nicht magst.« Wie wahr. Ich finde, die orangefarbene Fertigsoße, die unsere Kinder so gern essen, sieht vor dem Verrühren mit Milch aus wie Unkrautvernichtungsmittel.

»Und jetzt bist du hier bei mir im Badezimmer; dabei musst du gar nicht, weil ich heute schon größer bin als gestern.«

In diesem Moment fühlte ich mich wohlig warm, als säße ich selbst in der Badewanne. Das Bild, das mein Sohn von mir zeichnete, war viel strahlender als das frustrierte Gesicht mit gerunzelter Stirn, das ich kurz zuvor im Badezimmerspiegel gesehen hatte. Wie James Stewart in dem Filmklassiker *Ist das Leben nicht schön?* durfte ich mir ansehen, wie anders Nicks Tag verlaufen wäre, wenn ich mir nicht die Zeit für diese scheinbar nebensächlichen kleinen Gesten genommen hätte.

Mein Problem war, dass auf meiner Aufgabenliste für den Tag »Legoteilchen finden« gar nicht draufstand. Ich hatte auch nicht darüber nachgedacht, dass ich den Kindern ein Gericht gönnte, das ich selbst verabscheute, und ich zollte mir selbst keine Anerkennung dafür, dass ich Nick Gesellschaft leistete, obwohl er, wie er mir erklärte, ja schon schwimmen konnte, seit er fünf war. Die zahllosen kleinen Freundlichkeiten, die meinen Tag ausfüllten und alles andere zur Nebensache machten, schafften es nie auf meine Aufgabenliste. Nachdem mich mein weiser Sohn dazu veranlasst hatte, meine Liste noch einmal durchzugehen, zerriss ich sie und begann noch einmal von vorn, wobei ich dieses Mal alles mit aufnahm, was ich an jenem Tag getan hatte. Dann strich ich mit einem zufriedenen Grinsen die ersten 20 Punkte durch, deren erster »Legoteilchen finden« lautete.

Auf den Videofilmen unseres Mutterdaseins überwiegen die großen Ereignisse – Geburtstagsfeiern, Ausflüge in den Freizeitpark, der Besuch des Fußballstadions. Doch unsere Kinder haben die verblüffende Fähigkeit, eine einzelne Situation einzufrieren, einen Augenblick ganz nah heranzuholen und ihn sehr lange im Herzen zu bewahren. An den Besuch des Kindermusicals erinnert man sich nicht wegen der hervorragenden Plätze, für die man vier Stunden lang angestanden hat, sondern weil man über einen Witz seines Sechsjährigen Tränen gelacht hat. Der Urlaub, der ein ganzes Monatsgehalt gekostet hat, verblasst gänzlich, wohingegen der Abend, an dem man kurz entschlossen das Essen ausfallen ließ, um mit seinem Achtjährigen Drachen steigen zu lassen, dauerhaft auf der Festplatte gespeichert ist. Wenn wir uns die Zeit nehmen, uns für all diese kleinen Wunder auf die Schulter zu klopfen, selbst den planlosesten Tag durch die anerkennende Linse unserer Kinder zu betrachten, dann haben wir nicht nur weniger Schuldgefühle und mehr Geduld, sondern können auch verdientermaßen stolz auf uns sein.

Bin ich im falschen Film?

Für Ihre Erfolge, so flüchtig sie auch zu sein scheinen, sollten Sie sich auch aus einem anderen Grund loben. So lässt sich nämlich das, wie ich es nenne, »Bin-ich-im-falschen-Film-Syndrom« vermeiden. Als Nick in der Vorschule und Maddie in der zweiten Klasse war, quälte ich mich (und Steve) mit dem fast wahnhaften Streben nach einem gemeinsamen Abendessen im Kreis der Familie. Ich versprach, pünktlich um sechs das Büro zu verlassen, tat so, als bräuchte ich nur 40 Minuten für den Weg nach Hause (was nur an Feiertagen wie dem Nationalfeiertag und

Jom Kippur der Fall war), raste in die Wohnung und versuchte, in zwölf Minuten so etwas wie eine Mahlzeit auf den Tisch zu bringen, während zwei hungrige Kinder jammerten und um mich herumtigerten. Wenig später kam auch Steve angehetzt, und wir schlangen gezwungen gut gelaunt unser mittlerweile kaltes Essen herunter.

Ich beschwerte mich mal wieder, dass unsere Gewohnheiten nicht gerade zivilisiert waren und die Kinder später kaum Erinnerungen an ein warmes Abendessen im Kreis der Familie haben würden, ganz zu schweigen von den gewaltigen Kosten für den Seelenklempner, als Steve mir die Hände auf die Schultern legte, mir in die Augen blickte und sagte: »Du bist im falschen Film.«

»Wie meinst du das?«, fragte ich.

»Du erinnerst dich an das Abendessen deiner eigenen Kindheit, das für den Zusammenhalt eurer Familie stand. Aber unsere Familie ist anders. Die Kinder werden jede Menge schöner Erinnerungen in sich tragen – vielleicht nicht an das Abendessen mit uns, dafür aber an das Vorlesen im Bett und an die langen Urlaube, die wir zusammen machen, an die gemeinsamen Ausflüge.«

Er hatte Recht. Mein Vater war Gynäkologe; er verließ das Haus vor dem Frühstück und kehrte abends punkt sechs Uhr zurück (wenn er nicht gerade im Kreißsaal war). Das Abendessen um sieben war heilig; niemand außer meinem Vater durfte ans Telefon gehen, während wir aßen und uns unterhielten und im familiären Zusammenhalt übten. Längere Urlaube dagegen waren rar. Weil Papa nie weiter von zu Hause weg konnte, waren wir am Wochenende selten woanders als in Manhattan. Den Sommer verbrachten wir in Cape Cod, wobei mein Vater nur kurze Zeit bei uns blieb. Den Rest des Jahres waren ausgedehnte Familienurlaube überhaupt nicht möglich.

Maddie dagegen war im Alter von drei Monaten zum ersten Mal in Florida gewesen. Steve und ich legten Wert darauf, dass wir genug Geld für mindestens einen gemeinsamen Familienurlaub beiseite legten. Unsere Kinder verbrachten den Sommer in den Adirondacks, reisten nach Florida, besuchten Verwandte in Kalifornien und machten Wochenendausflüge – und all das in einem Alter, in dem das in meiner Familie undenkbar gewesen wäre. Was nicht heißen soll, dass sie auf jeden Fall schönere Erinnerungen haben werden als ich. Ich hatte nicht das Gefühl, etwas versäumt zu haben. Sie waren einfach in einem anderen Film als ich. Zu den Freuden des Elterndaseins gehört es, dass Sie Ihren eigenen Film drehen, selbst bestimmen, wann und wie Sie für Ihre Kinder da sind, aber auch akzeptieren, was alles nicht geht.

Die Anspruchsfalle

Natürlich war es wunderbar, als Nick mich an jenem Abend im Badezimmer aufmunterte. Doch ich kann nicht behaupten, dass so etwas in den ersten Schuljahren meiner Kinder besonders häufig vorkam. Meine Kinder waren süß und liebevoll, relativ brav und dankbar – meistens jedenfalls. Trotzdem plagte mich oft das bittere Gefühl, dass sie meine Arbeit als selbstverständlich hinnahmen, sie nicht würdigten. Oft kochten Wut und Zorn schon morgens in mir hoch, wenn ich vor der Arbeit durchs Haus hastete, achtlos hingeworfene Kleidung aufhob, die Küche aufräumte, die Kinder antrieb und die altbekannte Checkliste herunterleierte: »Habt ihr euer Schulbrot? Wie steht es mit dem Formular für Miss Katz? Hast du an deine Mathehausaufgaben gedacht?« Oder ich gab am Abend die Hauptrolle in dem Einakter »Die Stunde der Hexe« mit dem abgedroschenen Monolog, dass ich nicht die Sklavin meiner Kinder sei und sie ihren Anteil leisten müssten. Doch was mich eigentlich belastete, ging weit über die Hausarbeit hinaus.

Wie die meisten Eltern waren Steve und ich bemüht, unseren Kindern viel zu bieten – von der Privatschule über die Klavierstunden bis hin zum Zeltlager. Wir lobten jeden Erfolg, rahmten unzählige Bleistiftzeichnungen, rühmten die Talente unserer Kinder, verlangten jedoch kaum, dass auch sie Verantwortung übernahmen. In dieser Phase als Mutter fragte ich mich, ob wir den Kindern vielleicht zu viel gaben, sie übermäßig lobten und ihnen zu viel abnahmen. Hinderten wir sie womöglich daran, aus Fehlern zu lernen oder auch Schmerzen zu ertragen, und sich auf diese Weise über sich selbst und ihre Stellung in der Welt klar zu werden? Der Psychologe Dan Kindlon sagt: »Mit Geld können wir unsere Kinder weder vor den Unannehmlichkeiten des Heranwachsens bewahren noch ihnen eine Persönlichkeit kaufen.«[5]

Fachleute wie Kindlon, Diane Ehrensaft, Ron Taffel und David Elkind haben sich überzeugend mit der abträglichen Wirkung übersteigerter Nachgiebigkeit auf unsere Kinder befasst. Wenn wir – in bester Absicht – zu viel geben und zu wenig erwarten, torpedieren wir womöglich das Glück unserer Kinder – so paradox das klingen mag. Paradox deshalb, weil wir ja oft aus dem Wunsch heraus handeln, unsere Kinder glücklich zu machen und sie nicht zu enttäuschen. Ich habe mit vielen Müttern gesprochen, die, wenn es um Forderungen an ihre Schulkinder geht, den Refrain anstimmen: »Er verbringt jetzt so viel Zeit in der Schule und auf dem Sportplatz, dass ich ihn kaum sehe. Ich will deshalb nicht, dass wir die paar gemeinsamen Stunden mit Nörgelei und Gejammer verbringen.«

Gleichzeitig befürchten die meisten Mütter schulpflichtiger Kinder, dass sie ihr Kind verwöhnen. Ich werde nie vergessen, wie die Medien sich überschlugen, als während der Antrittsrede des New Yorker Bürgermeisters Rudolph Giuliani 1994 dessen damals siebenjähriger Sohn Andrew vor dem Podium kicherte, auf seinem Stuhl herumrutschte und Grimassen in die Kameras schnitt. Sein schlechtes Benehmen sandte ein Beben durch die peinlich berührte Nation und löste Diskussionen, empörte Zeitungskommentare, Sketche in Comedyshows sowie Radioberichte aus, die von der laxen Erziehung Donna und Rudi Giulianis bis hin zum miesen Charakter der heutigen Jugend so ziemlich alles aufs Korn nahmen. Eine New Yorker Zeitungsleserin behauptete gar, das Benehmen des jungen Giuliani lasse sie an der Regierungsfähigkeit seines Vaters zweifeln: »Ich habe den Bürgermeister gewählt, doch nun kommen mir Bedenken, ob er in der Lage ist, gegen kriminelles Verhalten in einer Millionenstadt vorzugehen, wenn es ihm nicht einmal in seiner vierköpfigen Familie gelingt.«[6]

Ich würde das Verhalten eines Siebenjährigen, der sich bei der Amtseinführung seines Vaters danebenbenimmt, nicht als »kriminell« bezeichnen, aber wenn ein Kind in der Öffentlichkeit aus der Rolle fällt, kann das den Eltern doch den letzten Nerv rauben. Mit einem schreienden Kleinkind an der Supermarktkasse zu stehen, ist schon aufreibend genug, doch richtig schlimm wird es, wenn das schreiende Kind doppelt so alt ist – oder zumindest alt genug, um es besser zu wissen. Wenn Maddie und Nick als Zwei- oder Dreijährige im Supermarkt oder im Spielwarenladen eine Szene machten, fand ich das weniger schlimm als später, wenn sie mir in der Öffentlichkeit eine patzige Antwort gaben. Ein Kleinkind zu ermahnen, leiser zu sein, ist leichter, als eine Neunjährige aufzufordern, ihr schnippisches Gehabe sein zu lassen. Eine Kollegin beschwerte sich neulich über ihre Neunjährige: »Ich kann nichts sagen, ohne dass sie irgendwie negativ reagiert. Das ist viel schlimmer als damals, als sie noch klein war.«

Claire, Sozialarbeiterin aus Washington, D.C. erzählte, dass ihre zierliche Tochter, die in die fünfte Klasse geht, mit ihren 18 Kilogramm auftritt wie eine Sumoringerin. »Sie sieht mich an, die Hände in die Hüften gestemmt, verdreht die Augen und sagt: ›Warst du denn nie jung, Mama?‹« Auf einem Schild an ihrer Zimmertür steht: »Achtung, draußen bleiben! Das Haus ist nur bis zu dieser Tür ausgebaut!«

Das Schild gibt einen Hinweis darauf, was in den ersten Schuljahren geschieht, wenn die Kinder »noch nicht fertig« sind und darum ringen herauszufinden, was für eine Art Mensch sie gern sein möchten. Sie sind noch immer Kinder, jedoch in viel höherem Maße in die Erwachsenenwelt involviert, als wir das waren. So entsteht Psychologen zufolge ein Druck, zu schnell erwachsen zu werden,[7] in die Welt der »Kind-Erwachsenen« einzutreten.[8] Eine Autorin beschreibt die unter Zwölfjährigen so: »Diese Generation hat gelernt, Autoritäten abzulehnen und anzuzweifeln, nicht alles zu glauben – kurz, in die Welt der Erwachsenen einzutreten, lange bevor sie erwachsen sind.«[9]

Wenn Ihre Achtjährige im bauchfreien T-Shirt herumläuft und in Jeans, die ihr über die schmalen Hüften rutschen, oder wenn Ihr Neunjähriger sich lautstark über seinen Lehrer aufregt, »diesen Idioten«, stellen Sie voll Unbehagen fest, dass die Grenzen zwischen Ihrer Erwachsenenwelt und der Welt Ihrer Kinder verwischen. Wenn das geschieht, dann sollten wir in uns gehen und darüber nachdenken, ob wir diese Erosion unbewusst mitverursachen, indem wir pseudoerwachsenes Verhalten stillschweigend dulden. Schließlich macht es Spaß, sich mit dem Neunjährigen einen Film anzusehen, der vor einem Jahr noch nichts für ihn gewesen wäre. Es ist nett, mit einer Achtjährigen einkaufen zu gehen, die Ihnen gern bei der Auswahl der neusten Mode behilflich ist. Doch für Kinder ist es alles andere als förderlich, wenn sich die Mama auf ihrem Niveau bewegt, wenn die Machtverteilung in der Beziehung ausgewogen ist. Dan Kindlon warnt: »Der Aufbau einer engen Beziehung zu unseren Kindern sollte nicht zu dem Preis geschehen, dass wir keine klaren Grenzen mehr ziehen, keine Regeln aufstellen, wenn das Kind es braucht.«[10]

Der Preis sollte auch nicht sein, dass wir den Kindern keine Verantwortung überlassen. Dem natürlichen Bedürfnis eines Schulkindes, wie »ein Großer« behandelt zu werden, kommt man am besten nach, indem man es Aufgaben selbstständig erledigen lässt. Ich weiß noch, wie verblüfft und skeptisch ich zunächst reagierte, als mir eine Vollzeitmutter, die ich von der Schule her kannte, sagte, ihre Kinder müssten sich selbst um ihre Wäsche kümmern. Diese Mutter hatte drei Kinder, einen höchst erfolgreichen Ehemann, ein riesiges Haus, ein Auto mit

Chauffeur und mehrere Bedienstete. »Aber haben Sie denn niemanden, der Ihnen die Wäsche macht?«, fragte ich in dem Wissen, dass sie eine Haushälterin, eine Kinderfrau und eine persönliche Sekretärin beschäftigte.

»Wir sind nicht darauf angewiesen, dass Zach sich die Kleider selbst wäscht, wenn Sie das meinen«, antwortete sie. »Aber wir sind der Ansicht, dass er waschen, kochen und putzen lernen sollte.«

Mir wurde plötzlich bewusst, dass meine Kinder zwar mit verbundenen Augen den Videorekorder programmieren konnten, aber keine Ahnung hatten, wo der Unterschied zwischen der »Vorwäsche« und dem »Spülgang« liegt. Ich hatte nicht das Gefühl, dass sie verwöhnt waren, doch befürchtete ich, dass das lähmende Anspruchsdenken meinen Kindern schaden könnte – wie jedem Kind der gehobenen Mittelschicht.

Ein paar Tage später unterhielt ich mich mit einer Freundin, die mit ihrem Mann und ihren damals sechs und acht Jahre alten Söhnen in einen schicken Vorort gezogen war. Ich fragte Amy, was ihr in der Erziehung zweier Schuljungen am meisten Sorgen bereitete. Sehr schnell kam sie auf die Frage des Anspruchs. »Ich kämpfe darum, den Jungs die Werte beizubringen, die ich in meiner nicht sehr reichen Familie für selbstverständlich hielt. Wir leben in einer der wohlhabendsten Gegenden unseres Bundesstaates, aber wir sind nicht reich. Die Gemeinde hat hervorragende Schulen, doch bei dem, was wir besitzen, bewegen wir uns am unteren Ende der Fahnenstange. In den Schulferien fahren die Nachbarn nach Hawaii oder Europa. Wir können uns das nicht leisten. Wir wohnen auch nicht in einem Riesenhaus oder reden ständig über den Innenarchitekten und den Landschaftsgärtner und die Bediensteten. Aber ich habe über die Jahre gelernt, damit umzugehen, habe gelernt, dass es nicht das Wichtigste ist im Leben, und das bringe ich auch meinen Kindern bei. Als Noah neulich fragte: ›Warum können wir keinen Pool haben?‹, antwortete ich zunächst: ›Wir haben keinen Platz für einen Pool‹, doch dann fügte ich hinzu, dass wir uns sehr glücklich schätzen können mit dem, was wir haben, auch mit der Liebe, die bei uns im Haus herrscht. Ich sagte ihm, wir sollten dankbar dafür sein. Natürlich verdrehte er die Augen!«

Die Predigt »Als ich ein Kind war, musste ich zehn Kilometer durch den Schnee zur Schule laufen« zieht natürlich bei der PlayStation-Gemeinde nicht mehr. Der Beste sein, das Meiste haben, das Neueste kennen, das Größte besitzen – all das hängt eng mit der Verletzlichkeit und der furchtbaren Angst eines Dritt- oder Viertklässlers zusammen, von den Altersgenossen ausgegrenzt zu werden, weil man anders ist. Kinder sind in diesem Alter furchtbar schlechte Verlierer (»Nochmal!«). Sie beugen gern die Wahrheit (»Mein Vater ist der beste Tennisspieler der Welt«) und ziehen ständig Vergleiche (»Warum haben wir nicht …«). Das Problem ist, dass man ganz schnell dem Zwang erliegt, mit den Nachbarn mithalten zu müssen. Häufig geht es dabei nicht einmal um die Frage, welches Auto die Nachbarn fahren, sondern um eine viel subtilere Art des Wettbewerbs, die unser Selbstvertrauen erschüttert.

Rivalität unter Eltern

Vor ein paar Jahren rief mich meine Freundin Kate an, um ihrem Ärger Luft zu machen. »Ich brauche deinen Rat«, sagte sie angespannt. »Hunter ist heute Nachmittag bei einem Freund eingeladen gewesen, und als er nach Hause kam, verkündete er, dass die Mutter des Freundes mit ihnen ins Kino gegangen ist, *South Park* ansehen.«

»Ist der nicht ab 18?«, fragte ich.

»Ja! Und Hunter weiß, dass er nur Filme bis 12 ansehen darf. Ihm mache ich aber keine Vorwürfe. Ich rief die Mutter an und sagte ihr, wie mich das ärgert. Du wirst es nicht glauben, aber sie redet die ganze Zeit davon, dass es gar nicht so schlecht war und dass die Jungs viele von den Witzen gar nicht verstanden haben. Ich kam mir vor wie ein Idiot.«

Ich sprach ihr mein Mitgefühl aus, denn ich hatte mit der Mutter einer Freundin von Maddie eine ähnliche Erfahrung gemacht. Sie hatte die damals neunjährigen Mädchen allein im Haus gelassen, um Besorgungen zu machen. Kate und ich suhlten uns eine Weile in unserer aufrechten Empörung, bis ich schuldbewusst eingestand, dass die Sache auch schon genau anders herum gelaufen war. Ich erinnerte mich, wie ich Nick und seinen Klassenkameraden Limo und Chips serviert hatte, während sie eine geistlose Fernsehshow ansahen. Kurz darauf rief mich eine Mutter an und informierte mich darüber, dass ihr Sohn nie Limo trinke und nur eine halbe Stunde pro Woche fernsehe, und zwar »ausschließlich pädagogisch wertvolle Sendungen«.

Zunächst geißelte ich diese Frau natürlich als Gesundheitsfanatikerin mit Bildungsspleen, doch die Vorstellung, dass mein lascher Umgang mit Zucker, Sprudel und Satellitenfernsehen mich zur »Mutter zweiter Klasse« abstempelte, traf mich doch hart. Ich hatte das gleiche Bedürfnis zu beweisen, dass ich Recht und sie Unrecht hatte, wie meine Kinder unter Gleichaltrigen. Der Unterschied zwischen diesen Selbstzweifeln und den Wolken, die in Nicks und Maddies Kleinkindzeit hin und wieder aufgezogen waren, bestand darin, dass sie praktisch unablässig an mir nagten. Kaum ein Tag verging, an dem ich meinen Erziehungsstil – sei es bei der angemessenen Kleidung, der Schlafenszeit oder dem Fernsehprogramm – nicht in Frage stellte. Alles war problematisch. Natürlich konnte ich gleich gesinnte Freundinnen anrufen (oder solche mit mehr als drei Kindern), um mir versichern zu lassen, dass es völlig in Ordnung ist, wenn man sich hin und wieder mit Kartoffelchips voll stopft. Doch der Druck, das Richtige zu tun, insbesondere wenn es um die moralische Entwicklung der Kinder geht, ist unglaublich groß. *South Park* gehörte sicher in die Tabu-Abteilung, aber was war mit Sitcoms zur besten Sendezeit, in denen sich ein sexistischer Witz an den nächsten reiht? Wie lange konnte ich an der Videospielefront noch die Stellung halten und die allgegenwärtigen

Ballerspiele umschiffen? Und würden sie Nick auf lange Sicht überhaupt schaden? Wie viele Termine brauchte Maddie nach der Schule zu ihrem Glück und der Pflege ihrer aufblühenden Talente? War es nicht wichtiger, mehr innerhalb der Familie zu unternehmen?

Ich habe zahllose Mütter den Selbstzweifelblues anstimmen hören, doch in den Jahren vor dem zehnten Geburtstag wird er eindringlicher. »Im Moment bin ich recht zuversichtlich, weil ich das Gefühl habe, das Leben meiner Kinder im Griff zu haben«, sagte Amy. »Ich stelle noch immer die Regeln auf, und sie hören auf mich. Aber ich schaue in die Zukunft und fürchte mich davor, was ich so über Drogen und Sex und Alkohol höre. Ich mache mir Sorgen, dass ich die Kontrolle verlieren könnte, und manchmal stelle ich deshalb schon kleine Dinge in Frage, etwa ob sie mit Spielzeugwaffen spielen, sich einen bestimmten Film ansehen oder länger aufbleiben sollten.«

Damit der Druck der Altersgenossen und die Selbstzweifel nicht allzu groß werden, klärte ich mit Steve, welche Punkte mir besonders wichtig waren und welche Regeln wir als unumstößlich betrachteten. Ich hasse Spielzeugwaffen aller Art, sodass Nick schon früh lernte, dass selbst Wasserpistolen nicht erlaubt waren. (Ich gab erst nach, als er in ein Zeltlager ging, für das Wasserwaffen aller Art – Ballons, Wasserschläuche und riesige Wasserpistolen – unbedingte Voraussetzung waren.) Meine Freundin Nicole erließ ein Gesetz, nach dem an Schultagen abends Fernsehen verboten ist und gegen das ihre vier Kinder nur sehr selten verstoßen dürfen. Wenn sie von Freunden nach Hause kommen und sich lautstark beschweren (»Ariel darf so viel fernsehen, wie er will!«), zuckt Nicole nur mit den Schultern und lässt ein verächtliches »Pfff!« hören, wie es nur eine Französin beherrscht. Eine andere Freundin hat ebenfalls eine nützliche Waffe entwickelt, wenn es wieder mal heißt »Aber die Mama von sowieso erlaubt es«. Sie sagt: »Hmmm«, und wendet sich dann wieder ihrer Arbeit zu.

Natürlich kann man nicht jeden Angriff auf die eigene Autorität mit einem Schulterzucken oder einem »Hmmm« abtun. Aber man kann sich angewöhnen, nur über die Probleme zu diskutieren, die eine differenzierte Antwort verdienen. In den anderen Fällen kann man durchaus sagen: »Sieh mal, es tut mir Leid, dass du enttäuscht und sauer bist. Aber an Schultagen gibt es eine Stunde Fernsehen oder Lesen vor dem Schlafengehen. Wir können zusammen lesen oder nicht, das liegt bei dir.« Wenn Ihr Kind nun brüllt: »Ich hasse dich! Ich rede nie wieder mit dir!« oder »Immer machst du alles kaputt!« oder »Das ist mir doch egal!«, dann trösten Sie sich damit, dass Ihr Kind, während Sie vielleicht die ganze Nacht mit schlechtem Gewissen wachliegen, wie ein Stein schläft und am nächsten Morgen glücklich und lieb wieder aufwacht.

Bleibende Werte

Oft begehen wir den Fehler, dass wir uns nicht die Zeit nehmen, einmal über den ideellen Kern unserer Familie nachzudenken, darüber, welche Werte unser Schulkind jetzt bereits in sich trägt und später im Leben umsetzt. Unsere Kinder sind besser gerüstet, schwere Entscheidungen zu treffen, wenn sie in Situationen, in denen es nicht um Leben und Tod geht, bereits geübt haben, zu ihren Überzeugungen zu stehen. Doch das können sie nur, wenn wir die Werte, die wir für besonders wichtig halten, vorleben und artikulieren.

Natürlich lassen sich moralische Werte nicht in einer Schritt-für-Schritt-Anleitung vermitteln, auch wenn es in einigen Zeitschriften so dargestellt wird. Sie können Ihren Kindern beibringen, zwischen Gut und Böse zu unterschieden, indem Sie sich auf Ratgeber verlassen oder auf Ihren eigenen Glauben. Aber wenn Sie soziales Verhalten nicht vorleben, werden Ihre Kinder auch nicht viel davon übernehmen. Und selbst wenn Sie das tun, fragen Sie sich bisweilen, ob Ihre Kinder verstehen, warum Bildung, Freundschaft oder Arbeit so wichtig sind. In einem Alter, in dem sie immer nur »haben« wollen, ist es nicht so einfach, zum Kern jenseits des Materiellen vorzudringen.

Das wurde mir an einem drückend heißen Sommertag bewusst, als die Kinder etwa sechs und neun waren und mich zu einem Markt geschleppt hatten, wo sie nach grässlichem und völlig überflüssigem Plastikspielzeug Ausschau hielten und nach Frittiertem, das später einmal für verkalkte Arterien sorgen würde. Ich wünschte mir nichts als ein schattiges Plätzchen, möglichst weit ab der beengenden Menschenmenge. Doch als wir fast draußen waren, rief Nick: »Guck mal, Maddie! Da ist so ein Hüpfding! Dürfen wir, Mama?«

Da ich bereits ein kleines Vermögen für wertlosen Tand ausgegeben hatte, war ich nicht gerade begeistert. »Ach, nun kommt schon«, seufzte ich müde. »Ich will jetzt wirklich nach Hause.«

»Nur einmal, Mami?«, bettelte Maddie. »Bitte!«

Ich gab nach und machte mir gleich darauf Vorwürfe, weil ich mal wieder zu nachgiebig war – das alte Spiel. Im schmerzenden Kopf machte sich das gefürchtete Wort »verwöhnt« breit, als die beiden sich in etwas warfen, was wie eine riesige Cocktailtomate aussah – eine Hüpfburg, in der die Kinder ohne Schuhe fünf wilde Minuten hopsen durften.

Ich stand mit einer Gruppe besorgter Eltern daneben und versuchte auf Zehenspitzen einen Blick auf die Kinder zu erhaschen, wenn sie am verschmierten Kunststofffenster vorbeihechteten. Ein kleiner Junge, nicht älter als zwei, saß stocksteif in der Mitte des aufgeblasenen Bodens, und Tränen der Angst kullerten ihm über die Pausbacken. Fliegende Vorschüler, die keine Augen für den unglücklichen Kleinen hatten, landeten gefährlich nahe neben ihm. Plötzlich sah ich, wie Nick auf das Kerlchen zuhüpfte, die größeren Hopser wegscheuchte und ihn bei der Hand nahm. Als sie Nick sah, kämpfte sich auch Maddie zu ihm durch und nahm die andere Hand des Kleinkindes. Gemeinsam führten sie ihn vorsichtig zu seiner dankbaren Mutter, die mit ihm in der Menge verschwand. Der Stolz ließ mich meine Kopfschmerzen fast vergessen.

Ein paar Monate später schrieb ich in meinem Editorial für die Zeitschrift *Parents* über diesen Tag und merkte an, »ob die Botschaft der Liebe und des sozialen Miteinander zu unseren Kindern durchdringt, wissen wir erst, wenn wir solche Momente erleben«. Etwa eine Woche später erhielt ich einen langen Brief von der Mutter des unglücklichen Kleinkindes in der Hüpfburg, die zufälligerweise *Parents*-Leserin war. Ich erinnere mich nicht mehr an den genauen Wortlaut, aber sie ließ mein Stolzbarometer noch einmal emporschnellen, als sie mir versicherte, wie dankbar sie war, und wie sehr Nicks und Maddies Verhalten sie beeindruckt hatte.

Meine Gefühle entsprangen der Sorge, meine Kinder könnten nicht genügend Gelegenheit haben, anderen etwas zu geben. Natürlich sammelten und verteilten wir in den Ferien Geschenke für obdachlose Kinder, besuchten meine ans Haus gefesselte neunzigjährige Tante, beschenkten Verwandte und Freunde. Doch meine Kinder lebten in einer Welt des Überflusses; sie hatten einfach zu viel des Guten.

Zeit, Grenzen und Fürsorge – Dan Kindlon erkennt darin die »heilige Dreifaltigkeit der Kindererziehung«: »Zeit – einfach nur für die Kinder da sein, präsent sein, verfügbar sein, Zeit mit den Kindern verbringen. Grenzen – nein sagen können, den Zorn der Kinder auf sich ziehen und sie dazu bringen, Dinge zu tun, die ihnen schwer fallen. Und Fürsorge – sich für das Leben unserer Kinder interessieren, bereit sein, sich anzuhören, was sie auf der Seele haben, und teilhaben an dem, was sie tun, selbst wenn wir es nicht so interessant finden.«[11]

Alle drei Punkte sollten uns in jeder Phase als Mutter leiten, doch der Anspruch, Interesse an dem zu bekunden, was unsere Kinder tun, gilt besonders für die ersten Schuljahre. Zu dieser Zeit begeistert sich Ihr Kind für Dinge, die Sie vielleicht quälend langweilig finden – Briefmarken beispielsweise oder Basketball oder Britney Spears. Stundenlang inventarisieren sie, beten einschläfernde Statistiken herunter, und ständig haben sie einen unersättlichen Appetit auf mehr. Die Kinder sind in diesem

Alter Sammler, weil sie auf der Suche nach sich selbst eine Tätigkeit brauchen, die sie souverän beherrschen. Indem Sie das Kind mit seiner Leidenschaft ernst nehmen, respektieren und motivieren Sie es und signalisieren ihm, dass es ein echter Wert ist, etwas zu finden, wofür man sich begeistern kann.

Wenn es Ihnen nicht gelingt, sich auf die Feinheiten des Nintendo einzulassen, sollten Sie eine andere gemeinsame Ebene mit Ihrem Siebenjährigen suchen, auf der er sich Ihnen öffnen kann. Eine Mutter, die ich neulich auf einer Party traf, erzählte mir, dass sie sich völlig von ihrem Sohn abgeschnitten fühlte, weil seine Begeisterung für Baseball alles andere in den Schatten stellte. »Ich konnte mich einfach nicht da hineindenken«, sagte sie. »Ich hab's versucht, aber wenn ich mir die Statistiken über die Schläge von Sowieso oder die Neuigkeiten über Teamzukäufe anhören musste, hätte ich mich am liebsten die Treppe hinuntergestürzt.« Dann entdeckte sie, dass ihr Sohn gern im Garten arbeitete. »Ich mache mir viel aus Blumen. Ich wollte James erst nicht dabei haben, aber dann wurde mir klar, dass das eine wunderbare Gelegenheit war. Als er statt des Unkrauts einen Sämling herausriss, habe ich einmal tief durchgeatmet und ihm noch einmal gezeigt, wonach er suchen soll. Wir haben den schönsten Sommer seit Jahren, haben geplant und gepflanzt, und jetzt warten wir, dass das Gemüse wächst. Er schwört, dass er sogar den Brokkoli essen wird!«

Wenn Sie mehr als ein Kind haben, ist es zwar noch schwieriger, zu jedem ein vertrautes Verhältnis aufzubauen, doch es gibt Ihnen auch mehr. Mary, die vier Kinder hat, erinnerte sich an einen Ausflug mit ihrem damals neunjährigen Sohn: »Die Zugfahrt mit Peter nach New York werde ich nie vergessen. Es war ein wunderschöner Ausflug. Ich habe jedes Detail aufgeschrieben. Er setzte mir seine Kopfhörer auf und sagte: ›Mama, hör dir mal Will Smith an.‹ Er malte mir mit dem Stift ein chinesisches Symbol auf den Arm, das ›gute Frau‹ bedeutet. Alles drehte sich nur um uns beide.«

Der Spaß und die Vertrautheit, die Mary und ihr Sohn erlebten, spiegelte sich in dem Lächeln, das vielen Müttern über das Gesicht huschte, wenn ich sie nach dieser Zeit fragte. Viele sagten, ihre Kinder seien in dieser Phase »unterhaltsam«, »lustig«, »lebhaft«, »interessant« und »verständig« gewesen. »Es ist einfach toll, mit ihnen zusammen zu sein«, sagte Amy, als sie mit glänzenden Augen an ihre sechs und neun Jahre alten Jungen dachte. »Ich bin furchtbar gern mit ihnen zusammen. Wir fahren auch gemeinsam in Urlaub, weil Andy und ich uns nicht von den Kindern trennen wollen.«

»William bringt mich jeden Tag zum Lachen. Schon wie er sich ausdrückt, ist so wunderbar«, schwärmte Laurie, als ich sie nach ihrem siebenjährigen Sohn fragte. »Letztes Wochenende haben Jim und ich ihn mit auf eine Party genommen. Er war den ganzen Abend ein echter Gentleman. Als wir gingen, begann die Band dieses Lied zu spielen, unser Hochzeitslied. Also tanzten wir draußen auf dem Parkplatz. William ging neben meiner Schwester her und sagte zu ihr: ›Es scheint so, als wären meine Eltern gerade romantisch.‹ Wir mussten so lachen!«

Auch meine Freundin Jane war gern mit ihrem Sohn zusammen, verreiste mit ihm und redete mit ihm über Bücher, die er las, oder über seine Freunde in der Schule. Sie war stolz, wenn sie sich den Eltern seiner Freunde vorstellen konnte: »Hallo! Ich bin Jesses Mutter.« Die Mutter dieses lebhaften, klugen, lustigen Jungen zu sein, gehörte zu ihrem Selbstbild. Doch als sein neunter Geburtstag näher rückte, wurde Jane von einem tiefen und vertrauten Kummer eingeholt. »Meine Mutter starb, als ich neun war«, sagte sie. »Ich schaue Jesse an und muss daran denken, wie es mir ging; ich kann mir nicht helfen, aber ich erlebe wieder diesen Schmerz, obwohl mir klar ist, was für ein Glück ich habe, dass ich gesund bin und wahrscheinlich noch viele Jahre seine Mutter sein kann. Das war meiner Mutter nicht vergönnt.«

In dieser Phase erinnern wir uns verstärkt an unsere Kindheit und übertragen dann gern Erinnerungen an die Schulzeit auf unsere Kinder. Die meisten von uns können sich kaum an den

Kindergarten erinnern, aber ich bin mir sicher, dass Sie noch wissen, wie Ihre Lehrer in der ersten, zweiten, dritten und vierten Klasse hießen. Vor allem kommen die Gedanken und Gefühle, die Freude und der Schmerz wieder hoch, die das Verhältnis zu den Eltern und Geschwistern prägten. Sie können nachvollziehen, wie dieses Verhältnis Ihr heutiges Ich geformt hat, und sich bewusst dazu entschließen, mit der Erziehung Ihrer Kinder Ihre eigene Erziehung zu wiederholen, zu revidieren oder ganz über den Haufen zu werfen.

Oft sind die Geister aus der Vergangenheit gnädig. Wir erinnern uns gern an das positive Verhältnis zu unseren Eltern und Geschwistern, ja, wir versuchen es durch Urlaubsrituale, Familiengeschichten und -späße zu wiederholen. Häufig erinnern wir uns aber auch an schmerzvolle Momente, in denen unsere Eltern etwas versäumten oder die Grausamkeit unserer Geschwister dunkle Schatten warfen. Solche Erfahrungen lösen komplizierte Reaktionen auf das Verhalten unserer Kinder aus. Der Wunsch, die Leichen im Keller eben dort zu belassen, ist verständlich. Trotzdem sollten wir diese relativ unkomplizierte Phase in der Entwicklung unserer Kinder dazu nutzen, an unserer eigenen Vergangenheit zu arbeiten und lieber nicht damit bis in die Vorpubertät oder Pubertät zu warten, weil dann das Leben entschieden – nun ja – turbulenter wird.

Geschwisterrivalität minimieren

Da wir uns nun lebhafter an die Dynamik in unserer eigenen Familie erinnern, erleben wir die Rivalität zwischen unseren eigenen Kindern als besonders schmerzvoll. Zum einen werden die Kämpfe hässlicher. Wenn Ihre Kinder im Kindergartenalter aneinander gerieten, konnten Sie schlichten, sie ablenken, trösten. Doch nun verfügen sie über emotionale Waffen, die sie mit erbarmungsloser Präzision auf das Ego ihres Gegenübers richten, und Sie ärgern sich nicht mehr nur, sondern sind empört.

Die Geister aus der Vergangenheit kommen hoch, Ihnen dreht sich der Magen um, und Sie würden Ihrem Neunjährigen am liebsten die Nachttischlampe über den Kopf ziehen, wenn er seine etwas pummelige kleine Schwester höhnisch lachend als »fette Kuh« bezeichnet.

Ich werde nie vergessen, wie ich für einen Beitrag über »Couch-Potatoe-Kinder« für die Fernsehshow *Good Morning America* einen Jungen interviewte. Seinen Eltern zufolge steckte Derek in einem teuflischen Kreislauf fest: Er wurde immer dicker, weshalb es ihm immer schwerer fiel, Sport zu treiben. Er litt darunter, und seine Eltern machten sich ernsthaft Sorgen. Doch zu Beginn des Interviews behauptete Derek, dass er in der Schule nur selten gehänselt wurde. »Aber deine Mutter und dein Vater haben gesagt, dass du häufig als Letzter ins Fußballteam gewählt wirst«, wagte ich mich vor.

»Nein, ich werde als Erster gewählt«, sagte er ohne den geringsten Anflug von Unsicherheit.

»Aber hänseln dich die Kinder in der Schule denn gar nicht?«, fragte ich.

»Nein, eigentlich nicht«, sagte er.

Mich packte die Panik. Der Beitrag, den wir über das »einsame, stressreiche Leben eines Couch-Potatoe-Kindes« machen wollten, geriet zum konfliktfreien Kuschelstück – nicht gerade der herzerweichende Stoff, für den man quer durchs ganze Land reist.

Nun fragte ich Derek, ob seine Schwestern ihn je hänselten.

»Ja«, sagte er so leise, dass ich ihn bitten musste, seine Antwort zu wiederholen.

»Wie nennen sie dich?«

»Sie nennen mich Fetty«, flüsterte er, die Schleusen öffneten sich, und die Tränen strömten über sein sommersprossiges Gesicht. Er weinte so heftig, dass wir die Kameras ausschalteten.

Auch körperliche Gewalt ist alles andere als lustig. Constance, die mit zwei Söhnen, die altersmäßig nicht weit auseinander liegen, in Großbritannien lebt, sagte, die beiden stritten sich mit wachsender Intensität und unter Anwendung körperlicher Gewalt »praktisch ständig«. »Die Tage, an denen es nicht rumst, sind wunderbar!«, sagte sie. »Ich weiß nicht, ob sie so handgreiflich würden, wenn sie Mädchen wären. Ständig hauen sie sich, kleben sich gegenseitig eine, ziehen sich an den Haaren, brüllen sich an. Schon früh erkannte ich am Schreien, ob es ernst war oder ob sie nur Aufmerksamkeit heischen wollten.«

Dennoch, so waren wir uns einig, ist es mitunter schwer zu unterscheiden. Ich weiß noch, wie ich die Treppe hinaufstürzte, um Maddie zu Hilfe zu eilen, die »Ni-i-i-ck! Hör auf!« schrie. Ich stürmte in ihr Zimmer und erwartete, eine blutige Lippe oder aufgekratzte Wangen vorzufinden. Doch da saßen die beiden Kinder im Abstand von einem Meter auf dem Boden und starrten einander an. Als ich Maddie fragte, warum sie geschrien hatte wie ein Berserker, antwortete sie: »Nick hat gesummt. Das ist wirklich nervig!« Und das war ihr Ernst. Es reichte oft schon, wenn einer atmete, dass der andere den Fehdehandschuh warf. Sah einer den anderen fragend an, reagierte dieser nicht selten wie ein wütendes Nashorn.

Als Nick in die zweite Klasse kam und Maddie in der vorpubertären Hölle schmorte, wurden ihre Kämpfe noch einmal gemeiner. Nick ließ sich von Maddies gehässigen Spötteleien leicht aus der Ruhe bringen. Sie wurden seltener handgreiflich, doch die Verletzungen, die sie sich gegenseitig zufügten, waren tief und nachhaltig. Ihre Streitigkeiten ließen mich verzweifeln, denn ich wusste zwar, dass ich sie gewähren lassen musste, doch im Grunde meines Herzens wünschte ich mir so sehr, dass sie gute Freunde sind.

Um diese Zeit veröffentlichte Nancy Samalin ihr Buch *Loving Each One Best: A Caring and Practical Approach to Raising Siblings*. Ihre Kernaussage lautete schlicht: Wenn man einen Geschwisterstreit schlichten will, muss man ein Problem lösen und nicht die Kinder dazu bringen, dass sie einander lieben.[12] Als ich Nancy wegen Maddie und Nick befragte, gab sie mir den weisen Rat: »Du kannst Liebe nicht verordnen. Du kannst nur die Teamarbeit fördern.«

Wie Sie das tun, hängt zu einem großen Teil vom Alter Ihrer Kinder ab, von Ihrem Erziehungsstil im Allgemeinen und von Ihren Zielen. Wenn Sie immer erwarten, dass Ihre Kinder freundlich und liebevoll miteinander umgehen, ist die Enttäuschung vorprogrammiert. Wenn Sie aber möchten, dass sich Ihre Kinder die Fernbedienung teilen, die Spielsachen des anderen in Ruhe lassen oder aufhören, sich gegenseitig zu beschimpfen, dann müssen Sie das angehen wie jede andere Erziehungsaufgabe auch: So lauten die Regeln, das sind die Konsequenzen – und kommt mir nicht damit, dass der andere angefangen hat.

Um jeden Preis sollten Sie dem F-Wort aus dem Weg gehen. »Das ist nicht fair!«, schallt es aus allen Geschwisterkämpfen. Und die Kinder haben Recht. Mama kann nicht fair sein. Sie kann den Schokoladenkuchen nicht absolut gleichmäßig glasieren und in exakt gleich große Teile schneiden. Selbst wenn sie der großen Schwester genau das gleiche Spielzeug schenkt wie ihrem kleinen Geschwisterchen, wird eins von ihnen unter dem Mikroskop eine winzige Abweichung finden. »Sie passen genau auf, was jeder bekommt«, sagte Amy und lachte, obwohl die Rivalität unter ihren Jungs sie wahnsinnig machte. »Aber man kann nicht fair sein. Niemals.«

Wir können nicht fair sein, weil unsere Kinder in unseren Augen gar nicht gleich sein wollen. Sie wollen unterschiedlich behandelt werden, wollen dafür geliebt werden, wie sie sind, und die Zuwendung bekommen, die ein etwas größeres Stück Schokoladenkuchen verspricht, aber nicht hergibt. Also sollten Sie der Versuchung widerstehen, Ihre Kinder passend zueinander einzukleiden oder ihnen die gleichen Spielsachen zu kaufen. Loben Sie Ihre ungleichen Kinder für ihre individuellen Fähigkeiten, und Sie werden viel seltener zu hören bekommen: »Das ist nicht fair!«

Bei einem Streit unter Geschwistern hilft es auch, sich klar zu machen, dass man nie völlig unparteiisch sein kann. Wenn Sie nicht gerade als Einzelkind aufgewachsen sind – und selbst dann gab es wahrscheinlich immer noch eine Menge Leute, die mit Ihnen um die Aufmerksamkeit Ihrer Mutter buhlten –, werden Sie die Wut und den Zorn, manchmal auch den tiefen Schmerz, die mit den Rivalitäten in Ihrer Herkunftsfamilie einhergingen, noch einmal durchleben. Ich weiß noch, wie es mir eines Morgens den Magen umdrehte, als der damals fünfjährige Nick zu mir ins Zimmer kam, um mir ein kleines Bündel Sammelkarten zu zeigen, das Maddie ihm »verkauft« hatte.

»Maddie hat sie dir verkauft, Liebling?«, fragte ich und schluckte schwer, um einen üblen Geschmack im Mund loszuwerden. »Für wie viel?«

»Acht Dollar«, antwortete Nick fröhlich.

»Acht Dollar! Das ist dein Taschengeld für vier Monate – ganz abgesehen davon, dass diese Karten nicht mehr als acht Cent wert sind!« Ehe ich mich besonnen hatte, stürmte ich in Maddies Zimmer. Ich war so wütend und verletzt, dass mir die Tränen kamen.

»Maddie, wie konntest du Nick für diese lumpigen Sammelkarten acht Dollar abknöpfen? Ich bin wütend und enttäuscht.«

»Aber, Mama, das war doch nur ein Spiel. Wir spielen Kaufladen.« Maddie war sichtlich überrascht, dass ich so ärgerlich war, und ich sah ihre Lippen zittern, als sie auf ihr Bett zeigte. Dort lagen ein Stapel Monopoly-Spielgeld, ein Taschenrechner und eine »Kasse« aus Pappkarton.

»O Schätzchen«, sagte ich und seufzte unglücklich. »Das habe ich missverstanden. Es tut mir sehr Leid.« Als ich sie umarmte, fühlte ich mich plötzlich leer. Wie hätte ich meiner Achtjährigen erklären sollen, dass meine Reaktion eine Folge der »Deals« mit meinen älteren Geschwistern war – jahrelang hatten sie mich bei solchen Geschäften über den Tisch gezogen. Immer, wenn ich meinte, jemand könnte Nick ausnutzen, blinkten daher bei mir sämtliche Warnleuchten. Steve, das älteste von vier Geschwistern, stand dafür häufig auf Maddies Seite, wenn Nick ihre Privatsphäre verletzte.

Erziehung im Team

Einer meiner Lieblingscartoons von Charles Addams zeigt einen Vater und seinen Klon von Sohn, der genauso gekleidet ist wie er und die gleiche Brille trägt; beide blicken überrascht ein Mutter-Tochter-Gespann an, das sich ebenfalls gleicht wie ein Ei dem anderen. Die beiden wiederum wundern sich über den Vater und seinen Miniaturzwilling. In den ersten Schuljahren unserer Kinder sind wir oft überrascht, wie uns unsere Kinder gleichen, und gleichzeitig bestürzt, wie unabhängig sie bereits sind. Jemand bemerkt, dass Ihr Sohn »den Charme seines Vaters hat« oder Ihre Tochter »ein Mathegenie ist wie die Mama«, und schon sehen Sie vor sich, wie die guten und die nicht so guten Eigenschaften ihres Partners die Persönlichkeit Ihres Kindes entscheidend prägen.

Eine Mutter beklagte sich darüber, dass der Kampf um die Hausarbeit sich nun zuspitze, da ihre Jungs ein Alter erreicht hatten, in dem »es dauernd Ärger gibt, weil sie mit ihrem Papa am Tisch sitzen, blöde Witze reißen und den Teppich mit Chips voll krümeln«. Ihr Mann hatte versprochen, bei der Hausarbeit zu helfen – wie es sich herausstellte, ein Lippenbekenntnis, denn er konnte der kumpelhaften Kameraderie mit seinen Jungs nicht widerstehen. »Mich ärgert nicht nur, dass sie so eine Unordnung machen«, sagte sie. »Ich finde auch, er ist ihnen kein gutes Vorbild, was den Respekt mir gegenüber angeht.«

Steve bat mich häufig, ihm zu helfen, wenn eines der Kinder ihn zum Wahnsinn brachte. Nachdem er eines Abends mit Maddie geschimpft hatte, weil sie frech gewesen war, kam er verärgert in unser Zimmer und bestand darauf, dass ich Maddie noch einmal in seinem Sinne ermahnte. Zugegeben, ich verhielt mich wie eine Memme. Ich war nicht einverstanden, wie er auf ihr freches Verhalten reagiert hatte, hielt ihn für autoritär und zu streng, doch mir war klar, dass ich ihn jetzt nicht kritisieren durfte. Andererseits wollte ich nicht »da reinmarschieren und ihr sagen, dass sie ihrem Vater Respekt entgegenzubringen hat!«, wie Steve es wiederholt verlangte. Sicher spürte er, dass ich nicht auf seiner Seite stand, und das wurmte ihn noch mehr. Als ich schließlich doch in Maddies Zimmer ging, um die Wogen zu glätten, flüsterte ich verschämt, als müsste ich ihn entschuldigen: »Papa hat einen schlechten Tag gehabt.« Was natürlich weder besonders klug noch sehr hilfreich war.

Ein paar Tage später ertappte ich Steve dabei, wie er mit Nick eines dieser Killervideospiele spielte, die ich absolut ablehne. »Was ist das für ein Spiel?«, fragte ich empört.

»O, das ist richtig cool, Mama«, antwortete Nick, während ein Kugelhagel aus seinem Maschinengewehr Steves Kämpfer zerfetzte.

»Ich habe es von jemandem im Büro«, fügte Steve hinzu, die Augen auf den Monitor geheftet.

»Ich will nicht, dass Nick so was spielt!«, übertönte ich den Lärm. »Macht es aus!«

»Och, Mama!«, jammerte Nick. »Komm schon. Paul und Alex – alle haben dieses Spiel.«

»Es ist gar nicht so schlimm«, sagte Steve matt. Doch er spürte meinen Kugelhagel-Blick und machte aus.

Steve und ich waren in der Kleinkind- und Kindergartenphase hin und wieder in die Falle Böse Mama/Lieber Papa getappt. Doch wir gerieten nur selten über wichtige Punkte in Streit, etwa ob die Kinder bei uns im Bett schlafen und wie viel sie fernsehen durften oder wie wir mit ihren Wutanfällen umgehen sollten. Wir waren uns einig, dass wir sie nicht schlagen wollten, waren beide keine Anhänger der Iss-den-Teller-leer-Fraktion, schafften es aber auch beide nicht so recht, die Kinder pünktlich ins Bett zu bringen. Doch als wir uns in der Erziehung mehr mit moralischen Grundsätzen auseinander setzen mussten, als es um Einstellungen, Werte und den Charakter der Kinder ging, litt unsere Teamarbeit zunehmend. Nick hatte die nervenzerfetzende Neigung, bei einem Streit stets das letzte Wort zu haben, und mit Maddie mussten wir wegen der Hausaufgaben spät abends immer wieder lautstarke Diskussionen führen. Doch wenn es daran ging, Regeln aufzustellen, waren wir oft unterschiedlicher Ansicht.

Ich war nicht unbedingt nachgiebiger, hatte aber den längeren Atem, besonders wenn Nick frech war und Maddie wieder mal ihre Hausaufgaben nicht machte. Steve war bis zu einem gewissen Punkt unendlich geduldig, doch wenn es dann Streit gab, ging er häufig in die Luft – jäh und lautstark. Er hasste es, wenn er brüllte, und ich hasste es auch, doch wir sprachen nur selten in aller Ruhe darüber, was für andere Möglichkeiten es gab.

Zu allem Übel hatten es Maddie und Nick wie die meisten Schulkinder gelernt, uns gegeneinander auszuspielen. »Aber Mama erlaubt es«, oder »Papa hat gesagt, ich darf«, hörten wir oft. Wir lernten schnell, die Behauptungen zu überprüfen (es war verblüffend, wie bald sie sich wieder an die Regeln »erinnerten«, wenn ich den Hörer zur Hand nahm, um Steve anzurufen). Allerdings brauchte ich ein bisschen länger, bis ich einsah, dass Mutter und Vater durchaus unterschiedliche Erziehungsstile haben dürfen. Harriet Lerner merkt in ihrem Buch *Der Tanz ums Kind* an: »Ich gehe davon aus, dass zwischen allen Eltern ein gewisses Maß an Meinungsverschiedenheiten in Fragen der Kindererziehung herrscht, es sei denn, das Paar wäre an der Hüfte zusammengewachsen und durch ein gemeinsames Hirn und einen gemeinsamen Blutkreislauf verbunden.«[13]

Dennoch ist es ärgerlich, wenn der Mann, den Sie lieben, Ihre Autorität untergräbt. Kerry, Mutter zweier Jungen, schüttelte ungläubig den Kopf, als sie von einem Abend erzählte, an dem einer ihrer Söhne eine Mitteilung der Lehrerin mit nach Hause gebracht hatte: »Wir sprachen mit Austin über sein Verhalten; er spielt gern den Klassenclown. Und ich sage ihm, es ist in Ordnung, wenn er lustig und umgänglich ist, aber es kommt auf den richtigen Ort und Zeitpunkt an. Da bringt doch Chuck die Geschichte, wie er in der vierten Klasse den Lehrer einen Idioten nannte. Ich habe ihn nur angesehen; ich konnte es nicht fassen, dass er Austin das erzählte! Ich war fuchsteufelswild.«

Es folgte eine lange Unterhaltung darüber, was für eigene Erfahrungen man den Kindern erzählen sollte und welche Werte Kerry und Chuck in ihrer Familie wichtig waren. (Dazu gehörte Humor, von dem Kerry eine große Portion besitzt und auf den sie stolz ist.) »Dieser Streit war ein echter Wendepunkt. Wir hatten vorher nie darüber gesprochen, was wir den Kindern aus unserer Vergangenheit erzählen sollten, doch nun mussten wir genau das tun.«

Mary, die drei Jungen und eine ältere Tochter hat, sagte, es sei überaus schwierig und wirke sich stark auf ihre Beziehung aus, wenn es Erziehungsfragen mit ihrem Mann zu klären gebe. »Bill hat ein Problem mit der Erziehung. Er musste nie ermahnt werden, weil er so ein braves Kind war, daher wusste er einfach nicht, wie er das machen soll. Nicht, dass ich genau Bescheid wusste. Aber ich musste Bill dauernd sagen: ›Du musst mit den Kindern über dies und das reden.‹ Und er sagte dann immer: ›Okay, gib mir noch einen Tag. Ich habe sie noch nicht zu Gesicht bekommen.‹ Also verging ein Tag, und er hatte immer noch nicht mit ihnen geredet. Ich glaube, das belastete unsere Ehe.«

Wahrscheinlich belastete es auch die Kinder. Zahlreiche Studien weisen nach, dass Ehestreitigkeiten, auch über Erziehungsfragen, entweder noch mehr Ärger nach sich ziehen oder dazu führen, dass sich die Partner zurückziehen. Selbst Kinder, die einen Elternteil gegen den anderen ausspielen, wollen im Grunde nicht damit durchkommen. Sie wollen nicht die Zügel der Familie in der Hand halten, wollen sich nicht als Ursache für die Streitigkeiten ihrer Eltern sehen. Wenn Sie das Ihrem Kind vorwerfen, gehen Sie bitte einmal in sich. Sehr wahrscheinlich steckt etwas ganz anderes hinter den mäkeligen Essgewohnheiten Ihres Kindes, die den Streit am Esstisch provozieren. Es mag sinnvoll sein, praktische Lösungen zu suchen. Doch je öfter Sie sich fragen, ob mit Ihrem Kind etwas nicht stimmt, je öfter Sie Ihrem Kind die Schuld für Streitigkeiten mit Ihrem Mann geben, desto größer ist die Wahrscheinlichkeit, dass Sie keine Erziehungs-, sondern eine Eheberatung brauchen.[14]

Meine Freundin Jane geriet mit ihrem Mann Ivan über die schulischen Leistungen ihres Sohnes in die Haare. Sie fand, dass er mit Jesses Handschrift viel zu streng ins Gericht ging. Sie fragte sich daher in aller Ruhe, wo Ivans heftige Reaktion herrührte. »Es gab da so einen Schlüsselmoment, als Jesse die Noten auf seine Eignungstests der dritten Klasse bekam. Jesse hatte überall die vollen 100 Punkte außer in der Schrift. Dafür bekam er 86 oder jedenfalls fast 90. Ich dachte: ›Das ist toll.‹ Aber Ivan hob zu einer Rede an, dass Jesse Tagebuch führen und an seiner Schrift arbeiten müsse, bis Jesse schrie: ›Dauernd erzählst du mir, dass ich immer nur mein Bestes geben muss!‹ Mir wurde klar, dass Ivan und ich uns genau in diesem Punkt unterschieden. Als wir dann darüber sprachen, erzählte er mir, dass seine Mutter, wenn er ein Zeugnis mit einer Eins heimbrachte, immer nur fragte: »Und warum hast du in den anderen Fächern keine Eins?«

Im Umgang mit unseren Kindern schwingt immer auch unsere eigene Erziehung mit. Wenn Sie aus einer Familie kommen, in der gute Noten, das Leeressen des Tellers oder Bestleistungen im Sport Ihnen Aufmerksamkeit und Liebe einbrachten, dann wird es Ihnen schwer fallen, die Erziehung mit einem Partner zu teilen, in dessen Familie andere Werte galten. Aber Sie müssen sich gar nicht in allem einig sein, und es sollte auch keiner in Erziehungsfragen die Oberhand über den anderen gewinnen. Vielmehr sollten Sie beide – ebenso wie Ihre Kinder – akzeptieren, dass Sie Individuen mit individuellen Erwartungen sind. Wenn Sie wissen, welche drei Prinzipien für Ihren Mann die wichtigsten sind (und sicherstellen, dass auch er Ihre Top drei kennt), lassen sich bereits viele Landminen entschärfen.

Susie, berufstätige Mutter dreier Kinder, lernte von ihrem französischen Ehemann, der auch für die Familie kocht, mäkelige Essgewohnheiten einfach zu ignorieren. »Ich habe die Kinder mit M&Ms bestochen«, gab sie zu. »Daniel dagegen, der als Kind gutes Essen zu schätzen gelernt hat, serviert einfach die Seezunge Müllerin Art, und wer sie nicht mag, hat Pech gehabt.

Manchmal fand ich, dass er zu weit ging, und ich hätte sicher einen Rückzieher gemacht, aber ich weiß, wie wichtig ihm das ist, also lasse ich ihm seine Linie.«

Zu Steves Stärken als Vater gehören seine erstaunliche Ruhe in schwierigen Situationen, seine unerschütterliche Großzügigkeit, seine Hartnäckigkeit, seine Hingabe und seine Leidenschaft. Er ist viel besser als ich, wenn es darum geht, einem Kind bei einem Schulprojekt zur Hand zu gehen, er ist viel geduldiger, wenn eines der Kinder spätabends noch einen Wutanfall bekommt, und er kann viel besser singen als ich. Ich habe auch meine Stärken. Beiden ist es uns wichtig, dass diese jeweiligen Stärken auch anerkannt werden – und deshalb stoßen wir gelegentlich darauf an und bedanken uns dafür. »Auf Mama, die sich so gut um uns kümmert!«, sagt Steve am Abendbrottisch. »Dank an Papa; er hat so viel gearbeitet, dass wir uns den Ausflug leisten konnten«, sage ich – und meine es auch.

Zu den schönen Seiten dieser Phase gehört es, dass sie uns die Möglichkeit gibt, uns ein wenig mehr um unsere Ehe zu kümmern. Vielleicht sind Sie ein bisschen aus der Übung, weil Sie von so vielen Seiten beansprucht worden sind. Doch nun, da Ihr Kind unabhängiger wird und mehr Zeit außerhalb des Nestes verbringt, können Sie öfter einfach mal allein sein. Als Nick sechs war und Maddie neun, gelang es Steve und mir, dem Alltag zu entfliehen und einen Kurzurlaub in Schottland einzulegen. Eines Tages fanden wir uns auf einer Straße, die als »Ruhe dich aus und sei dankbar«-Pass bezeichnet wurde. In keinem unserer Führer fand sich eine Erklärung für diesen Namen, doch das Panorama sprach Bände. Wir jedenfalls nahmen den Pass beim Wort und hielten an. Wir redeten über Maddie und Nick, über uns und über die siebzehn Jahre, die wir zusammen waren, über Verwandte und Freunde, die wir mochten, über unsere Arbeit und über die vielen kleinen schönen Dinge in unserem Leben.

Wir tauschten uns über die Seiten unseres Lebens aus, an denen wir arbeiten wollten, und darüber, was wir uns für unsere

Familie in den kommenden Jahren erhofften. Ich weiß noch, dass ich zu diesem Anlass meine altbekannte Rede herunterleierte – ich fühlte mich schuldig, nicht mehr Zeit für die Kinder zu haben, wir müssten unsere Verpflichtungen herunterfahren, wie wichtig gemeinsame Mahlzeiten seien und, und, und... Steve unterbrach mich mit einem scharfen Blick und der freundlichen Ermahnung: »Weißt du, Annie, du bist eine wunderbare Mutter. Bist du wirklich.« Er sagte das nicht zum ersten Mal, aber diesmal hörte ich ihm wirklich zu. Statt ihm mit einem ausweichenden »Ja, aber« zu antworten, schloss ich kurz die Augen und bedankte mich bei ihm.

Die meisten Mütter, die ich kenne, sind wunderbar – nicht perfekt, nicht einmal annähernd perfekt, aber tatkräftig, kreativ, leidenschaftlich, klug und viel kompetenter, als sie es je zugeben würden. Wenn unser Kind neun Jahre alt ist, haben wir als Mutter sozusagen die Halbzeit erreicht. Natürlich werden wir unsere Kinder immer lieben, uns Sorgen um sie machen, mit ihnen angeben, doch in den Jahren, die nun folgen, wird unser Einfluss dramatisch sinken. An dieser Wegkreuzung lohnt es sich, die Fahrt zu verlangsamen und abzumessen, welche Wegstrecke wir bereits zurückgelegt haben, anzuerkennen, wie sich unsere Fahrkünste entwickelt haben, einzusehen, dass wir Papa auch mal ans Steuer lassen sollten. So vieles betrachten wir in dieser Phase als selbstverständlich, dass wir dazu neigen, die Straße entlangzurasen, ohne je in den Rückspiegel zu sehen. Doch der Blick zurück ist wichtig für die Strecke, die noch vor uns liegt. Je mehr wir aus unseren Fehlern lernen, desto einfacher werden die schwierigen Passagen der Vorpubertät und der Pubertät verlaufen.

Besonders wichtig ist es in dieser Phase, dass wir unsere Kinder so nehmen, wie sie sind, und auch unsere Idealvorstellung von der perfekten Mutter loslassen. So wie sich unsere Kinder auf die größere, überwältigende Welt der Schule einstellen mussten, so waren wir gezwungen, sie ihren Weg finden, ihre Ideen formulieren, ihre Werte unabhängig von uns artikulieren zu lassen. Während unsere Kinder mehr Privatsphäre brauchen, sehnen wir uns vielleicht danach, eine engere Bindung zu ihnen zu haben und in ihrem Leben eine zentrale Rolle zu spielen. Diese Erwartung aufzugeben, ist alles andere als einfach, doch wenn es uns gelingt und wir darüber hinaus auch noch Grenzen setzen und geduldig zuhören können, dann werden unsere Kinder ein Leben lang davon profitieren.

Leben in der Grauzone

Vorpubertät: zehntes bis dreizehntes Lebensjahr

Je nachdem, wie Sie damit umgehen, bilden das zehnte bis dreizehnte Lebensjahr Ihres Kindes das kürzeste oder das längste Kapitel in Ihrem Mutterdasein. »Es gibt keine Vorpubertät«, erklärte mir eine befreundete Redakteurin, als ich sie nach ihren Erfahrungen mit ihrem zehnjährigen Sohn befragte. »Mit zehn sind sie schon mitten drin! O Gott!« Mehrere Mütter bestätigten das. Ihre Kinder, besonders die Mädchen, katapultierten sich vom Barbiespiel direkt in die Welt der Barbiekleidung – die Vorpubertät als lange und Furcht einflößende Vorstufe zur Pubertät.

Der Tanz unserer Kinder – zwei Schritte vor, einen zurück – veranlasst uns als Mutter nicht nur, einzelne Regeln und Rituale zu hinterfragen, sondern auch Grundsätzliches wie Vertrauen und das Setzen von Grenzen. Man muss entscheiden, wann man seinem Kind eine Freundin sein und wann man sich durchsetzen muss, wann man sein Kind beschützen und wann man ihm einen Schubs geben muss. Kein Wunder, dass viele Mütter einmal mehr ihre Rolle im Beruf, ihr Engagement an der Schule, ihre Kontakte zu anderen Eltern, ihre Beziehung zum Ehemann und natürlich die zum Kind neu überdenken.

Um diese Jahre zu überstehen, braucht man ein stählernes Selbstbewusstsein, denn eines Tages wacht Ihr Kind auf und fühlt sich nicht mehr wohl in seiner Haut. Und wenn es, mit einem Fuß in der Kindheit, mit dem anderen im Erwachsenenalter, um sein Gleichgewicht ringt, dann wird es sich dabei vor allem an Sie klammern. Das mag erklären, warum einer Studie zufolge nur 38 Prozent der Frauen mit Kindern zwischen 13 und 18 das Muttersein als erfüllend bezeichneten, wohingegen es bei den Müttern mit Grundschülern 50 Prozent und bei denen mit Kindergartenkindern 60 Prozent waren.[1]

Leider muss ich dem zustimmen. Zum einen besteht keine Einigkeit darüber, wie Zehn- bis Dreizehnjährige zu erziehen sind. Der eine sagt Ihnen, dass Sie mitfühlen und positives Verhalten belohnen sollen, die andere, Sie müssten eine klare Linie fahren und Grenzen setzen. In den wichtigsten Elternzeitschriften kommt diese Altersklasse kaum vor, und verglichen mit der wachsenden Literatur über Teenager gibt es über die Zehn- bis Dreizehnjährigen kaum etwas. In dieser Zeit, in der Sie das Gefühl haben, durch dichten Nebel zu fahren, sind die Leitpfosten frustrierend dünn gesät und schwierig zu befolgen.

Vor ein paar Jahren traf ich in St. Louis einige Mütter. Die meisten von ihnen hatten kleine Kinder, doch Sally, Mutter von drei Kindern, hatte auch eine zehnjährige Tochter, die gerade begann, ihre Grenzen auszuloten, um mehr Unabhängigkeit zu erlangen. Als sich die Mütter mit Babys und Kleinkindern über Trotz und Töpfchenstress beklagten, seufzte Sally hörbar. »Wahrscheinlich habe ich mich auch unter Druck gesetzt, als es ums Töpfchen ging«, sagte sie. »Und ich hätte es sicher nicht geglaubt, wenn mir jemand gesagt hätte: ›Warte mal ab, bis sie zehn ist.‹ Ich hätte mir wohl gedacht: ›Zehnjährige baden alleine, ziehen sich selber an und binden sich sogar die Schuhe.‹ Aber es ist jetzt wirklich viel schlimmer.«

In diesen Jahren kommt man sich oft vor wie in der Filmvorschau zu einem Gruselschocker, die man sich ansehen muss – dabei hatte man sich doch eine Karte für eine Komödie oder eine wunderbare Herz-Schmerz-Geschichte gekauft. Sie sitzen im Dunkeln und werden von lärmenden und nervenzerfetzenden Szenen bombardiert, und wenn die Vorschau vorbei ist, flüstern Sie Ihrem Mann zu: »Den will ich mir wirklich nicht ansehen!« Natürlich haben Sie keine andere Wahl, als Ihren Teenagerfilm in voller Länge zu durchleben – einen Streifen voller dramatischer Verwicklungen. Aber wenn Sie annehmen, dass im Skript weder Lachen noch Liebe vorgesehen sind, liegen Sie falsch. Meiner Erfahrung und den Aussagen Dutzender anderer Mütter nach sind die Jahre zwischen zehn und dreizehn, wie viele Kinovorschauen, eine Übertreibung dessen, was ansteht.

Natürlich fällt es schwer, die Vorschau nicht allzu ernst zu nehmen. Ihr Kind möchte den Weg zur Schule allein gehen oder sich die Ohren durchstechen lassen, und plötzlich sehen Sie das Bild einer am ganzen Körper gepiercten Sechstklässlerin mit blauen Haaren und einem Grusel-Make-up vor sich. »Ich stelle mir immer vor, wie kleine Schwierigkeiten sich in der Zukunft zu einem Riesenproblem auswachsen«, gestand Dorothy. »Als er noch klein war und nicht im Bett bleiben wollte, hämmerte er an die Tür, und ich dachte bei mir: ›Das ist das Kind, das unbedingt das Auto will.‹ In meiner Vorstellung war er plötzlich 17 und brüllte: ›Gib mir endlich die Autoschlüssel!‹«

Dorothys Neigung, zukünftige Katastrophen an die Wand zu malen, zeigte sich auch bei Sarah, der humorvollen und ehrgeizigen Mutter eines Zwölfjährigen. Wie Dorothy stand sie ihrem einzigen Kind sehr nahe und war als berufstätige Mutter stolz darauf, dass ihr Sohn schon früh unabhängig und eigenständig geworden war. Dennoch ließ sie ihn am Wochenende nur ungern allein. »Das ist wirklich verrückt, denn Avery wird seit Jahren nicht mehr den ganzen Tag betreut. Unter der Woche ist er oft mit der Zugehfrau allein zu Hause – und die beobachtet ihn nicht gerade mit Argusaugen.« Trotzdem zögerte Sarah, als sie neulich sonntags einen Spaziergang machen wollte. »Avery hat sich ein Video angesehen, und Charlie und ich wollten ihn für etwa eine Stunde allein lassen. Als ich ihn fragte, ob es in Ordnung wäre, wenn er ein Weilchen allein wäre, verdrehte er die Augen und sagte: »Worum machst du dir Sorgen, Mama? Dass ich den Pornokanal einschalte oder irgendwas mit Weißmehl esse?«

Sarah lachte, als sie diese Geschichte erzählte, aber viele andere Mütter, mit denen ich sprach, waren ratlos und verängstigt. Jan, Mutter von fünf Kindern, berichtete stolz, dass ihre Kinder schon früh selbstständig wurden, »weil sie mussten«. Sie verglich ihren Haushalt mit dem einer guten Freundin, die nur eine Tochter hatte: »Sie sorgt sich um jede Kleinigkeit: die Freunde ihrer Tochter, was sie isst. Bei uns geht es ganz anders zu. Du hast Hunger? Da drüben stehen Erdnussbutter und Marmelade.« Doch als ich Jan nach ihrem Sohn fragte (er war 13), verzog sie das Gesicht. »Er ist ziemlich reif für sein Alter. Er spielt Theater und macht Musik in einer Band. Wir hatten immer ein tolles Verhältnis. Ich habe mit ihm und seinen Freunden viel Spaß gehabt und viel herumgealbert. Aber jetzt leidet er an Testosteronvergiftung. Man fragt sich: Was ist denn das jetzt? Es macht mir irgendwie Angst. Sein Verhalten hat uns richtig aus dem Gleichgewicht gebracht.«

Launenhaft und nicht immer nett

Sandra, allein erziehende Mutter zweier Töchter, verglich die vorpubertären Jahre ihrer Ältesten mit dem Film *Der Exorzist.* Kopfschüttelnd fragte sie sich, wie ihre Tochter und sie das eigentlich überlebten. »Ich hatte das Gefühl, als ob Christa – mein süßes, braves kleines Mädchen – eines Tages aufwachte und den Kopf um 360 Grad drehte. Ich war einfach nicht darauf vorbereitet. Überhaupt nicht.«

Am meisten belastete Sandra, wie unvorhersehbar die Launen ihrer Tochter waren. Dazu kam, dass sie andauernd einen Schritt vor machte und zwei zurück. »Ich dachte mir: Okay, sie wird erwachsen«, erinnerte sich Sandra. »Also übertrug ich Christa mehr Verantwortung zu Hause, erwartete von ihr, dass sie selbst an alles dachte – und dann wieder flennte sie und führte sich auf wie ein Baby. Ich dachte, ich würde den Verstand verlieren.«

Den gleichen Tanz erlebte ich mich mit Maddie, doch irgendwie hoffte ich, dass Jungs berechenbarer sind als Mädchen. Mehrere Mütter versicherten mir das Gegenteil. Dorothy, die in New York lebt und arbeitet, erzählte, dass sich ihr Sohn mal wie ein Fünfjähriger aufführte und mal wie ein Fünfzehnjähriger. »Das geht so schnell – es ist wirklich erstaunlich. Es kann innerhalb einer halben Stunde passieren. Er packt seine ganzen Kuscheltierchen in einen Korb oder wickelt sie in ein Tuch und trägt sie durchs Haus, und eine Minute später tanzt er im Fransen-T-Shirt nach dem Soundtrack von *School of Rock*.«

Zur Wechselhaftigkeit kommen eine Impulsivität und Intensität, die die meisten Mütter aus den Kleinkindjahren ihrer Kinder kennen. »Ich weiß einfach nie, was ihn als Nächstes in Rage bringt«, sagte eine Freundin über ihren elfjährigen Sohn. »In der einen Minute ist er nett und entspannt, in der nächsten ein Alptraum.«

Es ist anstrengend, sich durch dieses Minenfeld zu bewegen, immer in der Angst, über einen Draht zu stolpern und eine Explosion auszulösen. In Maddies Vorpubertät hatte ich die Schultern meist bis an die Ohren hochgezogen, während meine Antennen in der Erwartung vibrierten, jede Sekunde den nächsten Stimmungswechsel zu erspüren. Wenn Ihre Tochter durchdreht, weil das T-Shirt, das sie »unbedingt jetzt sofort haben muss«, noch in der Waschmaschine ist, oder wenn Ihr Sohn um elf Uhr abends ausflippt, weil er feststellt, dass der Französischtest *demain* stattfindet und nicht erst nächste Woche, werden Sie wahrscheinlich die Hormone dafür verantwortlich machen. Und in der Tat bringt die nahende Pubertät umwälzende körperliche Veränderungen mit sich, die die Fähigkeit, die Gefühle zu regulieren, enorm beeinflussen. Die Hirnregion, die für die angemessene Steuerung von Gefühlen und die Urteilsfähigkeit zuständig ist (der präfrontale Cortex), ist noch nicht so weit entwickelt wie das limbische System, aus dem die Gefühle kommen.[2] Das nasse Shirt oder die Aussicht, beim Test womöglich schlecht abzuschneiden, bringt das Kind bereits aus dem Gleichgewicht, weil es nicht in der Lage ist, einmal tief durchzuatmen und zu sagen: »Okay, das ist kein Weltuntergang. Ich habe ja ein ganzes Fach voll T-Shirts« oder »Es ist doch nur ein Test von acht, die wir dieses Jahr schreiben. Ich stelle den Wecker eine Stunde früher und sehe mal zu, was ich noch schaffe.« Vielleicht sind Sie versucht, mit Ihrem eigenen präfrontalen Cortex auszuhelfen. Tun Sie's nicht. Jeder Versuch, einen Tobsuchtsanfall mit guten Ratschlägen zu beenden, hat etwa so viel Aussicht auf Erfolg, wie wenn man mit dem Kopf gegen die Wand rennt.

In dieser Phase ist es wichtig, dass Ihr Kind auch mal kräftig auf die Nase fällt oder ein Problem ohne Mamas Hilfe bewältigt. Es ist nie einfach, mit natürlichen Konsequenzen zu erziehen, doch in dieser wichtigen Entwicklungsstufe Ihres Kindes können sie Wunder wirken und Ihrem Kind das Gefühl vermitteln, dass es Herr der Dinge ist und Verantwortung tragen kann. Und während ich dies schreibe, ist mir bewusst, wie katastrophal ich in dieser Hinsicht versagt habe, wie oft ich Maddie und Nick zu Hilfe eilte, wenn sie an einer Klippe standen. Mal ging es um Kleinigkeiten (»Mama! Ich habe die Mathehausaufgaben auf dem Tisch liegen lassen. Könntest du sie mir bitte, bitte in die Schule bringen?«), mal »half« ich aber auch spätabends mit einem Aufsatz aus, um gegen Mitternacht als Dankeschön zu hören: »Ich bin grottenschlecht im Aufsatzschreiben. Ohne dich hätte ich das nie geschafft.«

In ihrem Buch *Wenn Eltern zu sehr…* beschreibt Diane Ehrensaft, dass viele Eltern heutzutage in die Bücherei gehen, um für ihr Kind etwas nachzuschlagen (schuldig!), ihrem Kind bei der Internetrecherche helfen (schuldig!), ungefragt einen neuen Baseballhandschuh kaufen, wenn der fast neue schon wieder verloren gegangen ist (schuldig!), oder losrennen, um für einen Verwandten in letzter Minute noch eine Geburtstagskarte zu kaufen, weil die Kinder die mehrmaligen Erinnerungen ignoriert haben (schuldig!).[3] Ehrensaft zufolge entspringt die Neigung, sich zu stark in das Leben unserer Kinder einzumischen, der besten Absicht: Wir wollen, dass unsere Kinder glücklich sind. Und wenn wir sehen, dass sie wild (und unglücklich) zwischen babyhafter Abhängigkeit und erwachsener Unabhängigkeit hin- und herschwanken, dann ist es nur natürlich und verständlich, dass wir wie Tarzan der hilflosen Jane zu Hilfe eilen wollen.

Das Problem liegt natürlich darin, dass Sie Ihrem Kind, wenn Sie zu viel helfen, das Gefühl vorenthalten, etwas ganz allein zu bewältigen. Wenn Maddie für einen Aufsatz, den sie in der Schule schrieb, eine gute Note erhielt, war das viel mehr wert, als wenn sie für ein Referat, das ich gegengelesen und redigiert hatte, noch besser benotet wurde. Jede auch noch so kleine Hilfestellung schmälerte das Gefühl: »Das habe ich allein geschafft.« Es wäre mir sicher schwer gefallen, aber hätte ich gesagt: »Weißt du, Schatz, ich möchte dein Referat jetzt nicht lesen. Ich lese es, wenn du es zurückbekommst«, so hätte ich damit Maddies Selbstvertrauen wahrscheinlich viel nachhaltiger gestärkt.

Helfen, nicht klammern

Viele Eltern, die sich zu stark einmischen, lassen auch ungern los. Ob es um physisches Loslassen geht (»Darf ich allein in die Schule gehen?«) oder um emotionale Unabhängigkeit (»Das ist meine Sache, Mama!«) – sie fühlen sich verunsichert. Als Maddie zum ersten Mal fragte, ob sie allein mit dem Bus in die Schule fahren dürfe, war sie in der sechsten Klasse. Unser Gespräch verlief folgendermaßen:

»Darf ich allein in die Schule fahren?«

»Noch nicht.«

»Warum denn nicht?«

»Ich glaube, du bist noch nicht so weit.«

»Ich bin so weit, Mama!«

»Ja, aber ich bin noch nicht so weit.«

Dieser letzte Satz rutschte mir natürlich nicht heraus. Zuerst schob ich die Schuld auf die breiten Straßen, die es zur Hauptverkehrszeit zu überqueren galt. Dann, als die Frage in der Woche darauf wieder aufkam, versprach ich ihr, dass sie nach Ende der Sommerzeit zunächst morgens allein mit dem Bus in die Schule fahren dürfe, nicht aber nachmittags nach Hause. Als sie mich wieder fragte, schob ich Steve den Schwarzen Peter zu (»Es ist okay, wenn Papa einverstanden ist.«), wohl wissend, dass Steve noch mehr Angst um sie hatte als ich. Nun neigte ich bereits zum Ja, doch als Steve fragte: »Warum muss sie unbedingt allein fahren?«, hatte ich keine Antwort parat. »Sie muss nicht, sie will. Sie hat das Gefühl, sie ist so weit.«

Arme Maddie. Wir haben uns mindestens ein Dutzend Mal umentschieden, ehe eine befreundete Psychologin eine geniale Lösung vorschlug: »Warum bittet ihr Maddie nicht darum, Steve zu zeigen, wie das mit dem Busfahren geht?« Ich sollte wohl hinzufügen, dass mein Mann Busse hasst. Er war so lange nicht mehr Bus gefahren, dass er nicht wusste, was eine Fahrt kostet, dass 90 Prozent der New Yorker eine Monatskarte besitzen, und dass die Bushaltestelle nur zwei Häuserblocks von Maddies Schule weg war. Die Methode »Bring's deinem Papa bei«, funktionierte fantastisch: Steve, beeindruckt von Maddies Selbstvertrauen, willigte ein, und nachdem wir ihr ein Dutzend möglicher Horrorszenarien vorgebetet hatten, entließen wir sie, ausgestattet mit einem nagelneuen Busausweis, in den bösen Big Apple. Als sie das erste Mal fuhr, traute ich mich erst nach einer Stunde, als ich wusste, die Schule hätte angerufen, wenn sie nicht dort eingetroffen wäre, unter die Dusche.

Ob ich auch so weit war? Die Antwort lautet ja, allerdings nur, weil ich ja noch Nick an der kleinen Hand halten durfte. Als er den Schulweg allein machen wollte – und zwar früher als Maddie –, gab ich schneller nach. Zum einen hatte ich es kommen sehen. Vor allem aber hatte ich einen Sommer überstanden, in dem beide Kinder im Ferienlager gewesen waren – umwälzende sechs Wochen, die wirklich schlimm für mich waren. Kurz, nachdem sie abgefahren waren, beging ich den Fehler, ein Wochenende auf dem Land zu verbringen bei einer Freundin und ihrem zehnjährigen Sohn Matt, den ich dauernd Nick nannte. Irgendwann gab ich es auf, mich zu entschuldigen, und sagte: »Also, Matt, dieses Wochenende bist du Nick.« Es hatte so wehgetan, ihn mit seiner Mutter im Pool plantschen zu sehen, dass ich begeistert war, als Matt mich bat, ihm vor dem Zubettgehen noch ein Lied zu singen. Ich konnte mich nicht zu einem von Nicks Lieblingsliedern durchringen, sondern wählte Lieder aus, die auf seiner Liste weiter unten standen, und kämpfte die ganze Zeit gegen einen Kloß im Hals.

Ich schrieb täglich an meine Kinder, auch wenn es nichts zu berichten gab. Allein die Suche nach einer netten Karte, die ich mit Banalitäten voll schrieb, und das Nachdenken über die Kinder waren mir bereits ein Trost. Seit ich sechzehn und schwer verliebt war in einen Jungen, der weit weg wohnte, hatte ich nicht mehr solch ein Verlustgefühl, solche Sehnsucht in mir gespürt. Ich zählte die Tage, bis der Bus wieder in die Stadt einfuhr.

Constance, die in Großbritannien wohnt, hat zwei Jungs, die in den Osterferien in einem winzigen Fischerdorf in Cornwall ihre Unabhängigkeit entdeckten. Constance allerdings erinnert sich nur noch an Panik und unendliche Einsamkeit. »Für mich war es ein krasser Moment«, sagte sie mit Tränen in den Augen. »Wir kamen im Haus an, ich öffnete die Haustür, und schon waren die Kinder verschwunden. Das tun dort natürlich alle Kinder. Doch als ich später meinen Mann am Bahnhof abholte, war ich fertig. Ich platzte heraus: ›Ich weiß nicht, wo meine Jungs sind!‹ Er sah mich an, als wäre ich verrückt geworden, und sagte: ›Fantastisch!‹ Er hat mich überhaupt nicht verstanden. Ich weiß, das klingt bescheuert. Für die Jungs gab es keinerlei Gefahr, aber mir wurde zum ersten Mal klar, dass sie für sich selber stehen, dass sie Dinge unternehmen, mit denen ich nichts zu tun habe. Ich will nicht egoistisch klingen, aber ich kam mir sehr einsam und überflüssig vor; es war ein richtiger Schock für mich.«

In jeder Phase müssen wir als Mutter unsere Kinder mal

schubsen und mal hätscheln. Wir schenken ihnen Flügel, die wir dann doch ein wenig stutzen. In der Vorpubertät sind wir uns im Grunde ständig bewusst, dass ihre Kindheit bald zu Ende sein wird. Es ist wie die Karte, die ich zum 40. Geburtstag erhielt und auf der stand: »Der 40. ist kein Weltuntergang, aber man kann ihn von hier aus schon sehen.«

Die Sehnsucht nach Zuhause

Viele Mütter von Kindern in der Vorpubertät verspüren daher das dringende Bedürfnis, mehr Zeit zu Hause zu verbringen, sich die geplante Europareise jetzt zu leisten – und nicht erst, wenn die Kinder groß und aus dem Haus sind, ihr Leben vielleicht noch einmal komplett zu ändern. Dorothy, deren Sohn schon dreimal im Sommer im Ferienlager gewesen war, entschied, dass er in dem Sommer, als er elf wurde, nicht zwei Monate, sondern nur einen gehen sollte. »Das habe ich letzten Sommer beschlossen, als ich ihn dort besuchte; ich dachte: Okay, das haben wir jetzt zur Genüge gehabt. Ich möchte ihn mehr in meiner Nähe haben. Ich nehme meinen Urlaub im August. Ich weiß von kleinen Ausflügen, die wir zusammen unternommen haben, dass er in einem Alter ist, in dem er jede Erfahrung in sich aufsaugt. Und ich habe mir einfach gedacht: O Mann. Es geht alles so schnell vorüber. Es entgleitet mir.«

Gegen Ende von Maddies sechstem Schuljahr überkam mich eine ähnliche Traurigkeit, eine Nostalgie, ja eine Furcht. Ich hatte immer ganztags gearbeitet und saß daher beruflich fest im Sattel. Seit zehn Jahren war ich Chefredakteurin der Zeitschrift *Parents*, wo ich eine tolle Mannschaft aus Redakteuren und Art-Direktoren hatte. Ich mochte meine Kollegen, glaubte an die Zeitschrift, lernte aus den Artikeln, die wir veröffentlichten, bekam ein gutes Gehalt und hatte sogar einen gewissen Bekanntheitsgrad erreicht. Doch wenn ich von der Arbeit nach Hause kam, war Maddie in ihrem Zimmer verschwunden.

Nick, damals sieben, begrüßte mich meist mit einer dicken Umarmung und einem hemmungslosen Mitteilungsbedürfnis. Wenn ich so dumm war, Maddie zu fragen, wie es in der Schule so ging, oder, schlimmer noch, was sie dort gemacht hatte, stimmte mich ihre kurze Antwort (»Gut« oder »Nichts«) trauriger denn je.

Es war kein Jahr vergangen – oder besser gesagt, keine Woche –, in dem ich mir nicht vorgebetet hatte: »Du kannst nicht alles machen.« Doch nun hatte ich zum ersten Mal in meinem Leben das Gefühl, dass mir die Zeit davonlief. Dass Steve soeben einen neuen, sehr anstrengenden Job übernommen hatte, ließ die Uhr nur noch schneller ticken, besonders wenn ich abends länger arbeiten und mit schlechtem Gewissen zu Hause anrufen musste, dass die Kinder ohne uns zu Abend essen sollten.

»Okay. Tschüs«, war alles, was ich von Maddie zu hören bekam, ehe sie auflegte und mir sozusagen die Tür vor der Nase zuschlug. Ich machte ihr keinen Vorwurf. Ich telefoniere selber nicht besonders gern. Aber ich wusste, dass sie mich brauchte, dass sie das aber nicht direkt aussprechen konnte. Ich hätte hundert Fragen an sie richten können und doch nur einsilbige Antworten erhalten. Deshalb sehnte ich mich danach, mehr um sie herum zu sein, nicht weniger. Da ich wusste, dass in der siebten Klasse der soziale Druck seinen Höhepunkt erreicht, begann ich Alternativen zu erwägen. Ich wollte schon lange das vorliegende Buch schreiben, war aber nicht bereit, meine begrenzte Freizeit dafür zu opfern. Als ich das Projekt in Angriff nahm, durchschritt ich eine Tür, die ich in den vergangenen Jahren immer nur einen Spaltbreit geöffnet hatte.

Ich wünschte, ich hätte mir die Liste, die ich eines denkwürdigen Sonntagvormittags auf Steves Rat hin anlegte, aufgehoben. »Schreib alle positiven Punkte deiner jetzigen Arbeit in eine Spalte und alle, die du mit der freiberuflichen Arbeit verbindest, in eine zweite«, schlug er vor. Unter »Jetziger Job« konnte ich etwa ein Dutzend konkreter Pluspunkte auflisten. Unter »Zu Hause bleiben« standen nur drei: »Mehr Zeit mit den Kindern.

Mehr Zeit mit Steve. Mehr Zeit für mich.« Natürlich waren das die wichtigsten Punkte, doch mein Mangel an Fantasie war Ausdruck meiner Zerrissenheit und meiner Furcht. Als eine Freundin, die ebenfalls als Zeitschriftenredakteurin und -autorin arbeitet, an jenem Tag zum Abendessen kam und ich ihr verriet, was ich vorhatte, war sie auf Anhieb neidisch und begeistert. »O Gott«, japste sie. »Was bist du für ein Glückspilz! Ich wünschte, ich könnte das auch!« Wir gingen nach oben, wo ich ihr unser Gästezimmer zeigte, aus dem ich ein Büro machen wollte. »Das ist perfekt!«, sagte sie, als wir in dem kleinen dunklen Raum standen. Während sie in der stillen Kammer im zweiten Stock von den Vorteilen schwärmte, die die freiberufliche Arbeit mit sich bringen würde, kam mir die im Dachgeschoss versteckte wahnsinnige Frau des Hausherrn in Charlotte Brontës Roman *Jane Eyre* in den Sinn.

In der Woche, in der ich meinem Chef und meinen Mitarbeiterinnen mitteilte, dass ich ein paar Jahre aussetzen und ein Buch schreiben wolle, gab es einige Konferenzen, die auf professioneller Ebene begannen und in Tränen und Umarmungen mündeten. Mehr als einmal rief ich Steve an und flüsterte: »Bist du sicher, dass das eine gute Idee ist? Glaubst du, mich stellt je wieder jemand ein?« Mehr als einmal geriet ich in Panik – besonders als meine wunderbare Art-Direktorin mich in die Arme nahm und sagte: »Weißt du, so wie jetzt wird es nie wieder. Das hier ist wirklich etwas Besonderes.« Sie hatte Recht. Es ist einmalig, ein Team aus so fabelhaften Mitarbeiterinnen zu finden wie denen, mit denen ich damals zusammenarbeitete – ganz zu schweigen von einem Job, der so gut zur eigenen Mutterrolle passt. Doch ich war nach wie vor überzeugt, dass ich die ebenfalls einmalige Gelegenheit beim Schopf packen musste, die Beziehung zu meinen Kindern zu stärken.

Diese Gefühle kamen wieder in mir hoch, als ich neulich eine Freundin interviewte, die drei Jahre zuvor ihre hoch dotierte Stellung verloren hatte. Auf dem Weg zum gemeinsamen Essen fiel mir wieder ein, wie ich Sarah kurz nach ihrer Entlassung getroffen hatte, und wie sie damals brannte vor Zorn und Entschlossenheit, sich den Weg zurückzuerkämpfen. Ich wusste, dass sie mittlerweile mit beachtlichen freiberuflichen Projekten und Beratungsaufträgen eingedeckt war und mehrere prestigeträchtige Jobangebote ausgeschlagen hatte. Sarah, die stets im Rampenlicht gestanden hatte, arbeitete nun still zu Hause und widmete ihrer Tochter Eliza mehr Zeit, als ich es je für möglich gehalten hatte.

»Na ja, es ist komisch«, sagte sie. »Ich bin vielleicht kein typischer Fall, weil ich immer gearbeitet habe. Als Eliza kleiner war, hatte ich nicht das Bedürfnis, zu Hause zu sein. Ich war nicht hin- und hergerissen wie viele meiner Freundinnen. Als ich dann meine Arbeit verlor, war Eliza zehn. Ich war etwa einen Monat zu Hause, da fuhren wir mit dem Auto irgendwohin, und sie machte einen dummen Witz, und ich erzählte einen noch dümmeren Witz, und wir lachten uns kaputt. Da sagte sie: ›Weißt du, Mama, seit sie dich gefeuert haben, bist du viel lustiger.‹ Einen Monat später stritten wir uns über irgendetwas, und Eliza sagte: ›Sieh mal. Du glaubst, du kennst mich. Aber du kennst mich nicht so gut, wie du denkst. Das ist okay, denn ich kenne dich auch nicht so gut, wie ich sollte. Lass uns jetzt die Zeit nutzen und uns ein bisschen besser kennen lernen, denn wenn wir uns wirklich verstehen, dann streiten wir uns bestimmt auch nicht mehr so oft.‹« Sarahs lebhafte Mimik und Gestik waren jetzt ganz ruhig. Sie sah mich an und sagte: »Da hörte ich auf, mir einen neuen Job zu suchen.«

Eliza hatte die Tür, die dauerhaft hätte verschlossen sein können, weit geöffnet. Natürlich waren sie auch vorher einander nah gewesen, doch nun hatte Sarah das Gefühl, ihre Tochter mache deutlich, dass sie sie gern mehr um sich hätte. Als ein paar Monate später in der Schule ein hässliches Gerücht über Eliza die Runde machte, rief sie Sarah an, ob sie sie abholen könne. Der Kakao, den sie an diesem Nachmittag zusammen tranken, und das »gute ausführliche Gespräch« waren wie ein Geschenk des Himmels. »Hätte sie so mit mir geredet, wenn ich noch in meinem alten Beruf gearbeitet hätte und gegen sieben nach Hause gekommen wäre?«, fragte sich Sarah. »Ich bezweifle, dass sie mir gesagt hätte, was sie vier Stunden zuvor auf dem Herzen hatte. Ich vermute, es wären Monate vergangen, ehe sie überhaupt etwas gesagt hätte. Das ist das Vertrackte mit Kindern in diesem Alter. Ich will damit nicht sagen, dass Mütter nicht arbeiten gehen sollen, aber die Dinge geschehen eben, wenn sie geschehen.«

Dorothy hatte zunehmend das Gefühl, dass sie etwas verpasste, nicht Bescheid wusste, in kritischen Momenten nicht da war; sie fühlte sich daher als Mutter verunsichert. »Ich bin mir nicht mehr sicher, ob ich das Richtige tue. Ich glaube, jede Mutter durchlebt solche schweren, dunklen Zeiten. Bei mir wird dieses Gefühl momentan stärker. Früher konnte ich immer irgendwas tun – ihm etwas Lustiges schenken, ihm eine Geschichte erzählen –, und ich konnte in seine Welt eintauchen, einen Augenblick in eine gemeinsame Erfahrung verwandeln. Heute weiß ich nicht mehr genau, was ihm überhaupt Spaß machen würde.«

Natürlich erhöht sich die Chance, zu Ihrem Kind zu finden, nicht unbedingt dadurch, dass Sie mehr Zeit darauf verwenden, den häuslichen Ofen wieder in Gang zu bringen. Vergessen Sie nicht: Ihrem Kind muss es nun sogar darum gehen, Sie auf Distanz zu halten, Geheimnisse für sich zu bewahren, neue Freunde zu gewinnen, herauszufinden, wer es um Himmels willen eigentlich ist, und zwar oft genug in Abgrenzung zu Ihnen.

So häufig ich in diesen Jahren für Maddie auch »da war« – ebenso häufig war sie ganz woanders. Ständig hatte sie den Telefonhörer am Ohr und chattete gleichzeitig online oder sah sich eine absolut unverzichtbare Fernsehsendung an. Wenn es ein Geräusch gibt, das die Vorpubertät begleitet, dann ist es das Türenknallen. Deb, die oft ihren Sohn in Nicks Schule abholt und ihn zu seinen Sportveranstaltungen fährt, schüttelte den Kopf, als ich sie fragte, wie es Jack so geht. »Ich habe keine Ahnung! Wir könnten Stunden miteinander verbringen, und ich hätte immer noch keinen Schimmer. Er erzählt mir rein gar nichts.«

Deb spürte keine Feindseligkeit von seiner Seite; aber es erschreckte sie, dass das Schweigen so unvermittelt über sie hereingebrochen war, als hätte sich eine Plexiglasscheibe zwischen sie und ihren lebhaften, ungezwungenen Jungen geschoben. »Ich bin ausgesperrt, einfach ausgesperrt.«

Marie, die in einem Vorort von Chicago lebt, schlug in die gleiche Kerbe, als ich sie nach dem Verhältnis zu ihren beiden Jungen befragte. »Meine Söhne? Die haben dichtgemacht. Sie reden überhaupt nicht mit mir. Früher haben wir uns ganz unbeschwert unterhalten: Wie läuft's? Was habt ihr heute gemacht? Jetzt höre ich nur noch: ›Gut.‹ Und schon gehen sie auf ihr Zimmer.«

Constance, die Teilzeit arbeitet, fand es besonders frustrierend, wenn sie es sich nachmittags extra so einrichtete, dass sie bei ihren Kindern zu Hause sein konnte, und sich dann eine glatte Abfuhr einhandelte. »Mein Mann und ich haben ungewöhnliche Arbeitszeiten. Deshalb können wir zwei Nachmittage nach der Schule mit den Kindern zu Hause sein. Und natürlich stelle ich mir dann vor, dass wir zusammen Kuchen backen oder etwas spielen. Aber das Letzte, was sie von mir erwarten, ist, dass ich sie frage, was sie so treiben. Sie wollen nur in ihr Zimmer und tun, was sie wollen. Ich sitze dann unten und denke: Jetzt bin ich aus dem Büro weggegangen, obwohl ich mit meiner Arbeit noch nicht fertig war, und könnte genauso gut noch dort sein. Hier braucht mich jedenfalls niemand. Natürlich ist das der springende Punkt: Es ist ihnen trotzdem nicht gleichgültig. Ich glaube, sie sind froh, dass ich da bin – für den Notfall.«

Wenn man so dasitzt und darauf hofft, gebraucht oder auch nur wahrgenommen zu werden –, erinnert das an eine Szene aus *Sex and the City*, in der eine der Frauen unglücklich neben dem Telefon sitzt und wartet. Der Vergleich wird noch treffender, wenn Ihr Kind in die Rühr-mich-nicht-an-Phase kommt. Eine Mutter sagte, es sei »so, als hätte man eine heimliche Affäre. Wenn wir zusammen eine Limo trinken gehen, dann tun wir das möglichst weit weg von der Schule. Und ich darf ihn nie in der Öffentlichkeit anfassen.«

Mit zehn oder elf möchte Ihr Sohn wie James Dean wirken, wie ein einsamer Wolf, und das umso intensiver, je mehr Freunde in der Nähe sind. Wenn Sie versuchen, ihn an der Bushaltestelle oder im Einkaufszentrum zu umarmen oder ihm auch nur über den Kopf zu streichen, zuckt er zusammen, als hätten sie ihm eins mit der Peitsche übergezogen. »Ich konnte es nicht fassen, als Jack es nicht mehr zuließ, dass ich ihn in der Öffentlichkeit küsste«, erinnerte sich Deborah. »Das war richtig schlimm. Weil er im Jahr zuvor noch so zärtlich gewesen war. Ich wusste, warum er nicht wollte, dass ich ihn vor seinen Freunden anfasse, aber es tat trotzdem weh.«

Hand in Hand mit der Ermahnung »Fass mich nicht an« bekommen Sie mehrmals täglich die Botschaft: »Du bist so peinlich.« Plötzlich sind Sie einfach nur idiotisch. Maddie erinnert sich heute noch lebhaft an einen unglückseligen Fauxpas meinerseits, als ich eines Nachmittags versuchte, mich mit einem dunkelhaarigen Mädchen zu unterhalten, das ich wiederholt als Claire ansprach, obwohl Rachel (so hieß sie in Wirklichkeit) meiner tief beschämten Tochter zufolge keinerlei Ähnlichkeit mit Claire hatte. »Sie hat viel hellere Haare«, zischte Maddie, als sie mich wegzerrte und mir dabei klar machte, dass ich sie in Zukunft an der nächsten Straßenecke abholen solle.

Die Tochter meiner Freundin Kate präsentierte ihrer Mutter eine Liste von Ausdrücken, die sie vor ihren Schulfreundinnen nie in den Mund nehmen dürfe. Dazu gehörten sämtliche Hinweise auf Gespräche zwischen Mutter und Tochter, etwa »Hayley hat mir erzählt« oder »Hayley und ich haben uns darüber unterhalten« oder »Wie ich von Hayley hörte«. Kate war sich nicht ganz sicher, ob dieses Verbot dem Verdacht entgegenwirken sollte, dass Hayley ihr die Geheimnisse ihrer Freundinnen verriet, oder ob es dazu da war, Kate in Anwesenheit von Hayleys Freundinnen mundtot zu machen. »Auf der Straße darf ich außerdem nur flüstern. Sie sagt: ›Mama! Musst du so laut reden?‹, selbst wenn der nächste Mensch im Umkreis von zwei Querstraßen ein schlafender Penner ist.«

Die zehnjährige Jessica überreichte ihrer Mutter eine Liste mit der Überschrift »Verhaltensregeln«, die sie bei allen Schulbesuchen zu befolgen hatte. Sie lautete:

1. Erwähne nie meinen Namen und erzähle nichts über mich.
2. Winke mir zu, aber komm nicht zu mir, und sage nicht hallo.
3. Nenn mich nicht Schatz, Süße oder irgendwie anders als Jessica.
4. Tu so, als wäre ich eine beliebige Schülerin. Du kannst mir zuwinken und so, aber sonst nichts.

»Die größte Peinlichkeit ist für meine Kinder unser Auto«, erzählte mir Gail, eine Adoptivmutter aus Chicago. »Ich liebe mein Auto, einen 85er Cadillac. Es ist total cool. Ich habe ihn die ganze weite Strecke aus Arizona hergefahren und kam mir in diesem Oldtimerwrack vor wie eine alternde Schauspielerin. Und als ich in die Einfahrt einbiege, kreischen die Kinder: ›Das ist es?‹ Sie zwingen mich, nach der Schule um die Ecke auf sie zu warten, damit niemand sie einsteigen sieht. Und wenn sie Glück haben und von jemand anders mitgenommen werden, muss ich allein hinterherfahren!«

Eine Mutter räumte ein, dass sie ihrem Sohn jetzt die Haare schneidet, weil »sie ihn nur auf diese Weise berühren kann«. Eine andere stiehlt sich nachts in das Zimmer ihres Zehnjährigen und küsst ihn auf die Wange. »Wenn wir allein zu Hause sind, lässt er es manchmal zu, aber nicht sehr oft«, sagte sie wehmütig.

Auch wenn es schwer fällt, dem Drang zu widerstehen, sich Ihren heranwachsenden Jungen einfach mal zu schnappen (Jungen verabscheuen Berührungen in diesem Alter mehr als Mädchen) und mit ihm eine Runde zu kuscheln, sollten Sie doch seine Grenzen unbedingt respektieren. Seine Abneigung dagegen, öffentlich umarmt zu werden, bedeutet ganz und gar nicht, dass er Ihre Zuwendung nicht mehr braucht. Susie, deren Tochter Caroleen sich mit neun zurückzuziehen begann, schloss einen Handel mit ihr. »Sie sagte: ›Küss mich nicht, wenn der Schulbus kommt, weil die Kinder dann lachen. Aber vorher oder zu Hause kannst du mich küssen, so viel du willst.‹ Also umarme ich sie vorher und lass sie dann gehen. Ich finde es gut, dass sie mir das sagen kann, aber mich belastet es auch, weil sie noch so jung ist. Aber so ist sie nun mal, und das erkenne ich an. Sie will ja nicht, dass ich sie ganz in Ruhe lasse, aber Zärtlichkeit lässt sie nur zu, wenn wir allein sind.«

Wendys Sohn, der bald elf wird, wehrt sich gegen jeden Körperkontakt: »Ich kann ihn nicht umarmen, ohne dass er mir das Gefühl gibt, ich hätte Lepra. Mein Mann dagegen geht abends in sein Zimmer und legt sich neben ihn. Das ist für ihn völlig in Ordnung. Ich könnte das nie machen; er würde sich unwohl dabei fühlen.« Ich fragte Wendy, ob sie eifersüchtig ist. »Ja, irgendwie tut das schon weh«, sagte sie. »Aber ich weiß ja auch, dass es nur eine Phase ist. Er ist ja auch richtig süß – bringt mir selbst gepflückte Blumen und hin und wieder darf ich ihn auch küssen. Aber ich vermisse das Knuddeln schon.« Die Zwillingsschwester ihres Sohnes dagegen suchte noch ihre körperliche Nähe. »Sie kommt morgens zu mir zum Kuscheln ins Bett«, sagte Wendy lächelnd. »Man kann die Uhr nach ihr stellen! Aber so ist sie nun mal – so war sie immer.«

Ich hatte das Glück, dass Nick, als er sich der Pubertät näherte, das »Mama hat Lepra«-Stadium ausließ. Trotzdem gibt es Grenzen. Einen U2-Song im Auto mitzusingen, ist erlaubt. Bei der geringsten rhythmischen Bewegung der Schultern dagegen kommt von der Rückbank her eine Beschwerde. In der Öffentlichkeit muss ich mich zurückhalten, doch solange ich nicht versuche, ihn bei der Hand zu nehmen oder ihm die Haare aus dem Gesicht zu streichen, darf ich ihm vor seinen Freunden einen kurzen Kuss geben oder ihn sogar umarmen. Besagte Freunde zur Schule oder gar zu den Hausaufgaben zu befragen, ist strengstens verboten, doch es ist in Ordnung, ihnen einen Milchshake und eine Kleinigkeit zu essen anzubieten. Neulich gelang mir sogar ein kleines Wunder, als einer von Nicks neueren und besonders coolen Freunden, kaum hatte er die Türschwelle überschritten, fragte, ob wir noch von dem »supertollen Schokoladenkuchen« hätten, den ich beim letzten Besuch kredenzt hatte. Ich verneinte, schlug aber vor, dass er und Nick einen backen könnten. »Wer, ich?«, fragte er.

»Ja, ihr Jungs könntet doch einen machen«, sagte ich so sachlich wie möglich. Einen Moment herrschte fassungsloses Schweigen; dann sagte er zu Nick: »Hey Mann, was meinst du?« Nick zuckte gleichgültig mit den Schultern und ging mit ihm in die Küche, wo die beiden 45 Minuten mit dem ultra-uncoolen Backbuch verbrachten.

Mein Triumphgefühl darüber, dass Nick und sein Kumpel buken, statt zu kiffen, erhielt allerdings einen leichten Dämpfer, als mich der Kuchenduft in die Küche lockte. Mit Schokoladenteig verschmierte Kuchenformen lagen herum (nicht in der Spüle), während der noch warme Kuchen – rechts und links fehlten zwei handgroße Stücke – wie ein zerdrückter alter Hut auf der Arbeitsfläche thronte. Wo die Jungs abgeblieben waren, verriet mir eine Spur aus großen braunen Krümeln, die die Treppe hinaufführte.

Ich hielt an mich, bis Nicks Freund gegangen war, und bat dann den Gastgeber, mit mir sauber zu machen. Nick seufzte hörbar und wendete matt ein, er habe noch so viele Hausaufgaben, doch schließlich erklärte er sich bereit, mit in die Küche zu kommen. Als wir das Chaos beseitigten, erinnerte ich mich an einen Rat, den mir William Pollack einmal gegeben hatte, ein renommierter Fachmann für die Psychologie von Jungen. Es ging darum, wie man auch den zugeknöpftesten Jungen zum Reden bringt. »Die große Mehrzahl der Jungen lernt nicht, sich zu öffnen und zu sagen: ›So und so geht es mir, Mama‹ oder ›Mich belastet etwas, und ich würde gern mit dir drüber reden‹. Es ist viel wahrscheinlicher, dass sie sich Ihnen mitteilen, wenn sie gemeinsam etwas machen. Wenn ein Junge sich auf etwas anderes konzentrieren kann, während er spricht – Basketball oder ein Spiel –, schützt er sich vor der Scham, und das ist in der Vorpubertät entscheidend.«[4]

Für Jungen ist es enorm wichtig, dass man, wie Pollack es nennt, »schamfreie Zonen« schafft, also möglichst ungezwungene Situationen. Meiner Freundin Nicole, die vier Kinder hat, war es fast unmöglich, mit ihrem zehn Jahre alten Sohn Henry zu reden. »Dann habe ich mir angewöhnt, ihn einmal die Woche von der Schule abzuholen und mit ihm zum Musikunterricht zu gehen, der ein paar Häuserblocks weiter stattfindet. Wir gehen in ein Café oder eine Pizzeria und sitzen einfach nur da. Manchmal sagt er kein Wort, aber oft sieht er draußen ein Kind aus der Schule vorbeigehen, und schon erzählt er mir etwas – sogar wenn er jemanden geärgert oder einen bösen Streich gespielt hat.«

Wer am Stadtrand wohnt, kann auf der langen Fahrt zum Fußballtraining oder ins Einkaufszentrum Chauffeuse und Seelenklempnerin zugleich spielen. »Vielleicht ist es, weil wir nebeneinander sitzen und uns nicht ins Gesicht sehen – jedenfalls unterhält sich Jonah im Auto viel lieber.« Ronnie, die in Connecticut lebt, sagte: »Auf der zwanzigminütigen Fahrt zum Baseballtraining öffnet er sich viel eher, als wenn ich ihn zu Hause frage, wie es in der Schule oder mit seinen Freunden so läuft.« Auch bei uns zu Hause haben 90 Prozent der in meinen Augen wichtigen Gespräche – über Zoff mit Freunden, Schule, Drogen, Sex – stattgefunden, wenn wir Backgammon spielten, fernsahen oder den Abendbrottisch deckten.

Verglichen mit Maddie war Nick ein offenes Buch. Vielleicht musste ich bei Maddie auch erst üben – wie bei allem, womit ich als Mutter konfrontiert war – und aus meinen Fehlern lernen. Als Nick dann in die Vorpubertät kam, wusste ich nicht nur um die Macht des »Handlungsgesprächs«, wie Pollack es nennt, sondern auch, wie wichtig das richtige Timing ist. Wenn Maddie etwas Schlimmes erlebt hatte (etwa ein schreckliches Klaviervorspiel), neigte ich dazu, mich auf sie zu stürzen und sie nicht nur mit ermunternden Plattitüden zuzuschütten (»Nächstes Mal klappt es sicher besser«), sondern auch auf ihren Gefühlen herumzutrampeln. Wenn es mir dagegen gelang, still in ihrer Nähe zu bleiben, sie wissen zu lassen, dass ich für sie da war, wenn sie reden wollte, öffnete sie sich eher.

Zwischen den Zeilen lesen

Natürlich gab es auch Zeiten, in denen meine Kinder sich in ihr Zimmer zurückzogen und eine High-Tech-Barrikade errichteten, die schwer zu durchbrechen war. Wie soll man mit seinem Zehnjährigen reden, wenn er sein Mortal-Kombat-Spiel (das ich verabscheue) nur unterbricht, um schnell eine Mail in seinen Laptop zu tippen oder die riesenhaften »Ich kann dich nicht hören«-Kopfhörer aufzusetzen? Ron Taffel, ein sanfter Riese auf dem Gebiet der Jugendpsychologie, rät, »Komfortzeit« zu schaffen und die Barriere zu durchbrechen, indem man mit dem Kind tut, was ihm gerade Spaß macht. »Komfortzeit ist, wenn Sie sich neben Ihre Tochter setzen, während sie im Internet eine Kurzbiografie von Freddie Prinze jun. liest«, erklärt Taffel. »Komfortzeit ist, wenn Ihr Sohn Ihnen das Videospiel beibringt, das ihn momentan am meisten fasziniert. Trostzeit ist sogar, wenn Sie mit Ihrem Zwölfjährigen ein Rockkonzert besuchen.«[5]

Vielleicht hätte Taffel hinzufügen sollen: »... selbst wenn er Sie nicht dabei haben will«, denn es gibt auf dem ganzen Planeten kein zehn bis dreizehn Jahre altes Kind, das seine Mama stets mit offenen Armen in seiner Welt willkommen heißt. Einen der deprimierendsten Nachmittage meines Lebens verbrachte ich in einem kleinen Theater bei einer unglaublich schlecht gespielten Bühnenversion des Films *Seven Brides for Seven Brothers*. Maddie, damals elf, und ich kannten den Film – ein kitschiges Hollywoodmusical aus den 50ern – in- und auswendig. Wir hatten es schon so oft gesehen, dass es eine Art Kultstatus bei uns hatte; wir konnten daraus zitieren und aus vollem Herzen darüber lachen. Ich hielt es daher für eine gute Idee, eine Theaterversion davon zu sehen. Und sicher wäre es auch ein voller Erfolg gewesen, wenn Maddie nicht eine Schulfreundin mitgenommen hätte. Ihre Freundin war ein nettes Mädchen, aber sie wusste einfach nicht, worum es ging. Sie langweilte sich und fand es überhaupt nicht komisch, dass die Hauptdarstellerin mehr wog als die sieben Brüder zusammen oder dass die falschen Bärte ständig verrutschten. In der Pause fragte Maddie verlegen, ob sie den zweiten Akt auslassen und in die Stadt einkaufen gehen dürften.

Ich hielt den zweiten Akt eisern durch, während die Mädchen durch die Läden des kleinen Ferienortes streiften, kicherten und sich prächtig amüsierten. Für Maddie war es ein toller Tag. Mir signalisierte er, wie schnell ich per Schleudersitz aus Maddies Leben flog, weil nur Kinder darin Platz hatten – und wie schwer das zu verdauen war.

Claire, Sozialarbeiterin und geschiedene Mutter zweier Kinder, erzählte mir eine ähnliche Geschichte, die allerdings ein etwas versöhnlicheres Ende hatte. Ihr Sohn Sam machte eine Exkursion in ein mexikanisches Restaurant am Ort. Da sie bereits aus schlechter Erfahrung wusste, dass sie zunächst fragen musste, ehe sie sich anbot, in der Schule zu helfen, hatte sich Claire seine Zustimmung, als Begleitperson mitzufahren, schon ein paar Wochen zuvor eingeholt. Doch am Abend vor dem Ausflug war Sam aufgeregt und stellte dauernd Fragen, wie: »Also, Mama, du kommst sicher mit? Bist du sicher, dass du mit willst? Hast du nicht vielleicht was anderes vor?« Claire hätte auch ohne ihr Soziologiediplom begriffen, dass es Sam bedrückte, wenn nicht gar unglücklich machte, dass sie mitkäme. Daher kam sie ihm entgegen, indem sie sagte: »Sam, Schatz, ich habe das Gefühl, als wäre es dir lieber, wenn ich doch nicht mitkäme.« Zunächst stritt Sam das ab und sagte, alles sei in bester Ordnung. Doch dann sah ihm Claire in die Augen und sagte: »Hör mal, Schatz. Weißt du, das ist für mich gar kein Problem. Ich nehme es überhaupt nicht persönlich, wenn du nicht willst, dass ich mitkomme. Mir kommt es darauf an, dass du mir sagen kannst, was du möchtest und was für dich am besten ist.« Sam brach in Tränen aus. Er entschuldigte sich vielmals, gestand dann aber, dass es ihm lieber wäre, wenn sie nicht mitkam. Sie umarmten sich, und alles war gut. Doch als Claire ins Bett ging, fand sie auf dem Kopfkissen einen Zwanzigdollarschein und einen Zettel: »Liebe Mama, bitte geh morgen schön essen, während ich auf Exkursion bin.«

Claire wusste nicht, ob sie lachen oder weinen sollte. »Es war so süß, so aufmerksam. Aber ich machte mir auch Sorgen, weil Sam so ein schlechtes Gewissen hatte. Ich dachte: Warte mal. Hier stimmt doch was nicht, wenn er denkt, ich könnte am Boden zerstört sein, weil ich den Ausflug sausen lassen muss.« Mit den 20 Dollar hatte Sam seiner Mutter auch einen Anlass gegeben, darüber nachzudenken, warum er sich wohl für ihr Glück verantwortlich fühlte. Als geschiedene Mutter wusste sie sehr gut, dass Kinder sich manchmal nicht nur für die Trennung der Eltern verantwortlich fühlen, sondern auch für ihr zukünftiges Glück.

So egoistisch und egozentrisch Zehn- bis Dreizehnjährige sein können, so nehmen sie doch die Stimmungen und Haltungen in ihrer Umgebung genau wahr. Die gleiche Antenne, die den sarkastischen Ton eines Rivalen auffängt, gerät in Schwingungen, wenn Sie auch nur ein kleines bisschen anders reagieren als sonst. Ich weiß noch, wie mich Maddies schlechtes Gewissen, wenn sie mich gekränkt hatte, überraschte – nicht nur, weil ich gar nicht so schrecklich gekränkt war, sondern weil sie solch ein Verantwortungsbewusstsein an den Tag legte. Mehr als einmal wurde mir bewusst, dass ich ihr emotional mehr Spielraum lassen musste. Ich musste ihr signalisieren, dass ich zwar gekränkt war, ihre Entschuldigung aber annahm und die Sache damit erledigt war. Die Botschaft sollte lauten: Auch Menschen, die wir lieben, kränken uns manchmal; besser, man spricht offen über seine Gefühle, als dass man seine Zeit damit verschwendet, komplizierte Signale zu entziffern. Vor allem Mädchen brauchen diese Botschaft, denn sie gehen der Konfrontation gern aus dem Weg oder betrachten sie gar als Katastrophe. Mädchen reagieren wahnsinnig sensibel auf soziale Signale, weil sie es nicht wagen, laut auszusprechen, wie gekränkt oder verärgert sie sind. Jungen sind gefühlsmäßig zugeknöpfter; Claire sagte weise: »Die Signale richtig zu deuten und zu erkennen, wann und wie man die Grenzen der Kinder respektieren muss, ist in dieser Phase sehr schwierig.«

Das gilt besonders für ein Kind wie Sam, das seine Kindheit so widersprüchlich und angstbesetzt erlebt. Wenn unsere Kinder an der Schwelle zur Pubertät stehen – halb Kind, halb Erwachsener sind –, ist es besonders schwierig, emotional und körperlich Grenzen zu ziehen. Eine Mutter sagte, ihr Elfjähriger genieße es noch immer, vor dem Schlafengehen zu kuscheln. »Er würde sterben, wenn er wüsste, dass ich das hier erzähle«, sagte sie mir. »Aber das Gute-Nacht-Ritual ist noch so ziemlich genau das gleiche wie damals, als er noch ein kleiner Junge war.«

Grenzen ziehen

Wann ist es nicht mehr in Ordnung, dass Ihr zehn- oder zwölfjähriges Kind mit Ihnen kuschelt, Sie umarmt oder sogar bei Ihnen im Bett schläft, wie Nick und Maddie es in dieser Phase so häufig wollten? Bei Maddie zögerte ich selten. Doch wenn Steve geschäftlich auf Reisen war und Nick vor dem Zubettgehen bei uns im Schlafzimmer las und dann fragte: »Hey, Mama, darf ich heute Nacht hier schlafen?«, war ich immer unsicher. Er hatte immer mal wieder bei uns geschlafen, seit er ein kleiner Junge war. Wie Maddie liebte er unser großes Bett; wie ich erzählte er gern Geschichten, kicherte in der Dunkelheit und schlief dann Hand in Hand mit mir ein. Steve aber war der Meinung, dass Nick mit zehn zu alt war, um bei seiner Mutter zu schlafen. Und weil er darauf bestand, Nick wieder zurück in sein Zimmer zu schicken, hatte ich ein schlechtes Gewissen, auch wenn unser Ritual nichts Erotisches an sich hatte, sondern einfach nur gut tat.

Widerstrebend erklärte ich mich bereit, Nick nicht mehr bei mir schlafen zu lassen, doch ich vermisste es – auch wenn ich zugeben muss, dass ich bei diesen Gelegenheiten selten gut geschlafen hatte. Gelegentlich erwog ich, mein Wort zu brechen, aber das hätte mir das Gefühl gegeben, etwas Unrechtes zu tun. Mir wurde klar, dass Steve, wie viele Väter, wohl ein wenig eifersüchtig war auf mein Verhältnis zu Nick, der aus seiner Verehrung für mich keinen Hehl machte. Außerdem waren wir beide in einer Gesellschaft groß geworden, in der von klein auf jeder für sich schläft, ganz zu schweigen von der Männervorstellung, dass große Jungs nicht mehr in Mamas Bett gehören.

William Pollack zufolge »ist es völlig in Ordnung, wenn ein Zehnjähriger bei seiner Mama schläft, solange dieses Arrangement nichts Sexuelles an sich hat oder auch nur entfernt unangenehm ist«. Sofern der Elternteil sein Kind nicht drängt oder zwingt, mit ins Bett zu kommen, oder das Kind ein körperliches Bedürfnis nach »unangemessen erregendem Kuscheln oder Reiben« hat, so Pollack, ist die emotionale Nähe eine überaus positive Erfahrung.[6] Jeder Dad, der schon einmal mit dem verschlafenen Lächeln und einer liebevollen Umarmung seines Kindes aufgewacht ist, stimmt dem sicher zu.

Als Nick dann elf war, wollte er nachts nicht mehr näher an mich heran, als auf das Sofa in unserem Schlafzimmer. Als ich einmal spätabends nach Hause kam, fand ich ihn dort schlafend vor, meinen Riesenjungen, die großen Füße hingen herab. Das sah so unbequem aus, dass ich für mich dachte: »Ich sollte ihn rauf in sein Zimmer tragen.« Was machte ich mir da vor? Er wog fast so viel wie ich.

Die Entscheidung Bett oder Sofa erübrigte sich bald (Nick wollte in seinem eigenen Bett schlafen, am besten bei geschlossener Tür), doch die Frage nach den Grenzen beschäftigte uns in der Vorpubertät beider Kinder weiter. Das lag paradoxerweise zum Teil an ihrem Charme. Trotz aller Wutanfälle und Launen können Zehn- oder Zwölfjährige einfach fantastisch sein. Sie sind neugierig, leidenschaftlich, wollen alles über die Erwachsenenwelt erfahren und sind intellektuell in der Lage, sich über alles zu unterhalten – von Politik über Kino und Musik bis hin zu Museen. Ich ging unheimlich gern mit Maddie bummeln: durch die Läden, in eine Fotoausstellung oder ins Kino. Doch wenn ich etwa erwähnte, dass ich einen Schauspieler »richtig heiß« fand, und sie mir zustimmte, dann fragte ich mich, ob ich das nicht besser für mich behalten hätte. Maddie war so eine nette Begleitung, so reif und selbstsicher, dass ich mich häufig mit ihr unterhielt wie mit einer Freundin; ich sagte ihr, was ich von diesem und jenem hielt, und fragte mich dann, ob ich nicht die Grenze überschritten und sie unnötigerweise belastet hatte. Oder ich machte einen frechen Witz und verbot ihr dann eine Stunde später, eine etwas schlüpfrige Sendung im Fernsehen anzusehen.

Vor nicht allzu langer Zeit machte ich ein Interview mit der Soziologin Barbara Schneider von der Universität von Chicago, die eine Fünfjahresstudie mit annähernd 7000 Teenagern durchgeführt hatte. Sie sagte: »Wissen Sie, viele Kinder sagen: ›Meine Mutter ist meine beste Freundin.‹ Das ist aber gar nicht so toll. Es ist nicht Aufgabe der Mutter, die beste Freundin ihrer Tochter zu sein. Sie muss Mutter bleiben; sie muss Autorität ausstrahlen und Verständnis zeigen.«[7]

Schneider räumt ein, dass es schon bei Kleinkindern sehr schwer ist, flexibel und gleichzeitig konsequent zu sein; bei Zehn- bis Dreizehnjährigen ist es praktisch unmöglich. Während ich diesen Satz schreibe, sitzt Nick (fast 13) in meinem Büro auf einem Stuhl und liest den Roman *Uhrwerk Orange*. Das Buch ist glänzend geschrieben, aber voller Gewalt. Nick gefällt es, auch wenn er zugibt: »Das ist ganz schön hart, Mama. Ich kann mir gar nicht vorstellen, dass du's gern gelesen hast.« Wenn er das Buch fertig hat, wird er sich den Film ausleihen wollen, einen der verstörendsten, die ich in Erinnerung habe. Ich höre jetzt schon den Streit, sehe Enttäuschung und Wut in seinem Gesicht, und ich bin mir fast sicher, dass ich nachgeben werde. Das liegt vor allem daran, dass ich schon lange aufgegeben und ihm erlaubt habe, sich den *Terminator* und andere »Cartoon-Gewalt«-Videos anzusehen. Er ist heute noch sauer, weil ich einmal hart geblieben bin und mich geweigert habe, mit ihm in den Film *Matrix* zu gehen, obwohl er behauptete, ich sei »die einzige Mutter auf der ganzen Welt«, die ihrem Zehnjährigen das verbietet. Ich schlug vor zu warten, bis der Film als Video herauskäme, dann wollte ich ihn mir anschauen und er könnte ihn sich dann vielleicht mit Steve ansehen. Ich überlegte mir damals, dass er bis dahin ein Jahr älter und vielleicht eher in der Lage sein würde, den Film als Fantasieprodukt zu betrachten und nicht als Ausdruck sinnloser Gewalt.

Ob ich überzeugt war? Etwa sechs Minuten lang. Dann spürte ich, wie der Boden unter meinen Füßen nachgab und mir Zweifel über den Rücken krochen. Claire hat so etwas auch schon erlebt: »Ich habe das Gefühl, ich lebe in so einer Grauzone, und das mag ich gar nicht«, erzählte sie mir. »Für Eltern ist das alles andere als schön. Besonders wenn man ein Kind wie Sam hat, das Stabilität und Vorhersagbarkeit braucht. Gerade, wenn es für ihn besonders wichtig ist, dass ich alles im Griff habe und weiß, was ich tue, habe ich das Gefühl, dass ich dauernd mit einer Unmenge Fragen und Wünschen konfrontiert bin, auf die ich reagieren muss. Das ist neues Terrain, und ich kann mich nicht auf meine Instinkte verlassen. Also bin ich in der Klemme.«

Claire hatte das Gefühl – und alle Eltern eines Zehn- bis Dreizehnjährigen werden das bestätigen –, dass sie, wenn sie Unsicherheit und Schwäche zeigte, ebenso gut den Kopf ins Maul eines Hais hätte stecken können. Ein hartnäckiger, selbstgerechter Elfjähriger riecht Unsicherheit aus einem Kilometer Entfernung und pirscht sich wie ein Raubtier heran, um dann zuzuschlagen. »Du weißt gar nichts!« »Warum tust du mir das an?« und »Ich hasse dich!« sind nur ein paar Kostproben dessen, was Sie serviert bekommen.

Selbst wenn Sie tief im Herzen wissen, dass Ihr Kind Sie liebt, wird es Sie verletzen, mit Gift besprüht zu werden, wird die Unsicherheit Sie lähmen oder, noch schlimmer, Sie veranlassen, die Waffen zu strecken und sich geschlagen zu geben. Claire stellte fest: »Heute kommt einmal am Tag eine Frage, auf die ich keine Antwort habe. Es ist ja nicht wie im Ratgeber, in dem steht: ›Mit zwölf verhalten sich die Kinder soundso.‹ Alles hängt vom Temperament des Kindes ab, seinem Einfallsreichtum. Steht es mit beiden Beinen auf dem Boden? Kommt es mit Stress klar, wenn es allein ist? Ist mein Kind ein Mitläufer oder ein Anführer? Es gibt so viele Variablen, die nichts mit dem Alter zu tun haben.«

Statt sofort zu reagieren, wenn ihr Sohn Druck auf sie ausübt (»Ich stehe unter Dauerbeschuss«), nimmt sich Claire eine Auszeit. »Ich habe gelernt zu sagen, wenn er auf eine schwierige Entscheidung drängt: ›Ich verstehe, dass dir das wichtig ist; daher muss ich darüber nachdenken.‹ Wenn Claire sich dann zu einem Nein durchringt, atmet sie einmal tief durch und stählt sich für den Kampf. Wie die meisten Kinder seines Alters verhandelt ihr Sohn, drängt sie, schlägt Haken. »Immer wieder kommt er mit einem anderen Argument an. Oder er schreit: ›Ich hasse dich!‹ Dann kann ich nur sagen: ›Ich verstehe, dass du enttäuscht und sauer bist. Sicher wirst du mich in den nächsten Jahren noch öfter hassen. Aber damit schüchterst du mich nicht ein, denn es ist meine Aufgabe, Grenzen zu setzen.‹« Manchmal ist Sam dann eingeschnappt und ein paar Stunden lang sauer. Aber meistens kommt er drüber hinweg. Wenn er weiß, dass es nichts mehr zu verhandeln gibt, hört er manchmal auch einfach auf.

»Es ist wie in einem Handbuch übers Kleinkind«, sagte Claire lächelnd. »Sie brauchen die Grenze; sie müssen wissen, wie sie dran sind. Es ist schwer, in dieser Grauzone umherzuirren.«

Hinter jedem Kind, das behauptet, seine Mutter sei »eine Hexe«, »wahnsinnig nervig« und habe »keine Ahnung«, steckt ein Mensch, der auf glattem Untergrund Halt zu finden versucht. Selbst wenn die Hand, nach der er greift, etwas zu fest zupackt, so ist sie doch warm und gibt Sicherheit. Sie selbst können nur Halt finden, indem Sie tief durchatmen, ehe sie reagieren. Im Büro sagen Sie am Telefon: »Ich rufe zurück.« Warum sollte so etwas nicht auch zu Hause funktionieren? Natürlich haben wir es nicht mit einem erwachsenen, professionellen Gegenüber zu tun, sondern versuchen, in der Konfrontation mit einem höchst irrationalen Vorpubertierenden mit puterrotem Gesicht die Fäden in der Hand zu behalten. Nur selten gelingt es, sich am Fels festzuklammern, während die Wut des Kindes einen umtost. Nur selten tut man unbeirrt genau das Richtige, ohne sich eine Minute später schon in Selbstzweifeln zu ergehen. Die Zehnjährige, die sich die Ohren durchstechen lassen will, mag eine lange Liste völlig vernünftig klingender Argumente parat haben. Sie können einfach sagen: »Du musst noch warten« oder »Ich mag keine durchstochenen Ohren«. Wenn Sie hart bleiben und den Floh im Ohr ignorieren, der Sie unablässig fragt: »Reagiere ich übertrieben und neurotisch?«, dann wird Ihr Kind wahrscheinlich nachgeben. Wird es Ihnen später dafür danken, dass Sie so klar und liebevoll Stellung bezogen haben? Keine Chance.

Wo sind meine wunden Punkte?

Wenn ein Streit eskaliert, haben Sie die Chance, einiges über die Leichen in Ihrem Keller zu erfahren. Das gilt natürlich nur, wenn Sie bereit sind, in einer ruhigen Minute hinunterzugehen (vielleicht nehmen Sie Ihren liebenden Ehemann mit oder eine

Freundin oder einen Therapeuten) und über Ihre wunden Punkte nachzudenken.

In ihrem Buch *Der Tanz ums Kind* schildert Harriet Lerner den Machtkampf mit ihrem Sohn Ben. Die Schlacht, die mehrere Monate tobte, drehte sich darum, dass Ben regelmäßig die Bitte seiner Mutter ignorierte, seine Kleidung aufzuheben oder das schmutzige Geschirr in die Spüle zu räumen oder einfach ein bisschen im Haushalt zu helfen. Lerner berichtet, wie sie alles versuchte: Sie schrieb lange Listen mit detaillierten Anweisungen, sie forderte Ben auf, ihr in die Augen zu sehen, wenn sie ihn um etwas bat, sie bettelte sogar, »als wäre ich ein hilfloses Opfer seiner Rücksichtslosigkeit: ›Wie kannst du mir das antun? Wenn du mich liebst, wenn du mich respektierst, wenn dir irgendetwas an mir liegt – warum tust du dann nicht, was du tun solltest?‹«[8] Das Drama erfasste auch ihre Ehe und trieb einen Keil zwischen sie und ihren Mann; es schlug sich auf ihre Arbeit nieder und untergrub ihr Selbstvertrauen als Mutter. Am absoluten Tiefpunkt kommt sie Ben auf eine für sie furchtbare Weise näher, als sie ihn zum Weinen bringt. Er wirft ihr zu Recht vor, sie sei so auf Ordnung fixiert, dass sie seine Stärken nicht mehr wahrnehme und keine Ahnung habe, was er in der Schule macht. »Ich fühle plötzlich einen tiefen Schmerz, als Ben anfängt zu weinen«, schreibt Lerner. »Als er das Gespräch beendet und die Küche verlässt, sehe ich, vielleicht zum ersten Mal, dass ich ihn wirklich verletze. Wenn jemand erwachsen werden und lernen muss, sich verantwortungsbewusst zu verhalten, dann bin ich es.«[9]

Lerner nahm aus dieser Erfahrung – und aus ihrer jahrelangen Tätigkeit als Familientherapeutin – die Erkenntnis mit, dass es unabdingbar ist, die »Aufmerksamkeit auf das gesamte Bild« zu richten, zu erkennen, dass, wenn man dermaßen festsitzt, vielleicht etwas ganz anderes im Argen liegt. »Wir fixieren uns auf unsere Kinder, wenn wir unsere eigenen Probleme nicht genügend beachten, Ehe- oder Scheidungsprobleme, Probleme mit der Familie eines neuen Lebenspartners oder unserer Herkunftsfamilie, Probleme mit unserem eigenen Lebensplan.«[10]

Wenn wir uns auf die Schlampigkeit unseres Kindes konzentrieren oder auf seine Essgewohnheiten oder seine Faulheit, hören wir nicht mehr zu. Maddie brauchte oft Stunden zum Ankleiden, besonders wenn wir auf eine Party oder zu einer Veranstaltung wollten. Während ich in einem Berg beiseite geworfener Kleider stand und mir anhörte, wie sie wetterte, dass sie »nichts anzuziehen« habe, dachte ich vor allem daran, dass wir zu spät kommen würden. In meinen tauben Ohren kochte das Blut, wenn ich ihre Röcke und Shirts aufhob und sie ärgerlich zu ihr hinüberwarf. »Das haben wir doch erst gekauft!«, sagte ich angespannt, und mir war klar, dass sie irgendein Gegenargument finden würde. Allein der Umstand, dass so etwas jede Woche oder fast schon täglich vorkam, hätte mich dazu bringen müssen, die Bremse zu ziehen, das Zimmer zu verlassen und mir zu überlegen, worum es hier eigentlich ging (»Ich mag meinen Körper nicht« oder »Ich will noch nicht erwachsen werden«) und wie ich ihr helfen könnte.

Wie ich mich in der Hitze des Gefechts verhielt, war sicher nicht so entscheidend (und auch nicht so wirkungsvoll). Viel wichtiger war die Hilfe, die ich Maddie anbot, wenn sie sich beruhigt hatte und wieder zuhören konnte. Wenn ich sie dazu brachte, sich auf das zu besinnen, worauf sie zu Recht stolz sein konnte – ihr Klavierspiel, ihre Zeichenkünste, ihre Sprachbegabung –, bestand sie nicht mehr so unbedingt darauf, dass sie nichts zu bieten hatte. Ich erzählte ihr von meinen eigenen vorpubertären Ängsten oder – noch besser – irgendwelchen absolut peinlichen Hämmern, die ich mir in der sechsten Klasse geleistet hatte, und brachte sie damit meist mit einer Mischung aus Erleichterung und Mitleid zum Lachen. Und wenn ich sie zu Steve schickte, dessen Meinung noch viel mehr Gewicht hatte als meine, erhielt sie eine warme Dusche schöner Komplimente aus dem Mund des Mannes, der sie mehr liebte als alles auf der Welt.

Für manche Kinder ist der zehnte Geburtstag ein absoluter Wendepunkt, während ihre Freunde, die noch nicht so weit sind, noch zurück ins Nest streben. »An dem Tag, als Eliza zehn wurde, brach sie in Tränen aus«, erinnerte sich Sarah. »Manche Kinder sind ganz wild darauf, endlich zehn zu werden. Sie bedrückte es; sie fühlte sich elend. Sie wollte weiter ein kleines Kind sein. Sie sah bereits, welcher Druck auf sie zukam – die Moden, bauchfreie Shirts, kurze Röcke und Shorts –, und sie wollte nicht dauernd nur sexy und gestresst sein.«

Sarah hatte Glück. Zumindest war Eliza so unglücklich über die Vorpubertät, dass sie offen um Hilfe rief. Häufiger kommen die gespaltenen Gefühle der Kinder in unterschiedlichster Verkleidung daher: Unsicherheit, Eitelkeit, Apathie, Ich-Bezogenheit und Angst. Wenn der Körper außer Kontrolle gerät und man eigentlich nichts an diesem Körper mehr mag, dann nimmt die Kleidung eine übermächtige Bedeutung an. Das gilt für Mädchen und Jungs. Mädchen widmen womöglich ein ganzes Kapitel ihres Lebens den tragischen Konsequenzen, die sich aus dem Tragen von No-Name-Schuhen ergeben (wie Sandras Tochter, als sie das letzte Mal einkaufen gingen). Doch auch Jungen können aus dem Gleis geraten; sie verstecken ihr fragiles Ego einfach in viel zu großen Klamotten.

Die Mütter von Mädchen berichteten alle, dass es täglich Kämpfe um die Kleidung gab. Lois' ältere Tochter Emily war immer ruhig und eher angepasst gewesen, sodass die »alptraumhaften Szenen am Morgen« eine völlige Umkehr der Familiendynamik darstellten. »Erst heute hatten wir einen Riesenkrach deswegen, was Emily in die Schule anzieht«, erzählte mir Lois mit vor Verzweiflung noch immer schriller Stimme. »Ich brülle: ›Das Hemd ist zu kurz, und die Hose sitzt zu tief!‹, und sie kreischt, dass alle Kinder sich so anziehen – und das stimmt ja auch.«

Ich erklärte Lois, es grenze ohnehin an ein Wunder, dass ihr solche Kämpfe um die Kleidung so lange erspart geblieben waren. Die meisten Mütter berichteten, dass die Wende viel früher kam. »Die Pubertät setzt früher ein. Schon in der ersten oder zweiten Klasse stehen die Kinder unter der Tyrannei des Coolen, sind Träger der Popkultur, die wir früher nur mit Teenagern in Verbindung gebracht haben«, schreibt Ron Taffel in *The Second Family*. Taffel meint, dass Teenager ihre rebellische Kleidung, Musik oder Lebensweise nicht aus Rache oder Feindschaft gegen ihre Eltern wählen. »Sie driften lediglich davon und versuchen verzweifelt einen Ort zu finden, an dem man sie kennt und an dem sie sich wohl fühlen.«[11]

Dorothy berichtete, dass ihr Sohn – »von der Entwicklung her noch ein kleiner Junge von zehn Jahren« – neuerdings die Teenagerkultur wie ein Schwamm aufsaugt. »Er hat eine Antenne für Dinge entwickelt, die mir Angst machen, kulturelle Signale, auf die er reagiert. Er spürt sie auf, interpretiert sie und eignet sie sich in einem erstaunlichen Ausmaß an. Er steht heute dermaßen unter dem Einfluss der Popkultur und der Musik – das hätte ich nie vermutet. Ständig läuft er mit dem Discman durch die Gegend, stellt CDs zusammen. Das macht er viel lieber, als mit dem Fahrrad herumzufahren. Und er hat einen totalen Kleiderspleen. Ich bin froh, dass er in eine Schule geht, wo man einen Blazer trägt, sonst würde er in zerrissenen T-Shirts und Baggy Jeans rumlaufen.«

Doch die Schuluniform löst das Problem nicht immer. Meine Freundin Nicole, deren Tochter in ihrer Mädchenprivatschule einen militärähnlichen blauen Rock mit weißer Bluse trägt, ist schockiert über deren Einkaufsobsession. »Ich sage: ›Gehen wir ins Museum?‹, und Isabel verdreht die Augen und sagte: ›O Mama. Können wir nicht zu Bloomingdales gehen?‹ Und wenn wir das machen, wird es zum Alptraum. Sie ist besessen davon, genau die richtige Kleidung zu finden. Wir könnten zwar genau das Gleiche in billigeren Läden kaufen, aber da will sie auf keinen Fall gesehen werden.«

Als ich Jacqui traf, eine attraktive, elegante Londonerin mit zwei Kindern, beklagte sie den Abstieg ihrer Tochter in den Grungelook: »Es ist schrecklich. Es ist eine Art Mischung aus

Gothic und Gott weiß was; unter anderem zerreißt sie Strumpfhosen und macht Kleider daraus. Es ist wirklich grässlich.« Dr. Kenneth R. Ginsburg, der auf Jugendmedizin spezialisiert ist, formuliert es so: »Der Spurt in die Unabhängigkeit beginnt. ›Ich brauche euch nicht mehr, Mama und Papa. Ich werde ein eigenständiger Mensch, ein Individuum.‹ Übersetzt heißt das: ›Ich werde ein Individuum – genau wie alle meine Freunde.‹«[12]

Doch Konformität ist anstrengend. Man muss die Regeln kennen, subtile Stiländerungen erahnen, Abweichungen von der Norm vermeiden und vor allem ständig Patzer und die daraus resultierende Schande fürchten. Wenn Ihre Tochter Ihnen die Schuld gibt, dass ihre Haare nicht liegen (»Du hast das falsche Schampon gekauft!«), oder wenn Ihr Sohn sich beschwert, dass die neu erstandenen Unterhosen beknackt aussehen, weil Sie sie falsch gewaschen haben, sind Sie vielleicht geneigt zu rufen: »Dann kauf dir doch dein Schampon selber!« oder »Willst du waschen? Nur zu!« Aber meistens beherrschen wir uns, weil wir nur zu gut wissen, dass solche Ausbrüche aus einem Quell der Unsicherheit und Verwirrung gespeist werden. Wir erinnern uns daran, wie es sich anfühlt, weil wir es vielleicht ganz genauso erlebt haben – nicht vor Jahrzehnten, sondern noch vor Tagen.

»Wenn Chrissie wegen ihrer Kleidung ausflippt, dann ist das für mich schlimm, weil sie genau so klingt wie ich«, sagte eine Mutter. »Andauernd frage ich meinen Mann: ›Sehe ich in diesen Hosen dick aus?‹, oder ich mache mir Gedanken über meine Haare. Ich bin mir sicher, sie schnappt das auf.«

In der Vorpubertät sollten wir im Blick behalten, was für ein Körperbild wir unseren Kindern – und vor allem unseren Töchtern – vermitteln. Besonders bedeutsam wird dieser Punkt, wenn Sie über dreißig waren, als Sie Ihre Kinder bekamen. In diesem Fall werden Sie voll Unbehagen feststellen, dass das vorpubertäre Unbehagen Ihres Kindes mit Ihren eigenen nahenden Wechseljahren korrespondiert. Ich weiß noch, wie ich vor dem Badezimmerspiegel stand und mit den Fingern die neuen Fältchen nachzog, während Maddie sich Sorgen über einen winzigen Pickel machte, der ihren ansonsten makellosen Teint entstellte. Wir standen beide unter dem Druck, einem kulturell auferlegten Schönheitsideal zu entsprechen, den Hochglanzvorbildern, die meine welkende Haut und ihre verunstaltete Stirn zum Problem machten. Natürlich war es wichtig, Maddie zu versichern, dass ihre Schönheit unter dem einen oder anderen Pickel nicht ernsthaft leiden würde; noch viel wichtiger aber war es, dass ich endlich aufhören sollte, mich ständig darüber zu beschweren, dass ich zu fett, zu schlaff oder wie vierzig aussah.

Grausamkeit in der Gruppe

Nichts hasste ich mehr als Gruppen tuschelnder Mädchen, die verstummten, wenn ich vorbeikam. Meistens hatte ich das Gefühl, ich spielte ein Mädchen statt eins zu sein.

Aus: *The Secret Life of Bees* von Sue Monk Kidd.[13]

Teenager wollen vor allem Teil einer großen oder besser noch Mitglied der beliebtesten Gruppe sein. Wer sich über den sozialen Durchschnitt erhebt, aus der Masse herausragt, kann sicher sein, dass er ins Land der Deppen verbannt wird. Wer die richtigen Klamotten trägt, die richtige Sprache spricht, sich richtig verhält, erhöht seine Chancen, akzeptiert zu werden. Allerdings gibt es keine Garantie, denn Cliquen sind per se ständig im Fluss.

Zur Cliquenbildung gibt es jede Menge Literatur. Die Soziologen haben sich mit allen möglichen Aspekten befasst, von der »Unterwerfung von Nichtgruppenmitgliedern« bis hin zu gewalttätiger Schikane.[14] Doch wir brauchen keine Soziologiestunde, um zu wissen, wie verletzend launische Freunde sein können. Fragen Sie Ihre Mutter nach der bösesten Hexe der sechsten Klasse, und Sie wird Ihnen spontan den Namen nennen können. Fragen Sie eine beliebige Frau, was sie mit der siebten Klasse assoziiert, und sie wird die Freundinnen und Cliquen aufzählen oder einfach nur »Uah!« sagen.

Die Höhen und Tiefen, die Zehn- bis Dreizehnjährige durchleben, dürften in den USA nicht viel anders aussehen als anderswo auf der Welt. Jacqui, deren Tochter abends stundenlang mit ihren Freundinnen telefonierte, war so frustriert, als ich sie nach Cliquen fragte, dass sie fast schrie: »O Gott! Das ist so heftig! Es treibt einen zum Wahnsinn. Wer ist zu wem gemein gewesen? Wer wird zu Sowiesos Party eingeladen oder: ›Mama, ich werde auf keinen Fall dort übernachten!‹ Sie geraten am Telefon außer sich und stecken sich in der Klasse Zettel zu, auf denen sie über andere herziehen. Mädchen sind grässlich.«

Mädchen neigen zu Gemeinheiten – zumindest agieren sie anders als Jungs. Freundschaften zwischen Mädchen sind intensiv und eng. Die Gruppe lässt vielleicht hin und wieder jemanden zu, den ein Cliquenmitglied mag.[15] Doch Mädchen sind meist emotional aggressiv. Jungsgruppen sind häufig größer und durchlässiger, sie messen sich körperlich oder spielerisch.[16] Ihre Freundschaft ist zwar emotional weniger aufgeladen, ihre Streitigkeiten sind offener und kurzlebiger, doch auch Jungen können sehr grausam sein. Beschimpfungen, offen auf dem Schulhof abgelassen, tun genauso weh, wie wenn man sie aus dritter Hand von einer »Freundin« erfährt. Mehr Schmerz empfindet vielleicht nur die Mutter eines Opfers, die hilflos zusehen muss, wie das Ego ihres Kindes dahinschmilzt.

Ich weiß noch, wie mich Wellen der Wut und Frustration durchfluteten, als Maddie von irgendeinem komplizierten Tanz erzählte, bei dem sie aus dem Kreis ihrer »Freundinnen«, von denen ihr fragiles Selbstwertgefühl abhing, verbannt wurde. »Sie haben kein Wort mit mir geredet«, flüsterte sie, und ihr Schmerz war vom Haaransatz bis zu den geballten Fäusten zu spüren. »Niemand mag mich. Ich bin ein totaler Versager!« Ich widerstand der Versuchung, ihr zu widersprechen, sie mit Komplimenten zu überziehen oder ihr ihre vielen Stärken aufzuzählen. Ihr emotionales Oropax hinderte sie, unerbetene Ratschläge entgegenzunehmen. Ich konnte daher nur den Mund halten, mitleidig den Kopf schütteln und vielleicht eine tragische Geschichte aus meiner Erinnerungsdatenbank beisteuern.

Ich musste mir klar machen, dass Maddie, obwohl sie auf vielen Gebieten sehr reif war, doch unglaublich naiv auf Tratsch und Verachtung reagierte, mit denen Mädchen ihre Freundinnen manipulieren. Als ich ihr eines Abends erklärte, dass ein Mädchen, indem es ein anderes herabsetzt, sich selbst erhöht, und dass eine, die viel über die anderen weiß, vielleicht nicht gerade eine vertrauenswürdige Freundin abgibt (»Aber sie hat behauptet, dass sie es niemandem weitersagt!«), war Maddie beeindruckt. Sie gab sogar widerstrebend zu, dass sie selbst über andere tratschte und klatschte.

Genauso musste ich mir klar machen, dass auch Maddie angriffslustig, konkurrenzbewusst und neidisch sein konnte (da brauchte ich nur Nick zu fragen), denn mir vorzumachen, dass sie ein unschuldiges Opfer war, brachte mich nicht weiter. Ich hatte sie über andere Kinder reden, sich über Lehrer beschweren, über das grauenhafte Outfit oder die jüngste Liebesaffäre irgendeines Promis lästern hören. Und natürlich hatte sie auch mich über meine Freunde reden, mich über meinen Chef beschweren, über das grauenhafte Outfit oder die jüngste Liebesaffäre irgendeines Promis lästern hören. Ich war vielleicht nicht die größte Klatschtante des Universums, aber ich bin mir sicher, dass beide Kinder genügend Geschichten mitbekommen und auch gehört hatten, wie meine Geschwister und ich uns gegenseitig aufzogen – meistens, aber nicht immer, »aus Spaß«.

Als Nick dann in die weiterführende Schule kam, hasste ich die Lästerei bereits dermaßen, dass ich eine Strafe für jede gemeine Bemerkung verhing, die mir zu Ohren kam. Zwar führte diese Taktik vor allem dazu, dass die Gemeinheiten woanders geäußert wurden, doch hatte ich mein Ziel immerhin erreicht. Es kam aber auch durchaus vor, dass ich mitten in einem Telefongespräch mit einer Freundin von einem schrillen Schrei aus

Richtung Sofa aufgeschreckt wurde: »Das hab ich gehört, Mama! Fünfzig Cent!«

Ich legte Wert darauf, dass sie auch miterlebten, wie ich an der Beziehung zu meinen besten Freundinnen arbeite. Die Kinder wissen, wie sehr ich diese Frauen schätze, von denen ich viele seit meiner Kindheit kenne. Wenn eine von ihnen meine Hilfe brauchte oder einen Babysitter oder einen Karriereratschlag, versuchte ich für sie da zu sein, und berichtete meinen Kindern auch, wie sie sich revanchiert hatte. Ich machte keinen Hehl daraus, wenn ich mal wütend auf eine Freundin war. Und ich erzählte den Kindern, wenn ich eine Freundin verletzt hatte, meinen Fehler eingestehen und mich entschuldigen musste. »Mir hat es gar nicht geschmeckt, als Jane mir vorwarf, ich sei taktlos gewesen. Aber sie hatte Recht, als sie sagte: ›Sieh mal, ich muss das jetzt aus der Welt schaffen‹, und die Sache klärte«, erzählte ich Maddie nach einem langen (und schwierigen) Telefonat mit einer meiner ältesten und besten Freundinnen.

Dass Maddie an den Geschichten von Streit und Versöhnung so interessiert war, lag wohl auch daran, dass ihr Leben vor allem daraus bestand, Mädchen in ihren Kreis aufzunehmen oder selbst auserwählt zu werden. Dieser Tanz der neuen Freundschaften ist schmerzvoll, aber auch aufregend. Linda Perlstein schreibt: »Sozialwissenschaftlern zufolge haben Elfjährige die Freunde ganz oben auf ihrer Liste stehen; zum ersten Mal empfinden sie Vertrautheit als erstrebenswerten Zustand, und zwar nicht nur innerhalb der engeren Familie, sondern auch in ihrer ganz eigenen Welt. Es ist nicht mehr so wichtig, was sie tun, sondern mit wem sie es tun. Sie suchen sich ihre Freunde gezielt aus und nicht, weil sie in der Nähe wohnen oder zufällig in der gleichen Ballettgruppe sind. Sie wollen teilen. Sie lernen, dass es sie selbst glücklich macht, ihre Freunde glücklich zu machen.«[17]

Was man tun soll, wenn sie einen unglücklich machen, steht auf einem ganz anderen Blatt. Meistens wollten Maddie und Nick auf keinen Fall, dass ich mich einmischte. Wenn sie mir etwas erzählten, dann sagten sie immer zuerst: »Mach gar nichts, Mama, aber ...« Was eines Nachmittags in Maddies siebten Schuljahr geschah, traf mich daher völlig unvorbereitet. Maddie kam an diesem Tag besonders geknickt nach Hause und erzählte mir, dass ein Mädchen, das kurz vor seinem 13. Geburtstag stand, sie verletzt und gekränkt habe. Das Kind, das sich verständlicherweise auf die große Party freute, die ihre Eltern ihr ausrichten wollten, unterhielt die Klassenkameradinnen unentwegt mit Einzelheiten (den Spielen, die sie vorhatten, den bedeutenden Freunden ihrer Eltern, den Partygeschenken). Das war für diejenigen, die eingeladen waren, gut und schön, doch Maddie zählte nicht dazu. »Das tut mir richtig weh, Mama«, sagte Maddie und fügte schnell hinzu: »Ich meine, es macht mir nichts aus, da nicht hinzugehen, aber sie lädt die halbe Klasse ein und redet dann vor mir darüber.«

Ich zögerte und fragte dann: »Möchtest du, dass ich ihre Mutter anrufe?«, und war baff, als Maddie aufblickte und sagte: »Würdest du, Mama?«

Und nun? Wie sollte ich dieser Frau beibringen, dass sich ihre Tochter aufführte wie ein taktloser Trampel? Dann kam mir eine Technik zu Hilfe, die mir Steve ein paar Jahre zuvor beigebracht hatte. Als die Mutter den Hörer abhob, sagte ich freundlich: »Hallo. Hier ist Annie, Maddie Murphys Mutter. Ich rufe an, weil ich nicht so recht weiter weiß ... « Ich erklärte ihr die Situation und fügte hinzu: »Rena hat Maddie so viel von ihrer Party erzählt, dass wir annehmen, dass ihre Einladung in der Post verloren gegangen ist.« Renas Mutter entschuldigte sich überschwänglich und sagte, sie werde auf der Liste nachsehen. »Nein, Maddie ist nicht eingeladen«, sagte sie und entschuldigte sich noch einmal. »Ich werde Rena bitten, etwas umsichtiger zu sein.« Nach einer kurzen Pause fragte sie: »Aber wer ist Maddie?« Meine Selbstsicherheit löste sich in Luft auf, und ich erging mich in Adjektiven, die ihre Andeutung, meine Tochter wäre ein Nobody, widerlegen sollten. Ich legte auf und ärgerte mich, dass ich nicht geantwortet hatte: »Merken Sie denn nicht, dass mit Ihrer Frage alles gesagt ist? Wem, glauben Sie, schlägt Ihre Tochter wohl nach?«

Neulich erzählte ich diese Geschichte einer Freundin, die die gleichen Qualen durchleidet, wann immer eine Party steigt. »Es ist mir unverständlich, wie diese Eltern dermaßen gedankenlos sein können«, beklagte sich Sarah. »Erst letztes Wochenende rief Eliza in Tränen aufgelöst an, weil sie zur Bar-Mizwa einer Freundin und der großen Party am Abend eingeladen war, nicht aber zum Abendessen dazwischen. Sie steht also im Foyer der Synagoge, während die Hälfte ihrer Freundinnen und deren Eltern zum Abendessen gehen. Es war absolut erniedrigend.«

Sarah kam ihr zu Hilfe, strich alles, was sie sich für den Nachmittag vorgenommen hatte, und ging mit Eliza ins Kino. Als ich sie fragte, wie sie sich damit fühle, antwortete sie: »Es ging nur um Eliza, einhundertprozentig, das ganze Wochenende. Und das ist der Punkt. Ich musste erkennen, dass ich, wenn ich sie da durchbringen wollte, bei ihr sein musste. Und am Ende des Abends kam sie und umarmte mich und sagte: ›Danke. Es war so ein schönes Wochenende.‹ Aber das kommt natürlich nicht so oft vor.«

Versager und Faulpelze

Da waren wir uns einig. In dieser Phase wird Ihr »Mutter opfert sich auf«-T-Shirt sehr strapaziert, und zwar nicht unbedingt, weil Sie große und denkwürdige Akte der Selbstlosigkeit vollbringen, sondern weil Sie kleine, anstrengende und schnell vergessene Opfer bringen. »Ich weiß, das klingt kleinlich«, sagte Martha. »Aber mir geht es wirklich auf die Nerven, dass er so oft von der Schule anruft, ich solle ihm das Buch vorbeibringen oder die Schuluniform, die er vergessen hat.«

Auch Dorothy fürchtete, einen Versager großzuziehen: »Einfach nur sich und seine Unterlagen heil in die Schule zu bringen, sie aus dem Schulranzen zu holen und dem Lehrer zu geben und es dann wieder nach Hause zu schaffen – das ist wirklich sehr schwierig für ihn. Er kann sich einfach nicht konzentrieren. Wir tun, was wir können. Aber mich beschäftigt das im Moment sehr.«

Mehreren Psychologen zufolge, die ich dazu befragte, sind die ersten Jahre auf der weiterführenden Schule für Kinder eine schwierige Hürde, wenn es daran geht, sich zu organisieren und bestimmte Aufgaben zu erledigen. Sehen Sie einmal im Fundbüro der Schule nach, und Sie finden die Ergebnisse jahrelanger Hirnforschung in Form vergessener Jacken, Handschuhe, Sweatshirts und Kollegbücher. Die Hirnregionen, die für Organisation, Logik, Urteilsvermögen und Kurzzeitgedächtnis zuständig sind, sind in diesem Alter noch nicht aktiv genug, um all die Bälle, mit denen es zu jonglieren gilt, in der Luft zu halten – besonders, wenn gleichzeitig die emotionalen Kolben heiß laufen.

Mehr Sorge als der verlorene Schulranzen bereitet oft der Mangel an Motivation, der sich in diesem Alter häufig einstellt. »Ich mache mir oft Sorgen um seine Zukunft, weil er so furchtbar faul ist«, beklagte sich Jacqui über ihren Sohn, und wir bedauerten uns gegenseitig über den ständigen Ärger mit der Schule und den Hausaufgaben, den wir beide mit unseren Kindern erlebten. »Er ist intelligent, und er könnte sehr gut in der Schule sein, wenn er sich nur am Riemen reißen würde!« Mehrere Mütter, mit denen ich in Chicago sprach, stimmten in diesen Refrain ein, als ich die Schule ansprach. »Die Hausaufgaben sind ein Alptraum«, sagte Anne, die mich um Rat bat, wie sie ihren Sohn motivieren sollte. »Jeden Abend drängen wir ihn, dass er die Glotze abstellt und die Bücher aufschlägt. Oder er lügt uns an und sagt: ›Ich hab's schon gemacht‹, und dann bekommen wir eine Mitteilung von seinem Lehrer, dass er dies und jenes nicht abgegeben hat. Ich weiß wirklich nicht, was ich noch tun soll.«

Linda Perlstein, die eine Gruppe Zehn- bis Dreizehnjähriger ein Jahr lang begleitete, schreibt: »Die achte Klasse könnte man in den USA kollektiv mit der Überschrift ›Nutzt sein Potenzial nicht‹ versehen. Das Nachlassen der Motivation beim Übergang in die Mittelstufe ist erwiesen. Dreizehnjährige bringen einfach kein Interesse auf für etwas, das sie langweilt, egal, wie oft man ihnen sagt, das ist wichtig, du wirst es in zehn Jahren merken.«[18]

Wenn Ihr Kind einen bestimmten Lehrer nicht mag oder glaubt, dass es »in Mathe grottenschlecht« ist, kann es sehr gut sein, dass sich die negative Haltung im Zeugnis spiegelt. »Mein Sohn ist sehr intelligent«, sagte eine energische Mutter aus Chicago, »aber er sagt ständig, wie sehr er die Schule hasst. Dauernd beklagt er sich über die Lehrer. Momentan stehe ich auf dem Standpunkt, dass das sein Problem ist. Er mag die Schule hassen, aber hingehen muss er. Er muss damit fertig werden!« Ich wünschte, ich hätte ein bisschen mehr so gedacht, wäre in der Lage gewesen, den Kindern die heiße Kartoffel wieder in die Hand zu geben. »Du musst damit fertig werden!« – das war einfach nicht mein Stil, und vielleicht ist es auch nicht Ihrer.

Allerdings gelang es mir, zuerst Maddie und später auch Nick zu vermitteln, dass sie, indem sie einen Lehrer als »Vollidioten« und ihre Mitschüler als »total doof« abtaten, nicht aus der Sache raus waren. Wenn eins der Kinder einen Lehrer »gemein« oder »langweilig« fand oder meinte, er habe »keine Ahnung«, dann musste man genau auf dieses Fach noch mehr achten. Wir erinnerten die Kinder immer mal wieder daran, dass es gar nicht so schwer ist, in einem Fach, das man gern hat, bei einem Lehrer, den man schätzt, und mit Mitschülern, die man mag, eine Eins zu schreiben, dass es aber ganz wichtig ist, sich in die Fächer zu knien, die man langweilig oder deren Lehrer man schlecht findet.

Wenn wir unsere Weisheiten verkündet, mit einem schwierigen Lehrer gesprochen oder auf die Erledigung einer Schulaufgabe gedrängt hatten, mussten wir es gut sein lassen. Doch das ist nicht unbedingt meine Stärke. Daher gab es sehr hässliche Szenen, in denen Maddie zeterte und schimpfte, sie wolle ein bestimmtes Fach schmeißen, während ich sie dazu anhielt, sich auf ihre vier Buchstaben zu setzen und ihr Referat zu schreiben.

Oder aber ich ging allzu mitleidig auf ihre Tränen, ihre sarkastischen Bemerkungen und ihr Gejammer ein, bis dann Steve erschien und den Tanz beendete, der Maddie ja auch überhaupt nicht weiterhalf.

Bei Nick sind die Hausaufgaben, entweder aufgrund seines Temperaments oder seiner (und meiner) Lernerfolge nie ein Thema gewesen. Anders als von seiner großen Schwester erfahren wir von Nick eher zufällig, wenn er eine Eins für einen Aufsatz bekommen hat, von dem ich nicht einmal wusste, dass er ihn aufhatte. Neulich kam mir der Gedanke, dass er vielleicht einen geheimen Schwur getan hat, die abendlichen Szenen auf der anderen Seite des Flurs, deren Zeuge er so oft gewesen war, um jeden Preis zu vermeiden. Er erkannte – offenbar besser als ich –, dass Maddies Probleme durch meine Einmischung nur noch schlimmer wurden. Wenn Sie einmal jemanden dabei beobachtet haben, wie er Öl ins Feuer gießt, werden Sie ihn sich vom Hals halten.

Was ich gelernt habe? Zuallererst, dass meine Kinder nicht ich sind. Wenn sie ihre Hausaufgaben machen, Klavier üben, ein Stillleben zeichnen, sich mit jemandem anfreunden, einen Brief schreiben, tun sie das anders als ich. Und ganz sicher tun sie nichts einfach nur, weil ich es ihnen sage. Wenn Sie Ihren Elfjährigen 50-mal um etwas gebeten haben, und er macht es noch immer nicht, dann liegt es wohl nicht an seiner Langsamkeit!

Ich begegnete in diesen Jahren auch den Geistern aus meiner Kindheit, merkte, wie ich mein eigenes Leben in das der Kinder hineintrage. Und ich habe gelernt, dass, wenn es hart auf hart kommt, eine Pause angesagt ist. Einmal tief durchatmen und den Raum verlassen. Einen absolut unproduktiven oder, schlimmer noch, destruktiven Tanz mit seinem Kind zu beenden, ist in dieser Phase eine sehr wirksame Strategie. Und man sollte flexibel sein. Viele Konflikte ließen sich entschärfen, indem ich bereit war, meinen Kindern entgegenzukommen, ihnen zuzuhören und mich – überraschend für sie – auch mal überzeugen zu lassen.

In dieser Grauzone muss man erkennen, dass, was sich am Montag als richtig erwies, am Mittwoch vielleicht absolut nutzlos ist, und dass ein Kind, das am einen Tag noch keinerlei Verantwortung übernimmt, am nächsten erstaunlich vernünftig sein kann. Auch wenn mich am Ende eines anstrengenden Tages bisweilen ein mittelgroßes Geschoss mitten ins Herz traf, so konnte ich mich doch darauf verlassen, dass ich meine Truppen zusammenhalten konnte, sofern ich ruhig, gelassen und konzentriert war. Oder wenn ich die Zeit hatte, mit Steve zu reden, eine Freundin um Rat zu fragen oder einen der Lehrer oder gar einen Therapeuten zu konsultieren. Jeder dieser Rettungsanker machte mich auf Krisenherde aufmerksam und half mir dabei, in aller Ruhe darüber nachzudenken, wie ich die täglichen Herausforderungen besser bewältigen und es auch noch besser genießen konnte, mit einem Kind dieses Alters zusammenzuleben.

Erst wird es leichter... und dann sind sie weg

Pubertät: dreizehntes bis achtzehntes Lebensjahr

Ein normaler Jugendlicher ist kein normaler Jugendlicher, wenn er sich normal verhält.

Aus: *Mut zur Trennung* von Judith Viorst.[1]

Wenn Sie im Gespräch erwähnen, dass Sie einen Teenager zu Hause haben, kommt meist eine der folgenden Reaktionen:

1. hörbares Stöhnen, häufig begleitet von mitfühlendem Seufzen
2. glucksendes und/oder höhnisches Lachen
3. Kopfschütteln, mitleidiges Tätscheln der Schulter oder ein plötzlicher Tränenausbruch
4. teilnahmsvolle Kommentare (»Ach ja. Wir auch.«)
5. empathisches Nachfragen (»Und, wie geht's?«)

Das alles kann Ihnen den Eindruck vermitteln, dass Sie sich eine weit verbreitete, aber häufig tödlich endende Krankheit eingefangen haben. Oder dass Sie sich auf dem Gewaltmarsch in einen emotionalen Abgrund befinden, der sie die nächsten fünf Jahre garantiert in die Hölle auf Erden bringt.

Nun, da Maddie bald 18 wird und Nick 14 ist, ist mir klar geworden, dass wir in dieser Phase als Mutter alle vorangegangenen Stadien noch einmal durchleben. Wir erfahren die Panik der Säuglingszeit, die Frustmomente der Kleinkindphase, die Einsamkeit der Vorpubertät. Der Unterschied liegt darin, dass sich die Risiken nun potenzieren. Mag sein, dass Sie sich unentwegt um ihren Säugling gesorgt haben, doch statistisch gesehen war die tatsächliche Gefahr gering. In der Pubertät dagegen besteht eine handfeste Todesgefahr. In den Kleinkindjahren klopfte ihr Kind die Grenzen ab, stieß Sie von sich, um dann wieder zu Ihnen zurückzukehren. Teenager laufen wirklich weg, und auch wenn sie normalerweise wieder nach Hause kommen, bleibt doch die schreckliche Möglichkeit, dass sie es eben nicht tun. Wenn unsere Kinder in die Schule kommen, stehen wir plötzlich mit ihnen auf dem Präsentierteller; in der Pubertät stellen unsere Kinder ihr Anderssein demonstrativ zur Schau. Das Kind, das Sie mit sieben schockierte, indem es schrie: »Halt den Mund!«, wird mit 15 wahrscheinlich sagen: »Verpiss dich!« Und in der Vorpubertät war Ihr Kind sicher anstrengend, aber es hatte wenigstens noch keinen Autoschlüssel.

Dazu kommt, dass Sie von Verwandten, völlig Fremden und den Medien auch noch alles Mögliche über die Pubertät zu hören bekommen. In den Wochen vor Maddies 13. Geburtstag erwartete ich wirklich, dass ich aufwachen würde und mein Herz läge neben dem Bett auf dem Boden. Ich malte mir die schlimmsten Dinge aus: Meine süße, liebevolle Tochter würde sich in einen Horror-Teenie verwandeln. Misstrauen, Brüllorgien, schockierende Enthüllungen, schlaflose Nächte und gegenseitige Beschuldigungen würden unsere Beziehung überschatten, vom gebrochenen Herzen einmal ganz zu schweigen.

Ich war mir ziemlich sicher, dass ich mit einer Rebellion, ja mit dem einen oder anderen größeren Streit zurechtkommen würde. Doch ich fürchtete mich davor, dass »mir das Herz aus dem Körper gerissen und in Stücke zerfetzt werden würde«. So beschrieb meine Freundin Maxine, Mutter des 17 Jahre alten Ben, dessen Abtauchen in die Pubertät. Maxine strahlt jene ausgebuffte, fast freche Selbstsicherheit aus, die viele Großstadt-Mütter an den Tag legen. Ich hatte sie häufig genug mit Ben erlebt, um zu wissen, dass die beiden die Unabhängigkeit des jeweils anderen respektierten und sich gleichzeitig liebevoll zugetan waren. Daher machte mir der Schmerz in ihrem Gesicht, als sie seine Teenagerjahre beschrieb, Angst. »Niemand hat mich darauf vorbereitet«, sagte sie leise. »Niemand hat mir gesagt: ›Sieh mal, du wirst dich wahnsinnig verlieben. Und für diesen Menschen wirst du die Sonne und der Mond sein. Zwölf Jahre lang wird er den Boden anhimmeln, auf dem du wandelst. Und dann wird er eines Tages aufwachen und dich abscheulich finden. Er wird dir das Herz brechen, aber du musst das okay finden und akzeptieren, dass Teenager so etwas tun.‹« Die Tränen liefen ihr noch über die Wangen, als sie mir versicherte, dass es nun, da er auf die 18 zuging, besser wurde. »Aus der richtig üblen Phase ist er herausgewachsen – als er 13, 14, 15 war, fühlte er sich so unwohl in seiner Haut. Damals war es am schlimmsten.«

Da ich Maddies Teenagerjahre (und bis dahin auch Nicks erstes) bereits miterlebt hatte, konnte ich Maxine darin beipflichten, dass Früh- und Spätpubertät so unterschiedlich sind wie das erste und das zweite halbe Lebensjahr eines Kindes. So wie man kurz nach der Geburt einen Drahtseilakt zu bestehen hat und danach erfreut und erstaunt feststellt, was man bereits bewältigt hat, so sitzt man bei der Schulverabschiedung in der Aula und kann mit der Widersprüchlichkeit dieser Phase durchaus umgehen: Da ist es nun gelungen, eine harmonische Beziehung zum Teenager aufzubauen, und schon muss man sich von ihm verabschieden. Dabei hat sich in diesem Prozess nicht nur die Beziehung zum Kind verändert, sondern auch die eigene Identität als Mutter.

Wenn man zu beschreiben versucht, wie stürmisch, unvorhersehbar und schmerzhaft die Teenagerjahre sein können, vergleicht man die Heranwachsenden gern mit Kleinkindern. Den Autoren von *The 8 Seasons of Parenthood* (Die 8 Jahreszeiten des Elterndaseins) zufolge wohnen die Eltern von Pubertierenden in »einem Vulkan« und kümmern sich um »Schadensbegrenzung«.[2] Allerdings kratzt dieser Ansatz nur an der Oberfläche. Denn für die Mutter besteht die schwierigste Aufgabe in dieser Phase darin, sich vom eigenen Selbstbild zu verabschieden und sich neu zu definieren – genauso wie Ihre Tochter oder Ihr Sohn das tut.

Ich habe neulich mit einer alten Freundin, der wunderbaren Autorin Anna Quindlen, die ich fünf Jahre nicht gesehen hatte, über diese Verwandlung gesprochen – oder besser gesagt, ich lud bei ihr meine Trauer darüber ab, dass Maddie bald das Nest verlassen würde. Anna war für mich immer so etwas wie ein Idol gewesen, eine Quelle der Inspiration, und ich wollte gern hören, wie sie mit den Teenagerjahren ihrer Kinder zurechtgekommen war. In einer Kolumne für die Zeitschrift *Newsweek* hatte sie einige Hinweise darauf gegeben und damit eine so gewaltige Reaktion von Müttern ausgelöst, dass ihr E-Mail-Postfach zusammenbrach. In ihrem Essay »Flown Away, Left Behind« (Ausgeflogen, zurückgelassen) schreibt Anna: »Es geht nicht nur um den Verlust dieser spezifischen Menschen, die hier tagein tagaus gelebt haben, um Streitereien, Insiderwitze, Cornflakesschalen im Spülbecken und Handtücher im Wäschekorb – na gut, auf dem Boden. Es geht darum, wer oder was ich für sie war: der General ihrer Truppen, der Präsident ihres Kabinetts. Der Harpo für ihren Groucho, Zeppo und Chico.«[3]

Die eigene Rolle schreiben

Die Suche nach dem eigenen Ich im Zusammenleben mit heranwachsenden Kindern löst Unwillen, Verlustgefühle, Panik und Wut aus – aber auch Freude, Stolz und Verwunderung darüber, dass diese hochschießenden Fast-Erwachsenen ein ausgefülltes und komplexes Leben führen, auf das man selbst nur noch wenig Einfluss ausübt. Das Einzige, was Sie noch in der Hand haben, ist die Rolle, die Sie sich in dieser Tragikomödie mit sich ständig veränderndem Drehbuch selbst zuweisen. Als ihr Sohn »von absoluter Feindseligkeit zu amüsierter Toleranz« gefunden habe, sei es ihr oft vorgekommen, sagte Maxine, als hätten sie die Rollen getauscht: »Er ist so groß, dass er mir wirklich den Kopf tätscheln und sagen kann: ›Das ist aber nett, Mama.‹ Und wenn er das tut, komme ich mir vor wie das Kind in unserer Beziehung. Ich bin mir darüber im Klaren, dass er das absichtlich macht. Aber mir ist es egal, weil ich sehe, dass er so zuversichtlich ist, so viel weiß, sich seiner selbst so sicher ist. Wenn er sagt: ›Mama, wie wär's, wenn du deinen kleinen Hut aufsetzt‹, dann komme ich mir vor wie in der Rolle des kleinen Frauchens – aber das ist schon in Ordnung.«

Andere Mütter waren weniger zufrieden mit der Rolle des »kleinen Frauchens«. Anna erzählte von einem ihrer Söhne, dessen Loslösung sie als besonders schwierig empfand. »Ich war der Quell der Liebe für ihn gewesen, der emotionale Mittelpunkt seines Lebens, doch als er sich von mir löste, wurde er gönnerhaft, so in der Art ›Ist Mama nicht niedlich?‹. Das ist zwar die gesellschaftlich akzeptierte Art, mit seiner Mutter umzugehen, nur hatte ich keine Lust, das zu akzeptieren. Ich musste ihm helfen, zu einem anderen Umgang mit mir zu gelangen, der für uns beide angenehm war.« Annas Lösung bestand darin, dass sie sich bewusst weg von der Mutter-Sohn-Dynamik hin zu einem Autor-Autor-Verhältnis bewegte. »Wir sind zusammen nach London gefahren, weil ich an einem Buch arbeitete, und ich machte Quin zu meinem Assistenten. Er schreibt selbst fantastisch, daher konnten wir plötzlich wie Kollegen miteinander umgehen. Natürlich war ich noch immer seine Mutter, aber das hat uns beiden gut getan – die ganze High-School-Zeit hindurch.«

Mich beeindruckte an Annas Geschichte, dass sie bewusst eine Wahl getroffen hatte, gezielt die Rolle als passive, gönnerhaft bevormundete Mutter abgelegt und zu einem reiferen gegenseitigen Umgang gefunden hatte. Sie weiß natürlich, dass es keine Garantie dafür gibt, dass Sarkasmus, Ungeduld oder sogar Verachtung eines Tages nicht doch noch ans Tageslicht kommen, aber ihre Erfahrung macht deutlich, dass wir Handlungsmöglichkeiten haben. Wir können Rollen zurückweisen oder doch zumindest klar machen, welches Verhalten unseres

Teenagers wir tolerieren und welches nicht. Wir können bestimmte Rollen freiwillig übernehmen, andere ablehnen.

Chloe berichtete von einem Erlebnis, das sie kürzlich mit ihrem Vierzehnjährigen hatte. Hinter ihrer Wut und ihrer Entfremdung erkannte sie viel tiefere Verletzungen. »Tom hat ein paar Freunde, die so richtig in der Zoten-Phase sind. Einer von ihnen gibt sich immer besondere Mühe, wenn er mit Tom zusammen ist – reißt andauernd obszöne Witze und macht schwulenfeindliche Bemerkungen. Chris und ich scherzten mit den Jungs, aber dann fingen sie an, solche Phrasen zu dreschen, und das war mir richtig unangenehm. Schlimmer wurde die Sache dadurch, dass Chris mit ihnen lachte, was sie noch mehr anstachelte. Ich fand es überhaupt nicht komisch.«

Chloe war in einer katholischen Familie aufgewachsen und wollte Tom nicht den Restriktionen aussetzen, die sie in ihrer eigenen Kindheit als erdrückend empfunden hatte. »Aber ich mag es auch nicht, wenn sie Frauen herabsetzen und sich so aufführen. Ich habe mich ihnen gegenüber absolut fremd gefühlt und hatte keine Ahnung, wie ich reagieren sollte.« In unserer Unterhaltung kam heraus, dass Chloe sich »unwohl fühlte, weil sie gegenüber den Jungs machtlos war«. Dieses Gefühl resultierte aus der schlimmen und qualvollen Erfahrung, dass sie als Kind sexuell missbraucht worden war. »Ich konnte – was mir als kleines Mädchen nicht möglich gewesen war – am nächsten Tag sagen, was mich so aufgebracht hatte. Ich bin mir ziemlich sicher, dass die Jungs mich verstanden haben – und Chris auch.«

Chloe war so erschüttert, weil sie plötzlich damit konfrontiert war, dass ihr Sohn, dessen Persönlichkeit sie entscheidend mitgeprägt hatte, sich womöglich ganz anders entwickelte, als sie sich das vorgestellt hatte. »Als ich an jenem Abend ins Bett ging«, sagte sie traurig, »wünschte ich mir von Herzen, ich könnte die Uhr zurückstellen.«

Diese Bemerkung weckte in mir eine Erinnerung daran, wie ich als Achtjährige auf dem Schoß meiner Mutter saß. Es war ihre Idee gewesen, dass wir spontan miteinander schmusten

(»Komm, lass uns ein bisschen kuscheln«), und es geschah nach einer lautstarken Auseinandersetzung, die sie mit meiner damals sechzehnjährigen Schwester geführt hatte. Sie umarmte mich etwas zu fest und flüsterte: »O, wie ich mich vor deiner Pubertät fürchte. Tu mir einen großen Gefallen, Schätzchen: Bitte, bitte werde nicht groß.« Ich habe ähnliche Stoßgebete zum Himmel gesandt, meinen 1,70 Meter großen Sohn auf meinen Schoß gezogen und ihn angefleht, »nicht groß und gemein« zu werden, auch wenn diese Peter-Pan-Fantasie natürlich unsinnig ist. Irgendwann wird er weggehen – nicht völlig, nicht für immer –, jedoch lange genug und unter derart dramatischen Umständen, so dass ich mich fragen werde: »Wer bist du?«

Hässliche Szenen

In diesem Sinne ähnelt die Pubertät wirklich den Kleinkindjahren. Ich weiß noch, wie ich Nick damals, wenn er mal wieder einen größeren Wutanfall ausschwitzte, anstarrte und mich fragte: »Wer bist du?« Doch auf meinen Frust und meine Wut folgte bald die Frage: »Was habe ich falsch gemacht?« Manchmal sagte ich mir, dass ihm im Ringen um seine individuelle Entfaltung nichts anders übrig blieb, als sich gewaltig zur Decke zu strecken; daher versuchte ich, ihm viel Luft und Sonne zu geben. Selbst an schlechten Tagen, an denen ich mich fragte, wie um Himmels willen ich mich Millionen von vertrauensvollen *Parents*-Leserinnen als Mustermutter präsentieren konnte, schafften es seine heftigsten Ausbrüche nicht, seine wunderbaren Liebesbezeugungen völlig zu überschatten. Ich saß da, das Gesicht in den Händen, hasste mich dafür, dass ich ihn angeschrien hatte, war erschöpft oder frustriert, als zwei Patschhändchen meine Finger wegzogen, Nicks tränenverschmiertes Gesicht vor mir auftauchte und er seine salzige Nase gegen meine drückte. »Lächelst du schon?«, fragte Nick an einem besonders heftigen Abend. »Lächelst du irgendwann wieder?« Und natürlich tat ich das.

Was ich damit sagen will: Wenn ich damals im Treibsand der Gefühle unterzugehen drohte, gab es fast immer ein Friedensangebot. In der Pubertät, wenn unsere Kinder noch einmal um ihr Selbstbild kämpfen – für gewöhnlich in krasser Abgrenzung zu den Eigenschaften, auf die wir stolz sind –, führen so lebenswichtige Fragen wie eine Dauerwelle oder launische Freunde zur Explosion – aber längst nicht immer wird uns die Hand zum Frieden gereicht. In dem Buch *Ophelia's Mom*, das aus Briefen, E-Mails, Essays und Interviews mit Müttern besteht, macht eine Mutter ihrer Verärgerung über das Verhalten ihrer Tochter Luft, indem sie den Halbsatz »Ich hasse es, wenn ...« vervollständigt:

- du mir sagst, dass du es hasst, nach Hause zu kommen und zu Hause zu sein.
- du mir vorwirfst, ich würde schreien, wenn ich noch nicht mal die Stimme erhoben habe.
- mir eine Bemerkung, die du gemacht hast, das Gefühl gibt, als Mutter versagt zu haben.
- du ganz selbstverständlich über meine Zeit verfügst.
- ich Eigenes hintanstelle, um für dich da zu sein, und du mir vorwirfst, ich hätte »kein eigenes Leben«.
- du mir immer wieder sagst, ich soll »die Fliege machen« oder dich »verdammt noch mal« in Ruhe lassen.
- ich das Gefühl habe, dass die Entscheidung, Mutter zu werden, die schlimmste meines Lebens war.[4]

So, wie uns die Liebe zu unseren Kindern Leidenschaft, Stolz, Inspiration, Fröhlichkeit und Hoffnung schenkt, so sticht der Hass in unserem Herzen wie tausend kleinen Stecknadeln. Wir fühlen uns wertlos, unfähig, überfordert, nicht liebenswert, verwundbar. Beth, die ich in Chicago traf, hielt sich selbst für eine unsentimentale Mutter, die mit dem Loslassen keine Schwierigkeiten hatte. »Bei fünf Kindern bleibt einem nichts anderes übrig, als sie ihren eigenen Weg gehen zu lassen«, sagte sie.

Anders als seine vier älteren Schwestern zankte Beths Sohn nur selten mit ihr. Doch weil er jähzornig war und darüber hinaus sehr groß (»er ist kräftiger als ich und größer als ich, sodass ich ihn körperlich zu gar nichts zwingen kann«), waren seine bisweilen gewalttätigen Ausbrüche »geradezu Furcht erregend«. Als Beth erzählte, wie Peter, wütend über einen Freund, sein Telefon zerschmetterte, kamen der selbstsicheren Mutter von fünf Kindern Tränen.

Bislang hat uns unser Pfad, auch wenn er bisweilen steil und steinig war, doch immer vorangebracht. Nun besteht die Gefahr, wenn wir unseren Zorn nicht zügeln und unsere Kinder nicht in Zaum halten können, dass wir den Halt verlieren und ein Stück den Hang wieder hinabrutschen. Als Mutter eines Kindergartenkindes fühlten Sie sich schon viel sicherer denn als Mutter eines Säuglings. Als Ihr Kind in die Schule kam, konnten Sie mehr oder weniger problemlos Kurs halten. Selbst die Aufgaben, die sich Ihnen in der Vorpubertät stellten, gaben Ihnen kaum je das Gefühl, dass es nun wieder zurückgeht. Aber wenn unsere Teenager sich aufführen wie Kleinkinder, wenn sie feindselig und übellaunig sind, müssen wir gleich von Zweierlei Abschied nehmen: von der Art, wie wir unsere Kinder lieben, und von der Vorstellung, alles im Griff zu haben – ein Bild, an dem wir den Großteil unseres Lebens gefeilt haben.

»Christa und ich sind uns recht ähnlich – wir sind beide stark und stur«, erklärte mir Sandra, allein erziehende Mutter zweier Töchter. »Als sie dann in die Phase kam, als ich ihr Feind war und sie so ziemlich alles, was ich sagte, ablehnte, habe ich den Druck zunächst erhöht. Schließlich habe ich aber gelernt, ein bisschen nachzugeben, loszulassen. Das fiel mehr sehr schwer, weil ich jemand bin, der gern alles unter Kontrolle hat. Und ich hatte Angst, ihr zu viel Unabhängigkeit zu gewähren. Also bin ich ganz nah dran geblieben, viel zu nah. Das weiß ich heute.« Erst als sie akzeptierte, dass sie nicht kontrollieren konnte, was Christa tat oder nicht, gelang es Sandra, von einem autoritären (»Du tust das, weil ich es sage!«) zu einem autoritativen Erziehungsstil zu finden (»Du tust das, weil du weißt, dass es richtig ist, und darauf vertraue ich.«).

Das Loslassen ist die größte Herausforderung dieser Phase. Und nur jemand, der übermenschliche Qualitäten hat (oder im Koma liegt), zieht das ohne Verlustgefühle, ohne Groll, Ärger und Erschöpfung durch. Wenn diesem Loslösungsprozess jedoch das wohl verdiente stolze Gefühl folgt, etwas geschafft zu haben, ganz abgesehen von der Freude, sein Leben mit einem fast selbstständigen Erwachsenen zu teilen, dann können die Teenagerjahre goldene Jahre sein.

Durchaus möglich, dass ein Verhalten, das Sie am einen Tag dazu bringt, schreiend aus dem Haus zu rennen, sich am nächsten Tag als etwas Aufregendes, ja Charmantes erweist. Mit wachsender Intelligenz ist Ihr Teenager beispielsweise in der Lage, seine Meinung durchdachter zu formulieren. Und selbst wenn Ihre Tochter oder Ihr Sohn noch immer davon ausgehen, dass Sie »total daneben liegen«, noch ehe Sie überhaupt den Mund aufgemacht haben, wird die nun folgende Diskussion möglicherweise interessanter und reifer sein als noch vor ein, zwei Jahren. Mit dem Gehirn Ihres Kindes wächst auch seine Fähigkeit zu diskutieren, Ironie einzusetzen, Wortspiele zu verstehen und vielleicht, ja vielleicht auch mal einzuräumen, dass Sie Recht haben. Wenn Ihr Kind eine besonders streitlustige Phase durchmacht, es auf Wortgefechte anlegt, freche Antworten gibt und schon die Frage »Hast du gut geschlafen?« als Fehdehandschuh versteht, dann hilft es Ihnen vielleicht, die Widerspruchsfreude als Demonstration der neu erworbenen Fähigkeiten zu verstehen. Als Ihre Fünfjährige das ABC lernte, mussten Sie es sich etwa 700 Mal anhören. Entsprechend gilt es jetzt, die kognitiven Fähigkeiten zu üben.[5] Ich für meinen Teil stürze mich lieber in eine hitzige Diskussion mit Nick, als mir ein eisiges »Egal« anhören und den Rücken zukehren lassen zu müssen.

Leider führt das Hirnwachstum Ihres Teenagers auch dazu, dass er oder sie den hirnverbranntesten Unsinn macht. Heranwachsende sind berüchtigt für ihre Risikofreude. Diese Neigung erklären Forscher mittlerweile aus der Physiologie jener Hirnregionen, in denen Entscheidungen getroffen werden. Wissenschaftler der Temple Universität haben herausgefunden, dass selbst die Teenager, die unter normalen, entspannten Bedingungen durchaus urteilsfähig sind, die schlimmsten Entscheidungen treffen, wenn sie erregt, gestresst oder angespannt sind. Dass amerikanische Teenager in einem Alter, in dem sie extrem untauglich sind, vernünftige Entscheidungen zu fällen, Zugang zu Autos, Alkohol, Drogen und Schusswaffen haben, hat tödliche Konsequenzen. Sobald die Kinder in die Pubertät kommen, schnellt die Sterblichkeit um 300 Prozent nach oben.[6] Die große Mehrheit der Teenager (78 Prozent) probiert während der High School Alkohol, wobei sich etwa fünf Millionen Jugendliche nach eigener Aussage mindestens einmal im Monat richtig betrinken. Eins von fünf Kindern unter fünfzehn hat bereits Sexualverkehr – und noch viel mehr praktizieren Oralverkehr oder andere Sexspielchen, die, wie sie meinen, »nicht zählen«.[7]

Wieder mal Muttertier

Wenn man solche Statistiken liest oder, schlimmer noch, merkt, dass das eigene Kind, wie viele andere Pubertierende auch, in Schwierigkeiten steckt, fühlt man sich eher an die Säuglingszeit erinnert als an die Kleinkindjahre. Wissen Sie noch, wie man Ihnen damals riet, »die Signale Ihres Babys zu deuten« oder »sich auf Ihr Bauchgefühl zu verlassen« – und das zu einem Zeitpunkt, als Ihr Bauch sich verkrampfte, sobald Ihr Neugeborenes schrie? Auch die Versuche, das Verhalten Ihres Teenagers zu verstehen, sind dazu angetan, Ihre Selbstzweifel und Ihre Unsicherheit zu schüren. Als Maddie ein zerbrechlicher, hilfloser Säugling war und mir nicht mitteilen konnte, was sie brauchte – wie hätte ich da sicher wissen können, ob ich das Richtige tat? Als Maddie ein verletzlicher Teenager war und mir nicht mitteilen wollte, was sie brauchte – wie hätte ich da sicher wissen können, ob ich das Richtige tat? Die Panikattacken, die ich in den ersten Monaten als Mutter erlebte, gehörten auch zu meinem Alltag mit pubertierenden Kindern. Wenn Nick zu spät oder verzweifelt nach Hause kommt, dann schickt mir der Muttertierinstinkt den gleichen Adrenalinschub durch den Körper wie damals, als er mich dazu brachte, zu seinem Bettchen oder in die Kinderarztpraxis zu rennen.

Jede Mutter eines Teenagers, die ich kenne, erinnert sich an mindestens einen Anlass in der Pubertät ihres Kindes – besonders, wenn sie nicht wusste, wo es war –, an dem sie »die ganze Nacht wach lag«, »verrückt vor Sorgen«, »wahnsinnig« oder »wie von Sinnen« war. Der mit dem Pulitzerpreis geehrten Wissenschaftsjournalistin Natalie Angier zufolge hängt dieses Gefühl, das wir haben, wenn unsere Heranwachsenden aus dem Nest sind, von der Intensität unserer Liebe ab. »Die Liebe ist das Kind der Erschütterung und stellt sich mit der größten Zuverlässigkeit im Gefolge einer Krise ein«, schreibt sie in *Frau: Eine intime Geographie des weiblichen Körpers*.[8] So wie bei der Geburt Angst und Schmerzen neurochemische Reaktionen auslösen, die danach häufig als selige und freudige Liebe empfunden werden, so wollen wir angesichts der Herausforderungen, vor die uns unser Teenager stellt (einschließlich der Momente, in denen uns Panik, Wut und Angst überkommen), am liebsten »fliehen«. Doch auch wenn wir häufig sagen, wir »geben auf« oder es sei »zum Davonlaufen«, so packen wir sie doch wahrscheinlich bei den Schultern und schreien: »Wo zum Teufel bist du gestern Abend gewesen? Ist dir denn nicht klar, dass ich krank war vor Sorge?«, und dann nehmen wir sie in die Arme. Die Umarmung ist Folge der Verletzung; die intensive Liebe und der Wunsch zu beschützen resultieren daraus, dass wir uns das Schlimmste ausgemalt haben.

Ich werde nie vergessen, wie hilflos und elend ich mich eines Abends fühlte, als Maddie, damals 13, nicht von der Klavierstunde zurückkam. Nach einer Dreiviertelstunde rief ich in der

Musikschule an, doch die Telefonzentrale war nicht mehr besetzt. Dann versuchte ich es bei einer anderen Klavierschülerin. Sie sagte, sie habe Maddie gleich nach der Stunde aus dem Haus gehen sehen. Die Schule lag in einer hübschen Wohngegend, etwa acht Häuserblocks von uns entfernt, doch draußen war es bereits dunkel, und ich malte mir panisch aus, wie der Weg mit jeder Minute dunkler und länger wurde. Nick half mir beim Kochen, und da ich ihn nicht beunruhigen wollte, versuchte ich Ruhe zu bewahren. Innerlich allerdings korrespondierte das Klappern von Töpfen und Pfannen mit dem Hämmern in meinem Kopf. Ich rief Steve an, der natürlich gar nichts ausrichten konnte, mich aber beruhigte und mir riet, nach oben zu gehen und bei der Klavierlehrerin zu Hause anzurufen.

Wir wohnen in einem ziemlich großen Haus, und weil die Küche einen Stock tiefer liegt als die Haustüre, höre ich es manchmal nicht, wenn Steve und die Kinder kommen oder gehen. Daher hätte es mich nicht so überraschen müssen, dass Maddie still und leise in ihrem Zimmer am Schreibtisch saß und keine Ahnung hatte, dass ich kurz vor einem Nervenzusammenbruch stand. Natürlich wurde es ihr bald bewusst. Ich stand da, mit offenem Mund und starrte sie an wie einen Geist, ehe ich zu einem Redeschwall anhob, wie unglaublich unverantwortlich es gewesen sei, nicht hallo zu sagen, wie gedankenlos und egoistisch und Gott weiß was es von ihr war, einfach direkt in ihr Zimmer zu gehen. Sekunden später weinten wir beide, entschuldigten und umarmten uns, denn kaum war meine Wut verpufft, spürte ich vor allem Liebe.

Sandra, die als eines von zwei Mädchen in einer Familie mit sechs Kindern in einer etwas herben Umgebung groß geworden war, erinnert sich, welch ein Schreck ihr in die Glieder fuhr, als ihre Tochter ihr erklärte, dass sie es in der Schule mit einer Mädchengang aufnehmen wollte: »Eines Tages ruft sie mich auf der Arbeit an und schreit, dass ich ihr die Haare flechten muss. ›Wann kommst du nach Hause? Du musst heute früher kommen, damit du mir die Haare flechten kannst, ja, Mama?‹ Also komme ich gegen neun nach Hause, und sie bestürmt mich, dass ich ihr Zöpfe machen soll. Ich frage sie: ›Willst du mit jemandem kämpfen?‹, denn ich weiß, dass die Mädchen das machen, damit die andere nicht an den Haaren ziehen kann. Sie tragen ein Shirt, das die Gegnerin nicht zerreißen kann, und schmieren sich sogar das Gesicht mit Vaseline ein, damit man sie nicht kratzen kann. Also, sie erzählt mir, dass diese Mädchen hinter ihr her sind, weil sie denken, sie habe ihre Freunde verraten wegen eines Jungen, den sie für ihren besten Freund hält. Das alles stimmt aber nicht, und sie sagt mir, dass sie tausendmal versucht hat, ihnen das zu erklären. Aber sie glauben ihr nicht und wollen es am nächsten Tag in der Schule mit ihr ausmachen.«

Zuerst versuchte Sandra, Christa mit Argumenten umzustimmen. »Heutzutage haben Kinder Schusswaffen und Messer. Es ist nicht mehr wie damals, als ich in ihrem Alter war. Aber sie hat dauernd nur gesagt, ich solle mich da raushalten. Dass ich es nur noch schlimmer machen würde. Dass sie das schon schaffen würde.« Sandra versuchte es mit Schreien, aber Christa brüllte nur zurück. »Die wollen sich doch nur mit mir anlegen, Mama«, sagte sie – als wäre das irgendwie beruhigend.

»Ich hatte furchtbare Angst«, erinnerte sich Sandra. »Ich geriet richtig in Panik. Ich bettelte sie an und weinte und brüllte. Ich rief sogar meinen Ex an – ihren Dad –, und das will schon was heißen!« Als ihr Ex-Ehemann und mehrere Freunde und Verwandte fragten: »Macht sich denn Christa Sorgen, hat sie Angst?«, musste Sandra zugeben, dass die Antwort eindeutig nein lautete. Am nächsten Tag ließ sie sie daher in die Schule gehen. »Ich habe versucht, eine Lehrerin zu erreichen, die so eine Art Vertrauenslehrerin für Christa ist, aber sie war nicht da.« Den ganzen Tag lang malte Sandra sich das Schlimmste aus. »Aber eine innere Stimme sagte mir, dass sie schon zurechtkommen würde. Und so war es. Die anderen Mädchen haben einen Rückzieher gemacht.«

Nicht die Augen verschließen

Sandra folgte ihrer inneren Stimme und hielt sich zurück. Häufig aber ignorieren wir die Zweifel, die an uns nagen, oder das Gefühl, dass etwas nicht stimmt. Gavin de Becker, Autor des erfolgreichen Buchs *Mut zur Angst*, hat sich immer wieder darum bemüht, Frauen zu ermutigen, ihrer Intuition zu vertrauen und auf die Stimmen in ihrem Kopf zu hören, um sich und ihre Kinder zu schützen. Unruhe, Angst, Vermutungen, Zweifel, Besorgnis, ein Zögern – das alles sind Signale, die de Becker als »Boten« bezeichnet; sie fordern uns auf, innezuhalten und achtsam zu sein.[9] In Sandras Fall riet ihre innere Stimme, loszulassen und ihrer Tochter zu vertrauen. Die meisten Mütter aber, die ich interviewte, erklärten, ihre größten Fehler hätten sie gemacht, wenn sie nicht auf ihre – bisweilen deutlich vernehmbare – innere Stimme hörten.

Ich musste neulich daran denken, als eine alte College-Freundin mir am Telefon erzählte, dass ihre Tochter in Reha sei. Mein erster Gedanke war: »Endlich!«, auch wenn ich ihn nicht aussprach. Statt mit dem Offensichtlichen herauszuplatzen, hörte ich ihr voll Mitgefühl zu, wie sie gestand, jahrelang Entschuldigungen gefunden, Dinge wegerklärt und schlicht die Zeichen ignoriert zu haben. »Ich wusste wohl, dass etwas nicht stimmt, aber ich habe bestimmt nicht an Drogen gedacht«, sagte die hoch gebildete, kluge Therapeutin. Sie erinnerte sich daran, dass sie die Erklärung ihrer Tochter, die Zigarettenpapierchen in ihrer Tasche gehörten »einem Freund«, ebenso akzeptierte wie die Behauptung, ihre ständigen Magenprobleme rührten von einer Lebensmittelvergiftung her. Ich konnte mich über dieses hartnäckige Verleugnen der Tatsachen nur wundern.

De Becker schreibt: »Genau, wie Intuition uns vor Gefahr schützt, so schützt uns auch das Leugnen vor etwas: vor unerwünschten Informationen. Das Leugnen enthebt uns der unangenehmen Aufgabe, Tatsachen, die wir uns lieber nicht eingestehen wollen, ins Auge zu sehen.«[10] Er nennt fünf Schlüsselsignale für das Leugnen: sich herausreden, sich rechtfertigen, klein reden, Entschuldigungen erfinden und Vorwürfe von sich weisen –, und all das war mir leider nur allzu vertraut. Ich habe es häufig als »nicht so dramatisch« abgetan, wenn meine Kinder zu spät nach Hause kamen oder ihre Launen schlagartig wechselten; eine unzureichend beaufsichtigte Party als »dieses Mal okay« erachtet; Verhalten entschuldigt, dem ich mich, wie mir meine innere Stimme gebot, hätte stellen müssen. Zum Glück aber konnten wir, wenn die Stimme laut genug war oder wenn Steves hervorragender Radar einsetzte, einschreiten und unsere Bedenken artikulieren.

Und es war gut, dass wir unseren Kindern hin und wieder dabei helfen konnten, sich mit ihrem eigenen Bedürfnis auseinander zu setzen, sich herauszureden, Dinge klein zu reden, Entschuldigungen zu erfinden oder eine alles andere als akzeptable Situation zu rechtfertigen. Mir fällt da ein Sommer ein, in dem Maddie nach Florenz wollte, um einen Monat lang Italienisch- und Kunstunterricht zu nehmen. Sie sollte mit älteren Mädchen zusammen in einer Wohnung wohnen, sich in einer wunderschönen, ihr aber völlig fremden Stadt zurechtfinden, sich mit Jugendlichen anfreunden, die kaum Englisch sprachen, und einen rigorosen Stundenplan einhalten.

Schon Monate vor ihrem Abflug hatte ich sie vor den italienischen Männern gewarnt – dem Stereotyp, das jede Frau, die einmal in Italien war, mit Anekdoten über hartnäckige Verfolgungen, aggressives Flirten oder Schlimmeres bestätigen wird. Ich wusste auch ohne diese Geschichten Bescheid, denn ich hatte mit 16 den Juli in Venedig verbracht, wo ich bei einer Familie wohnte und deren zwölfjährigem Sohn Englisch beibrachte. Nur so viel sei gesagt: Ich war den ganzen Monat damit beschäftigt, die Annäherungsversuche des älteren Bruders, des Vaters, des Reitlehrers, des Kunstlehrers und des Familienarztes abzuwehren. Die Geschichte »Meine Sommerferien in Italien« klingt im Rückblick ganz lustig, doch damals war mir nicht nach Lachen zumute. Meine Eltern dagegen, die in Sachen

Sex extrem liberal eingestellt sind, fanden meine Geschichten über heißblütige Italiener schreiend komisch, sodass ich sie mit der Zeit zu witzigen Anekdötchen verkehrte. Erst Jahre später wurde mir klar, wie verwirrt und elend ich mich in jenem Sommer bisweilen gefühlt hatte und wie ungern ich zugab, dass ich Hilfe brauchte.

Ich wollte, dass Maddie vor allem eins konnte: sich auf ihren Instinkt verlassen und jeder Situation aus dem Weg gehen, in der jemand anders das Steuer in die Hand nimmt. Sie sollte außerdem wissen, dass sie, egal, was geschah, immer um Hilfe bitten konnte. Steve und ich gingen mit Maddie verschiedene Szenarien durch, redeten davon, wie wichtig es sei, sich nicht alleine, sondern in der Gruppe zu bewegen, statteten sie mit einem Handy aus und sprachen, als sie dann weg war, täglich ein Gebet.

Maddies Aufenthalt war fantastisch. Doch was mich erstaunte, war, dass sie so reif mit vielen Situationen umging und sich auf eine Weise behauptete, wie ich es in ihrem Alter nie geschafft hätte. »An einem Tag war ich mit meinen Freundinnen unterwegs«, erzählte sie erst neulich. »Und ein paar Jungs hielten uns an und flirteten und versuchten uns dazu zu bringen, mit ihnen auszugehen. Ich konnte es nicht glauben, aber eins von den älteren Mädchen unserer Gruppe gab einem von denen ihre Telefonnummer. Und dann beschwerte sie sich, als er jeden Abend anrief und sie in den Wahnsinn trieb.«

Unschöne Erinnerungen an die eigene Jugend

Erinnerungen an die eigene Jugend lösen immer gemischte Gefühle aus. Man blickt in den Spiegel und versteht, warum Rapunzel in den Turm gesteckt wurde. (Sorgen bereitete mir allerdings nicht, dass Maddie ihr *Haar* herunterlassen könnte.) Als die Kinder in die Pubertät kamen, machte ich mir oft vor, dass ich mit 13, 14 oder 16 viel reifer gewesen war, aber ich weiß natürlich genau, dass das der reine Selbstbetrug war. Ich dachte nur, ich hätte mich im Griff. Früher fand ich es amüsant, wenn Steve erzählte, wie er beispielsweise eine Party verlassen und mit Freunden sechs Stunden gefahren war, um ein paar Mädchen in einem Internat zu besuchen; jetzt knirschten solche Geschichten wie Mahlsteine in meinem Kopf.

Ich sprach mit meiner Freundin Rachel, deren Sohn und Tochter an der Schwelle zur Pubertät stehen, über das Dilemma mit der eigenen Vergangenheit und schnitt das Thema an, dass man vor möglichen Fragen der Kinder Angst hat (»Wie alt warst du beim ersten Mal?« oder »Hast du jemals Gras geraucht?«). Rachel stöhnte. »Es ist halt so, dass ich so furchtbar war in der Pubertät! In den Siebzigern haben wir alle zu viel getrunken, haben alle Drogen genommen, haben alle geraucht. Und damals wechselte man ständig seine Partner – ich meine, das war die Zeit des Studio 54 in New York. Jeder hüpfte in jedes Bett, und wir natürlich auch. Ich war sexuell sehr aktiv, daher projiziere ich jede Menge Ängste auf Molly, und das ist eigentlich nicht fair. Sie hat schließlich ihre eigene Realität, und da spielen sicher auch Sex und Drogen und alle möglichen Dinge eine Rolle, aber es ist eben nicht meine Realität.«

Rachel hat Recht. Der Jugendliche spielt nicht die Hauptrolle im Film seiner Mutter, sondern im eigenen Videoclip. Vielleicht ist Ihre Tochter genau wie Sie selbst – ein wildes Ding mit zu viel Make-up, das vereinbarte Zeiten nicht einhält und sich mit ihren konservativen Eltern zofft. Vielleicht ist sie auch ein echter Spießer, Kapitänin des Volleyballteams, politisch rechts. Ihr Sohn erinnert Sie vielleicht an Ihren Cousin Mike, der die High School schmiss und im Knast landete; in diesem Fall wird bei gelegentlichen Missetaten die Alarmglocke in Ihrem Kopf laut schrillen. Oder aber er benimmt sich völlig unauffällig (vor allem, wenn man ihn mit dem Knaben von nebenan vergleicht), und sein Papa und seine Schwester halten ihn für das Letzte.

Soll heißen: Unsere Teenager werden sehr wahrscheinlich Drogen ausprobieren, sich betrinken und Sex haben, ehe sie ins

College kommen (hoffen wir, dass nicht alles in einer Nacht geschieht). Wir können bestenfalls versuchen, ihnen einen gesunden Selbstwert und einen ebensolchen Menschenverstand mit auf den zu Weg geben, damit sie nicht allzu viele bescheuerte Entscheidungen treffen – vor allem keine lebensbedrohlichen –, und den Mut haben, aus ihren Fehlern zu lernen. Ja, wir sollten es uns nicht einmal zum Ziel setzen, Prinz Prächtig oder Fräulein Fehlerlos großzuziehen. Warum? Weil es überzeugende Hinweise darauf gibt, dass Teenager, die nie die Regeln verletzen, die jedes Bier, jede Zigarette und jede Anmache ausschlagen, nicht besonders gut zurechtkommen. Denken Sie nur an die Jugendlichen, die jedes Jahr bei Besäufnissen ums Leben kommen. Jedes Mal kann man anschließend in der Zeitung nachlesen, welch makellose Vergangenheit das Opfer hatte. Die Eltern und Freunde sind völlig entgeistert. »Er war immer so ein guter Junge … er hat nie getrunken oder Drogen genommen – niemals.« Offenbar liegt da das Problem. Wissenschaftlern der Boise State University zufolge, die das Trinkverhalten von 266 Studienanfängern untersuchten, konnten die Einser-Studenten den Alkohol weniger gut einschätzen als die Veteranen der Partyszene. Auch hatte das Thema »Saufen« bei ihnen zu Hause keine Rolle gespielt; die Eltern nahmen einfach an, dass sie Bescheid wussten.[11] Wer kommt schon auf die Idee, einem Musterschüler sagen zu müssen, dass übersteigerter Wodkakonsum tödlich sein kann?

Sie müssen aber mit Ihrem Kind reden, denn alle Teenager behaupten, sie wüssten Bescheid, auch wenn das nicht zutrifft. Alle Teenager gehen gern Risiken ein, weil sie sich für unverwundbar halten. Und alle Teenager lügen ihre Eltern an, selbst wenn ihre Schuld auf der Hand liegt. »Am meisten frustriert mich bei Ruby«, sagte mir eine Mutter, »dass er mir ins Gesicht lügt, selbst wenn ich den unwiderlegbaren Beweis dafür habe, was er getan hat.« Jugendliche lügen, weil sie einer Bestrafung entgehen wollen, und sie halten unbeirrbar an ihrer Version fest, wenn sie auch nur die geringste Chance sehen, dass man ihnen glaubt. Man sollte sich daher nicht zu sehr auf das Lügen konzentrieren, weil man sonst das Verhalten, um das es eigentlich geht, aus dem Blick verliert. Antony E. Wolf erklärt in seinem Buch *Get Out of My Life* (Verschwinde aus meinem Leben): »Jemanden beim Lügen zu erwischen, kann zu einer Falle werden, denn das führt zu langen Tiraden, die gar nichts bringen. Die Lügen überdecken dann womöglich das eigentliche Problem, also das, was der Teenager verbotenerweise getan hat.«[12]

Wenn Sie sich in einen hitzigen Streit verrannt haben, auf der Stelle treten oder in der Klemme stecken, dann sollten Sie die Musik abstellen und den Tanz beenden. Man kann nicht sinnvoll mit einem Teenager reden, der kreischt: »Du traust mir nicht! Nie glaubst du mir! Nie wieder erzähle ich dir was!« Ebenso wenig kann man Ruhe bewahren und präzis sagen, was man möchte, wenn einem gerade der Kopf abhanden gekommen ist.

Nina gelang es, »in der schlimmsten Erfahrung meines ganzen Lebens« gefasst und konzentriert zu bleiben. Sie sprach mit ihrem 15-jährigen Sohn darüber, dass er, wie sie wusste, Alkohol und Drogen konsumiert hatte. Obwohl sie sich fühlte, »als hätte jemand die Fahrstuhlseile gekappt«, obwohl sie eine Mordswut auf ihre Nichte hatte, die bei ihnen wohnte und ihren Sohn mit Gras versorgt hatte, und obwohl sie von ihrem Mann enttäuscht war, den »die blinde Panik ergriff«, verschwendete Nina ihre Energie nicht auf Schmähungen und Schuldzuweisungen. Und sie wollte ihren Sohn für seine Lügen und sein Verhalten auch nicht bestrafen. »Am Anfang rechtfertigte er sich dauernd, doch als er erst eingeknickt war und uns erzählt hatte, was geschehen war, fühlte er sich so mies und so schuldig – er bewundert seine Cousine –, dass es unangemessen schien, ihn auch noch dafür zu bestrafen, dass er high gewesen war. Ich hatte das Gefühl, dass ich ihn damit wegstoßen würde.« Stattdessen führten sie und ihr Mann mit ihrem Sohn mehrere Gespräche über Alkohol und Drogen, den Alkoholismus in ihrer Familie (»in unserem Clan gibt es einige harte Trinker«) und über die Regeln, die ihre Kinder befolgen sollten. »Wir haben klare Konsequenzen angekündigt und haben uns einfach mehr darum gekümmert, indem wir die Eltern seiner Freunde anriefen und im Auge behielten, wo er hingeht und mit wem. Aber wir mussten ihm einfach auch vertrauen und beten, dass er, wenn es ihm schlecht geht, wieder zu uns kommt.«

Die Sache mit dem Sex

Ich sagte Nina, ich würde auch beten, denn mehr als alles andere beunruhigt mich zurzeit, dass ich nicht weiß, was die Kinder so treiben. Oder ich will es vielleicht nicht so genau wissen. Oder meine Kinder wollen nicht, dass ich es weiß – besonders wenn es um Sex geht. Mir bereitet nicht so sehr Sorgen, dass sie die Tür zu ihrem Zimmer schließen, sondern dass die Tür zu unserer Kommunikation über ein Thema, das schwierig zu diskutieren ist, zufallen könnte. Es ist nicht so, dass mich das Thema verlegen macht. Ich habe offen mit meinen Kindern über alles geredet, von Geschlechtsverkehr über Geschlechtskrankheiten bis hin zu Oralverkehr. Maddie und ich haben gemeinsam ein Buch über die körperliche Entwicklung von Mädchen gelesen, als sie in der fünften Klasse war, und ich habe weitere Bücher über Sexualität wie zufällig in ihren Zimmern herumliegen lassen. Sendungen, die sie sich im Fernsehen anschauen, führen zu Diskussionen über Date Rape, Masturbation, Penisgröße, Verhütung und Vibratoren.

Aber die Kinder werden erwachsen, und ich stehe vor der Frage, wie ich ihnen die richtigen Informationen verschaffe, ohne Gespräche zu führen, die zu tief in meine eigene Privatsphäre führen. Justin Richardson und Mark A. Schuster schreiben dazu: »Es ist eine Sache, Ihrem Sechsjährigen, der auf dem Rücksitz Kotzgeräusche darüber von sich gibt, mitzuteilen: ›Sex kann wunderbar sein.‹ Wenn Sie das Gleiche Ihrer Sechzehnjährigen auf dem Beifahrersitz sagen, ist es etwas ganz anderes.

Sie wissen und sie weiß, dass Sie das nicht aus einem Buch haben. Wenn Ihr Kind älter und sein Denken differenzierter wird, merken Sie vielleicht, dass sich ihm bei Gesprächen über Sex diese kleine Wahrheit offenbart: Was Sie sagen, hat mit Ihrem eigenen Sexualleben zu tun.«[13]

Bei uns zu Hause löst alles, was über einen Kniff in die Wange hinausgeht, angewidertes Stöhnen aus. »Ich wünschte, du wärst Silvester da gewesen«, hörte ich Nick an Neujahr zu Maddie sagen. »Ich musste Mama und Papa beim Schmusen zusehen.« Glauben Sie mir, wir schmusten nicht länger als fünf Sekunden. Dass Nick so sensibel auf körperliche Intimitäten reagierte, hing sicher mit den umwälzenden Veränderungen zusammen, die er selbst durchmachte.

Richardson und Schuster schreiben die Abneigung, die Teenager gegen die Sexualität ihrer Eltern verspüren, dem Inzesttabu zu: »Eltern und Kinder versuchen, ihre sexuellen Gefühle voreinander zu verbergen, denn wenn sie darüber sprächen, stände zu befürchten, dass eine Art Erregung stattfinden könnte. Wenn die Kinder größer werden, ihre Sexualität sich entwickelt und ihr sexueller Appetit wächst, versuchen sie verstärkt, dieser unliebsamen Möglichkeit aus dem Weg zu gehen.«[14] Schon das Gespräch über Sex verunsichere Eltern und ihre Teenager, weil man dann den jeweils anderen als sexuelles Wesen erkennt. Niemand – und das gilt besonders für Teenager – stellt sich seine Eltern gern dabei vor.

»Ich bin seit mehr als einem Jahr mit niemand mehr ausgegangen«, sagte Sandra, allein erziehende Mutter von zwei Töchtern. »Neulich habe ich mir gedacht: Wie sollte ich das auch anstellen? Als sie kleiner waren, musste ich, wenn ich eine ernsthafte Beziehung laufen hatte und der Mann bei mir übernachtete, nur sehen, dass er aus dem Haus war, ehe sie aufwachten. Sie hatten im Grunde keine Ahnung. Jetzt haben sie beide mit ihrer eigenen Sexualität zu tun, registrieren sehr viel mehr. Ich glaube nicht, dass ich mich mit jemandem in meinem Bett wohl fühlen würde, wenn sie im Nebenzimmer sind.«

Als sie neulich von ihrer Nichte hörte, dass ihre Jüngste, Moriah, 13, auf dem Schoß eines Jungen gesessen und »bei den Jungs um Aufmerksamkeit geheischt« hatte, setzte sich Sandra mit ihr hin und sprach mit ihr über »Respekt und was bei Berührungen und Sex angebracht ist«. Sandras Tochter hörte aufmerksam zu und meinte dann, sie habe auch ihre Mutter schon auf dem Schoß von Männern sitzen sehen. »Wo liegt der Unterschied?«

Fast 5000 Kilometer entfernt, in London, sprach Morven über ähnliche schwierige Gefühle. »Ich habe gar kein eigenes Leben!«, sagte sie. »Ich gehe zur Arbeit, komme nach Hause, und einmal alle Jubeljahre gehe ich mit ein paar Freundinnen weg. Aber ich bin keine Beziehung mehr eingegangen, seit Thomas auf der Welt ist.« Sie war überzeugt, dass sie andere Beziehungen knüpfen, mehr ausgehen sollte. Dagegen stand das Bewusstsein, dass Thomas' Pubertät der denkbar schlechteste Zeitpunkt war, sich auf eigene soziale Kontakte zu konzentrieren. »Man weiß in dieser Phase nie genau, was sie brauchen«, sagte sie seufzend. »Wissen Sie, ich frage mich, ob er eines Tages darüber reden will, ob er mit dem Mädchen, mit dem er ausgeht, schlafen soll. Wenn ich dann nicht da bin – wenn ich mich gerade mit jemandem treffe –, verpasse ich diese unglaublich wichtige Gelegenheit. Wie paradox!«

Bei uns zu Hause haben wir die paradoxe Situation, dass die sexuelle Entwicklung der Kinder mit meiner nahenden Menopause zusammentrifft. Allein diese Erfahrung, so Mary Kay Blakely in ihrer Autobiografie *American Mom,* beweist schon, dass Gott keine Frau sein kann.[15] Die Hormone, die an manchen Tagen bei uns durchs Haus fegen, lassen den Zyklon, der in *Der Zauberer von Oz* Dorothys Haus durch die Luft wirbelt, harmlos erscheinen. Natürlich genieße ich die körperliche Attraktivität meiner Kinder – ertappe mich dabei, wie ich Maddies sanft geschwungene Taille oder Nicks feste, braungebrannte Arme bewundere –, doch ich beneide sie auch darum. Wie gern würde ich aufwachen und aussehen wie Maddie, selbst wenn sie morgens mit ungewaschenem Haar und ohne Make-up in die Küche geschlurft kommt. Ich fände es schön, wenn mein Hals, meine Schenkel und Brüste aussähen wie die ihren, oder wenn ich noch immer die Blicke auf mich ziehen könnte, die sie nicht einmal bemerkt, wenn wir zusammen ein Restaurant betreten. Anne Roiphe beschreibt eindringlich, wie es sich anfühlt, mit der pubertierenden Tochter die Straße entlangzugehen: »Ich weiß, sie sendet einen nicht unbedingt feinen Duft aus. Er eilt uns voraus und folgt uns. Ich komme mir alt vor, unansehnlich, beneide sie darum, wie die Sonne ihr auf die Haut scheint, wie die Muskeln ihrer Beine spielen, wie sie beim Gehen diskret versucht, die Hüften hin- und herschwingen zu lassen, wie sie sich mit der Hand durchs Haar fährt.«[16]

Selbst Filmstars sind nicht immun. In einem Interview, in dem es darum ging, dass sie eine ältere Frau spielte, sagte die attraktive Brooke Adams über ihre Gefühle gegenüber ihrer 15 Jahre alten Tochter: »Es ist ganz schön hart, auf der Straße plötzlich unsichtbar zu werden, nicht mehr die Blicke der Männer auf sich zu ziehen – all das, was man sozusagen für selbstverständlich hält und so tut, als sei es einem egal oder sogar lästig – und dabei ist man so sehr darauf angewiesen.«[17]

Diese »sexuelle Degeneration«, wie eine Freundin es nannte, kann Mütter dazu bringen, ein rivalisierendes, unangemessenes Verhalten an den Tag zu legen. »Mir ist jetzt klar, wie oft ich mit den Freunden meiner Töchter geflirtet habe«, sagte mir eine Mutter von Zwillingen. »Ich war mir dessen nicht bewusst, bis mich meine eigene Mutter darauf aufmerksam machte. Zuerst war ich verärgert und versuchte mich zu rechtfertigen, doch dann musste ich mir eingestehen, dass ich bei manchen ihrer Freunde richtig aufgedreht habe. Im Rückblick schäme ich mich dafür.«

Wenn sich das Kind zum ersten Mal verliebt und man als Mutter neidisch reagiert und sich abgeschoben vorkommt, mag das eine natürliche Reaktion sein, doch es kommt für gewöhnlich unerwartet und löst Schuldgefühle aus. Selbst wenn Sie den fraglichen jungen Mann oder die junge Dame mögen, fühlen Sie sich wahrscheinlich traurig, allein und an den Rand gedrängt. Sie schwören sich, dass das Glück Ihres Kindes Sie glücklich macht, und doch sehnen Sie sich nach der Zeit zurück, als Nachtigallenklänge sie verzauberten, sobald Ihr Liebster den Raum betrat. Wenn Sie meinen, auf den unvermeidlichen Bruch, der sich aus der ersten Romanze Ihres heranwachsenden Kindes ergibt, vorbereitet zu sein – dürften Sie sich täuschen.

»Jedes Mal, wenn Will zu einer Schulparty gegangen ist, habe ich gehofft, dass er ein nettes Mädchen trifft. Aber dann, als es geschah, war ich wie betäubt«, gab Sharon, Mutter eines hinreißenden 16-Jährigen, zu. »Stundenlang führte er im Flüsterton Telefongespräche, und ich merkte, wie ich immer saurer wurde. Ich war eifersüchtig – ich war eindeutig eifersüchtig.«

Chloes Tochter Becky hatte ihr Coming-out in ihrem vorletzten High-School-Jahr. Die Erkenntnis, dass eine andere Frau ihren Platz im Herz ihrer Tochter eingenommen hatte, machte Chloe besonders zu schaffen: »Ich hatte nie ein Problem damit, dass Becky lesbisch ist. Ich strengte mich sogar besonders an, damit sich ihre Freundinnen wohl fühlten und merkten, dass ich politisch korrekt war. Aber es fiel mir schwer zu akzeptieren, dass ich nicht mehr die wichtigste Frau in ihrem Leben, dass ich von einer anderen Frau ersetzt worden war. Es half mir, dass ich ihre Freundin wirklich gern hatte. Ich dachte bei mir: ›Ich wäre auch gern mit ihr zusammen, wenn ich 18 wäre.‹« Als ich einwandte, dass es hier um mehr als »Zusammensein« ging, lachte Chloe und sagte, sie sei in dieser Hinsicht sehr großzügig, denn die Mädchen »gehen seit Jahren in Beckys Zimmer und kichern hinter verschlossenen Türen«. Dann, eines Nachmittags, war das Kichern hinter der Tür anders: »Ich ging die Treppe zu ihrem Zimmer hinauf und kündigte mich an, indem ich laut aufstampfte. Ich weiß noch, dass ich auf der Treppe kehrtmachte, weil ich aus dem Flüstern und Lachen heraushörte, dass sie intim miteinander waren. Aber ich brauchte Becky für etwas, also trampelte ich ein zweites Mal die Treppe hoch und klopfte an. Als sie herauskam, macht sie die Hose zu und sah aus wie jemand, der Sex hatte. Es hat mich umgehauen; es machte ihre Sexualität konkret.«

Erich Fromm beschrieb einst den Unterschied zwischen erotischer Liebe und Mutterliebe so: »In der erotischen Liebe vereinigen sich zwei Menschen, die bisher getrennt waren; in der Mutterliebe dagegen werden zwei Menschen, die vorher eins waren, getrennt.«[18] Wenn das Kind mit einem anderen eins wird, kann und soll man nicht dazugehören. Dennoch fällt es manchen Müttern schwer, das zu akzeptieren; das illustriert ein Brief, den ich von einer Leserin des *Family Circle* erhielt: »Meine 17 Jahre alte Tochter ist schwer in einen richtig netten Jungen verliebt, mit dem sie schon seit fast einem Jahr zusammen ist. Neulich kam sie abends nach Hause, und teilte mir in wenig subtilen Anspielungen mit, dass sie Sex hatten. Meine Tochter sagt mir alles – unsere Beziehung ist wunderbar und liebevoll, und wir haben immer offen und ehrlich über Sex gesprochen –, aber ich wollte nichts von ihrem ›großen Abend‹ wissen. Ich ging ins Bett und fühlte mich elend.«

Diese Mutter hatte nicht nur damit zu kämpfen, dass sie plötzlich vom Freund ihrer Tochter ersetzt worden war, sondern sie hatte auch das Bedürfnis, an einem wichtigen Wendepunkt in ihrem Leben und dem ihrer Tochter Grenzen zu ziehen. Sollte sie ihre Tochter über ihren »großen Abend« reden lassen? Und, was noch wichtiger ist, wie steht es mit ihrer eigenen sexuellen Vergangenheit? Viele Fachleute raten dazu, von den eigenen Erfahrungen zu erzählen – dazu gehört auch, Fehler einzugestehen und von Eskapaden zu berichten, die man mittlerweile bereut –, um deutlich zu machen, dass man weiß, wovon man spricht. Das sollte man aber nur tun, wenn man die Grenze zwischen der Neugier des heranwachsenden Kindes und der eigenen Privatsphäre zu ziehen vermag. Richardson und Schuster empfehlen, auf unangenehme Fragen von Kindern zurückfragen, »wie sie reagieren würden, wenn die Antwort ja beziehungsweise nein lautete«.[19] Ich finde, man kann auch durchaus sagen: »Das ist Privatsache. Aber warum fragst du?«

Auf alle Fälle aber sollten Sie Ihren Kindern in Sachen Sexualität vermitteln, dass Kommunikation das A und O ist. In der Partnerschaft geht es vor allem darum, mit dem Menschen, den man liebt, zu reden, beim Sex Einigkeit herzustellen und dem Partner mitzuteilen, was man mag und was nicht. Lange bevor Ihre Kinder mit jemandem Sex haben, üben und demonstrieren sie mit ihren Freunden und in der Familie ihre Fähigkeit, sich zu behaupten, zuzuhören, sich einzufühlen und zu verhandeln.

Als sich Sandras Tochter Christa für einen Freund einsetzte, einen mit Problemen belasteten Jungen, dem sie zu helfen versuchte, und er ihre Bemühungen in den Wind schlug, beendete sie die Beziehung. »Mich beeindruckte, wie stark und selbstsicher sie mit ihm umging. Sie rief ihn an und sagte: ›Ruf mich nie wieder zu Hause an! Lass mich in Ruhe. Wir sind fertig miteinander!‹ Und sie hatte für ihn sogar Schule geschwänzt, um ihm zu helfen. Ich war stolz, dass sie, als sie erkannte, dass er für sie keinen Finger krumm machen würde, sagte: ›Vergiss es!‹ Ich könnte das nicht. Ich kann das heute noch nicht!«

Mir ging es genauso, als ich Nick zufällig einem Freund sagen hörte, warum er so wütend auf ihn war. Seine klare, konstruktive Reaktion hatte mich tief beeindruckt. Als er den Hörer auflegte, fragte er mich, warum ich ihn so anstarrte. »Weil ich kaum glauben kann, wie toll du das Gespräch geführt hast, Liebling.«

»Ach was.«

Ich liebe dich, wenn du (nicht) so bist wie ich

Wir lieben die bessere Hälfte unserer Teenager, den Teil, der uns abgeht, um den wir sie beneiden oder der uns fasziniert. Die Eigenschaften dagegen, die uns an uns selbst erinnern oder an unsere Mutter und daran, wie wir als Teenager mit Hass darauf reagierten, verabscheuen oder fürchten wir. In einem Essay mit dem Titel »One Week in College« beschreibt Sandi Khan Shelton, welche Qualen sie litt, als ihre 18 Jahre alte Tochter sie plötzlich ausschloss, sich distanziert und verärgert gab zu einer Zeit, in der sie sich nach »einem Lächeln zwischen Tränen« sehnte, nach »bittersüßen Augenblicken der Erinnerung und der Chance, die letzten kleinen Weisheiten weiterzugeben, die ich noch anzubieten habe«. Irgendwann wendet sie sich ihrer jüngeren Tochter zu, die neun ist, um die Zuneigung und Liebe zu erhalten, die ihr Teenager ihr nicht geben kann: »Ich umarme sie grimmig, als könnte ich alle Töchter mit einer Umarmung davon abhalten, sich von mir zu lösen. Ich bin mir durchaus bewusst, dass ich mein Ich aus alter Zeit umarme, wie ich dastehe, wütend meine Mutter anstarre und ihr nicht verzeihen kann.«[20]

Das Verhältnis zur eigenen Mutter – das als heißer oder eisiger Wind durch unser ganzes Leben fegt – wühlt uns in der Teenagerzeit unserer Kinder besonders auf. Das gilt besonders für Mütter mit Töchtern, weil wir uns stärker mit unseren heranwachsenden Mädchen identifizieren und mit ihnen mitfühlen. Und viele von uns wissen aus der eigenen Pubertät, dass unser Bemühen, eine Identität zu formen, die sich möglichst weitgehend von der unserer Mutter unterscheidet, uns zu, sagen wir mal, nicht gerade vorbildlichen Verhaltensweisen treibt.

»Ich hasste meine Mutter – hasste sie wirklich –, als ich in der Pubertät war«, erinnerte sich eine gute Freundin. »Ich konnte es nicht erwarten, auszuziehen und aufs College zu gehen, körperlich und emotional so weit von ihr weg zu sein wie irgend möglich.« Sie hatte sich örtlich so weit wie möglich von der Mutter entfernt, doch nun brachte ihre eigene rebellische Tochter das ungelöste emotionale Verhältnis lautstark ins Haus zurück. »Manchmal komme ich mir vor wie meine eigene Mutter – nicht nur im klischeehaften Sinne, dass ich klinge wie sie, wenn ich mit Angela rede, sondern auch dass ich wie sie meine Wut unterdrücke und meistens auch verleugne.«

Ich war ebenfalls bei einer Mutter aufgewachsen, die zwar viele wunderbare Eigenschaften hatte, der es aber schwer fiel, ihre Wut zum Ausdruck zu bringen. Ich wusste daher auf Anhieb, was meine Freundin meinte. Und ich wusste auch, dass ich genau das gleiche Verhalten Maddie gegenüber an den Tag legte. »Bist du sauer?«, fragte Maddie, wenn sie etwas getan hatte, was jede vernünftige Mutter auf die Palme gebracht hätte. Ich folgte dem Vorbild meiner Mutter und antwortete: »Nein. Ich bin nur müde.« Die Wut verkroch sich hinter der Müdigkeit und hinterließ eine angespannte, vergiftete Ruhe.

Dann hörte ich eines Tages, wie Maddie einer Freundin, die sie sehr verletzt hatte, sagte: »Nein, ich bin nicht sauer. Ich bin nur sehr müde.« Das war so ein Moment, in dem ich mir dachte: »O nein!« und zwar nicht nur, weil ich plötzlich klar und deutlich die alte Leier hörte, die meine Mutter und ich immer abzogen, sondern auch, weil ich Maddie zuvor eine Dreiviertelstunde lang gepredigt hatte, was sie ihrer Freundin sagen und dass sie ihre Gefühle ehrlicher zum Ausdruck bringen solle. Ich hätte wohl besser den Mund gehalten und einen guten Therapeuten angerufen, um mir beim Austreiben meiner eigenen Geister helfen zu lassen.

Meine Mutter machte mir immer das Kompliment, dass ich ihre »schlimmsten Eigenschaften geerbt« hätte. Ich sage »Kompliment«, weil sie das immer liebevoll sagte, wenn ich mal wieder ein Ehrenamt übernommen oder nachts Pappkappen für Nicks Geburtstag gebastelt oder mich auf andere, auch für sie typische Weise aufgeopfert hatte. Im Rückblick wird mir klar, wie stark es sich auf meine Entscheidungen auswirkte, dass sie sich so mit mir identifizierte – im Guten wie im Schlechten. Nur wenn ich mich auf ein Gelände wagte, das ihr nicht recht war (da kommen mir bestimmte Freunde in den Sinn) oder wenn ich mich ihr nicht anvertrauen wollte (eine Kardinalsünde in meiner Familie), gab sie plötzlich vor, »müde« zu sein.

Doch weil meine Mutter und ich nur selten aneinander gerieten, machte ich in meiner Pubertät nie die typische turbulente Rebellion durch, erlebte meine Mutter selten als peinlich oder störend. Ich liebte sie nicht nur, ich mochte sie auch. Und obwohl sie es mir nicht gerade leicht machte, mich von ihr zu lösen, klammerte sie doch nur selten. Natürlich bleibt die Frage – vielleicht für die Couch beim Therapeuten –, ob ich meiner Mutter so ähnlich bin, weil sie mich so aufzog oder ob ich ohne die Botschaft aufwuchs: »Ich liebe dich am meisten, wenn du so bist wie ich.«

Eines Sommers war ich mit der hässlichen Vermutung konfrontiert, dass ich Maddie genau dies signalisiert hatte. Sie weinte in ein angebissenes Brötchen und bettelte: »Ich will nicht weg… Ich will mit dir nach Hause.« Wir waren im Terminal der American Airlines und versteckten uns vor der Teenager-Reisegruppe, mit der sie einen Monat die Westküste bereisen wollte. Sie hatte sich sechs Monate auf diese Reise gefreut, mit einigen der anderen Jugendlichen E-Mails ausgetauscht, mehrspaltige Checklisten angelegt, darüber gelacht, wenn ich witzelte, dass ich im Handgepäck mitreisen wollte. Und nun wollte sie am liebsten in meine Tasche kriechen, das Gesicht zerknautscht, zuckend und tränenverschmiert. »Ich wünschte, ich wäre anders drauf. Ich wünschte, ich wäre selbstbewusster. Mehr wie du, Mama.«

Diese letzte Bemerkung traf mich tief. Ich wollte auch, dass sie selbstbewusster war. Aber wollte ich, dass sie mehr wie ich war? Hatte ich ihr das Gefühl der Unzulänglichkeit gegeben, weil sie sich nicht in eine Gruppe Gleichaltriger stürzen, die Arme ausstrecken und mit einem Lächeln verkünden konnte: »Hi! Ich bin Maddie«? Weil sie ihre Unsicherheit nicht verbergen konnte, indem sie wie ich einfach den Turbo-Charmegang einlegte?

Als die Tränen weiter flossen, versuchte ich es mit einer kleinen Rede (»Du wirst dich prächtig amüsieren… alle sind jetzt nervös… das ist jetzt auch der schwerste Teil… du wirst tolle Sachen erleben… es sind ja nur vier Wochen«), aber als nichts ihr Selbstbewusstsein aufmöbelte, begann ich die Geduld zu verlieren. Der Abflug nahte, und ich wurde ärgerlich. So war das aber nicht geplant, dachte ich verzweifelt. Warum kann sie ihre Unsicherheit nicht einfach abschütteln? Und dann kam ich mir wieder vor wie ein Ungeheuer und überlegte, ob ich sie nicht besser wieder ins Auto verfrachten und nach Hause bringen sollte.

Wenn sich unsere Kinder anders verhalten als wir, wenn ihre Persönlichkeit Form annimmt und die Eigenschaften, die wir mit einem erfolgreichen Erwachsenendasein assoziieren – Integrität, Intelligenz, Rücksichtnahme, Hartnäckigkeit, Entschlossenheit, Ehrgeiz, Zuneigung –, gerade nicht so richtig da zu sein scheinen, geraten wir oft in Panik oder reagieren wütend. »Ich kann es nicht glauben, dass er diese Klamotten schick findet.« Oder: »Ihm ist offenbar alles egal! Er ist so unmotiviert, das bringt mich zum Wahnsinn.« Oder: »Sie denkt immer nur an sich.« Es gibt eine Unmenge möglicher Beschwerden über die Charakterschwäche von Teenagern.

Teenager können egoistisch, starrsinnig, launisch und rebellisch sein; sie erfinden sich selbst jeden Tag neu, probieren immer wieder neue Rollen aus, basteln sich eine Identität zusammen, die nur ihnen allein gehört. Sie verhalten sich bisweilen wie Zweijährige, weil sie eine Phase der Neuorientierung durchlaufen, ganz ähnlich wie in der Kleinkindphase, in der das Kind entdeckt, dass es ein Individuum ist. Damals hat Ihr kleines Kind Sie weggeschubst und kam dann wieder angerannt; jetzt sind Sie diejenige, die ihr großes Kind, je nachdem, auf die Palme bringt oder zu Höchstleistungen antreibt.

Wenn Ihr widerspenstiger Siebzehnjähriger Mathenachhilfe ablehnt, obwohl er auf einer Vier steht, oder wenn ihre Fünfzehnjährige, ein Schachgenie, beschließt, dass sie doch lieber Gitarre spielen will, dann haben Sie vielleicht das Gefühl, dass der Boden unter Ihnen nachgibt und Sie nie wieder Fuß fassen werden. Doch der Abgrund, in den Sie blicken, ist nicht so tief, wie Sie befürchten. Irgendwo da unten versteckt sich ein Jugendlicher, mit dem Sie vieles gemeinsam haben. Wenn Sie erkennen, dass Ihr Teenager anders ist als Sie, dann ist das ein Geschenk. Sie stellen dann keine unrealistischen Erwartungen an Ihr Kind und versuchen nicht, es nach ihren eigenen Vorstellungen zu modellieren, übermitteln ihm nicht die fatale Botschaft: »Wenn du die Teile von dir, die ich nicht mag, begräbst, werde ich dich lieben.«[21]

Wer will denn hier studieren?

Wir alle kennen Eltern, die so eine Botschaft aussenden und sich mit den Erfolgen ihrer Kinder brüsten wie mit einem Designerteil. Eine Mutter, die ich kenne, rief neulich an und jubelte: »Wir kommen nach Yale!« Diese narzisstische Prahlerei veranschaulicht im Extrem, wie sehr wir dazu neigen, uns allzu intensiv mit unseren Teenagern zu identifizieren. Eine Frau, die ich beim 25-jährigen Jubiläum unseres College-Jahrgangs traf, sagte mir im Vertrauen: »Ich würde gern behaupten, dass sie tun soll, was sie glücklich macht, aber das stimmt nicht ganz. Ich möchte, dass sie tut, was sie glücklich macht – wenn sie es damit auf eine gute Uni schafft.« Wie oft ist es nur ein Lippenbekenntnis, wenn wir sagen, »Hauptsache, du bist glücklich, Schätzchen«, während wir in Wahrheit unsere Kinder auf einem Weg vor uns her schubsen, der vor langer langer Zeit angelegt wurde.

Auch ich versuchte, Maddie zu signalisieren, dass ich keinen Gedanken daran verschwendete, auf welches College sie ging – »solange du nur glücklich bist, Schätzchen«. Und doch erinnere ich mich an (glücklicherweise wenige) Gelegenheiten, an denen sie schrie: »Ich kann da nicht hin. Hör auf, mich zu drängen!«. Für mein Verhalten in ihrem letzten High-School-Jahr verdiene ich daher bestenfalls eine Drei. Mir war es wirklich vollkommen egal, welchen Sticker wir auf unser Auto klebten. Ich wollte wirklich, was sie wollte, doch ich war todunglücklich, wenn sie verzweifelt zusammenbrach und klagte: »Ich bin nicht gut genug für diese Schule!« und ihr Wissen um ihre eigenen Stärken zu einem Pfützchen aus Selbstzweifel und Angst zusammenschmolz.

Die Bewerbung fürs College zwingt Teenager nicht nur dazu, ein schmeichelhaftes Selbstporträt zu erstellen, sondern auch, es anderen zu »verkaufen«. Das ist eine grausame Aufgabe, vor allem für die Jugendlichen, die keine Ahnung haben, wer sie sind oder sein wollen. (Und das trifft auf rund 90 Prozent der Teenager zu, die ich kenne.) Selbst wer über ein robustes Selbstbewusstsein verfügt (also die verbleibenden zehn Prozent), empfindet es als Erniedrigung, die besten und intelligentesten seiner Altersgenossen straucheln oder gar fallen zu sehen.

Auch uns tut das weh. Daher entspringen die Opfer, die wir bringen – emotionale und praktische (die Collegebewerbung kostet heutzutage eine Menge Zeit und Geld) –, nicht dem reinen Altruismus. Wir wollen nicht zweimal leiden – für unsere Kinder und uns selbst. Wenn daher Ihr Kind über die eigenen Leistungen am liebsten den Mantel des Stillschweigens breitet, ungern über seine Leidenschaft fürs Klarinettespielen redet, weil es als uncool gelten könnte, wenn es niemandem über 30 gern in die Augen sieht, dann treibt Sie die Vorstellung, dass es ein Aufnahmegespräch an einem College absolvieren soll, vielleicht auf die Balkonbrüstung. Tun Sie sich das nicht an. Bieten Sie ihm keine »konstruktive Kritik« an, wenn es ins Zulassungsbüro geht. Sehen Sie ihm auf keinen Fall bei jedem Schritt über die Schulter, wenn es Sie nicht dazu auffordert. Und wenn doch, versuchen Sie es mit einer guten Mischung aus Anleiten und Anstacheln, Antreiben, Anspornen und Anfeuern.

Gut zu wissen, dass Ihr Kind, wenn es sich für das College bewirbt, die Pubertät wahrscheinlich bereits hinter sich hat. »Sie kommen wieder«, sagte Dorothy seufzend, als sie sich an die Reise ihrer Stieftochter durch die Pubertät erinnerte. »Man glaubt, man habe sie auf immer verloren, oder man fragt sich: ›Wer ist das denn?‹ Aber sie tauchen wieder auf, größer und manchmal besser.«

Bald ist das Nest leer

Wie die Überschrift zu diesem Kapitel andeutet, fliegen die Kinder, kaum, dass einem alles einigermaßen klar geworden ist, auch schon aus. Phyllis Theroux schreibt über die Pubertät ihrer eigenen Kinder: »Sie verlässt mich. Die absolute Macht, die ich einst über das Leben meiner Kinder hatte, ist längst kein dickes Fadenknäuel in meiner Hand mehr, sondern besteht nur noch aus ein paar dünnen Fasern vom Ende des Stranges.«[22] Wenn Sie dieses Knäuel zurückverfolgen durch 18 Jahre Muttersein, stoßen Sie teils auf verworrene Knoten und Muster, hoffentlich aber auch ein starkes Netz, das Sie für Ihre Kinder gesponnen haben. Dieses Netz wird bleiben, es wird Ihre Kinder stützen, wenn Sie nicht bei ihnen sind, und es wird sie in den kommenden Jahren immer wieder zu Ihnen zurückbringen.

Es ist gar nicht so einfach, nicht am Netz weiterzuspinnen und die Reparatur den Kindern zu überlassen – und gleichzeitig ein Leben zu planen, das so revolutionär anders ist wie das vor Ihrer Zeit als Mutter. Die Ankunft unserer Kinder bedeutete, dass wir uns auf ungeheure Umwälzungen in unserem Leben und unserer Identität einstellen mussten; und auch am Ende dieser Phase gilt es, dramatische, teils sehr schmerzliche Veränderungen zu bewältigen.

Fast alle erfasst uns dabei zuweilen eine gewisse Verzweiflung und Sehnsucht nach der Vergangenheit. Ich amüsierte mich über meine Freundin Patty, als sie in den Monaten, ehe ihre Tochter aufs College ging, ihren Kalender mit Ereignissen füllte, die plötzlich sehr wichtig waren, weil es um »Meaghans letztes Basketballspiel gegen die Dalton-Schule« ging oder »das letzte Mal, dass wir am ersten Dienstag des Frühjahrsausverkaufs zusammen einkaufen gehen können«. Nun, da auch Maddie in wenigen Monaten aufs College gehen wird, merke ich, dass ich ähnlich verzweifelt »letzte« gemeinsame Termine festlege.

Mich verfolgt auch die Erinnerung daran, wie sich meine Mutter im Frühling meines letzten High-School-Jahres verhielt.

Dauernd war sie in meinem Zimmer, stellte lästige Fragen über die Schule und meine Freunde, kam spätabends an mein Bett und tätschelte mir den Rücken oder gab mir einen Gutenachtkuss. Ich war alles andere als angetan von ihrer übertriebenen Zuwendung, bis ich eines Abends zufällig ein Gespräch zwischen ihr und meinem Vater hörte. Genauer gesagt schrie sie, schrie und schluchzte, wie ich es noch nie zuvor gehört hatte. Ich konnte nicht jedes Wort verstehen, obgleich ich es – das gebe ich zu – durchaus versuchte, doch ihre Verzweiflung war bestürzend. Als sie weinte, sie wolle sich einen Job suchen, die Leere, die mein Weggang hinterlassen würde, ausfüllen, spürte ich nicht nur ihre Panik und Trauer, sondern auch ihre Wut auf meinen Vater. Sie glaubte, er verstehe sie nicht, und es sei ihm auch egal.

Steve ist dieser Tage so verzweifelt über die nahende Abreise seiner geliebten Tochter wie ich. Wir sind beide tief betroffen und fürchten uns bereits vor dem Einschnitt, der vor uns liegt, wenn Nick aufs College geht. »Ich kann es nicht glauben«, flüstere ich nachts zum anderen Kissen hinüber, und wenn Steve seufzt wie ein liebeskranker Teenager, weiß ich, dass er mich gehört hat. Ich bin dankbar, dass wir emotional im gleichen Boot sitzen, zumindest im Moment. Einige Mütter gewinnen, wenn sie sich von ihren erwachsenen Kindern verabschieden müssen, ein negatives Bild ihrer Partnerschaft. »Ich weiß, dass Bruce traurig ist, dass Rob geht«, sagte die Mutter eines einzigen Sohnes. »Aber wenn er sagt, wie gut wir es uns gehen lassen können in unserem bald leeren Nest, was wir für Reisen machen können und welche Freiheiten wir nächstes Jahr haben, dann habe ich das Gefühl, dass zwischen uns ein Riesenabgrund klafft. Ich fühle mich elend. Aber er kapiert das einfach nicht.«

Wie in anderen Phasen brauchen Sie als Mutter auch jetzt das Gefühl, dass Ihr Mann Ihren Schmerz nachvollziehen kann und dass Sie in dieser schwierigen Umstellung auf einer Linie liegen. Im anderen Fall sind Enttäuschung und Wut vorprogrammiert. Das erklärt zum Teil, warum trotz einer insgesamt sinkenden

Scheidungsrate in den USA die Zahl der Scheidungen bei den Paaren, die dreißig oder mehr Jahre verheiratet sind, um 16 Prozent gestiegen ist.[23] Dennoch ist es unrealistisch und unfair, vom Partner zu erwarten, dass »er's kapiert«. Er hat ein völlig anderes Verhältnis zu den Kindern, ein anderes Selbstbild als Vater, und auch die Bedeutung des Vaterseins für seine Identität ist eine andere. Vor allem aber ist er nicht mehr der Mann, den Sie geheiratet haben – ebenso wie Sie in diesem Stadium Ihrer Beziehung eine völlig andere Frau sind als vor 20 oder mehr Jahren.

John Gottman hat eine Reihe wichtiger Langzeitstudien zur Ehe durchgeführt und dabei festgestellt, dass Kritik, Verachtung, Selbstrechtfertigung und Hinhaltetaktik »die vier apokalyptischen Reiter« jeder Beziehung sind.[24] Wenn Sie nie dieses »Er kapiert's einfach nicht« überwinden, heißt das, dass Sie einfach aufgeben – und das zu einer Zeit, in der Sie mehr denn je Ihre Gefühle ausdrücken, zuhören, mitfühlen und sich gegenseitig festhalten sollten.

Mütter brauchen jetzt Freundinnen

Wenn Ihr Mann Sie nicht unterstützt oder wenn Sie allein stehend oder geschieden sind, sollten Sie nicht versuchen, diese Jahre allein zu bewältigen – besonders, wenn es hart auf hart kommt. Lange, bevor Ihr Teenager das Haus verlässt, haben Sie sich wahrscheinlich bereits einsam gefühlt, jemanden gebraucht, der mal einen Tee aufbrüht, sich zu Ihnen setzt und Ihnen zuhört, wenn Sie Dampf ablassen. So wie in den Schützengräben der ersten Monate nach der Geburt die Frauen, die Sie bei der Geburtsvorbereitung kennen gelernt haben, Sie am besten verstanden, so werden Sie auch in dieser Phase Ihr Spiegelbild am klarsten in den Augen der Mutter eines angehenden Studenten sehen.

Wenn Sie das Glück haben, über Freundinnen zu verfügen,

deren Nest sich ebenfalls leert, halten Sie sich an sie. Es ist wissenschaftlich erwiesen, dass wir uns gemäß dem Motto »Gleich und Gleich gesellt sich gern« in stressreichen Phasen gegenseitig am besten stützen können. Unser Verhalten wird vielleicht von jenem freundlichen Hormon Oxytozin geleitet, das Frauen, anders als Männer, unter Stress ausschütten. So wie uns das Oxytozin, als wir unsere Kinder gesäugt haben, Wärme und Geborgenheit vermittelte, spendet es uns beim Austausch mit anderen Frauen Trost.[25]

Ich brauche jedenfalls keinen Neurowissenschaftler, um zu wissen, dass ich meine Freundinnen Val oder Patty oder Maxine anrufen muss, wenn ich über Maddies Weggehen trauere, wenn ich am liebsten Herz, Geist und Seele von ihr zurückfordern würde, weil es sich anfühlt, als seien sie tief aus meinem Innern gerissen worden. Meine Freundinnen halten mir weder eine Predigt noch versuchen sie abzuwiegeln. Wenn ich aber dann eine längere Pause einlege und frage: »Und wie geht es dir?«, dann leuchten sie mir immer einen Weg im Dunkeln aus. Da ich Ihnen und vielen anderen – meiner älteren Schwester, Kolleginnen, Cousinen und natürlich meiner eigenen Mutter – zugesehen habe, wie sie sich in dieser letzten Phase als Mutter neu definiert haben, weiß ich, wie unverwüstlich, stark, kreativ, geduldig und gesegnet Mütter sind. Und wie stolz ich darauf bin, eine zu sein.

Nachwort

Als ich mit der Arbeit zu diesem Buch begann, war ich so naiv (und vermessen) anzunehmen, dass ich es in zwei Jahren schreiben könnte. Als aus zwei Jahren vier geworden waren und mein geduldiger Verleger mir eine weitere Fristverlängerung gewährt hatte, scherzte ich, dass ich vielleicht fertig sein würde, wenn »die Kinder ins College kommen«. (In düsteren Augenblicken hieß es auch »wenn ich Großmuter bin« oder »jedenfalls vor meinem Tod«.) Wenn alles nach Plan läuft, wird Maddie im selben Monat, in dem dieses Buch in den Handel kommt, ins College aufbrechen, und ich kann tatsächlich von mir behaupten, alle sieben Phasen des Mutterseins selbst erlebt zu haben. Vor allem aber möchte ich offen sagen, dass ich, als ich dieses Buch schrieb, viel darüber gelernt habe, wie man Kinder zu glücklichen, gesunden und selbstbewussten Menschen erzieht. Und all das möchte ich gern weitergeben.

Ich habe gelernt, dass es beim Muttersein ebenso um Autonomie, Unabhängigkeit und Selbstverwirklichung geht wie um Bindung, Abhängigkeit und Selbstaufopferung. Es geht darum, Risiken einzugehen und sich an Traditionen zu orientieren, Veränderungen, die in Lichtgeschwindigkeit über einen hereinbrechen ebenso zu ertragen wie lähmende Langeweile, mit konkreten Anforderungen fertig zu werden, aber auch mit kaum beschreiblichen, und zu lernen, dass Stillstand keine Alternative ist, auch wenn das Leben derart von Schmerz oder Freude erfüllt ist, dass einem der Atem stockt.

Es geht aber auch darum, mit unrealistischen Erwartungen

fertig zu werden. Die Kindererziehung kann die lohnendste Erfahrung im Leben einer Frau sein, aber sie ist auch die schwierigste. Wer glaubt, Angst, Gespaltenheit, Wut und Schuldgefühle umschiffen zu können, dem blasen sie mit umso größerer Macht ins Gesicht. Es ist daher kein Wunder, dass man sich im Rückblick auf die sieben Phasen des Mutterdaseins durchaus in der Lage fühlt, die Welt zu beherrschen.

Die Mütter, die ich für dieses Buch interviewte – und Millionen von anderen –, könnten die Welt beherrschen. Ihre Leidenschaft, ihre Entschlossenheit, ihr Engagement, ihre Kraft, ihre Energie, ihre Empathie, ihr Humor, ihre Liebenswürdigkeit, ihre Weisheit und ihr Mut offenbarten sich auf banale und auf großartige Weise. Neulich erst sah ich eine junge Mutter, wie sie in einen vollen Bus stieg, dabei ihr müdes Kleinkind tröstete, das Baby auf den Arm nahm und den Buggy zusammenlegte – und das alles in der kurzen Zeit, die der nächste Passagier brauchte, um die erste Treppenstufe hinter ihr zu nehmen. Wenig später sah ich das verzückte Gesicht eines Siebenjährigen, dessen schick gekleidete Mutter mit ihm Hand in Hand die Straße entlanghüpfte. Und am Nachmittag beobachtete ich in einer Boutique, wie die Mutter eines Teenagers eine kritische Situation mit diplomatischer Finesse auflöste.

Wie immer sah ich in jeder dieser Frauen auch mich selbst, erinnerte mich daran, wie ich mir meine erschöpften Kinder über die Schulter gelegt, ihnen, indem ich den Clown spielte, den Tag gerettet oder mit einem Kompromissvorschlag einen Wutanfall umschifft hatte. Tausende anderer Erinnerungen aber sind verschüttet, Schuhschachteln voller Schnappschüsse, die ich gern mal wieder durchsehen würde, nicht nur, um in Erinnerungen zu schwelgen, sondern auch, um das Gefühl zu genießen, dass ich etwas geleistet habe.

Wie die meisten Mütter übersehe ich gern die kleinen Dinge, lasse die Schuldgefühle (»Hätte ich doch! Sollte ich? Müsste ich nicht?«) über den verdienten Stolz siegen. Ich kann nur hoffen, dass Sie aus diesem Buch die eine Lehre mitnehmen, dass die kleinen Akte der Fürsorge, die Sie tagtäglich vollbringen, etwas sind, das man würdigen muss. Reden Sie nicht klein, was Sie tun, selbst wenn Sie wissen, dass es besser hätte laufen können, denn wenn Sie sich für selbstverständlich nehmen oder sich auf Ihre Unzulänglichkeiten konzentrieren, tun Sie auch Ihren Kindern Unrecht.

Jede Mutter macht Fehler – große Fehler. Zwar gibt es heutzutage keinen eindeutigen gesellschaftlichen Konsens darüber, was eine gute Mutter ausmacht, einig ist man sich aber darin, dass das schlimmste Versagen elterliches Versagen ist. Wir tolerieren scheiternde Ehen und die entsprechend hohen Scheidungsraten; wir tolerieren das Scheitern von Politikern, Wirtschaftsführern, Priestern. Den Müttern aber signalisieren wir: Wenn eure Kinder versagen, ist das eure Schuld. Schlimmer noch: Bevor ein Kind überhaupt strauchelt, halten wir, als aggressive Ermunterung, das Banner hoch: »Muttersein kommt von allein!« Doch was auf der Rückseite steht, enthalten wir den Müttern vor: »Kommt Muttersein nicht von allein, red bloß nicht darüber!« Und darunter noch das Kleingedruckte: »Denn wer um Hilfe bittet, gibt zu, dass er versagt hat.«

Verbrennen Sie dieses Banner! Sein Leben vollständig umkrempeln, sich eine neue Identität schaffen, neue Prioritäten setzen, Beziehungen neu gestalten, die Verantwortung für Menschen übernehmen, die man mehr liebt als sich selbst – das alles kommt nicht von allein. Jede Mutter dieser Welt braucht Hilfe und Unterstützung, und zwar nicht nur im praktischen Sinne der Lastenverteilung, sondern auch im übertragenen Sinne: Hilfe bei der Navigation durch dunkle Gassen, in denen Schuldgefühle und Selbstzweifel an jeder Ecke lauern. Wenn wir diese dunklen Winkel ausleuchten und sagen: »Hey, du machst das toll. Wir müssen da alle durch. Sei nicht so streng mit dir«, oder wenn wir einer Mutter raten, einmal in aller Ruhe darüber nachzudenken, was sie eigentlich will, oder ihr empfehlen, sich auch einmal selbst ganz oben auf die Liste zu setzen, dann ist das allemal besser als jede Predigt.

Aus genau diesem Grund habe ich das Buch geschrieben. Ich wollte, dass andere Mütter aus meinen Fehlern und dem, was ich vielleicht richtig gemacht habe, lernen. Ich wollte den Leserinnen vermitteln, dass dieses verrückte, chaotische und wirklich harte Geschäft der Kindererziehung fast nie in vorhersehbaren Bahnen abläuft. Wir durchschreiten die verschiedenen Phasen des Mutterseins selten auf geradem Weg. Wir bewegen uns im Kreis, machen Abstecher, gehen ein Stück zurück, spurten voraus. Da unser Pfad manchmal eine Kehrtwende macht, begegnen uns bestimmte Landmarken wieder, und an jedem Rastplatz stehen wichtige Entscheidungen an: Wie bringen wir Arbeit und Familie unter einen Hut? Wann sollen wir unsere Kinder verwöhnen, wann loslassen? Können wir unseren Instinkten trauen? Wie pflegen wir die Beziehung zu unserem Partner? Wie werden wir mit der eigenen Angst fertig, wie setzen wir Grenzen? Wie gehen wir um mit heftiger Liebe und großem Hass? Manche Mütter haben in der Kleinkindphase ihrer Kinder am meisten zu kämpfen, für andere ist die Pubertät die größte Herausforderung. Kann sein, dass der Streckenabschnitt, den Sie am meisten gefürchtet haben, Ihnen wie ein Spaziergang vorkommt, verglichen mit einem anderen, von dem Sie erwartet hatten, dass Sie ihn spielend bewältigen würden.

Auch wenn Sie meinen, Sie würden in erster Linie auf das Verhalten Ihres Kindes reagieren, so hat doch Ihr persönliches und kulturelles Gepäck mindestens so viel – wenn nicht mehr – damit zu tun. Diese Koffer auszupacken und sich selbst nicht aus dem Blick zu verlieren, ist eine lebenslange Aufgabe. Unterwegs können Sie das nicht tun, häufig schaffen Sie es auch nicht allein. Wenn es Ihnen gelingt, die Fahrt zu unterbrechen und sich damit auseinander zu setzen, inwieweit sich Ihre eigenen Kindheitserfahrungen, gegenwärtigen Belastungen, kulturellen Erwartungen, Hoffnungen und Ängste auf den Umgang mit Ihren Kindern auswirken, können Sie Ihr Verhalten besser einordnen. Ehe Sie nicht wissen, wer Sie selbst sind, können Sie auch Ihr Kind nicht als genau das Wesen erkennen, das es ist.

Angenommen und geliebt zu werden, so wie es ist, mit seinen Fehlern und Schwächen – genau das wünscht sich jedes Kind, und das verdient es auch.

Im vergangenen Winter haben Steve und ich im Kreis unserer Familie und Freunde unseren 50. Geburtstag und unseren 25. Hochzeitstag gefeiert. Es war ein wunderschöner Abend; Maddie und Nick machten in ihren Reden einige Späße auf unsere Kosten, aber sie brachten auch ihre Liebe und Dankbarkeit wunderbar zum Ausdruck. Doch was sie sagten, war nicht einmal so wichtig: Ihr Anblick, ihre Gelassenheit, ihre Individualität faszinierten mich. Ich beobachtete sie den ganzen Abend, wie sie sich unterhielten und tanzten und lachten – und ich sah nicht nur die Teenager in ihnen, sondern auch die Säuglinge, die Kleinkinder, Kindergartenkinder, Schulkinder, die Kinder in der Vorpubertät und die fast Erwachsenen. Sie waren alle da, und sie feierten nicht nur, was aus Maddie und Nick, sondern auch, was aus mir geworden war.

Egal, wo in unserer Entwicklung als Mutter wir gerade stehen – wir tragen die Spuren der vergangenen Phasen in uns. Die Fähigkeiten, die wir entwickelt haben, die Muskeln, die wir aufgebaut haben, und die Fehler, die wir begangen haben, gehören für immer zu uns. Das Muttersein ist eine wahrhaft unendliche Geschichte. Auch wenn wir im Leben unserer Kinder nicht mehr im Mittelpunkt stehen, so sind wir doch nie völlig von ihnen getrennt, wie auch sie nie ganz von uns getrennt sind. In ihrem Buch *Frau: Eine intime Geographie des weiblichen Körpers* beschreibt Natalie Angier, dass auch Jahre nach der Geburt unserer Kinder noch einzelne fetale Zellen im Körper unterwegs sind. Bis vor kurzem dachte man, diese »zelluläre Zwiesprache von Mutter und Kind« sei auf die Schwangerschaft beschränkt; heute wissen wir, dass diese Zellen Jahrzehnte überleben: »Eine Mutter bleibt demnach Zeit ihres Lebens eine zelluläre Chimäre, eine Kombination aus dem Körper, mit dem sie geboren wurde, und all denjenigen Körpern, die sie selbst geboren hat. Was vielleicht nichts weiter zu besagen hat. Vielleicht bedeutet es aber auch, dass immer etwas da ist, was sie an ihre Kinder erinnert, ein paar biochemische Takte eines Lieds, das ihre neuronalen Bindungsschaltungen zum Mitschwingen bringen kann.«[1]

Die Melodien unserer Kinder bereichern und verfolgen unser Leben von dem Augenblick an, in dem wir sie empfangen, bis an unser Lebensende. Manchmal stimmen sie in unser Lied mit ein, doch häufiger folgen sie einem anderen Rhythmus – einem, der uns womöglich fremd vorkommt und Angst macht. Aber kaum haben wir den Rhythmus übernommen und die Melodie erlernt, ändert sich die Musik, und wir sollen schon wieder ein neues Lied anstimmen. Kein Wunder, dass wir häufig außer Atem sind. Wir sollten manchmal einfach nur die Augen schließen und lauschen. Und wenn wir Glück haben, singen unsere Kinder, wenn sie von zu Hause weggehen, ein Loblied auf uns.

Danksagung

Es klingt paradox: Da hat man ein ganzes Buch geschrieben und hat am Ende plötzlich das Gefühl, es fehlen einem die Worte, um all denen zu danken, die dabei geholfen haben. Meinem Mann Steven und unseren Kindern Madeleine und Nick kann ich gar nicht genug danken, und ich hoffe, ich habe annähernd vermitteln können, wie glücklich ich mich als Ehefrau und Mutter schätzen kann und wie viel Freude sie mir jeden Tag bereiten.

Meine Agentin Kathy Robbins hat mich beim Schreiben nicht nur gefördert und getröstet, sondern auch bereits viel Lektoratsarbeit geleistet. Wenn ich ans Telefon ging und ihr »Wie geht es uns denn?« hörte, wusste ich, dass ich als Autorin wirklich Glück hatte, ein Glück, das meine hervorragende Lektorin Jordan Pavlin, eine ungemein kluge und warmherzige junge Mutter, noch verstärkte.

Auch meinen Partnerinnen möchte ich danken, die mich unterstützten, als ich mich zu Hause selbstständig machte: Kristen Schultz Dollard und jüngst Cristen Calamari, die mir über die Ziellinie half. Die vielen kleinen Hilfeleistungen und die Großzügigkeit Blue Bistas machten selbst die frustrierendsten Tage noch erträglich.

Ich glaube nicht, dass ich je wieder einen Job bekomme wie den als Chefredakteurin der Zeitschrift *Parents*. Ich schulde meinen tüchtigen Kolleginnen – Elizabeth Crow, Wendy Schuman, Sarah Mahoney, Maxine Davidowitz, Wendy Smolen, Janet Gold und vielen anderen mehr – Dank für ihre Unterstützung und ihre Freundschaft, die sie mir zehn wunderbare Jahre und noch lange nach meinem Weggang geschenkt haben. Ich möchte auch den Beiträgern und Beraterinnen der Zeitschrift danken, mit denen ich die Ehre hatte zu arbeiten: James Comer, Harold Koplewicz, Martin Seligman, Bernice Weissbourd, Nancy Samalin, Ron Taffel, Stanley Greenspan und Elizabeth Berg, um nur einige zu nennen.

Meine Kolleginnen und Kollegen vom Vorstand bei *Zero to Three* bilden eine Art Expertenolymp für kindliche Entwicklung. Dennoch geben sie mir bei unseren Treffen nie das Gefühl, die einzige Sterbliche in ihrem Kreise zu sein.

Seit fünf Jahren habe ich das Vergnügen, mit Sandra Aiken zusammenzuarbeiten; sie lässt mich in *Good Morning America* gut aussehen, und das gilt ebenso für alle meine hilfreichen Kolleginnen und Kollegen: Lisa Sharkely, Shelley Ross, Phyllis McGrady, Charles Gibson, Diane Sawyer und der Rest der GMA-Familie.

Es ist eine wahre Freude, dass ich meine klugen und humorvollen Geschwister Mary und John habe, meine Schwägerinnen und Schwäger Ed, Gloria, Kevin, Jeanne und Lois Murphy sowie ihre wunderbaren Ehepartner und Kinder. Nicht zu vergessen meine Ersatzschwestern, die ich fast mein ganzes Leben lang kennen und lieben durfte: Jane Rosenman, deren Geburtshelfer mein Vater war, Nicole Bourgois Elliman, die ich seit dem Kindergarten kenne, Ellen Iseman O'Neill, die mit zwei bei uns klingelte und die gesamte High-School-Zeit und danach meine Nachbarin und Freundin blieb, sowie viele andere Dalton-Freundinnen, die mir ihre Zeit schenkten und ihre Muttergeschichten zu diesem Buch beitrugen. Ich hätte das Buch nicht ohne die Ermunterung und die Unterstützung durch eine Reihe »neuerer« Freundinnen schreiben können, die ich alle seit mindestens 20 Jahren kenne und liebe: Valerie Monroe, Patricia McCormick, Kate White.

Die Mütter, die mir ihre Geschichten anvertrauten, bilden eine weitere Familie, der ich enorme Dankbarkeit schulde. Nicht nur die meisten ihrer Namen erscheinen in diesem Buch, sondern auch ihre Offenheit, ihr Witz, Optimismus, Stolz, Mut und Verständnis.

Doch die Mutter, die alle überstrahlt, ist meine eigene: Marjorie Pleshette. Ihre Liebe prägt jeden Tag meines Lebens als Mutter. Ich hatte gehofft, dieses Buch vor ihrem Tod vollenden zu können, weil so viel von ihrer wunderbaren Haltung Kindern gegenüber mit einfloss. Ich bin mir sicher, sie hätte es gelesen, mich dann angerufen und in ihrem gedehnten Tonfall gesagt: »Liebling, dein Buch ist einfach fantastisch!«

Anmerkungen

Einführung

1 Erik Erikson, *Kindheit und Gesellschaft*, Stuttgart: Klett-Cotta, 1982, S. 63.
2 Rozsika Parker, *Torn in Two: The Experience of Maternal Ambivalence,* London: Virago Books, 1995, S. 103.
3 Peter B. Neubauer und Alexander Neubauer, *Nature's Thumbprint,* Reading, Massachusetts: Addison-Wesley, 1990, S. 20.

Andere Umstände
Schwangerschaft, Geburt und die ersten drei Lebensmonate

1 Daphne de Marneffe, *Maternal Desire: On Children, Love and the Inner Life*, Boston: Little Brown, 2004, S. 98.
2 Fay Weldon, aus einem Interview, zitiert in: Rozsika Parker, *Torn in Two,* London: Virago Books, 1995, S. 5.
3 Harriet Lerner, *Der Tanz ums Kind,* Frankfurt a.M.: Fischer Taschenbuch, 1998, S. 87.
4 Daniel N. Stern und Nadia Bruschweiler-Stern mit Alison Freeland, *Geburt einer Mutter,* München: Piper, 2000, S. 43 und 45.
5 I. Rodolfo A. Bulatao, »Values and Disvalues of Children in Successioe Childbearing Decisions«, *Demography,* Bd. 18, Nr. 1, Februar 1981.
6 Louise Erdrich, *The Blue Jay's Dance: A Birth Year,* New York: HarperCollins, 1995, S. 9.
7 John Updike, »When Everyone Was Pregnant«, in: *Early Stories, 1953–1975,* New York: Knopf, 2003, S. 446.
8 de Marneffe, *Maternal Desire*, S. 83.
9 Robbie E. Davids-Floyd, *Birth as an American Rite of Passage,* Berkeley: University of California Press, 1992, S. 33.
10 Natalie Angier, *Frau: Eine intime Geographie des weiblichen Körpers,* München: Goldmann, 2002, S. 431.
11 Meredith F. Small, *Our Babies, Ourselves: How Biology and Culture Shape the Way We Parent,* New York: Anchor Books, 1998, S. 13.

12 Davids-Floyd, *Birth as an American Rite of Passage,* S. 30.
13 Umfrage, durchgeführt von Harris Interactive für die Maternity Center Association (MCA) in Zusammenarbeit mit dem Johnson & Johnson Pediatric Institute, in: *Parenting*, Dezember 2002/Januar 2003, S. 96.
14 Lise Friedman Spiegel, »Planned Caesarian Delivery and Its Effect on Maternal Self-Esteem and Locus of Control«, *Dissertation Abstracts International, Section B: The Sciences and Engeneering,* Band 56 (5-B), November 1995, S. 2888.
15 Zahl: Centers of Disease Control, 2000.
16 Anita Diamant, *Das rote Zelt der Frauen,* München: Knaur, 2001, S. 313.
17 Joyce Block, *Mutter werden: Die Psychologie der ersten Schwangerschaft,* München: Piper, 1990, S. 188.
18 Marshall H. Klaus, John H. Kennell und Phyllis H. Klaus, *Der erste Bund fürs Leben: Bonding,* Reinbek: Rowohlt, 1997, S. 98–99.
19 Susan H. Greenberg und Karen Springen, »The Baby Blues and Beyond«, *Newsweek,* 2. Juli 2001, S. 26.
20 Sarah Blaffer Hrdy, *Mutter Natur: Die weibliche Seite der Evolution,* Berlin: Berlin-Verlag, 2000, S. 203.
21 Elizabeth Berg, »›I Can't Believe You're Here‹: A New Mother's Diary«, *Parents,* April 1992, S. 98–102.
22 Karen Binder-Brynes, Interview, November 2001.
23 Kate Figes, *Babyblues: Was Ihnen selbst Ihre beste Freundin nie übers Muttersein verraten würde,* Frankfurt a.M.: Krüger, 2001, S. 60.
24 Stern und Bruschweiler-Stern, *Geburt einer Mutter*, S. 113–114.
25 Marnell Jameson, »A Natural Formula for Success«, *Los Angeles Times,* 4. September 2000, S. 51.
26 Sally Tusa, »Baby Talk: Breast vs. Bottle Poll«, *BabyTalk,* Bd. 66, Nr. 7, September 2001, S. 38.
27 Mary Ellen Rodger, »Like Mother, Like Children«, *American Health,* Juli 1992, S. 30.
28 Erdrich, *Blue Jay's Dance,* S. 148.
29 Angier, *Frau,* S. 439.
30 Ebenda.
31 Parker, *Torn in Two,* S. 7.
32 Block, *Mutter werden,* S. 29.
33 T. Berry Brazelton, *Touchpoints: Your Child's Emotional and Behavioral Development,* Reading, Massachusetts: Addison-Wesley, 1992, S. 38.
34 Parker, *Torn in Two,* S. 74.
35 Greenberg und Springen, »The Baby Blues and Beyond«, S. 26.
36 Ebenda.
37 Jay Belsky und John Kelly, *Und dann waren wir plötzlich zu dritt: Wie das erste Kind die Beziehung verändert,* München: Goldmann, 1995, S. 15ff.

38 T. Hakansson, »Sexuality and Lactation«, *International Journal of Prenatal and Perinatal Studies,* 4 (1992); zitiert nach Figes, *Babyblues*, S. 246.
39 Margaret A. de Judicibus und Marita P. McCabe, »Psychological Factors and the Sexuality of Pregnant and Postpartum Women«, *Journal of Sex Research,* Mai 2002, S. 94.
40 Harvey Karp, *Das glücklichste Baby der Welt: So beruhigt sich Ihr schreiendes Kind – so schläft es besser,* München: Goldmann, 2003.
41 Brazelton, *Touchpoints,* S. 68.
42 de Marneffe, *Maternal Desire,* S. 128.

Den Rhythmus finden, zu sich selbst finden
Vierter bis zwölfter Lebensmonat

1 Allison Pearson, *Working Mom,* Reinbek: Rowohlt, 2003, S. 25–26.
2 Mary Elizabeth Williams, »The Working Mother's Survival Guide«, *Parents,* Juni 2003, S. 55.
3 Kate Figes, *Babyblues: Was Ihnen selbst Ihre beste Freundin nie übers Muttersein verraten würde,* Frankfurt a.M.: Krüger, 2001, S. 109.
4 Jack P. Shonkoff und Deborah A. Phillips (Hg.), *From Neurons to Neighborhoods: The Science of Early Child Development,* Washington, D.C.: National Academy Press, 2000, S. 251.
5 Daphne de Marneffe, *Maternal Desire: On Children, Love and the Inner Life*, Boston: Little Brown, 2004, S. 108.
6 Lisa Belkin, »The Opt-Out Revolution«, *New York Times Magazine,* 26. Oktober 2003, S. 42.
7 Arlie Russell Hochschild und Anne Machung, *The Second Shift,* New York: Avon Books, 1989, S. 286–294.
8 Harriet Lerner, *Der Tanz ums Kind,* Frankfurt a.M.: Fischer Taschenbuch, 1998, S. 97.
9 Hochschild, *The Second Shift,* S. 118.
10 Jay Belsky und John Kelly, *Und dann waren wir plötzlich zu dritt: Wie das erste Kind die Beziehung verändert,* München: Goldmann, 1995, S. 45.
11 de Marneffe, *Maternal Desire,* S. 104.

Loslassen
Das Kleinkind: zweites und drittes Lebensjahr

1 Judith Viorst, *Mut zur Trennung: Menschliche Verluste, die das Leben sinnvoll machen,* Hamburg: Hoffmann und Campe, 1988, S. 221.
2 T. Berry Brazelton, *Touchpoints: Your Child's Emotional and Behavioral Development,* Reading, Massachusetts: Addison-Wesley, 1992, S. 152.

3 Ebenda, S. 155.
4 Selma Fraiberg, »Ghosts in the Nursery«, in: *Selected Writings of Selma Fraiberg,* Hg. Louis Fraiberg, Columbus: Ohio State University Press, 1987, S. 100–116.
5 Arietta Slade et al., »Mothers' Representations of Their Relationships withTheir Toddlers: Links to Adult Attachment and Observed Mothering«, *Development Psychology,* Bd. 35, Nr. 3 (Mai 1999).
6 Joyce Block, *Mutter werden: Die Psychologie der ersten Schwangerschaft,* München: Piper, 1993, S. 25.
7 Anne Lamott, »Mother Anger: Theory and Practice«, in: *Mothers Who Think: Tales of Real-Life Parenthood,* hg. Camille Peri und Kate Moses, New York: Villard Books, 1999, S. 92.
8 Carin Rubinstein, *Wenn Mütter zu sehr lieben: Kinder erziehen, ohne sich selbst aufzugeben,* Frankfurt a.M.: Krüger, 1999, S. 58.
9 Maureen O'Brien, *Watch Me Grow: I'm One-Two-Three,* New York: Quill Books, 2002, S. 6.
10 Ebenda, S. 167.
11 Susan Lewis, *Reinventing Ourselves After Motherhood,* Chicago: Contemporary Books, 1999, S. 40.

Alles unter einen Hut
Im Kindergarten: drittes bis sechstes Lebensjahr

1 Allison Pearson, *Working Mum,* Reinbek: Wunderlich, 2003, S. 7–8.
2 Roz Chast, *Childproof: Cartoons About Parents and Children,* New York: Hyperion Books, 1997, S. 2.
3 Diane Ehrensaft, *Wenn Eltern zu sehr …: Warum Kinder alles bekommen, aber nicht das, was sie wirklich brauchen.* Übers. von Sonja Schumacher und Rita Seuß. Stuttgart: Klett-Cotta, 2000, S. 118.
4 Ebenda, S. 120.
5 Maureen O'Brien, *Watch Me Grow: I'm One-Two-Three,* New York: Quill Books, 2002, S. 602.
6 Kerstin van Ogtrop, »Attila the Honey I'm Home«, in: *The Bitch in the House: 26 Women Tell the Truth about Sex, Solitude, Work, Motherhood, and Marriage,* hg. von Cathi Hanauer, New York: HarperCollins, 2002, S. 161–162.
7 Ron Taffel und Roberta Israeloff, *Eltern sein dagegen sehr: Warum Männer und Frauen unterschiedlich erziehen und wie sie voneinander lernen können,* Salzhausen: iskopress, 1999.
8 Elizabeth Thomson Gershoff, »Corporal Punishment by Parents and Associated Child Behaviors and Experiences: A Meta-analytic and Theoretical Review«, *Columbia University Psychological Bulletin,* Bd. 128, Nr. 4 (2002), S. 539–579.
9 Patricia McCormick, »Oedipus Wreck«, *Parents,* Juni 1995, S. 79–80.

Die Fahrt ins Blaue
Grundschule: sechstes bis zehntes Lebensjahr

1 Erik Erikson, *Kindheit und Gesellschaft*, Stuttgart: Klett-Cotta, 1982, S. 253.
2 Diane Ehrensaft, *Wenn Eltern zu sehr... : Warum Kinder alles bekommen, aber nicht das, was sie wirklich brauchen,* Stuttgart: Klett-Cotta, 2000, S. 170.
3 Martin E. P. Seligman, *Kinder brauchen Optimismus,* Reinbek: Rowohlt, 1999.
4 Ebenda.
5 Dan Kindlon, *Too Much of a Good Thing: Raising Children of Character in an Indulgent Age,* New York: Hyperion Books, 2001, S. 9.
6 Anny C. Dietz, »The Problem with Andrew«, *Newsday,* 10. Januar 1994, S. 39.
7 David Elkind, *Das gehetzte Kind: Werden unsere Kleinen zu schnell groß?,* Hamburg: Kabel, 1991.
8 Ehrensaft, *Wenn Eltern zu sehr...,* S. 224.
9 Lucinda Franks, »Little Big People«, *New York Magazine,* 10. Oktober 1993, S. 34.
10 Kindlon, *Too Much of a Good Thing,* S. 21.
11 Ebenda, S. 198.
12 Nancy Samalin, *Loving Each One Best: A Caring and Practical Approach to Raising Siblings,* New York: Bantam Books, 1996.
13 Harriet Lerner, *Der Tanz ums Kind,* Frankfurt a.M.: Fischer Taschenbuch, 1998, S. 363–364.
14 Ebenda, S. 372.

Leben in der Grauzone
Vorpubertät: zehntes bis dreizehntes Lebensjahr

1 Louis Genevie und Eva Margolies, *The Motherhood Report,* New York: Macmillan, 1987, S. 91–92.
2 Kenneth R. Ginsburg und Martha M. Jablow, *But I'm Almost 13! An Action Plan for Raising a Responsible Adolescent,* Chicago: Contemporary Books, 2001, S. 33.
3 Diane Ehrensaft, *Wenn Eltern zu sehr... : Warum Kinder alles bekommen, aber nicht das, was sie wirklich brauchen,* Stuttgart: Klett-Cotta, 2000, S. 194 ff.
4 William Pollack, Interview, Mai 2002.
5 Ron Taffel und Melinda Blau, *The Second Family: How Adolescent Power Is Challenging the American Family,* New York: St. Martin's Press, 2001, S. 83.
6 Pollack, Interview, Mai 2002.
7 Barbara Schneider, Interview, November 2003.

8 Harriet Lerner, *Der Tanz ums Kind,* Frankfurt a.M.: Fischer Taschenbuch, 1998, S. 164.
9 Ebenda, S. 170.
10 Ebenda, S. 177.
11 Taffel, *Second Family,* S. 83.
12 Ginsburg, *But I'm Almost 13!,* S. 92.
13 Sue Monk Kidd, *The Secret Life of Bees,* New York: Penguin Books, 2003, S. 9.
14 Patricia Adler und Peter Adler, *Peer Power,* New Brunswick, N.J.: Rutgers University Press, 2001, S. 64.
15 Judith Rich Harris, *The Nurture Assumption: Why Children Turn out the Way They Do,* New York: Touchstone Books, 1999, S. 232.
16 Patricia Adler und Peter Adler, *Peer Power,* S. 195.
17 Linda Perlstein, *Not Much Just Chillin': The Hidden Lives of Middle Schoolers,* New York: Farrar, Straus and Giroux, 2003, S. 35.
18 Ebenda, S. 16.

Erst wird es leichter... und dann sind sie weg
Pubertät: dreizehntes bis achtzehntes Lebensjahr

1 Judith Viorst, *Mut zur Trennung: Menschliche Verluste, die das Leben sinnvoll machen,* Hamburg: Hoffmann und Campe, 1988.
2 Barbara C. Unell und Jerry Wyckoff, *8 Seasons of Parenthood: How the Stages of Parenting Constantly Reshape Our Adult Identities,* New York: Times Books, 2000.
3 Anna Quindlen, »Flown Away, Left Behind«, in: *Newsweek*, 12. Januar 2004, S. 64.
4 Nina Shandler, *Ophelia's Mom: Loving and Letting Go of Your Adolescent Daughter,* New York: Crown, 2001, S. 60.
5 David Elkind, *Total verwirrt: Teenager in der Krise,* Hamburg: Kabel, 1990, S. 42.
6 Sarah Mahoney, »What Was He Thinking?«, *Prevention,* März 2004, S. 162.
7 Henry J. Kaiser Family Foundation, *Kaiser Daily Reproductive Health Report, Abschnitt Public Health & Education,* 8. Juli 1999, www.kff.org.
8 Natalie Angier, *Frau: Eine intime Geographie des weiblichen Körpers,* München: Goldmann, 2002, S. 421.
9 Gavin de Becker, *Protecting the Gift: Keeping Children and Teenagers Safe (and Parents Sane),* New York: Dial Press, 1999, S. 26.
10 Ebenda, S. 28.
11 Rob Turrisi et al., »Binge-Drinking-Related Consequences in College Students: Role of Drinking Beliefs and Mother-Teen Communications«, *Psychology of Addicted Behaviors,* Bd. 14, Nr. 4 (Dezember 2000).

12 Anthony E. Wolf, »*Get Out of My Life, But First Could You Drive Me And Cheryl to the Mall?*« *A Parent's Guide to the New Teenager,* New York: Farrar, Straus and Giroux, 2002.
13 Justin Richardson und Mark A. Schuster: *Everything You Never Wanted Your Kids to Know About Sex (But Were Afraid They'd Ask): The Secrets to Surviving Your Child's Sexual Development From Birth to the Teens,* New York: Crown Publishers, 2003, S. 56.
14 Ebenda, S. 57.
15 Mary Kay Blakeley, *American Mom: Motherhood, Politics, and Humble Pie,* Chapel Hill, N.C.: Algonquin Books of Chapel Hill, 1994, S. 245.
16 Anne Richardson Roiphe, *Fruitful: A Real Mother in the Modern World*, Boston: Houghton Mifflin, 1996, S. 65.
17 Neil Genzliner, »An Actress of a Certain Age Eyes the Beauty Cult«, *New York Times,* 20. Januar 2004, S. 1.
18 Erich Fromm, *Die Kunst des Liebens,* Berlin: Ullstein, 1998.
19 Richardson und Schuster, *Everything You Never Wanted Your Kids to Know About Sex,* S. 248.
20 Sandi Khan Shelton, »One Week in College«, in: *Mothers Who Think: Tales of Real-Life Parenthood,* Hg. Camille Peri und Kate Moses, New York: Villard, 1999, S. 81.
21 Viorst, *Mut zur Trennung,* S. 68.
22 Phyllis Theroux, *Meine Kinder tun das auch: Gutenachtgeschichten für Eltern,* München: Deutscher Taschenbuch Verlag, 1992, S. 197.
23 David H. Arp jun. et al., *The Second Half of Marriage,* Grand Rapids, Michigan: Zondervan, 2000, S. 31.
24 John Gottman, »Welcome to the Love Lab«, *Psychology Today,* September 2000.
25 S. E. Taylor et al., »Female Responses to Stress: Tend-and-Befriend, Not Fight-or-Flight«, *Psychological Review,* Bd. 107, Nr. 3 (2000), S. 411–429.

Nachwort

1 Natalie Angier, *Frau: Eine intime Geographie des weiblichen Körpers,* München: Goldmann, 2002. S. 445.

Bibliografie

Adler, Patricia und Peter Adler. *Peer Power.* New Brunswick, N.J: Rutgers University Press, 2001.

American Academy of Child and Adolescent Psychiatry. *Your Adolescent: Emotional, Behavioral and Cognitive Development from Early Adolescence Through the Teen Years.* New York: HarperCollins, 1999.

Angier, Natalie. *Frau: Eine intime Geographie des weiblichen Körpers.* Übers. von Ditte und Giovanni Bandini. München: Goldmann, 2002.

Arp, David H., jr. et al. *The Second Half of Marriage.* Grand Rapids, Michigan: Zondervan, 2000.

Belkin, Lisa. »The Opt-Out Revolution«. *New York Times Magazine,* 26. Oktober 2003.

Belsky, Jay und John Kelly. *Und dann waren wir plötzlich zu dritt: Wie das erste Kind die Beziehung verändert.* Übers. von Dr. Ingrid Rothmann. München: Goldmann, 1995.

Berg, Elizabeth. »›I Can't Believe You're Here!‹: A New Mother's Diary.« *Parents,* April 1992.

Blakeley, Mary Kay. *American Mom: Motherhood, Politics, and Humble Pie.* New York: Pocket Books, 1994.

Block, Joyce. *Mutter werden: Die Psychologie der ersten Schwangerschaft.* Übers. von Gabriele Erb. München: Piper, 1990.

Brazelton, T. Berry. *Touchpoints: Your Child's Emotional and Behavioral Development: Birth-3.* Reading, Massachusetts: Addison-Wesley, 1992.

Bulatao, I. Rodolfo A. »Values and Disvalues of Children in Successive Childbearing Decisions.« *Demography,* Bd. 18, Nr. 1 (Februar 1981).

Chast, Roz. *Childproof: Cartoons About Parents and Children.* New York: Hyperion Books, 1997.

Csikszentmihalyi, Mihaly. *Flow: The Psychology of Optimal Experience.* New York: HarperPerennial, 1990.

Davids-Floyd, Robbie E. *Birth as an American Rite of Passage.* Berkeley: University of California Press, 1992.

de Becker, Gavin. *Mut zur Angst: Wie Intuition uns vor Gewalt schützt.* Übers. von Vera Pagin. Frankfurt am Main: Krüger, 1999.

ders. *Protecting the Gift: Keeping Children and Teenagers Safe.* New York: The Dial Press, 1999.

de Judicibus, Margaret A. und Marita P. McCabe. »Psychological Factors and the Sexuality of Pregnant and Postpartum Women.« *Journal of Sex Research,* Mai 2002.

Dellasega, Cheryl. *Surviving Ophelia: Mothers Share their Wisdom in Navigating the Tumultous Teenage Years.* Cambridge, Massachusetts: Perseus, 2001.

de Marneffe, Daphne. *Maternal Desire: On Children, Love and the Inner Life.* Boston: Little Brown, 2004.

Diamant, Anita. *Das rote Zelt der Frauen.* Übers. von Angelika Bardeleben, München: Knaur, 2001.

Dietz, Anny C. »The Problem with Andrew.« *Newsday,* 10. Januar 1994.

Douglas, Ann. *The Unofficial Guide to Childcare.* New York: Macmillan, 1998.

Ehrensaft, Diane. *Wenn Eltern zu sehr ...: Warum Kinder alles bekommen, aber nicht das, was sie wirklich brauchen.* Übers. von Sonja Schumacher und Rita Seuß. Stuttgart: Klett-Cotta, 2000.

Elkind, David. *Das gehetzte Kind: Werden unsere Kleinen zu schnell groß?* Übers. von Anke Grube. Hamburg: Kabel, 1991.

ders. *Total verwirrt: Teenager in der Krise.* Übers. von Anke Grube. Hamburg: Kabel, 1990.

Erdrich, Louise. *The Blue Jay's Dance: A Birth Year.* New York: HarperCollins, 1995.

Erikson, Erik H. *Kindheit und Gesellschaft.* Übers. von Marianne von Eckardt-Jaffé. Stuttgart: Klett-Cotta, 1982.

Evans, Patricia. *Teen Torment: Overcoming Verbal Abuse at Home and at School.* Avon, Massachusetts: Adams Media Corp., 2003.

Ferber, Richard. *Schlaf, Kindlein, schlaf: Schlafprobleme bei Kindern.* Übers. von Susanne Wengler. Kehl/Rhein: Ed. Trobisch, 1996.

Figes, Kate. *Babyblues: Was Ihnen selbst Ihre beste Freundin nie übers Muttersein verraten würde.* Übers. von Ingrid Lebe. Frankfurt am Main: Krüger, 2001.

Fraiberg, Selma. »Ghost in the Nursery.« In *Selected Writings of Selma Fraiberg.* Hg. Louis Fraiberg. Columbus: Ohio State University Press, 1987, S. 100–116.

Franks, Lucinda. »Little Big People.« *New York Times Magazine,* 10. Oktober 1993.

Fromm, Erich. *Die Kunst des Liebens.* Berlin: Ullstein, 1998.

Galinsky, Ellen. *The Six Stages of Parenthood.* Reading, Massachusetts: Addison-Wesley, 1987.

Genevie, Louis und Eva Margolies. *The Motherhood Report.* New York: Macmillan, 1987.

Genzliner, Neil. »An Actress of a Certain Age Eyes the Beauty Cult.« *New York Times,* 20. Januar 2004.

Gershoff, Elizabeth Thompson. »Corporal Punishment by Parents and Associated Child Behaviors and Experiences: A Meta-Analytic and Theoretical Review.« *Columbia University Psychological Bulletin,* Bd. 128, Nr. 4 (2002).

Gilligan, Carol. *In a Different Voice: Psychological Theory and Women's Development.* Cambridge, Massachusetts: Harvard University Press, 1982.

Ginsburg, Kenneth R. und Martha M. Jablow. *But I'm Almost 13!: Raising a Responsible Adolescent.* Chicago: Contemporary Books, 2001.

Gottman, John. »Welcome to the Love Lab.« *Psychology Today,* September 2000.

Greenberg, Susan H. und Karen Springen. »The Baby Blues and Beyond.« *Newsweek,* 2. Juli 2001.

Harris, Judith Rich. *Ist Erziehung sinnlos? Warum Kinder so werden, wie sie sind.* Übers. von Wiebke Schmaltz. Reinbek: Rowohlt-Taschenbuch-Verlag, 2002.

Henry J. Kaiser Family Foundation. *Kaiser Daily Reproductive Health Report: Abschnitt Public Health & Education.* 8. Juli 1999, www.kff.org.

Hersch, Patricia. *A Tribe Apart: A Journey into Heart of American Adolescence.* New York: Ballantine, 1998.

Hochschild, Arlie Russell und Anne Machung. *The Second Shift.* New York: Avon Books, 1989.

Hrdy, Sarah Blaffer. *Mutter Natur: Die weibliche Seite der Evolution.* Berlin: Berlin-Verlag, 2000.

Jameson, Marnell. »A Natural Formula for Success.« *Los Angeles Times,* 4. September 2000.

Kaplan, Louise J. *Die zweite Geburt: Die ersten Lebensjahre des Kindes.* Übers. von Hainer Kober. München: Piper, 1993.

Karp, Harvey. *Das glücklichste Baby der Welt: So beruhigt sich Ihr schreiendes Kind – so schläft es besser.* Übers. von Karin Wirth. München: Goldmann, 2003.

Kidd, Sue Monk. *The Secret Lifes of Bees.* New York: Penguin Books, 2003.

Kindlon, Dan. *Too Much of a Good Thing: Raising Children of Character in an Indulgent Age.* New York: Hyperion Books, 2001.

Kitzinger, Sheila. *Schwangerschaft und Geburt: Das umfassende Handbuch für werdende Eltern.* Übers. von Maria Andreas, 10. Aufl. München: Kösel, 2000.

Klaus, Marshall H. und John H. Kennell. *Mutter-Kind-Bindung: Über die Folgen einer frühen Trennung.* Übers. von Karl Heinz Siber. München: Kösel, 1983.

Klaus, Marshall H., John H. Kennell und Phyllis H. Klaus. *Der erste Bund fürs Leben: Bonding; die gelungene Eltern-Kind-Bindung und was Mütter und Väter dazu beitragen können.* Übers. von Roswitha Enright. Reinbek: Rowohlt, 1997.

Kunhardt, Jean, Lisa Spiegel und Sandra K. Basile. *A Mother's Circle: Wisdom and Reassurance from Other Mothers on Your First Year with Baby.* New York: Avon Books, 1999.
Lamott, Anne. »Mother Anger: Theory and Practice«. In *Mothers Who Think: Tales of Real-Life Parenthood.* Hg. Camille Peri und Kate Moses. New York: Villard Books, 1999.
Lara, Adair. *Hold Me Close, Let Me Go: A Mother, a Daughter, and an Adolescence Survived.* New York: Broadway Books, 2001.
Lerner, Harriet. *Was Frauen verschweigen: Warum wir täuschen, heucheln, lügen müssen.* Übers. von Olga Rinne. Zürich: Kreuz, 1994.
dies. *Der Tanz ums Kind.* Übers. von Olga Rinne. Frankfurt a.M.: Fischer Taschenbuch, 1998.
Lewis, Susan. *Reinventing Ourselves After Motherhood.* Chicago: Contemporary Books, 1999.
Lombard, Joan. *Time to Care: Redesigning Child Care to Promote Education, Support Families, and Build Communities.* Philadelphia: Temple University Press, 2003.
Mahoney, Sarah. »What Was He Thinking?« *Prevention,* März 2004.
McMahon, Martha. *Engendering Motherhood: Identity and Self-Transformation in Women's Lives.* New York: Guilford Press, 1995.
Neubauer, Peter B. und Alexander Neubauer. *Nature's Thumbprint: The New Genetics of Personality.* Reading, Massachusetts: Addison-Wesley, 1990.
O'Brian, Maureen. *Watch Me Grow: I'm One-Two-Three.* New York: Quill Books, 2002.
Parenting magazine survey (Dezember 2002 bis Januar 2003), durchgeführt von Harris Interactive für die Maternity Center Association (MCA) in Zusammenarbeit mit dem Johnson & Johnson Pediatric Institute.
Parker, Rozsika. *Torn in Two: The Experience of Maternal Ambivalence.* London: Virago Books, 1995.
Pearson, Allison. *Working Mom.* Übers. von Catrin Frischer. Reinbek: Rowohlt, 2003.
Peri, Camille und Kate Moses (Hgg.). *Mothers Who Think: Tales of Real-Life Parenthood.* New York: Villard Books, 1999.
Perlstein, Linda. *Not Much Just Chillin': The Hidden Lives of Middle Schoolers.* New York: Farrar, Straus and Giroux, 2003.
Peters, Joan K. *When Mothers Work: Loving Our Children Without Sacrificing Our Selves.* Cambridge, Massachusetts: Perseus, 1997.
Pollack, William. *Richtige Jungen: Was sie vermissen, was sie brauchen – ein neues Bild von unseren Söhnen.* Übers. von Elisabeth Parada. Bern: Scherz, 1998.
Pruett, Kyle D. *Father Need: Why Father Care Is as Essential as Mother Care for Your Child.* New York: Broadway Bolls, 2000.
ders. *Die neuen Väter: Männer auf dem Weg in die Familie.* Übers. von Lore Schultz-Wild. München: Mosaik-Verlag, 1988.

Quindlen, Anna. »Flown Away, Left Behind.« *Newsweek,* 12. Januar 2004.

Richardson, Justin und Mark A. Schuster. *Everything You Never Wanted Your Kids to Know About Sex (But Were Afraid They'd Ask): The Secrets to Surviving Your Child's Sexual Development from Birth to the Teens.* New York: Crown, 2003.

Rodger, Mary Ellen. »Like Mother, Like Children.« *American Health,* Juli 1992.

Roiphe, Anne. *Fruitful: Living the Contradictions: A Memoir of Modern Motherhood.* New York: Penguin Books, 1996.

Rubinstein, Carin. *Wenn Mütter zu sehr lieben.* Übers. von Bettina Münch. Frankfurt a.M.: Fischer Taschenbuch, 2002.

Samalin, Nancy und Catherine Whitney. *Wütende Eltern – bockige Kinder: Ausbruch aus dem Teufelskreis von Aggression und Ohnmacht.* Übers. von Maria Zybak. München: Droemer Knaur, 1994.

dies. *Loving Each One Best: A Caring and Practical Approach to Raising Siblings.* New York: Bantam Books, 1996.

dies. *Loving Without Spoiling: And 100 Other Timeless Tips for Raising Terrific Kids.* Chicago: Contemporary Books, 2003.

Seligman, Martin. *Pessimisten küßt man nicht: Optimismus kann man lernen.* Übers. von Christa Broermann. München: Droemer Knaur, 2001.

ders. *Kinder brauchen Optimismus.* Reinbek: Rowohlt, 1999.

Shandler, Nina. *Ophelia's Mom: Loving and Letting Go of Your Adolescent Daughter.* New York: Crown, 2001.

Shelton, Sandi Kahn. »One Week Until College.« In *Mothers Who Think: Tales of Real-Life Parenthood.* Hgg. Camille Peri und Kate Moses. New York: Villard Books, 2000.

Shonkoff, Jack P. und Deborah A. Phillips (Hgg.). *From Neurons to Neighborhoods: The Science of Early Child Development.* Washington, D.C.: National Academy Press, 2000.

Slade, Arietta et al. »Mothers' Representations of Their Relationships with Their Toddlers: Links to Adult Attachment and Observed Mothering.« *Developmental Psychology,* Bd. 35, Nr. 3 (Mai 1999).

Small, Meredith F. *Our Babies, Ourselves: How Biology and Culture Shape the Way We Parent.* New York: Anchor Books, 1998.

Spiegel, Lise Friedman. »Planned Caesarean Delivery and Its Effect on Maternal Self-Esteem and Locus of Control.« *Dissertation Abstracts International, Section B: The Sciences and Engineering,* Bd. 56, Nr. 5-B (November 1995).

Stern, Daniel N. und Nadia Bruschweiler-Stern mit Alison Freeland. *Geburt einer Mutter.* Übers. von Angelika Hildebrandt. München: Piper, 2000.

Stevens, Patricia (Hg.). *Between Mothers and Sons: Women Writers Talk About Having Sons and Raising Men.* New York: Scribner, 1999.

Swigart, Jane. *Von wegen Rabenmutter ...: Die harte Realität der Mutterliebe.* Übers. von Irene Rumler. München: Droemer Knaur, 1993.

Taffel, Ron und Melinda Blau. *Nurturing Good Children Now: 10 Basic Skills to Protect and Strengthen Your Child's Core Self.* New York: Golden Books, 1999.

dies. *Parenting by Heart: How to Be in Charge, Stay Connected, and Instill Your Values, When It Feels Like You've Got Only 15 Minutes a Day.* Cambridge, Massachusetts: Perseus, 1991.

dies. *The Second Family: How Adolescent Power Is Challenging the American Family.* New York: St. Martin's Press, 2001.

Taffel, Ron und Roberta Israeloff. *Eltern sein dagegen sehr: Warum Männer und Frauen unterschiedlich erziehen und wie sie voneinander lernen können.* Übers. von Evelina Braun und Bärbel von Fisenne. Salzhausen: iskopress, 1999.

Taylor, S. E. et al. »Female Responses to Stress: Tend-and-Befriend, Not Fight-or-Flight.« *Psychological Review,* Bd. 107, Nr. 3 (2000), S. 411–29.

Theroux, Phyllis. *Meine Kinder tun das auch: Gutenachtgeschichten für Eltern.* Übers. von Irene Rumler. München: Deutscher Taschenbuchverlag, 1992.

Turrisi, Rob et al. »Binge-Drinking-Related Consequences in College Students: Role of Drinking Beliefs and Mother-Teen Communications.« *Psychology of Addicted Behaviors,* Bd. 14, Nr. 4 (Dezember 2000).

Tusa, Sally. »BabyTalk: Breast vs. Bottle Poll.« *BabyTalk,* Bd. 66, Nr. 7 (September 2001).

Unell, Barbara C. und Jerry L. Wyckoff. *The 8 Seasons of Parenthood: How the Stages of Parenting Constantly Reshape Our Adult Identities.* New York: Times Books, 2000.

Updike, John. »When Everyone Was Pregnant.« In *Early Stories, 1953–1975.* New York: Knopf, 2003.

van Ogtrop, Kerstin. »Attila the Honey I'm Home.« In *The Bitch in the House: 26 Women Tell the Truth About Sex, Solitude, Work, Motherhood, and Marriage.* Hg. Cathi Hanauer. New York: HarperCollins, 2002.

Viorst, Judith. *Mut zur Trennung: Menschliche Verluste, die das Leben sinnvoll machen.* Übers. von Uschi Gnade. Hamburg: Hoffmann und Campe, 1988.

Weldon, Fay. Interview. In Rozsika Parker. *Torn in Two: The Experience of Maternal Ambivalence.* London: Virago Books, 1995.

Williams, Mary Elizabeth. »The Working Mother's Survival Guide.« *Parents,* Juni 2003.

Wolf, Anthony E. *»Get Out of My Life, But First Could You Drive Me And Cheryl to the Mall?« A Parent's Guide to the New Teenager.* Rev. Ausg. New York: Farrar, Straus and Giroux, 2002.

Personen- und Sachregister